KB200442

김창인 목사의
설교 세계

깔끔하고 알아듣기 쉽고 맛깔스럽게 설교하는 명설교자
김창인 목사의 설교 세계

지은이 | 신성욱
초판 발행 | 2020. 12. 16
등록번호 | 제1988-000080호
등록된 곳 | 서울특별시 용산구 서빙고로 65길 38
발행처 | 사단법인 두란노서원
영업부 | 2078-3352 FAX | 080-749-3705
출판부 | 2078-3331

책값은 뒤표지에 있습니다.
ISBN 978-89-531-3916-9 03230

독자의 의견을 기다립니다. Printed in Korea
tpress@duranno.com www.duranno.com

두란노서원은 바울 사도가 3차 전도여행 때 에베소에서 성령 받은 제자들을 따로 세워 하나님의 말씀으로 양육하던 장소입니다. 사도행전 19장 8-20절의 정신에 따라 첫째 목회자를 돕는 사역과 평신도를 훈련시키는 사역, 둘째 세계선교(TIM)와 문서선교(단행본 · 잡지) 사역, 셋째 예수문화 및 경배와 찬양 사역, 그리고 가정 · 상담 사역 등을 감당하고 있습니다. 1980년 12월 22일에 창립된 두란노서원은 주님 오실 때까지 이 사역들을 계속할 것입니다.

깔끔하고
알아듣기 쉽고
맛깔스럽게 설교하는
명설교자

김창인 목사의 설교 세계

신성욱
지음

두란노

목차

《김창인 목사의 설교 세계》 출간을 기념하며(신성욱, 김창인, 정성진), 2020년 12월

헌정의 말

나는 복을 받은 사람이다. 한국 교회 전성기를 살았을 뿐 아니라 한국 교회 부흥을 이끈 위대한 설교자들의 설교를 들으며 자랐기 때문이다. 한경직 목사님 이하 수많은 설교의 대가들과 신현균 목사님 이하 수많은 부흥사들의 설교를 듣고 신학을 한 후 목회자가 되었다.

그중에 내게 가장 많이 영향을 준 한 분을 꼽으라면 나는 단연코 김창인 목사님 꼽기를 주저하지 않는다. 김 목사님은 나의 스승이자 영적 아버지시다. 나는 김 목사님께서 거금을 들여 개척해 주신 은혜를 받은 몸이다. 그러나 이것은 드러난 은혜이고, 5년간 목사님을 곁에서 섬기면서 받은 인격적 감화와 매주 사모하며 들었던 설교는 드러나지 않은 은혜라 하겠다.

나는 김 목사님을 통해 설교가 30분의 예술임을 알았다. 목사님은 언제나 3대지의 강해설교를 하셨는데, 어찌나 꿀송이같이 달고 오묘하던지, 나도 그렇게 설교해 보고 싶다는 꿈을 갖게 되었다.

광성교회의 성장은 프로그램이나 부흥 전략에 있지 않고 목사님의 설교가 첫 번째 요인이었다. 배움도 적고 노력도 부족했던 내가 대형 교회를 이루고 큰 과오 없이 목회를 마칠 수 있었던 것은 전적으로 목사님께 배운 설교 덕분이라고 감히 말할 수 있다.

김 목사님은 타고난 설교가시다. 목소리가 좋아서 분명한 소리를 내는 악기처럼 전달력과 호소력이 남다르셨고, 머리가 비상해서 기억하고 정리하는 데 탁월하셨다. 김 목사님은 선천적으로 타고난 설교가인 동시에 깊은 성경 묵상을 위해 후천적으로 남모르게 노력하신 분이다.

제자로서 목사님의 설교에 대해 정리된 책을 생전에 발간해 드리는 것이 조금이나마 은혜에 보답하는 길이라 생각하던 차에 설교 평론에 탁월한 신성욱 교수를 만나게 되어 순조로이 진행된 것은 전적인 하나님의 도우심이라 하겠다.

후대의 목회자들이 이 책을 통해 김 목사님의 설교의 진수를 배우게 되기를 바라며, 나의 스승, 나의 영적 아버지 김창인 목사님의 설교 평전 발간에 즈음하여 기쁨과 감사함으로 헌사를 바친다.

정성진 목사(거룩한빛광성교회 원로)

추천의 말

구약의 요셉은 17세 소년 때 형들에 의해 애굽에 노예로 팔려 간 후 모함까지 받아 감옥살이를 하게 되었으나, 30세 나이에 대 애굽 제국의 국무총리가 되어 흉년 대재앙에 당시 인류를 살리는 인물이 되었다. 그리고 김창인은 18세 때 6.25전쟁 중 공산진영 한복판에서 구사일생(九死一生)으로 탈출한 후 혈혈단신으로 남한에 내려와 목회자가 되어 많은 심령을 살리는, 주님의 쓰시는 종이 되었다.

요셉과 김창인, 두 인물의 공통점은 첫째, 하나님이 친히 살리고 인도하며 쓰시는 섭리를 직접 몸으로 체험한 일, 둘째, 하나님이 주시는 영감적(靈感的) 지혜와 말씀에 의존하며 살았다는 점, 셋째, 보통 사람들은 당하지 않는 멸시와 천대, 온갖 고생을 많이 경험한 점 그리고 넷째, 사람을 사랑하며 구원해 주는 일에 힘썼다는 점이다.

김창인 목사님의 목회는 달랐다. 그의 일거일동(一擧一動) 삶에서 하나님의 섭리를 냄새로 맡을 수 있고, 눈으로 볼 수 있다. 그가 전하는 말씀은 평범한 대화식인데, 그 속에는 하나님이 주시는 영감과 지혜가 섞여 있는 영의 양식이 들어 있다. 그는 고생을 아는 마음 바탕으로 사람을 헤아려 주었다. 그리고 구제(救濟), 구빈(救貧), 구령(救靈)을 함께 실천함으로, 전쟁 피해로 영양실조와 피곤에 지친 남녀노유 모두에게 육신과 지혜와 영혼 구원의 열매가 풍성히 맺히게 함으로 날마다 믿는 무리가 더해서 성장, 발전하는 교회가 되었다. 그는 목회 과정에서 많은 후진들도 키워 주었다. 옛날 요셉의 형통 이상의 축복을 받았다.

이제 제도적 직책에서 은퇴하였으나, 그의 성직 사명은 끝나지 않았다. 옛날 요셉의 나이만큼 살려면 아직 많이 남았다. 요셉은 형들을 용서하고 자손들까지 생계를 보장해 주었다. 족장 집안을 살렸고, 선민 사명을 세웠다. 화해와 인류 구원의 정신을 실천했다.

김창인 목사님의 남은 사명은 요셉과 동질일 때 하나님이 섭리하신 일이 성취

되는 것이다. 그것은 남북의 복음적 평화 통일과 세계 복음화다. 화해와 한국 교회의 선민적 사명이 김 목사의 남은 사명인데, 이는 옛날 요셉 때보다 훨씬 큰 사명이요, 보람이다.

김창인 목사님의 삶과 전한 말씀은, 옛날 요셉을 두고두고 배우듯이, 6.25전쟁을 경험하지 않은 목회자들과 앞으로 목회할 신학생들에게는 꼭 깊이 참고해야 하는 양약 같은 필독의 목회 교과서라 할 수 있다. 아울러 교회 중직자들과 깊은 신앙생활을 하고 싶은 그리스도인에게는 사선을 넘나들며 사명을 감당한 김 목사님의 신앙생활을 닮을 수 있는 길이기에 이 책을 추천하고 싶다.

림인식 목사(노량진교회 원로)

잠실벌에 자리 잡은 123층 타워에 올라가 서울의 밤하늘을 본다. 서울은 온통 십자가 네온사인으로 가득하다. 생각해 본다. 저 십자가 지붕 밑에서 매 주일 쏟아지는 설교는 얼마나 큰 홍수를 이루고 있을까? 그 많은 설교의 주역들은 무슨 메시지를 시간마다 외치고 있을까? 과연 그들은 하나님의 말씀을 외치고 있을까, 아니면 자신의 말을 하면서 그것이 하나님의 말씀이라고 우기며 소리를 지를까? 설교학 교수로서 아주 소박한 생각을 하면서 긍정도 부정도 아닌, 오직 무겁고 착잡한 설교상념(說敎想念)을 펼쳐 본다.

누구나 설교할 수 있다. 그러나 설교다운 설교는 아무나 할 수 없다. 아무리 언변이 좋고 지식이 풍부하고 논리가 정연해도, 설교대에 서면 그 기능을 제대로 발휘하지 못한다. 또한 영력이 가득하고 성경에 통달해도 설교에는 지극히 제한적이다. 그래서 설교는 신비한 사역(Mysterious Ministry)이라고 한다. 이러한 신비의 사역을 평생 성공적으로 수행할 수 있는 설교자는 이 땅 위에서 가장 행복한 실존이다.

올곧은 설교는, 설교자가 주어로 등장할 때 설교자의 경험과 사상과 지식이 성경을 이용해서 펼쳐진다. 그러나 설교자를 주관하는 주체(主體)가 분명할 때, 설교자는 자신을 주관하는 그분의 말씀과 생각과 원함을 진솔하게 전하게 된다. 환언하면, 설교자의 사고와 언어를 누가 사용하느냐에 따라 메시지의 본질과 표현이 달라진다. 그리고 행동반경까지 범인의 길을 걷지 아니한다.

어느 주일, 집에서 가까운 광성교회에서 예배를 드리게 될 때의 일이다. 설교가 예사로이 듣던 보통 설교와는 차원이 달랐다. 설교자는 보이지 않고 말씀의 주인, 곧 성삼위일체 되신 하나님이 하신 말씀으로 다가왔다. 이게 웬일이지? 하면서 정신을 가다듬고 경청했다. 그 후로 내내 나의 뇌리에 박힌 그때의 설교가 생각이 나면서 깊은 호기심에 젖어들었다. 이후로 마음먹고 그분의 설교를 계속 들으면서 설교학 교수로서의 지식을 동원해서 그분의 설교가 나의 가슴을 파고드는 이유를 밝히는 데 시간을 보냈다.

성언운반일념(聖言運搬一念)을 설교학 교육의 에토스(Ethos)로 삼고 열정을 쏟고 있던 나에게는 좋은 표본의 설교자를 만난 듯 행복했다. 이유는, 그분의 설교는 언제나 말씀의 주인이 분명하게 나타났다. 아무리 어려운 본문이라도 누구나 쉽게 수용할 수 있는 해석이 있었고, 삶의 장에 필요한 적용이 있었다. 자신의 경험과 지식이 보이지 않았다. 잡다한 예화로 설교 시간을 채우는 일이 없었다. 뿐만 아니라 일인칭 단수를 주어로 하는 설교 문장의 종결어가 보이지 않았다. 언제 들어도 새롭고 진지한 성경 말씀이 가득했다. 구구절절 핵심 용어를 회중의 눈높이에서 풀어 주는 순간은 명강의를 듣는 듯 심취되었다. 언제나 그분의 설교는 좀 더 듣고 싶었지, 한 번도 지루함이 없었다. 생각하면, 이러한 설교 사역자로 평생을 보낸 김창인 목사님은 특별한 말씀을 가지고 이 땅에서 파견 근무를 수행한 주님의 종이다.

그 종이 남긴 설교를 정리하고 분석해 놓은 본서를 보면서 매우 흡족한 마음이다. 특별히 6장의 성경 해석학적 특징 13개 항목과 7장의 설교학적 특징 26개

항목은 설교 지망생과 설교자들에게 크게 유익한 분석이라고 여겨진다.

나는 설교학 교수로서 지난 36년간 한국 교회 설교의 탈선을 지적하면서 바른 설교의 길을 걸어야 한다고 수없이 외쳐 왔다. 하지만 만족할 만한 뜻을 이루지 못했음을 언제나 아쉽게 생각하고 있다. 그러나 이번에 출간된《김창인 목사의 설교 세계》를 통해 한국 교회 설교의 정도(正道)가 형성되고, 한국 교회 설교자들이 그 위를 거닐 수 있다면 하나님이 매우 기뻐하시리라 확신한다.

정장복 교수(전 한일장신대 총장)

할렐루야! 김창인 원로목사님의 설교 세계를 책으로 담아 세간에 낼 수 있게 하신 하나님께 찬양을 드린다.

스바의 여왕이 솔로몬의 신하들에게 한 말이 있다. "복되도다 당신의 사람들이여 복되도다 당신의 이 신하들이여 항상 당신 앞에 서서 당신의 지혜를 들음이로다"(왕상 10:8).

내게 설교학을 가르쳐 주신 장신대 정장복 교수님이 언젠가, '김창인 목사님은 이 시대 최고의 강해설교가'라는 말씀을 해 주셨다. 그러한 목사님을 곁에서 모시고 배울 수 있다는 것은 개인적으로 특별한 은총이 아닐 수 없고, 또한 우리 교우들은 참 행복한 사람들이라는 생각을 가진다. 부족하기 그지없는 사람을 하나님은 2002년 2월 광성교회 부목사로 불러 주셨고, 지금은 그 강단을 잇게 하셨다.

광성교회와 연을 맺으면서 매 주일 주보가 기다려졌다. 금주에는 어떤 말씀을 주실까 하는 기대감으로 주보에 담긴 주일 설교 요약문을 기다리는 것이다. 목사님은 주보에 지난주일 설교 요약이 아닌 그 주간 설교 요약문을 올려 주셨다. A4 절반 정도 크기의 모눈종이에 친필로 써서 주셨다. 그런데 그 요약문을 볼 때마다 어떻게 이 본문에서 이러한 설교 제목과 대지를 뽑아내시는지, 제목과 대지의 통일성 및 긴밀성과 일관성, 그리고 그 함축적이면서도 운과 리듬까지도 맞추는 단어의 선택과 표현력에 감탄하게 된다. 그리고 설교 시간이 되면 성경책과 요약문만 가지고 단에 올라 말씀을 어쩜 그리도 재밌고 명료하게 전달하시는지, 듣는 이의 마음에 확신이 서도록 전파하시는 그 능력에 감동하게 된다. 정말 시간 가는 줄 모르고 듣다 보면 설교가 끝이 난다.

그렇게 목사님의 설교를 좋아하게 되었고, 좋아하다 보니 그 설교를 배우는 자가 되었다. 그러나 아직도 멀었음을 안다. 늘 목사님과 교우들에게 말씀드리지만, 아직도 배워야 할 것과 훈련되어야 할 부분이 많은 사람이다. 그러기에 목사님의 그 자리를 잇는다는 것은 여간 큰 부담이 아니다. 그래서 월 1회는 목사님께 주일 설교를 부탁드렸다. 목사님은 2부와 3부만 전하신다. 이른 시간인 1부 예배는 내가 인도한다. 그때 나는 목사님께서 주신 본문과 제목과 요약문을 가지고 말씀을 준비해서 전한다. 그게 그렇게 재미있다.

본문 안에 담긴 하나님의 마음을 구하고, 또한 그 본문을 가지고 원로목사님께서 하나님으로부터 어떤 말씀을 받으셨을까를 함께 구하며 말씀을 묵상하고 기도하고 설교문을 작성한다. 그리고 단에 올라 가급적 목사님처럼 대화식으로, 그리고 선포하듯이 말씀을 전해 보려고 한다. 그러나 아직 요약문만 가지고 올라가는 수준은 못 되고, 시간을 조절하는 데도 늘 어려움을 겪는다. 다 배울 즈음이면 은퇴하게 되지 않을까 싶다. 그래서 늘 기도한다. 목사님에게 모세와 같은 기력을 허락하셔서 내가 은퇴하기까지 목사님의 설교를 듣고 배우며 전할 수 있도록 말이다.

목사님은 곁에서 뵈면 늘 성경을 끼고 사신다. 그리고 늘 새벽으로, 철야로 깨어 기도하는 모습을 보여 주셨다. 특히 설교 요약문을 넘겨주신 뒤, 매주 금요일 오후에는 부교역자들과 함께 기도원에 들어가서 테니스 운동도 같이 하시고, 저녁을 나누고 담소하며 목회도 가르쳐 주시고, 그리고 이어 늦은 밤 성전에 올라가 함께 기도하셨다. 그러고는 기도원에서 자고 토요일 새벽에 함께 교회로 돌아오셨다. 말씀과 기도로 자기 관리를 하고, 교회와 말씀을 섬기는 훈련을 배우게 하신 것이다.

목사님은 늘 말씀을 읽고 묵상하며 메모하는 습관을 가지셨다. 언젠가 목사님이 쓰시던 성경책을 본 적이 있다. 여백이 거의 없는 옛날 세로 성경이었다. 개역개정판이 나오면서 부득이 가로 성경을 사용하게 되셔서 그렇지, 최근까지도 목사님은 세로 성경을 사용하셨다. 여백이 거의 없음에도 그 성경에 줄을 긋기도 하고, 그 작은 공간에 하나님이 주신 영감을 메모로 남기셨다. 그 모든 것들이 설교의 바탕이 되었을 것으로 생각한다.

어느덧 우리 목사님이 미수(米壽)를 맞으셨다. 늦은 감이 있지만 이렇게 우리 광성교회와 광야선교회 제자들이 중심이 되어 존경하는 김창인 목사님의 설교 세계를 책으로 낼 수 있게 된 것이 얼마나 감사한지 모른다. 그리고 신성욱 교수님을 알게 해 주신 하나님께 감사를 드린다. 또한 책을 내는 데 있어 큰 도움을 준 우리 당회와 정성진 목사님께도 깊은 감사를 드린다.

남광현 목사(광성교회 담임)

들어가는 말

설교학 교수로서 자주 듣는 질문이 하나 있다. 그것은 '우리나라 목회자 중 배우고 따를 만한 설교의 최고 장점을 갖고 있는 분이 누구신가요?'라는 것이다. 참 좋은 질문이다. 하지만 이 질문에 대한 대답이 궁색하다는 데 오늘 한국 강단의 심각성이 있다. 선뜻 소개할 만한 설교자가 떠오르지 않기 때문이다. 오히려 은퇴한 목회자 중 배울 만한 설교자는 여럿 있지만, 현역에 있는 목회자 중에는 지목할 만한 설교자가 별로 없다는 게 나의 아쉬움이다.

내가 이 책의 주인공인 김창인 목사를 안 지는 얼마 되지 않았다. 내가 속한 장로교 합동 교단의 충현교회를 담임했던 고(故) 김창인 목사에 대해서는 너무도 잘 알고 있었지만, 장로교 통합 교단의 동명이인인 김창인 목사에 대해서는 솔직히 전혀 알지 못했었다.

후임 목사의 요청에 의해 그를 처음 알게 되었고, 그가 목회에도 큰일을 이루었고, 무엇보다 탁월한 설교자로 꽤 알려졌다는 사실도 처음 접하게 되었다. 대형 교회를 맡아서 이끌어 가기도 힘들거늘, 4만 5천 명의 교회로 부흥시키는 일은 더욱 어려운 일이다. 특히 그렇게 큰 교회로 성장하기까지는 분명 능력 있는 설교가 뒷받침되지 않으면 안 된다는 사실을 나는 잘 알고 있다.

때문에 김 목사의 설교에 있어서 분명 내가 잘 알지 못하는 뭔가 대단한 장점이 있겠지 하는 기대감으로 그분의 설교에 관한 책을 집필하겠노라 답하고 말았다. 책을 통해서라도 새로운 인물을 만난다는 것은 항상 흥미 있고 유익한 일이다.

혹시라도 내 기대와는 달리 김창인 목사의 설교에서 드러내어 자랑할 만한 특징이 없으면 어떡하나 하는 염려도 있긴 했다. 하지만 그런 모든 걱정들이 기우에 불과했음을 그의 설교를 분석하면서 절감하게 됐다.

2014년, 나는 한국 최고의 설교가라고 인정받는 지구촌교회 원로의 설교에 관한 저서, 《이동원 목사의 설교 세계》(두란노)를 집필한 적이 있다. 그분의 칠순을 기념해서 직접 부탁받아 집필한 책이다. 그런데 이번에 집필해서 선보이는 《김창인 목사의 설교 세계》는 처음 예상을 뛰어넘어 《이동원 목사의 설교 세계》에서 추출한 장점보다 그 종류가 더 많았음에 스스로 놀라고 말았다. 물론 양이 많아서 책에 다 올리지 못한 아쉬움은 있지만 말이다. 어쨌든 나는 한국 강단에 후배들이 배우고 모방할 만한 새로운 설교자 한 분을 자세히 분석해서 자랑스럽게 소개할 수 있게 되어 많이 기쁘고 행복하다.

내가 연구한 김창인 목사, 그는 인간적으로나 목회적으로나 설교학적으로 볼 때 참 많은 장점과 재능을 소유한 분이었다. 꼿꼿하고 강직해 보이나 속정이 깊은 사람이었고, 동료 후배들이 따를 만한 탁월한 리더십과 책임감의 소유자였고, 부부애도 깊었으며, 무엇보다 하나님을 철저히 신뢰하고 의존한 참신앙의 사람이었다. 혈혈단신 이북에서 남하해 고아처럼 어렵고 힘든 삶을 살았지만, 따뜻한 영적 어버이로서 인격과 영성과 말씀으로 4만 5천 명의 성도들을 목양하며 영혼의 꼴을 잘 먹인 위대한 사명자였다.

이 책의 최대 관심사인 김창인 목사의 설교의 장점과 특징에 관한 얘기들을 살펴보면, 일일이 다 나열하기 힘들 정도로 풍성하다. '설교자 김창인 목사'라고 하면 그의 트레이드마크처럼 따라붙는 별명 같은 특징들이 있다. 요약하면 다음과 같다.

'간단명료한 설교의 구성과 논리 정연한 설교의 전개, 군더더기 없이 깔끔한 설교, 누구나 쉽게 알아들을 수 있는 실감나는 설명, 실생활에 잘 적용하도록 떠먹여 주듯 편하게 들을 수 있는 설교, 작은 체구에도 젊은 설교자들조차 부러워할 정도로 카랑카랑한 음성, 강하고 확신 있는 선포력, 귀에 쏙쏙 들어오는 전달력, 본문에 짝짝 들어맞는 재미있고 맛깔스러운 예화 활용력, 뜨거운 마음으로 가슴이 열리게 하는 설교….'

이처럼 김창인 목사의 설교는 한마디로 설명하기 어려울 만큼 폭넓은 장점을 갖고 있는 것이 특징이다. 설교의 전문가로서 그의 설교를 분석한 결과는, 후배 설교자들이 배우고 모방할 만한 장점을 많이 갖춘 특출한 설교로 평가된다.

위대한 업적을 많이 남긴 인물일수록 은퇴 후의 뒤안길은 그만큼 처량해 보이기 마련이다. 그 역시 만년에 뜻하지 않은 배신의 쓴잔을 경험하긴 했으나, 하나님은 그를 불명예스럽게 은퇴하게 내버려두지 않으심으로 그의 명예를 회복하게 해 주셨다.

김창인 목사. 그는 이 땅의 들풀처럼 자라나는 수많은 후배 설교자들이 두고두고 존경하고 우러러보고 닮아 가야 할 우리 시대의 큰 바위 얼굴이다. 찰스 스펄전(C. H. Spurgeon), 조지 휫필드(George Whitefield), 조나단 에드워즈(Jonathan Edwards), 마틴 로이드 존스(Martyn Lloyd Jones), 존 스토트(John Stott), D. L. 무디(D. L. Moody), 빌리 그레이엄(Billy Graham) 등, 이름만 들어도 알 만한 종들이 역사상 위대한 설교자의 전당에 당당히 그 이름을 밝히고 있다. 나는 이 명예의 반열에 한국인 설교가 '김창인'의 이름 석 자도 새겨질 자격이 있다고 생각한다.

비록 현역이 아닌 은퇴한 목회자이기도 하고, 또한 교파를 초월해 대한민국 모든 설교자들에게는 다소 생소한 이름일지 모르나, 그의 탁월한 인품과 목회적 역량과 빼어난 설교의 자질은 모든 후배 목회자들이 반드시 배우고 습득해야 할 가치가 있다고 판단된다.

존경하는 김창인 목사에게 지대한 영향을 받은 후배 목회자들의 간절한 소망인 이 책이 출간됨으로, 하나님의 부르심을 받기 전 그에게 큰 기쁨과 위로가 될 수 있기를 간절히 바란다.

이 책을 통해 제2, 제3의 김창인, 아니 김창인 목사를 딛고 서서 더 은혜롭고 능력 있는 설교자로 쓰임 받는 후배들이 많이많이 배출될 수 있기를 간절히 바란다. 이것이 나뿐 아니라 이 책의 주인공인 김창인 목사 자신의 간절하고도 진실한 소망일 것이라 믿어 의심치 않는다.

이제 이 모든 지식과 정보와 체험들을 기초로 해서 우리 시대 최고의 설교가 중 한 분이요, 영적 멘토인 김창인 목사의 설교에 관한 값진 여행을 나와 함께 신나게 출발해 보자.

2020년 12월

신성욱

chapter 1

성장 배경과 신앙생활

위대한 리더가 탄생하기까지는 많은 고난과 연단이라는 준비 과정이 따르는 법이다. 하나님은 시대마다 당신이 필요로 하는 사람들을 선택하셨고, 쓰임받기에 합당한 그릇으로 훈련하고 연단시키셨다.

한 사람의 인간 됨됨이와 인격과 사상은 그가 자라 온 시대적 배경의 산물이라 할 수 있다. 그런 점에서 먼저 김창인 목사의 어린 시절과 성장 배경에 대해서 간략히 살펴보는 것은 그를 이해함에 있어 큰 도움이 될 것이다.

김창인은 1933년 7월 5일(음), 황해도 은률군 장련면 봉암리에서 부친 김재성 씨와 모친 정중택 씨 사이에서 1남 2녀 중 외아들로 태어났다. 사실 그에게는 손위 형이 하나 있었는데, 두 살 때 홍역을 치르면서 세상을 떠나는 바람에 장남이 되었다. 6남 1녀 중 막내로, 세 살 때 아버지를 여읜 부친이셨기에 어려서부터 과묵하고 근엄한 분으로 비쳐지곤 했다. 가정 형편은 소작농으로 살았으므로 끼니를 걱정할 정도는 아니었으나 아주 여유 있는 편도 아니었다.

그래도 아들을 공부시키겠다는 학문의 열의만큼은 대단했다. 당시는 소학교(초등학교)를 졸업한 사람이 한 동네에 겨우 한둘뿐이던 시절이었으니 오죽했으랴. 고향 동네는 김 씨들이 조상 대대로 살아오면서 집성촌을 이루었는지라 완고함이 그 특징이었다. 그래서 기독교를 받아들이지 않고 무속에 빠져 있을 수밖에 없었다.

그의 모친은 3남 3녀 중 3녀로, 가난한 아버지와 결혼해서 삼남매를 키우느라 정말 고생이 많으셨다. 아버지와는 달리 어머니는 친정 동네에 교회가 있었기에, 형제들과 함께 자연스럽게 교회에 출석해서 세례를 받으실 수 있었다. 하지만 결혼 후에는 완고한 집안에 시집왔는지라 믿는 시늉도 못한 채 숨죽이고 지내야만 했다. 집 안에 아무도 없고 창인과 단둘이 있을 때면 언제나 한 번도 들어 본 적이 없는 노래를 부르곤 하셨다. 알고 보니 그 노래가 바로 찬송가였다. 당시 어머니가 즐겨 부르신 찬송은 〈예수 더 알기 원하네〉(새찬송가 453장)였다. 그때 들은 어머니의 음색은 맑고 고왔다. 창인의 설교 목소리는 모친의 성대를 빼나 박은 것이리라.

창인이 중학교 3학년 되던 해에 장티푸스에 걸려 보름 동안 열이 나서 머리카락이 다 빠지고 밥도 제대로 먹지 못해 수척해질 대로 수척해졌을 때가 있었다. 힘이 없어 걷기도 힘들 때 36세의 모친이 아들을 업고 화장실을 데려가다가 대문을 넘지 못하고 쓰러져서 무릎이 깨져 피를 흘렸다고 한다. 그때 창인이 할머니께 어머니가 왜 저러시냐고 물어보았는데, 그때 할머니의 대답은 평생 어린 창인의 가슴속에 깊이 응어리져 있었다. 아들이 앓아누워 굶는 날부터 모친도 똑같이 굶었다는 것이다.[2] 자식을 향한 어머니의 사랑이 얼마나 깊은지를 눈물겹게 경험한 순간이었다.

우연치 않게 1945년 해방된 해 가을부터 작은 외삼촌의 전도로 온 가족이 용포동교회에 나가면서 신앙생활을 시작했다. 입담 좋은 외삼촌은 자주 그의 집에 들러서 옛날이야기를 곧잘 해 주셨는데, 그럴 때면 언제나 창인이 동네 친구들을 불러 같이 그 재미있는 이야기를 귀 기울여 듣곤 했다고 한다. 그러던 어느 주일, 외삼촌은 한날한시에 창인의 가족을 몽땅 교회로 인도하셨다. 1년이 지나면서 세례를 받았고, 3년 후 부모님은 서리집사로 세움을 받았다. 그의 가족은 신앙의 3대가 되는 셈이다.

나중에 알고 보니, 그때 외삼촌에게 자주 들었던 흥미진진한 이야기는 다름 아닌 성경 속 인물들에 관한 것이었다. 믿음은 들음에서 나고 들음은 그리스도의 말씀에서 비롯된다고 하지 않았나. 외삼촌이 들려주신 성경 말씀을 통해 그의 믿음이 조금씩 자라 갔던 것이다.[3]

18세 되던 해 6.25전쟁이 발발하자 창인은 갑자기 북한에서 남한으로 피난을 떠나왔다. 이때의 결단은 '광성교회'를 든든히 세우고 부흥시키시기 위한 하나님의 전적인 은혜로 말미암은 것이었다. 부모와 두 여동생을 고향에 두고 혼자 몸으로 월남한지라 외로움은 뼈에 사무칠 정도로 컸다. 피난 초반에는 사촌 김환학과 함께 생활하며 서로 의지하고 위로할 수 있었다.

그 와중에 폐병으로 인해 남모르게 각혈을 하게 됨으로 불안이 엄습해 왔는데, 그럴 때마다 그는 믿음으로 극복해 나갈 수 있었다. 시간이 흘러 갈수록 외로움은 깊어지고, 외삼촌의 부탁으로 충청도 아가씨와 선을 보았는데, 서로가 마음이 통해 약혼을 하게 되었다.

창인은 폐병 환자임을 숨기고 결혼하려 했다가 대노한 외삼촌이 중매쟁이인 이응선 목사에게 사실을 고지함으로 약혼한 처녀에게까지 그 사실이 알려지게 되었다. 그때 파혼의 위기까지 갔었지만 그 아가씨가 '속은 것도 하나님의 뜻'이라며 결혼하자고 해서 1966년 2월 15일, 마침내 두 사람이 부부의 인연을 맺게 된다.

김창인 목사의 아내인 김기옥 사모는 1939년 2월 24일, 충북 중원군 앙성면 용포리에서 부친 김정환 장로와 모친 피정술 권사 사이에서 1남 1녀 중 장녀로 태어났다. 당시 남동생의 갑작스러운 죽음에 온 가족이 실의에 빠져 있던 중, 그녀는 일곱 살 때 삭개오 전도사의 전도를 받고 교회 생활을 시작했다.

앙성교회에서 믿음이 자라면서 유년부 부장으로 봉사하다가 김창인 목사와 결혼하게 되어 1966년 2월 5일부터 광성교회에서 믿음 생활을 시작하였고, 슬하에 장녀 김은경, 차녀 김라경, 아들 김태섭 등 1남 2녀를 두고 있다.[4] 이들은 지금 모두 출가했고, 아들 태섭은 현재 장신대신대원의 신약 교수로 사역하고 있다.

2001년 7월 23일, 창인은 조선그리스도교연맹 강영섭 위원장의 초청으로 평양을 방문한 적이 있다. 그때 강 위원장의 배려로 고향을 방문하는 기회를 갖게 되어서 부모님 묘소도 찾고 두 여동생들을 만나는 감격의 순간을 경험한다. 그는 두 동생들을 통해, 부모님이 임종 시 한밤중에 사라진 외아들 창인의 이름을 거듭 부르다가 세상을 떠나셨다는 얘기를 듣고 가슴이 미어지는 아픔을 맛보기도 했다.

김 목사의 경우를, 어린 나이에 전쟁의 소용돌이 속에서 아무런 연고가 없는 남한에 발을 들여놓고 순전히 자기 힘으로 살림을 꾸려서 목회에 성공한 '자수성가형(自手成家形) 목회자'의 전형으로 보는 이도 있다.[5] 하지만 그는 천애고아로 무의무탁했기 때문에, 구약의 요셉처럼 하나님만 절대적으로 의지해서 큰 그릇으로 쓰임 받은 '신수성가형(神手成家形) 목회자'의 모범 케이스라 할 수 있다.

chapter 2

목회자로의 부르심

창인이 목회자로 부르심을 받는 것은 그의 가문에서 최초로 집사가 되신 부모님의 소원이요, 기도 제목이기도 했다. 그것은 공산 치하 5년의 세월 속에서도 꿋꿋하게 믿음을 지탱할 수 있는 버팀목이 되었다. 한국동란 와중에 정착을 못 하고 방황하다가 부산에 정착해서야 비로소 마음에 여유가 생기고 또 안정을 찾게 되었다. 그러다가 1954년 3월에 부산신학교에 입학하게 된다.

하지만 건강이 좋지 못한 까닭에 밤마다 악몽에 시달렸고, 자고 나면 식은땀에 젖어 각혈을 하곤 했다. 그럼에도 고학하는 처지인지라 병원에 갈 엄두를 내지 못했는데, 그렇게 힘든 과정 속에서도 부산신학교를 졸업했다.

졸업 후 남산에 소재한 총회 직영 신학교인 장로회신학교에 입학하는 일이 중요했지만 학비 충당이 문제였다. 그러나 어찌어찌 한 학기 등록금을 마련해 서울로 올라와 시험에 합격한 후 본과 1학년에 입학할 수 있었다. 창인은 좀 고생이 되더라도 신학을 제대로 해야겠다는 생각에 본과를 선택했다. 당시에는 요즘처럼 교육전도사 제도도 없었고, 교회나 개인이 신학생에게 장학금을 주는 일도 거의 없었다. 점심때가 되면 식사를 할 수 없어서 하나님 앞에 엎드렸다.

몸이 쇠약해서 1학년을 겨우 마치고 휴학을 했는데, 하루는 학교에서 돌아오는 길에 입에서 각혈이 쏟아졌다. 건강이 약하니 전도사로 소개해 주는 이도 없었다. 그때 창인이 찾아갈 곳은 부산밖에 없었다. 부산에 도착한 그는 전에 출석하며 봉사하던 염광교회에서 첫 주일 예배를 드렸다. 거기서 김용구 장로님을 만나 그동안 살아온 내용을 말씀드렸더니 남부민교회 김치

묵 목사님께 전도사로 천거했다. 장로님과 함께 목사님을 만나자 다음 주일부터 당장 부임하라고 하셨다.

그런데 문제가 발생했다. 그가 아직 미혼이라 젊은 처녀들 사이에서 부작용이 생길 수 있었기 때문이다. 그 일로 인해 그를 소개한 김 장로님은 그의 약혼과 결혼을 서둘러 밀어붙이려 하셨다. 그는 전도사 사역을 안 했으면 안 했지 그렇게 결혼하지는 않겠다고 극렬히 반대했다. 자초지종을 들은 김치묵 목사님이 결혼과 상관없이 사역하라고 하셔서 1958년 12월 10일부터 남부민교회에서의 전도사 사역이 시작되었다.

거기서 4년간 사역하다가 1962년 3월 15일, 남부민교회를 사임하고 서울로 올라와 복학을 했다. 남부민교회 손예빈 장로의 소개로 그의 동생 손대령을 통해 학비와 생활비를 해결하게 되었다. 덕분에 남은 2년간의 신학교 과정을 무사히 마칠 수 있었다. 이것 또한 하나님과 사람의 놀라운 손길이 베푼 은혜였다.

그로부터 2년 후인 1964년 2월, 창인은 자신에게 영향을 미친 김린서 목사가 시무하는 부산 대성교회에 강도사로 부임했다. 그런데 4월 말에 갑자기 김 목사가 병석에 눕더니 그만 세상을 떠나 버렸다. 그래서 그는 목사 안수도 받기 전에 강도사로서 목사의 일까지 하며 주일 낮과 밤, 수요일과 새벽기도회 인도는 물론, 하루도 빼지 않고 심방을 해야만 했다.

신학교를 졸업한 이후 첫 목회지인지라, 거기서 성공하면 목사가 되겠지만, 실패하면 목사가 되지 않겠다는 일념으로 혼신의 힘을 다했다. 그러던 중 그는 또 피를 토하고 말았다. 육신은 피곤하고, 마음은 고통스럽고, 설상가상으로 폐결핵은 점점 더 악화되고 있었다. 목사고시를 치를 즈음엔 수석장로가 그를 무지 괴롭혔다. 당할 땐 아프고 힘들었지만, 지내 놓고 보니 그가 자신을 연단시키기 위한 고마운 선생이었음을 깨닫게 되었다.

김창인 목사가 오랜 세월 사역했던 대한예수교장로회 광성교회는 1959년 12월 20일에 홍상현 장로를 중심으로 피난민들이 모이면서 시작되었다. 광성교회에서의 김창인 목사의 사역은 1966년 1월 23일에 부임함으로써 시작되었다.

그가 광성교회에 처음 부임했을 때는 아주 작은 개척 교회 수준이었다. 노량진교회 원로인 림인식 목사의 말에 의하면, 당시 그곳은 주변에 사람이 거의 살지 않는 외진 지역으로 부흥의 전망이나 가능성이 전혀 없는 곳이었다. 그럼에도 그는 조건이나 형편을 보지 않고, 교회의 성장을 위해 목숨 걸고 최선을 다함으로 한국 교회의 모범이 되는 광성교회를 만든 것이다.[6]

이쯤 되면 그의 목회 성공의 비결이 무엇인지 궁금하지 않을 수 없다. 지인들의 전언에 의하면 그가 모범적 목회자로 한국 교회 앞에 우뚝 서게 된 이유는 다음의 몇 가지로 설명된다.

첫째, 그는 하나님만 철저하게 의지하는 기도의 사람이었다. 부모 없이 낯선 땅에서 소중한 목양지를 일궈 가려면 하나님밖에 의지할 이가 없었다. 때문에 그는 오직 기도로, 하나님 절대의존신앙으로 똘똘 뭉친 목회자가 될 수 있었다.

둘째, 그는 탁월한 리더십을 갖춘 사람이었다. 김 목사는 낙후된 서울 변두리 지역의 영세했던 교회를 한국에서 가장 크고 활력이 넘치는 모범 교회 중 하나로 부흥, 성장시킨 입지전적 인물이다. 그렇게 되기까지 그의 탁월한 지도력과 책임감 있는 자세가 크게 한몫을 했다고 볼 수 있다.[7]

셋째, 그는 추진력을 갖춘 사람이었다. 목표의식이 없는 리더는 없을 것이다. 문제는 목표를 세운 대로 이뤄 낼 수 있는 추진력을 가지고 있느냐, 없느냐 하는 것이다. 김 목사는 교회 건축이나 영성학원, 기도원 건축, 부산장신대학교 건축과 운용 등에 있어서 발군의 추진력을 보여 주었다. 교단의 총회장으로 일할 때도 그런 추진력이 있었기에 타의 모범으로 자리매김

할 수 있었던 것이다.

넷째, 무엇보다 그는 탁월한 설교가로 인정받은 사람이다. 설교의 황태자인 스펄전 목사는 하루 평균 18시간씩 성경과 독서로 묵상하며 설교 준비를 했다고 한다. 그로 인해 그의 강단에는 굶주린 영혼들이 구름같이 모여들 수 있었던 것이다.

'들어가는 말'에서도 밝힌 바 있듯이, 김 목사는 특별한 설교가로 알려져 있다. 그의 설교는 언제나 내용이 간결하고 명료하다. 본문에 충실한 해석과 조직적이고 짜임새 있는 설교의 구성 및 논리 정연한 전개로 유명하다. 무엇보다 그의 설교는 듣는 대상이 누구든 알아듣기 쉽도록 떠먹여 주는 듯해서, 남녀노소 누구나 쉽게 받아먹을 수 있다는 특징을 갖고 있다. 아울러 김 목사의 독특한 음색은 그의 설교를 더욱 능력 있게 만들어 젊은 목회자들의 부러움을 살 정도로 매력적이다.[8]

김 목사는 첫인상이 날카로워 보이는 데다 올곧고 꼿꼿한 선비 타입으로 '예스'(yes)와 '노'(no)가 분명한 까닭에 접근하기 힘든 차가운 느낌을 준다. 하지만 한 번 사귀고 정을 주기 시작하면 끝까지 믿고 신뢰하는 다정다감한 성품의 소유자이다.[9]

그는 황해도에서 어린 나이에 고생 끝에 월남해서 자수성가한 인물이고, 하나님이 함께하심으로 키워 주신 큰 그릇이다. 몸은 약해 보이지만 스포츠맨이었고, 특히 테니스는 수준급일 정도로 운동에 자질을 타고난 사람이다.

chapter 3

설교의 변천 과정

김 목사의 경우, 아주 가끔씩 행하는 4대지 설교 외에는 거의 대부분 3대지 설교를 실시했음을 볼 수 있다. 물론 그의 3대지 설교에는 두 단계의 변화 과정이 있었음을 알 수 있다.

1. 첫 번째 단계

1995년까지 그의 설교는 크게 3대지 그리고 각 대지 안에 또 다른 세 개의 소지(sub-point)가 들어 있는 형태였다. 결국은 아홉 개의 소지가 세 개의 대지와 함께 설교의 전체를 구성하는 프레임으로 되어 있었다. 30분이란 짧은 설교 시간에 어떻게 아홉 가지나 되는 많은 내용을 청중에게 전하려고 했을까 하는 의문이 들 법도 하다. 하지만 당시에는 세 개의 대지에 각각 서너 개의 소지들로 구성된 설교의 형식을 사용하는 이들이 적지 않았음에 유의해야 한다.

지금이야 3대지도 많다 해서 원 포인트의 설교 방식이 유행하기 시작했지만, 오래전 리처드 백스터(Richard Baxter) 목사처럼 65대지로 설교하던 시절도 있었다. 대지나 소지가 많으면 내용이 혼돈스럽고 복잡해서 청중의 가슴에 선명한 메시지를 남기지 못할 가능성이 많다. 하지만 아홉 개의 소지로 설교했음에도 김창인 목사의 경우엔 너무도 분명하고, 명료하고, 재미있게 말씀을 선포하는 장점을 갖고 있다 보니 큰 문제가 없었던 것으로 판단된다.

당시 성도들의 표현에 의하면, 김 목사는 마치 엄마가 어린 자녀에게 한 숟가락, 한 숟가락 떠먹여 주듯이 말씀을 먹여 줬다고 이구동성으로 말한다.[10]

2. 두 번째 단계

아무리 설교에 재능이 있다 하더라도 전해야 할 내용이 너무 많다면 청중의 가슴에 말씀을 깊고 확실하게 새겨 주기 힘든 게 사실이다. 그래서인지, 1996년부터 김 목사의 설교는 한 대지 안에 세 개의 소지들이 들어 있는 아홉 개의 복잡한 스타일이 아닌, 단 세 개의 대지로만 구성되어 있는 보다 심플한 형식으로 변화되었음을 확인할 수 있다. 때문에 설교의 구조나 내용 면에서 이전보다 덜 복잡한, 딱 세 개만으로 끝나는 깔끔하고 선명한 설교로의 새로운 변신이 시도됨을 볼 수 있다.[11] 이는 정말 지혜로운 결단이라 평가된다.

chapter 4

영향 받은 멘토들

김창인 목사는 종종 자신의 설교에 도움을 준 분으로 대구제일교회를 섬겼던 고(故) 이상근 박사와 부산 대성교회를 시무했던 고(故) 김린서 목사를 손꼽는다.

1. 이상근 박사(1920-1999)

이상근 목사는 평양신학교를 졸업하고 미국 댈러스신학교대학원에서 신학박사 학위를 취득했다. 평양에서 목사 안수를 받아 대봉교회(1948-1957)와 대구제일교회(1957-1999)에서 목회했고, 예장 통합 제59회 총회장을 역임하기도 했다. 더불어 영남신학교 이사장 및 교장을 30여 년간 지냈다.

이 박사는 한 교회를 43년간이나 섬긴 모범적 목회자이자 신약과 구약 및 외경까지 주석으로 펴낸 보기 드문 신학자이다. 그가 쓴《이상근 성서 주해》(기독교문사, 전 27권)는 한국 교회 신학생과 목회자들의 필독서라 평가받을 정도로 탁월했다.

김창인 목사는 신학교 시절 이상근 박사로부터 주경신학을 배웠는데, 그게 그의 설교 준비에 그렇게 유익했다고 한다. 한마디로 이 박사를 통해 성경 보는 눈을 뜨게 된 것이다. 오늘 그의 설교 속에서 발견할 수 있는 건강한 복음주의 신학과 성경 중심, 그리스도 중심으로 성경을 해석하는 법 등은 모두 이 박사에게서 영향 받은 것이라 보면 된다.

2. 김린서 목사(1894-1964)

부산 대성교회를 담임했던 김린서 목사는 독립유공자이며, 교회연합운동에 크게 기여한 분이다. 오늘날 우리에게 알려진 주기철 목사의 '일사각오'란 설교는 김 목사가 주 목사 순교 후 작성한 것으로 〈신학지남〉에 수록된 바 있다. 또한 김 목사(당시 장로)는 주 목사를 따라다니며 그의 설교를 기록한 장본인으로 알려져 있다.

젊은 시절 김창인 전도사는 김린서 목사가 시무하는 교회에서 부교역자로 사역하면서 담임목사의 모습을 가까이서 지켜볼 기회가 자주 있었다. 당시 그는 토요일 밤이면 늦은 시간까지 성전 뜰을 말없이 거니는 김린서 목사를 자주 목격했다고 한다. 그러던 어느 날 그 이유를 물어본 적이 있었는데, 주일에 전할 말씀을 묵상하는 중이라고 대답했다고 한다.

김린서 목사는 그렇게 기도하면서 깊이 말씀을 묵상하고 정리한 후 강단에 올라갈 때는 항상 작은 요약문 한 장만 가지고 등단했다고 한다. 그저 국어책 읽듯이 원고를 줄줄 읽어 주는 설교가 아니라, 눈과 눈을 응시하면서 청중과 교감하는 설교를 했던 것이다. 그렇게 전해지는 말씀은 더없이 좋았다고 한다.

김창인 목사 역시 요약 원고 한 장만 가지고 설교하게 된 것도 바로 김린서 목사의 영향이 컸다고 할 수 있다. 비록 김린서 목사가 빨리 세상을 떠나는 바람에 그분과의 만남이 길지는 않았지만, 설교를 어떻게 준비하고 요약하고 정리해야 하는지를 그로부터 배울 수 있었다고 한다.

김 목사는 자신의 원로목사 추대 기념 문집에서 다음과 같이 밝혔다. "내가 존경하는 목사님은 이상근 목사님과 김린서 목사님이다. 이상근 목사님께는 성경을 해석하고 보는 법을 배웠고, 김린서 목사님께는 설교를 묵상하며 준비하는 법을 배웠다."[12]

스승을 보면 제자를 알 수 있다. 왕대밭에 왕대 나듯이, 위대한 멘토 목사 밑에 대단한 제자 목사가 나는 법이다.

우리의 인생여정 눅15:11~24

I 착각의 여정 (11~13)

오늘의 주인공은 둘째 아들입니다. 둘째 아들은 착각에 착각을 거듭하면서 실패와 불행의 함정에 빠졌습니다. 그는 돈이 행복하게 해 주는 줄 착각하여 아버지께 자기에게 돌아 올 분깃을 요구하였습니다. 분깃으로 받은 돈이 행복하게 해 주리라 생각했으나 착각이었습니다. 그리고 둘째는 행복이 멀리 있는 줄로 착각하여 멀리 있을 행복을 찾아 집을 떠났으나 착각이었습니다. 그런가 하면 향락이 행복인 줄 착각했습니다. 분깃을 써들고 창녀를 찾아갔으나(30절) 그것은 향락일 뿐 행복은 아니었습니다. 결국은 허랑방탕하여 재산을 다 없애고 말았습니다. 아버지는 하나님을 가리키고 집(가정)은 교회를 의미합니다. 하나님을 등지고 교회를 떠나 세상에서 행복을 찾으나 착각일 뿐 우리의 행복은 없습니다. 착각하지 말기를 바랍니다.

II 깨달음의 여정(14~19)

둘째 아들은 분깃으로 받은 재물을 다 허비하고 빈털터리가 되었습니다. 남은 것은 하나도 없습니다. 아버지를 떠나서 되는 것은 하나도 없음을 깨달았습니다. 우리 믿는 사람들이 하나님을 소홀히 여기면 남는 것 없다는 것을 명심해야 하겠습니다. 그래도 인심 좋은 양돈업자를 만났으나 큰 흉년이 들어 양돈업자가 월급은 고사하고 먹을 것도 못 주는 형편이 되었습니다. 결국 사람은 믿을 바가 못 된다는 것을 깨달았습니다. 창녀는 돈이 떨어지자 냉정히 외면하고 양돈업자는 능력에 한계가 있으니 도움이 못 되었기 때문입니다. 둘째 아들은 문제가 자기에게 있었다는 것을 깨달았습니다. 자기의 불행이 아버지 탓도 아니요 창녀 때문도 아니요 더욱이 양돈업자 까닭은 아니었습니다. 처음부터 끝까지 주려죽게 된 처지가 자기 탓이요 자기 책임인 것을 뼈저리게 깨달았습니다.

III 회복의 여정 (20

둘째 아들이 잘 한 것이 있습니다. 거지노릇이나 강도질을 하지 않은 것이 잘 한 일이었습니다. 자살하지 않은 것도 잘 했습니다. 체면 불구하고 집으로 돌아간 것이 잘 한 일입니다. 여기에서 모든 것이 해결될 수 있기 때문입니다. 먼저 아버지와의 관계가 회복되었습니다. 품꾼의 하나로 받아 달라는 둘째의 요청에 아버지는 제일 좋은 옷을 입혀주고 우리에게 제일 좋은 옷은 예수님의 의의 옷입니다. 가락지를 끼워준 것은 부자관계 회복을 의미합니다. 신을 신겨준 것은 주인임을 뜻합니다. 송아지를 잡아 잔치를 한 것은 예수의 공로로 아버지와 관계회복을 뜻합니다. 그 다음에는 생활이 회복되었습니다. 생활이 없는 생존은 무의미합니다. 마지막으로 즐거움이 회복되었습니다. 지금까지 삶에서 잃어버렸던 즐거움을 회복했습니다. 여러분들이 즐거움이 충만하기를 바랍니다.

광성교회 김창인 원로목사

주보에 게재해온 김창인 목사의 설교요약문 실제

1987.11.8(낮)

내가 만난 예수 눅5:1-11

서론

만났는데 계속 만나야 함

본론

I 요청하시는 예수 1-3

① [illegible]

② [illegible]

③ [illegible]

II 쳐다보시는 예수 4-9

① [illegible]

② [illegible]

③ [illegible]

III 사랑하게 하시는 예수 10-11

① [illegible]

② [illegible]

③ [illegible]

결론

대한예수교 장로회 광성교회

김창인 목사가 강단에 갖고 올라가는 설교요약문 실제

chapter 5

성경관과 신학적 입장

로이드 존스는, "언제나 설교가 살아 있는 시대에 교회가 큰 부흥을 체험했다"고 말했다.[13] 당연히 스펄전처럼 최고의 설교자가 말씀을 전하는 교회가 대형 교회로 성장하는 것은 자연스런 현상이리라.

그러면 로이드 존스가 말하는 설교는 어떤 설교일까? 사람들마다 설교자에 대한 기준이나 평가가 다름을 본다. 김창인 목사를 위대한 설교자로 인정하는 이들은 그의 어떤 장점을 보고 그렇게 평가하는 것일까?

성경의 내용은 부실하지만 탁월한 유머나 기막힌 전달 능력으로 청중을 끌어당기는 설교를 좋은 설교로 생각하는 이가 있을 수 있다. 하지만 적어도 빼어난 설교자라고 했을 때는 설교의 내용이나 전달 방법 그리고 설교자의 건전한 신학과 모범이 될 만한 인격 등이 모두 포함된 것이 되어야 한다. 아무리 설교의 전달이 좋다 하더라도 그 내용이 성경적이지 않거나 신학적으로 모순되고 치우쳐 있다면 결코 위대한 설교자라 할 수 없다.

한 편의 설교 속에는 그 사람의 성경관과 신학적인 지식과 인생 경험과 인격 모두가 고스란히 녹아져 있다고 볼 수 있다. 김창인 목사의 설교는 그가 평소 지니고 있던 성경적이고 신학적인 모든 것들이 고스란히 반영된 작품이다. 그렇다면 우리는 장로교 통합 교단의 대표 격에 해당하는 설교자로 인정받은 그의 설교를 세밀하게 분석해 볼 필요가 있다. 과연 그가 이 시대 설교자들의 모범이 될 만한 설교자로서 인정받기에 손색이 없는지에 관해서 검토하고 확인해 보아야 한다.

이제 그의 저서와 설교집들을 통해 그가 지니고 있는 성경관과 신학적 입장을 구체적으로 추적해 보자.

첫 번째 실례를 소개한다.

> 이스라엘 백성들이 가나안 땅에서 잘살다 보니 하나님을 멀리했습니다. 하나님 없이도 잘 살아갈 줄로 알았습니다. 하나님과의 관계는 거의 단절된 상태였습니다. 교통이 두절된 상태였습니다. 하나님께서 선택하여 땅 끝까지 복음을 전하는 데 쓰시려고 하는 이스라엘 백성들이 이 꼴이 되었습니다. *바벨론을 통하여 포로 생활로서 일정 기간 훈련소에서 훈련시키듯 이스라엘을 바로잡아 관계를 다시 회복시키겠다고* 선언한 것이 *본문입니다. 이스라엘이 선수를 친 것이 아닙니다. 하나님께서 선수를 치신 것입니다.* "그들의 마음에 온전한 마음을 주어 내게 돌아오게 하여 나는 그들의 하나님이 되고 그들은 내 백성이 되리라"고 하신 말씀이 바로 그런 뜻입니다.[14]

타종교와 기독교는 공통점이 많다. 하지만 차이점이 하나 있다. 타종교는 인간이 신을 찾아가는 것이고, 기독교는 하나님이 먼저 사람을 찾아와 비뚤어진 관계를 회복시키신다는 점이다. 그렇다. 모든 은혜와 구원은 하나님에게서 와야 한다. 이 점을 김 목사가 확실하게 잘 정리하고 있음을 본다.

다른 예를 살펴보자.

> *"하나님은 절대로 나를 버리지 아니한다"*는 신념과 신앙이 그로 하여금 잃어버렸던 가정의 행복을 되찾게 했고 잃어버렸던 모든 것을 다시 되찾게 했던 것입니다. 그전에 *하나님과의 바른 관계가 먼저 회복되었다는 것을 알아야 합니다.* 여러분들에게 불행이 닥쳐온다고 할지라도 하나님

은 절대로 여러분을 버리지 아니하십니다. *하나님과 관계를 늘 바로 가지시기를 바랍니다.* 아무리 가난하고 어떤 고난과 역경과 불행 속에서라도 *하나님과 관계를 바로 가지면 됩니다. 하나님은 절대로 우리를 버리지 아니하십니다.* 하나님께서 잃어버렸던 모든 것을 되찾아 주실 줄을 명심하시기 바랍니다.[15]

하나님을 멀리하고 잘될 사람이 어디 있습니까? *하나님을 가까이하고* 손해 보는 사람이 어디 있습니까? *하나님과의 관계*는 *아주 돈독하고 깊을수록* 그 자체가 은혜입니다. 하나님과의 관계는 멀어질수록 불행해지는 것입니다. 하나님께서 선수 쳐서 가까이하자 할 때 가까이하십시오. 이것이 *하나님과의 바른 관계*를 갖게 되는 은혜입니다.[16]

김창인 목사는 자신의 설교집에서 우리를 향한 하나님의 사랑하심과 우리와 하나님과의 바른 관계를 매우 중요시함을 볼 수 있다. 우리 신앙인들에게 가장 소중한 것은 하나님과의 바른 관계다. 이것이 제대로 정립되어 있지 않으면 성도의 신앙은 길을 잃고 갈팡질팡해질 수밖에 없다. 그런 점에서 김 목사는 하나님 중심의 가치관에 기초한 설교자로 평가할 수 있다.

그다음 실례다.

본문에 "구원에 이르도록 자라게 하려 함이라 너희가 주의 인자하심을 맛보았으면 그리하라"고 기록되어 있는데, 이 말씀의 뜻은 우리의 믿음이 계속적으로 자라야 한다는 말입니다. 그러면 우리가 구원을 얻지 못하였느냐 하면 그렇지는 않습니다. 왜냐하면 우리는 이미 구원을 받아놓았습니다. 즉 *현재적인 구원*입니다. 그러나 *구원의 완성*은 이다음 주님께서 재림하실 때 우리의 몸이 신령한 몸으로 부활하게 될 때에 이루어지는 것입니다. 즉 *앞으로 받을 구원*입니다.[17]

구원의 현재성과 미래성에 대해 구분해서 잘 설명하고 있음을 보라. 대부분은 구원의 과거성만을 알고 가르치는 경우가 많은데, 김 목사는 구원의 편협성이 아닌 구원의 폭넓고 다양한 측면을 골고루 밝히고 있다.

또 다른 예를 소개한다.

부활하신 예수님을 본문에서는 "하나님께는 택함 받은 예수"라고 하였습니다. 왜 그 많은 죽은 사람 중에 하나님께서 예수를 택하여 살려내셨느냐, 혹은 예수님이 부활하신 것이 나와 무슨 상관이 있느냐 할지 모르지만 *죽으신 예수께서는 우리의 죄를 위해서 죽으신 것입니다.* 그리고 *부활하신 예수님의 그 의를 우리가 힘입어 의인이 되는 것입니다.* 결국 예수님은 믿는 우리들에게 자기의 의를 주시는 것입니다. 이렇게 될 때 비로소 우리는 의롭다 함을 얻습니다. 그래서 하나님 앞에 갈 때에는 부활하신 예수님의 의를 힘입어 나아갑니다. 너도나도 예수님의 '의'를 힘입는 까닭에 구원에는 차별이 없습니다. 예수님이 부활하시지 못했다면 혹시 나의 죄는 해결했을지는 모르지만 예수님의 '의'는 힘입지 못합니다. 그래서 구원 얻은 사람은 자기의 의를 내세우는 것이 아니라 부활하신 예수님이 우리에게 입혀 주신 그 의를 힘입어 구원 얻게 되는 것입니다.[18]

예수 그리스도의 죽으심과 부활하심이 우리에게 어떻게 달리 적용되는가에 대해 제대로 구별해서 알고 가르치는 설교자가 몇이나 될까? 우리의 죄를 위해 죽으신 예수 그리스도와 우리의 의를 위해 부활하신 예수 그리스도를 구분해서 소개하는 김 목사의 성경 실력은 정말 대단하다 칭찬할 만하다.

'종두득두'(種豆得豆)란 사자성어가 있다. '콩 심은 데 콩 나고 팥 심은 데 팥 난다'는 뜻이다. 그렇다. 건전한 성경관과 신학적 배경을 가진 사람에게서 영양 만점인 말씀의 식단이 차려지는 법이다. 음식이 아무리 맛있다 하더라도 영양이 결핍되거나 건강에 해가 된다면 어떻게 되겠는가?

그가 아무리 이 시대의 출중한 설교가 중 한 사람이요, 천부적인 설교의 자질을 타고났다 하더라도 성경이 기초가 되어 하나님 절대주권 사상이나 성경의 핵심인 예수 그리스도와 그분의 십자가 복음, 전도와 선교를 지향하는 건전한 성경관과 신학적 배경이 뒷받침되지 않는다고 한다면, 우리는 그의 설교를 결코 위대한 설교로 인정할 수 없다.

그의 설교집을 낱낱이 파헤쳐 보면, 김 목사는 철저히 하나님의 절대주권과 하나님과의 바른 관계와 예수 그리스도의 죽으심과 부활 신앙에 기초한 성경주의자이자 복음주의자가 틀림없는 것으로 판단된다.[19]

김창인 목사가 어떻게 해서 능력 있는 말씀의 도구로 쓰임 받게 된 것인지 궁금한 이들이 많을 것이다. 그와 함께 사역했던 손병인 목사와 최철용 목사에게서 그 비결 중 하나를 확인해 볼 수 있었다. 손 목사와 최 목사에 의하면, 그는 언제나 성경과 책에만 몰두하고, 매 주일 낮 예배만 일곱 번을 드리면서도 중간중간 짬이 날 때마다 새 성경에 자를 대고 빨간 볼펜으로 줄을 치면서 성경을 읽는 김창인 목사의 모습을 그들은 자주 보았다고 한다.[20]

그렇다. 원인 없는 결과는 없다. 광성교회가 4만 5천 명의 대형 교회로 부흥, 성장하게 된 가장 큰 이유 중 하나가 김 목사의 탁월한 설교에 있는데, 그 놀라운 설교가 하나님 말씀에 대한 그의 깊은 사랑임을 확인할 수 있다.

조나단 에드워즈는 자신이 20대에 성경에 집착했던 이유를 이렇게 고백한다. "말씀을 그렇게 꾸준히 지속적으로, 그리고 자주 공부했던 것은 내가 그 진리 속에서 성장하는 것을 보기 위해서, 그리고 단순히 인식하기 위해서였다."[21]

설교자는 연구를 게을리 하지 말아야 한다. 공부하고 책읽기를 좋아하지 않는 사람은 설교자 되기를 포기하는 것이 좋다. 설교자라면 무엇보다 하나님의 말씀인 성경을 공부하고 성경을 묵상함에 깊이 빠져 있는 사람이어야 한다.

물론 아무리 하나님의 말씀을 사랑한다 할지라도 제대로 된 성경관과 신학적 입장을 갖고 있지 않으면 무슨 소용이 있겠는가? 설교자로 나섰다면 김창인 목사의 성경 사랑과 그의 올바른 성경관과 신학적 관점을 배우고 도전 받기를 바란다.

chapter 6

성경 해석학적 특징

1. 충실한 원어 분석

친하게 지내는 출판사 대표가 있는데 그와 종종 식사를 하곤 한다. 그와 식사를 하면서 알게 된 사실이 하나 있는데, 그가 찾는 식당들은 모두 값비싼 가격으로 소문난 곳이라는 것이다. 언젠가 그와 우리 내외가 수원에 있는 한 유명 식당에서 양념 소갈비를 시켜 먹었는데, 계산할 때 보니 17만 원이나 나왔다. 나 혼자 식사하면 30번 정도 먹을 수 있는 가격의 식사를 한 끼에 해치우다니! 그날은 내가 계산했기에 속이 좀 더 불편했던 게 사실이다.

그러다 문득, 그가 그렇게 비싼 식당만 찾아가면서 식사하는 이유가 뭔지 궁금했다. 그의 설명에 의하면, 건강을 위해선 김치든 고기든 중국산이 아니라 국산이어야 한다는 것이다. 중국산은 저질이고 건강에도 해로운 경우가 많기 때문에 음식 값이 비싸더라도 고급 식당을 찾는다는 것이었다. 그 덕분에 요즘 내 입이 호사를 누리게 되었는데, 역시 비싸게 지불한 음식이 맛도 좋고 영양도 만점인 식단들이었음을 절감했다.

설교 역시 마찬가지다. 설교가 아무리 재미있고 맛깔스럽게 전개된다 하더라도 영양 만점인 성경 본문이 없다면 무슨 소용이 있겠는가? 본문 없는 설교, 본문이 무시된 설교, 본문을 들러리 세운 설교는 설교라 할 수 없다. 적어도 강해설교가 되려면 우선 성경 본문 석의와 관찰에 충실해야 한다.[22] 철저한 본문 분석이 없이는 양질의 영적 식단이 차려질 수 없기 때문이다. 본문으로부터 영적인 자양분을 고스란히 추출해 내지 않는 설교자가 어찌 양 떼에게 신선한 양질의 꼴을 먹일 수 있겠는가?

설교자는 설교 원고를 작성하기 전에 먼저 철저한 성경 주해자(exgete)가 되어야 한다. 본문이 의미하는 바가 무엇인지, 본문 기자의 의도와 핵심 메시지가 무엇인지를 잘 파악한 이후에 설교 준비를 시작해야 한다. 따라서 성경을 해석하는 자는 먼저 본문의 단어나 동사와 같은 문법적인 원어 연구를 소홀히 해서는 안 된다.[23]

물론 본문 연구와 분석에 너무 많은 시간을 낭비하거나 설교 시에 원어를 남발함으로 설교를 망치는 경우는 피해야 한다. 그렇다 하더라도 본문을 이해함에 결정적으로 영향을 미치는 단어나 문장에 대해서는 충실한 해석과 설명이 필요하다.[24]

구체적인 예를 들어 보자. 에베소서 4장 22-24절은, "너희는 유혹의 욕심을 따라 썩어져 가는 구습을 따르는 옛 사람을 벗어 버리고 오직 너희의 심령이 새롭게 되어 하나님을 따라 의와 진리의 거룩함으로 지으심을 받은 새사람을 입으라"라고 했다. 옛 사람을 벗어 버리고 새사람을 입으라는 말이다.

그런가 하면 골로새서 3장 9-10절은, "너희가 서로 거짓말을 하지 말라 옛 사람과 그 행위를 벗어 버리고 새사람을 입었으니 이는 자기를 창조하신 이의 형상을 따라 지식에까지 새롭게 하심을 입은 자니라"라고 했다. 옛 사람을 벗어 버리고 새사람을 입었다는 말이다.

성경 속에서 완벽한 모순이 보인다. 에베소서는 성도들이 아직 옛 사람을 벗어 버리지 않았기에 새사람을 입으라고 한 반면, 골로새서는 옛 사람을 벗어 버리고 새사람을 입었다고 말한다. 어찌된 일일까? 둘 중 어느 말이 사실일까? 원어 성경이 아니고서는 해결 방법이 없다.

김창인 목사의 설교 속엔 원어가 자주 활용되고 있음을 본다. 그는 '좋은 번역본'보다는 원문을 직접 번역해서 설명하는 방식을 즐겨 취함을 볼 수 있다. 그럼 그 실례들을 하나씩 살펴보자.

> '외식'이란 안과 밖이 다른 것입니다. 이것은 집에 있을 때와 직장 나갔을 때, 예배드릴 때와 밖에 나갔을 때가 다른 것을 말합니다. 이런 사람일수록 교회 와서는 거룩한 체하지만 밖에 나가면 별짓을 다하고 있습니다. 그러니까 이 *'외식'이란 원문의 뜻은 '영화배우들이 하는 연기와 같다'*는 말*입니다.* 즉 가정을 가진 사람도 연기를 할 때는 남의 여자나 남자하고도 부부지간이 되기도 합니다. 이렇게 안과 밖이 다르게 살아간다면 믿음에 무슨 도움이 되겠습니까?[25]

'외식'이라는 단어의 원문의 뜻이 '배우들이 하는 연기와 같다'라는 것임을 잘 소개하고 있다.

> 신약성경을 쓴 원문이 되는 *헬라말도 '믿다'와 '충성하다'*는 *말의 어근이 똑같습니다.* 그 뿌리를 찾으면 똑같은 말인데 '믿다'와 '충성하다'로 쓰고 있습니다. 이처럼 믿음과 충성은 절대 따로 떨어질 수 없습니다. 믿으면 반드시 충성하게 되어 있고 충성한다면 그 사람은 믿음이 있다는 것입니다.[26]

신약성경 원문에서 '믿다'와 '충성하다'의 어근이 똑같음을 언급하면서, 두 단어가 의미적으로 서로 연결되어 있음에 대해 김 목사는 잘 설명하고 있다.

> "이 은혜에 굳게 서라"라는 말씀을 (원어대로) 직역을 하면 '은혜 안에 너

의 자리를 잡으라'는 뜻입니다. 즉 *은혜라고 하는 테두리 안에 너 자신을 고착시키라는 말씀입니다.* 어떤 경우에도 움직이지 않고 흔들리지 않도록 *그 자리에 못을 박아 놓으라*는 말과 같은 뜻입니다.[27]

'은혜 안에 굳게 서라'라는 말의 원어적 의미가 '은혜라는 자리에 못을 박아 놓으라'라는 뜻임을 잘 밝히고 있다.

"배에 있는 사람들이 예수께 절하며 가로되." 여기 '절한다'는 말의 헬라어 원문은 '프로스퀴네오'(proskwineo)입니다. 이 *'프로스퀴네오'라는 말은 우리 성경에는 세 가지로 번역되었습니다.* 첫째는 '절한다', 둘째는 '경배한다', 셋째는 '예배한다'고 번역을 했는데, 이 말은 특히 예배한다는 말로 많이 쓰이는 말입니다. 우리는 예수님께 절을 한다는 것은 실감이 잘 안 납니다. 예수님이 지금 보이는 분으로 안 계시기 때문에 그렇습니다. 우리의 피부에 와닿는 것은 예수님께 예배한다는 말입니다.[28]

'절하다'의 헬라어인 '프로스퀴네오'의 원어적 의미가 세 가지로 다양하게 설명될 수 있음이 보이는가?

'심복'이 무슨 뜻입니까? 신약성경은 본래 헬라어로 기록되어 있습니다. 그래서 헬라어를 신약의 원문이라고 합니다. *헬라어에 '심복'이라는 말은 '내장'이라는 뜻입니다. '심장, 위장, 대장, 소장, 직장, 췌장, 간장, 비장, 신장' 등이 전부 내장입니다.* 내장이 보입니까? 보이지 않습니까? 보이지 않는다고 내장들이 쉬고 있습니까? 꾸준히 자기들의 일을 하여 그 사람으로 살고 일하고 사람이 되게 해 줍니다. 그렇기 때문에 내장이라고 하

는 것은 매우 중요한 기관입니다.[29]

우리말 '심복'의 원어적 의미가 유대인들의 사고 속에는 짐승의 아주 중요한 부분인 '내장' 혹은 '신장'임을 잘 밝혀 주고 있다. 우리는 뇌나 심장을 중요시 여기지만, 유대인들은 내장이나 신장을 중요하게 생각한다. 그 속에 마음의 자리가 있다고 생각하기 때문이다. 원어적 의미를 소개하는 것은 오늘의 청중에게 색다른 맛을 보일 수 있을 것이기에 흥미로운 일이 될 것이다.

유대 사람들은 '진실'이란 말과 '믿음'이란 말을 따로 쓰지 아니합니다. '아멘'이란 말을 '믿는다, 진실하다'라는 뜻으로 같이 씁니다. 본문은 유대 사람들이 쓰는 히브리말은 아닙니다. 본문은 물론 *'알레또스'(alethos)라고 해서 헬라 사람들이 쓰는 말입니다.* 그러나 *히브리 사람들 즉 주님의 제자들이 쓰는* 말은 '알레또스'란 말이 아니라 *'아멘'(amen)이었습니다. 그 사람들은 믿는다는 것과 진실하다는 말을 하나로 보았습니다.*[30]

구약성경은 히브리어로 기록되어 있습니다. *히브리어로 '충성한다'는 말을 '아만'이라고 합니다. '아만'이라는 말은 성경에서 찾아보면 어떤 곳에서는 '충성한다'라고 번역을 했고 어떤 곳에서는 '믿는다'라고 번역을 했습니다.* 그래서 '충성한다'는 말의 뿌리를 찾아가면 '아만'이고 '믿는다'라는 말의 뿌리를 찾아가면 역시 '아만'입니다. 그러니까 히브리 사람들, 즉 유대 사람들은 충성과 믿음을 전혀 별개의 것으로 보지 않았다는 것입니다. 충성과 믿음을 하나로 본 것입니다. 이 말을 설명 드리면 "네가 믿음이 있느냐? 그러면 충성할 것이다"라는 것입니다.[31]

유대인들이 '믿다'와 '충성하다'라는 뜻을 가진 히브리어 '아만'이나, '아멘'과 '진실한'이란 뜻을 가진 헬라어 '알레또스'를 공히 사용하고 있음을 소개하는 김 목사의 원어 실력을 보라.

은혜란 '카리스'(karis)라는 말로서, 즐겁게 해 주는 쇼(show)라는 뜻입니다. 쇼를 보면 즐겁듯이 은혜를 받으면 즐겁다는 뜻입니다. 즉 은혜를 받으면 지워지지 않고 두고두고 생각나며 즐겁게 되는 것입니다.[32]

위의 실례 역시 원어의 뜻을 밝힘과 동시에 그것을 현대인들이 이해하기 쉬운 실례를 들어서 설명하고 있음에 주목하라.

이처럼 원문에 충실하면서도 청중이 이해하기 쉽게 비유를 들어 설명하는 김 목사의 탁월한 원어 활용력은 그를 모범적 설교가 중 한 명으로 손꼽게 하는 최고의 주특기라 생각된다.

우리말 성경의 번역에는 문제가 많다. 다시 말해서, 우리말 번역본이 온전하지 않단 말이다. 제대로 번역된 구절이 있는가 하면 그렇지 못한 구절도 뒤섞여 있다. 때문에 설교자는 반드시 원문과 대조해서 청중에게 보다 깊고 성경적인, 원문에 가까운 내용을 전해야 함을 늘 기억해야 한다.

2. 히브리적 사고와 표현 설명

예수님이나 바울 등 성경을 기록한 사람들의 사유 체계는 '히브리-셈적' 사유 체계나 사고방식이다. 그런데 오늘날 서구 전통의 교육을 받은 사람들은 거의 대부분 '그리스-로마식' 사유 체계나 사고방식을 갖고 성경을 읽는다.[33] 다시 말하면, 성경이 일차적으로 히브리인들에게 주어진 동양의 서적임에도 서구 문화의 색안경을 낀 채 성경을 읽는 잘못된 버릇을 갖고 있단 말이다. 따라서 오늘날 성경을 읽는 우리는 히브리적 사고와 관점대로 해석할 필요가 있다.[34] 구체적인 예를 하나 들어 보자.

고령은 하나님 축복의 상징이자 존귀의 원천으로 여겨졌다. 잠언 16장 31절은, "백발은 영화의 면류관이라 공의로운 길에서 얻으리라"라고 했다. 또한 욥은, "늙은 자에게는 지혜가 있고 장수하는 자에게는 명철이 있느니라"(욥 12:12)라고 했다. 중동에서는 지금도 누군가를 나이보다 어리게 보는 것을 결례로 여긴다.

성경 시대에 젊음은 불리한 것이었다. 예레미야는 처음 선지자로 부르심을 받았을 때 자신이 너무 어려서 아무도 자기 말을 듣지 않을 것이라며 거절했다(렘 1:6). 마찬가지로 바울은 제자 디모데를 격려하며, "누구든지 네 연소함을 업신여기지 못하게 하고"(딤전 4:12)라고 했다.[35]

현재의 우리는 '노화'를 '좋은 일'로 여기는 사회를 상상하지 못한다. 유대인의 사고와 오늘 우리의 사고에 이렇게 커다란 차이가 있음을 절감한다.

이상 앞에서 간단히 살펴본 바와 같이, 히브리인의 사유 체계로 기술된 구약성경과 예수 그리스도의 증언은 그 사유 체계에 있어서 서로 일맥상통한다. 따라서 구약과 신약의 말씀을 정확히 이해하기 위해서, 우리는 '히브리인의 사유 체계'를 가지고 읽어야 한다.

아래의 내용을 읽어 보면 김 목사의 설교 속에 히브리적 사고방식의 해석이 설명되고 있음은 결코 놀라운 일이 아님을 알 수 있다.

우리가 베델 공부를 하게 될 때 처음 시간에 배우는 것이 히브리 사고방식과 헬라 사고방식의 차이입니다. 히브리 사람들, 즉 이스라엘 사람들의 생각하는 방법과 이방 사람의 대표로 헬라 사람의 생각하는 방법은 어떠한가 하는 것입니다. 사람이 같은 한 가지 물건을 보면서도 사고방식에 따라 전혀 각도가 갈라집니다. 그것을 먼저 배우는데, *히브리 사람들은 항상 '왜?'라고 묻습니다.* 무슨 일을 당하거나 보거나 항상 '왜?'라는 말로 묻고, *헬라 사람들은 항상 '어떻게?'라는 말로 묻습니다.*

그러면 '왜?'와 '어떻게?'가 무엇이 다릅니까? 예를 들어서, 내가 왜 먹어야 되고, 왜 살아야 되고, 왜 내가 사업을 해서 돈을 벌어야 하고, 왜 장가를 가야 되느냐 하는 그 '왜?'라는 것을 묻습니다. 그래서 '왜?'라고 하는 것은 목적을 묻고 있다는 말입니다. 즉 거기에는 까닭이 있습니다. 까닭과 목적을 찾는 것입니다. 하나님 때문에 하나님을 목적으로 일하고 먹어야 된다는 것이 그들의 해답입니다. 그래서 그들은 항상 하나님께 초점을 맞춥니다. '왜?'라고 할 때 그 원인이나 목적은 하나님입니다. 그런데 헬라 사람들은 항상 '어떻게?'라고 묻습니다. 그 사람들의 '어떻게?'라는 말은 방법을 말합니다.

일을 할 이유와 목적은 그다음이고 일을 어떻게 할 것이냐 하는 방법을 항상 연구합니다. 그래서 그들은 철학적인 면이나 과학적인 면에서 많은 발전을 했습니다. 과학이나 철학은 어떤 목적이 아니라 방법입니다. 그렇기 때문에 히브리 사람들에게는 종교가 발전을 했고, 헬라 사람들에게는 철학과 과학이 발전을 합니다. 천국의 일꾼은 우리가 왜 천국의 일꾼이며, 왜 천국을 위해서 일해야 되느냐 하는 목적과 까닭을 묻는 의미가 내포되어 있습니다. 천국의 일꾼은 무슨 목적으로 어떤 일을 해야 되는 사람이냐 하는 것을 말씀드리려고 합니다.[36]

이처럼 히브리 사람들과 헬라 사람들의 사고에 있어서의 차이를 아주 정확하고 구체적으로 잘 파악하고 있는 김 목사의 설명은 그가 얼마나 준비된 설교자인가를 제대로 보여 주고도 남음이 있다.

이제 김 목사의 히브리적 관점의 설명에 관해서 몇 가지 실례를 살펴보기로 하자.

그러니까 "내가 엎드러지다", "어두운 가운데 앉다"는 말은 같은 말인데 *히브리 사람들은 비슷한 말을 거듭하여 강조하는 표현 방법을 쓰고 있습니다.* "어두운 가운데 앉다", 혹은 "엎드러지다"는 말은 '함정에 빠지다'라는 뜻입니다. 함정에 빠지면 살아날 재간이 있습니까? 함정 가운데 빠지면 살아 나오지를 못하는 법입니다. 그렇지만 미가는 살아 나온다고 합니다.[37]

비슷한 말을 여러 번 표현하는 히브리 사람들의 강조법에 대한 김 목사의 설명이 본문의 내용을 파악하는 데 적잖은 도움을 주고 있음에 주목하라.

바울 사도는 항상 하나님 앞에 기도한다는 것입니다. 기도할 때 로마 교인들을 위해서 빼놓지 않고 하는데, 직접 로마에 죽기 전에 꼭 한 번 가서 전도하고 싶다는 말입니다. 그것을 위해서 항상 기도하였고, 항상 기도한다 할 때 우리 생각에는 어떻게 항상 기도하느냐, 그것은 '기도하는 마음으로 살라는 뜻일 것이다'라고 생각할 것입니다. 그러나 *히브리 사람들, 즉 유대 사람*들은 항상 기도하라고 할 때 24시간을 기도하는 마음으로 살아가라 하는 그런 뜻으로 쓴 것은 아닙니다.

성경을 우리 한국 사람이 썼다면 한국 사람의 사고방식대로 해석을 해도 되지만 *히브리 사람들, 즉 유대 사람들이 썼기 때문에 그들의 사고방식으로 해석을 해야 됩니다.* 유대인들은 '항상 기도하라, 항상 기도한다' 할 때에, 이 같은 뜻으로 그 말을 썼습니다. 즉, 그 사람들은 하루에 세 번 꼭 시간을 정해 놓고 기도합니다. 짧게 기도하느냐, 오래 기도하느냐 하는 것은 그 사람 마음대로입니다. 그러나 기도 시간 세 번을 정해 놓은 건 모든 이스라엘 사람들이 똑같습니다. 6시, 9시, 12시입니다. 6시는 우리 시간으로 12시입니다. 그 시간만 되면 만사를 제쳐놓고 다 기도하는 것입니다. 요즈음은 몰라도 적어도 당시만은 그랬다는 것입니다. 그러므로 '항상 기도하란 말'은 '정해 놓은 그 세 시간을 빠지지 말라'는 것입니다.[38]

항상 기도한다고 할 때 히브리 사람들의 의미가 무엇인지를 차별화해서 소개함은 본문 기자의 의도를 파악하는 데 필수적인 과제인데, 김 목사는 이를 잘 수행하고 있다.

시편 23편 1절에서 6절까지 있는 말씀을 가지고 "여호와는 나의 목자"라는 제목으로 말씀드립니다. 성경에는 우리가 믿는 하나님을 여러모로 표현했습니다. 왕으로 우리들에게 표현해 주기도 하십니다. 하나님은 왕이시고 우리는 그의 백성이라는 말입니다. 왕으로 묘사할 때는 다스리고 통치하시는 하나님의 능력, 주권을 위조로 해서 말씀하시는 것입니다. 다음에는 농부라고 표현하기도 합니다. 예수님이 하신 말씀 가운데서 나는 포도나무요, 너희는 가지요, 아버지는 농부라고 하십니다.

우리가 잘 아는 대로 기독교 아닌 다른 종교에서, 성경 아닌 다른 경전에서는 자기들이 믿는 신을 가리켜 농부라고 표현하는 경우는 없습니다. 왜냐하면 농부라고 하면 그때 당시 그렇게 존경을 받는 직업이 아니었기 때문입니다. 어떤 면에서는 천히 여김을 받는 대상이었습니다.

히브리 사람들의 표현 방식은 참으로 묘합니다. 자기들이 보는 대로, 가장 가까이 있는 것으로 우리 피부에 와닿도록 실감 있게 말합니다. "여

호와는 나의 목자"라고 할 때 솔직히 말해서 그때나 지금이나 목자가 그렇게 훌륭한 신분은 아닙니다. 그런데도 하나님을 '목자'라고 하였습니다. *목자나 농부는 다 잘되기를 바라는 존재입니다.* 농부는 포도나무를 심고 가꿔서 열매 맺도록 잘 돌봐주고 키웁니다. 농부에게는 포도나무가 잘되는 것이 바로 자기의 성공이고, 목자는 양을 잘 돌봐서 양이 잘되는 것이 자기의 성공이라고 할 수 있습니다.

구체적으로 이야기하면, *우리는 하나님과 불가분의 관계에 있다고 하겠습니다. 목자를 떠난 양은 살 수가 없고, 농부 없는 포도나무가 성공할 수 없는 것처럼, 하나님을 떠나서는 우리들의 존재 이유나 목적도 찾을 수 없고 성공할 수도 없다는 뜻입니다.*[39]

김창인 목사는 은퇴한 지 20년이 가까운 구세대 목회자에 속하면서도 히브리적 사고와 관습으로 본문을 이해하기 쉽게 설명함을 본다. 그가 1세기의 문화와 히브리적 사고방식 속으로 들어가는 여행길로 우리를 인도하는 실례를 보노라면 감탄하지 않을 수 없다.

3. 하나님과 바른 관계의 신학

나는 '설교의 대명사', '설교의 요리사', '설교의 예술가'라는 별명을 가진 목사님 밑에서 사역을 하다가 유학을 갔다. 지금 97세로 생존해 계시긴 하지만 이젠 기력이 많이 쇠하셨음을 본다. 전도사와 부목사 시절 그분의 설교가 얼마나 좋았던지, 내가 설교학 교수가 되는 데 그분이 끼친 영향은 절대적이라 볼 수 있다.

그분이 설교 속에서 강조하는 주제들이 여러 가지 있지만, 그중 제일 중요하게 여긴 주제는 '하나님과의 바른 관계'였다. 그렇다. 인간의 최고의 복은 그분과의 올바른 관계다. 첫 인류였던 아담과 하와가 마귀의 유혹을 뿌리치고 하나님과 바른 관계를 유지했더라면 세상은 어떤 모습으로 바뀌었을까? 그분과의 관계가 깨어지면 비극이 찾아온다. 오늘 우리에게도 마찬가지다.

김창인 목사가 이 사실에 대해서 깊이 인식한 설교자였음을 그의 설교를 통해 확인할 수 있다. 몇 가지 실례를 소개해 본다.

> 하나님께서는 만복의 근원이 되십니다. 하나님을 멀리하고 잘될 사람이 어디 있습니까? 하나님을 가까이하고 손해 보는 사람이 어디 있습니까? 혹시 손해를 본다 할지라도 끝을 좋게 해 주겠다고 하나님은 말씀하십니다. 그래서 하나님과의 관계는 아주 돈독하고 깊을수록 그 자체가 은혜입니다. 하나님과의 관계는 멀어질수록 불행해지는 것입니다. 그 관계를 회복시키고 뜨겁게 하시는 데 하나님께서 선행적 행동을 하신다는 것입니다. 얼마나 귀한 복이요, 은혜입니까? 하나님께서 선수 쳐서 가까이하자 할 때 가까이하십시오. 이것이 *하나님과의 바른 관계*를 갖게 되는 은혜입니다. 이 관계의 은혜로 우리는 형통하고 인생은 승리할 것입니다.[40]

> 회복이라고 하는 말은 '잃어버린 것을 되찾는다'는 말입니다. 잃어버린 것이 없는데 무슨 회복이 있겠습니까? 회복이란 반드시 잃어버린 것이 있어야 합니다. 그것을 되찾는 것을 '회복'이라고 하기 때문입니다. 가장 귀중하고 꼭 필요로 하는 것을 잃어버렸다 혹은 빼앗겼다고 할 때 되찾으려고 하지만 내 힘으로 되지 않을 때가 있습니다. 그런 경우에는 하나님과의 관계를 먼저 회복하셔야 합니다. 하나님과의 관계가 어떤가를 먼저 생각해 보십시오. *하나님과의 관계가 회복될 때 이런 것들도 회복될 수 있습니*

다. 내가 그렇게 중요한 것을 잃어버렸다면 하나님과의 관계가 잘못되어 있을 수 있습니다. 즉 그것을 잃어버리기 전에 하나님과의 관계가 뒤틀리지 않았나 되돌아보아야 합니다. (…)

여러분들에게 불행이 닥쳐온다고 할지라도 하나님은 절대로 여러분을 떠나지 아니하십니다. 하나님과 관계를 늘 바로 가지시기를 바랍니다. 아무리 가난하고 어떤 고난과 역경과 불행 속에서라도 *하나님과 관계를 바로 가지시면* 됩니다.[41]

하나님과의 바른 관계가 얼마나 중요한 것인지를 거듭해서 잘 드러내 주고 있다. 김 목사의 신학은 그것으로 끝나지 않는다. 다음의 두 실례들을 참조해 보라.

성경을 두 가지로 구분할 수 있습니다. 한 부분은 나와 하나님과의 관계입니다. 하나님을 먼저 생각해야 되는 것입니다. 한 부분은 나와 너와의 관계입니다. 네가 없으면 나만으로는 살기 어렵습니다. 네가 없으면 아내도 없고 아들도 딸도 없는 것입니다. 그래서 반드시 네가 있어야 합니다. 그러니까 한쪽은 너와의 좋은 관계를 가지고 살라는 것이 성경입니다. *이처럼 하나님과의 관계 또는 너와의 관계를 잘 조화시킨 믿음이 바로 믿는 믿음입니다.* 그런데 어떤 사람은 너는 내 알 바 아니라는 태도를 보이기도 합니다. 죽든지 살든지 너는 알 바 아니고 나는 나 하나로 만족하여 이웃을 나 몰라라 한 것이 제사장과 레위인의 태도입니다. 그러다 보니까 이웃에게 욕이란 욕은 다 먹게 됩니다. 이것이 문제가 되는 것입니다.

우리는 먼저 하나님을 생각하는 것은 말할 것도 없고, 그다음에 내가 나 자신을 생각하면서도 반드시 너를 의식하며 살아야 합니다 … 그렇기 때

문에 나만 생각하지 말고 하나님을 생각하는 동시에 너를 의식하고, 너를 생각하며 살라는 것이 성경입니다. 이런 믿음을 가진 사람이 제대로 믿는 사람이요, 하나님이 인정하는 믿음입니다.[42]

하나님이 인간을 창조하신 다음에 조화를 이루며 살게 하신 이유가 여기에 있습니다. 그래서 *하나님과 먼저 조화를 이루어야 합니다. 바꾸어 말하면, 하나님과 정상적인 관계를 갖고 살아야 합니다. 하나님과 등을 지게 되면 되는 것이 없습니다. 그다음에는 이웃과 조화를 이루어 살게 하셨습니다.* 왜냐하면 사람이 원수 맺고 어떻게 잘됩니까? 원수가 잘되도록 내버려 두지 않기 때문입니다. 그러니까 조화를 이루고 이웃과 사이좋게 살라는 뜻입니다.[43]

김 목사는 하나님과의 바른 관계만 중요한 것이 아니라 이웃과의 관계도 필요함을 균형 있게 가르치고 있다. 십계명을 두 가지로 요약하면 하나님 사랑과 이웃 사랑이다. 위로 하나님과의 수직적인 관계의 중요성과 아래로 주변 사람들과의 수평적인 관계의 중요성을 골고루 강조하는 김 목사는 균형 감각을 지닌 탁월한 설교자라 평가할 수 있다.

4. 하나님과 예수 그리스도 중심의 신학

기독교의 신학은 예수 그리스도 중심의 신학이다. 말씀이 육신이 되신 예수 그리스도가 성경의 핵심이기 때문이다. 우리가 죄와 사망으로부터 해방되어 영원한 생명에 이르는 길은 오직 예수 그리스도이다. 예수가 친히, "내가 곧 길이요 진리요 생명이니 나로 말미암지 않고는 아버지께로 올 자가 없느니라"(요 14:6)라고 선언하셨으며, "나는 부활이요 생명이니 나를 믿는 자는 죽어도 살겠고 무릇 살아서 나를 믿는 자는 영원히 죽지 아니하리니"(요 11:25-26)라고 말씀하셨다. 또한 로마서 5장 18절은, "그런즉 한 범죄로 많은 사람이 정죄에 이른 것같이 한 의로운 행위로 말미암아 많은 사람이 의롭다 하심을 받아 생명에 이르렀느니라"라고 했다. 이처럼 성경은 예수 그리스도의 사랑을 통해 영원한 생명에 이르는 구원의 복음을 기록했다. 따라서 설교자는 항상 그리스도 중심으로 본문을 이해하려고 노력해야 한다.[44]

김 목사의 설교 속에는 예수 그리스도와 그분의 사랑을 전하는 내용이 적지 않다. 대표적으로 몇 가지만 살펴보자.

> 이번에 오시는 강사가 하나님의 말씀을 받고 은혜를 받아서 큰 은혜를 우리에게 배달해 주실 것입니다. 강사가 전해 주는 *말씀만 남고* 강사가 증거하는 *예수님만 남아야 합니다.* 이번 부흥회는 오직 *예수만 남는 부흥회*가 되어야 할 줄로 믿습니다. 이런 부흥회가 성공하는 부흥회입니다.[45]

곧 교회에서 부흥회를 개최할 텐데 예수만 남는 집회가 되면 좋겠다는 김 목사의 메시지는 그가 얼마나 예수님 중심의 설교와 목회를 하고 있는지를 보여 주고도 남는다.

> 기독교에서 말하는 복된 소식이란 이런저런 소식을 다 얘기할 수 있지만, *예수 자신이 우리에게는 복된 소식입니다.* 예를 들어 내 아들이 저 멀리 가서 고생 끝에 성공했다는 소식을 접할 때 그 소식이 나에게 복된 것이 아니라 그 아들 자체가 복된 것입니다. 그러므로 *예수님이 이렇다 저렇다 하는 여러 가지 소식이 우리에게는 복된 소식이 아닐 수 없지만 예수 자신이 우리들에게는 복음이라는 것입니다.* 그래서 *예수님의 생활이 복*

음이고, 예수님의 죽음이 복음이고, 예수님의 부활이 복음이고, 예수님의 재림이 복음이고, 예수님의 전부가 우리에게는 복음입니다. 광야에서 되어진 그 복된 소식은 *예수가 됩니다.*[46]

예수 그리스도가 우리에게 복된 소식, 즉 복음(gospel)이라는 사실을 강조해서 전하고 있음을 보라. 예수 그리스도가 김 목사의 설교 속에 핵심 주제로 여러 곳에서 강조되고 있음을 확인할 수 있다.

5. 균형 잡힌 은혜에 따르는 행함 강조의 흐름

무엇이든 한 방향으로 치우침은 좋지 않다. 나는 육식은 좋아하지만 생선 종류는 일체 입에 못 댄다. 이런 편식은 내 몸에도 좋지 않을 뿐더러 타인에게도 불편함을 끼칠 때가 많음을 절감해 온 사람이다. 영적인 식단에 있어서도 마찬가지다. 나는 설교학을 가르치는 교수로서 신학생과 목회자들의 설교문을 분석해서 비평할 때가 많다. 오랜 경험을 통해 깨닫게 되는 그들의 문제점 중 하나는, 대부분의 설교자들이 '하나님의 은혜' 아니면 '인간의 행위' 둘 중 한쪽으로 치우치는 설교를 한다는 점이다.

이것은 영적인 편식에 해당하는 바, 오늘날 대다수의 설교자들이 청중에게 영양 결핍의 치우친 식단을 먹인다는 의미가 된다. 그런 점에서 성경신학을 전공하지 않은 김창인 목사는 정말 모범적 설교자로서 손꼽기에 부족함이 없어 보인다. 그가 얼마나 영적으로 균형 잡힌 말씀의 수종자인지를 이제부터 하나씩 차례로 추적해 보자.

제가 작년에도 이 본문을 가지고 설교를 한 번 했습니다. 그때는 본문에 나타난 *예수님*에 대해서 말씀했습니다. 첫째로 삭개오를 찾아와 주셔서 만나신 예수, 즉 *만나 주시는 예수*입니다. 둘째로 변화시켜 주시는 예수입니다. 삭개오의 집에 가셔서 하룻밤을 유하면서 삭개오와 그 가정에 변화를 일으켜 주셨습니다. 마지막으로 예수님께서 "이 집에 구원이 이르렀다"라고 선언을 하십니다. 이 이상의 축복의 말씀은 없습니다. 그래서 세 번째로 축복하시는 예수라는 내용으로 말씀을 상고해 본 일이 있습니다. 그러나 오늘은 본문에 나타난 예수님 이야기가 아니라 예수님과 삭개오 사이에 되어진 이야기 중에서 *삭개오의 믿음*에 대해서 상고해 보려고 합니다. 삭개오는 믿음에서 믿음에 이르렀다는 뜻입니다.[47]

누가복음 19장 1-10절에 나오는 삭개오의 본문으로 균형 잡힌 설교를 하는 이들을 거의 본 적이 없다. 대부분의 설교자들은 본문의 등장 인물 중 하나인 삭개오에게 초점을 맞추어서 그에게서 배울 수 있는 장점을 세 가지 정도 언급하는 설교를 하고 있다. 하지만 놀랍게도 김창인 목사는 하나님 중심의 관점과 인물 중심의 관점 중 한쪽으로 치우치지 않고 균형 있게 성경을 해석하는 모습을 볼 수 있다.

본문의 주인공은 삭개오가 아니라 예수님이다. '삭개오에게서 배우는 가르침'이 핵심이 아니라 '잃어버린 삭개오를 찾아오신 예수님'이 주된 포인트다. 때문에 삭개오를 향한 예수님의 선행적인 역사하심에 대한 설교를 먼저 전한 후, 다음엔 삭개오의 믿음에 대한 내용을 주제로 설교하고 있다.

김 목사가 하나님(예수 그리스도) 중심의 관점과 인물(삭개오) 중심의 관점 중 어느 한쪽으로도 치우치지 않은, 균형 잡힌 관점의 성경 해석[48] 능력을 소유했음을 엿볼 수 있는 놀라운 모습이다. 다음의 두 실례도 마찬가지다.

본문을 보면 1절에 "나의 힘이 되신 여호와여 내가 주를 사랑하나이다"

라고 하였습니다. 성경이 말하는 사랑에는 두 가지가 있습니다. 하나는 *'선행적 사랑'*입니다. *'선행적 사랑'*에는 조건이 없습니다. "내가 성공을 했으니까 하나님이 나를 사랑하신다." 이것은 아닙니다. 성공했든 실패했든 하나님께서는 나 자신을 사랑한다 했을 때 조건 없는 *'선행적 사랑'*입니다. 하나님께서 우리에게 베풀어 주시는, 즉 먼저 베풀어 주시는 사랑입니다. 그래서 사도 요한이 요한일서 4장 19절에서 뭐라고 합니까? "우리가 사랑함은 그가 먼저 우리를 사랑하셨음이라"라고 합니다. 우리끼리 사랑을 나누는 것도 우리가 하나님을 사랑하는 것도 하나님이 우리를 먼저 사랑했기 때문이라는 것입니다. 그래서 *'선행적 사랑'*이 있습니다.

두 번째로 *'응답적 사랑'*이 있습니다. 사랑을 받았으니까 나도 응답으로 사랑을 베풀어 주는 것입니다. 여기에는 조건이 있습니다. '사랑을 받았으니 사랑한다'는 것입니다. 하나님이 우리의 사랑을 받았으니 우리를 사랑하는 것입니까? 아닙니다. 그런데 여기서 다윗은 뭐라고 고백합니까? "나의 힘이 되신 여호와여 내가 주를 사랑하나이다." 힘이 되어 주셨기 때문에 사랑하는 것입니다.[49]

베드로가 "주님 사랑합니다"라고 고백했을 때 비로소 예수님께서 "내 양을 먹이라"고 하셨습니다. 사명을 부여해 주신 것입니다. 주님은 "사랑합니다"라는 고백에 그만큼 기뻐하셨다는 것입니다. 여러분, 사랑하면 주님이 베드로를 더 사랑하지 베드로가 예수님을 더 사랑하겠습니까? 예수님이 베드로를 사랑하시는 것은 *선행적 사랑*입니다. 즉 먼저 사랑했다는 말입니다. 베드로가 "주를 사랑합니다"라고 한 사랑은 *응답적인 사랑*입니다. '주님이 사랑하니까 나도 주님을 사랑합니다'라는 뜻이기 때문입니다. 하나님은 먼저 조건 없는 무한한 사랑을 베풀어 주신 다음에 우리들에

게 *응답적 사랑*의 고백을 들으시고, 기뻐하시고, 마음에 들어 하십니다.[50]

물론 우리를 사랑하는 하나님의 사랑은 *선행적 사랑*입니다. 요한일서 4장 19절을 보면 "우리가 사랑함은 그가 먼저 우리를 사랑하셨음이라"고 하였습니다. 우리가 하나님을 사랑하는 것은 하나님이 우리를 먼저 사랑해 주셨기 때문인 것입니다. 먼저 사랑하는 것이 *선행적 사랑*입니다. 우리가 하나님을 사랑하는 것은 절대로 선행적인 사랑이 아니라 먼저 하나님이 우리에게 베풀어 주시는 사랑에 대하여 응답하는 *응답적인 사랑*입니다. 어느 사랑이 더 큰지 아십니까? 하나님께서 먼저 우리를 사랑해 주시는 선행적 사랑이 더 큰 것입니까? 그 사랑을 받고 우리가 응답으로 사랑하는 것은 그것만 못한 사랑입니다. 그러나 우리 살아남아 있는 사람에게는 응답적인 사랑일지라도 귀하고 큰 것이라는 말입니다.[51]

하나님의 '선행적 사랑'과 '응답적 사랑'에 대한 김 목사의 두 설명은 균형 잡힌 영적 식단의 구체적인 실례라 할 수 있다. 다른 실례도 살펴보자.

그러므로 성경은 *'하나님의 주권'*과 *'인간의 책임'*을 분명히 말하고 있습니다. 자칫 잘못하면 '인간의 주권'과 '하나님의 책임'이라는 오류에 빠지기 쉽습니다. *'인간의 책임을 강조하다 보면 인본주의에 빠지게 되고 하나님의 주권만 강조하다 보면 자칫 숙명론에 빠지기 쉽습니다.'*

이 양자를 잘 조화시킨 사람이 세례 요한입니다. 하나님의 주권을 강조하는가 하면 자기의 책임도 강조하여 그는 흥하여야 하겠고 나는 쇠하여야 하리라고 선언하였습니다.[52]

'하나님의 주권'과 '인간의 책임' 중 한쪽으로 치우치지 않은 세례 요한의 예를 들어서 양자 겸비를 균형 있게 강조하는 김 목사의 성경관은 참으로 건전하고 올바르다고 할 수 있다.

우리 교회가 지나간 주일에 산상 부흥회를 했습니다. 그 부흥회에서 많은 은혜를 받았습니다. 하나님의 은혜, 하나님의 복음을 깨달은 바가 크고 많았습니다. 이렇게 *은혜를 받고 깨달았으면 뒤따르는 생활이 있어야 합니다.* 부흥회 기간에는 열심을 내어 박수치며 찬송 부르고 아멘, 아멘 하면서 굉장했는데 그것으로만 끝나고 뒤 끝에 아무것도 남은 것이 없다고 하면 그 은혜가 무슨 의미가 있겠습니까? 아무 의미가 없습니다. 부흥회를 하고 나면 변화가 있어야 되고, *은혜를 받았고 은혜를 깨달았으면 거기에 뒤따르는 생활이 있어야 한다*는 이야기입니다.[53]

'하나님의 은혜'와 '뒤따르는 인간의 생활'(행함)에 대한 김 목사의 치우침 없는 설교의 방향과 내용을 보라.

노력이 50%입니다. 자기 자신이 할 일은 하지 않고 하나님께 100% 다 해 달라고 하면 안 됩니다. 이것은 믿음이 아닙니다. 자기가 할 일은 자기가 다하고 이제는 "하나님이 일할 차례입니다"라고 하나님께 기도하고 맡겨야 합니다. *아무 노력 없이 하나님께만 전적으로 맡기지 마시기 바랍니다. 자신이 할 일을 해야 합니다. 이때 하나님의 도우심이 나타나면 되지 않을 일도 되고 죽어 가는 사람이 살아나는 역사도 일어나는 것입니다.*[54]

'하나님의 은혜'와 '인간의 반응'은 양 날의 검이나 양 수레바퀴가 아니라,

자전거의 앞바퀴와 뒷바퀴로 같이 가야 하는 설교의 방향이다. 이에 관해서는 나의 논문 내용을 참조해 보라.

> 기독교의 복음은 훈계나 책망이나 명령으로 시작하지 않는다. 반드시 '승리와 축복과 위로와 은혜의 선포'로 시작한다. 이것이 바로 '직설법'(indicative)이다. 그러나 그 복음은 직설법으로 끝나지 않고, 명령법(imperative)에 의해 보충되어진다. '명령법'은 '하나님이 우리 위해 이루신 일과 그분의 축복의 약속을 기초로 그분의 자녀들이 해야 할 순종과 행함'을 의미한다. 기독교의 메시지는 항상 직설법으로 출발해서 명령법을 향해 나아가야 한다. 이 중 어느 하나가 빠져서도 안 되고, 순서가 뒤바뀌어도 안 된다.[55]

반드시 '직설법'(하나님의 은혜)이 선행되고 '명령법'(인간의 반응)이 뒤에 발휘되는 순으로 진행되어야 성경적인 방향이라 할 수 있다. 오늘의 설교자들은 이를 자신의 설교 속에 제대로 잘 반영해서 설교하고 있는 김창인 목사의 성경적인 설교에 다시 한 번 주목하기를 바란다.

6. 구약과 신약의 균형

구약과 신약의 비율은 얼마나 될까? 학자들의 주장에 의하면 구약이 77퍼센트, 신약이 23퍼센트 정도를 차지한다고 한다. 그렇다면 세 배 이상이나 많은 구약이 설교자들에게 얼마만큼의 사랑을 받고 있을지 궁금하다.

차준희 교수에 따르면, 2009년 1월부터 2011년 10월까지 12개 교단 27개 교회 주일 오전 설교를 전수 조사했을 때, 설교 본문 중 신약은 63.5퍼센트, 구약은 35.6퍼센트로 집계됐다고 한다.[56] 특히 35.6퍼센트의 구약 본문 중에서는 주로 이사야서가 설교된다고 한다. 그러니 창세기나 시편 그리고 이

사야서의 중요한 내용들 외엔 거의 설교가 안 된다는 말이다.

실제로 조사를 해 보면 구약과 신약이 2:8의 비율로 설교된다는 얘기가 있다. 강해설교로 유명한 영국의 로이드 존스도 구약보다는 주로 신약을 설교한 분으로 유명한데, 자신이 신약을 설교하는 것은 복음에 대한 긴박성과 직접성 때문이라고 밝힌 적이 있다. 확실하게 드러난 신약을 설교해도 시간이 모자라건만 구약까지 설교할 필요가 있느냐는 말이다. 하지만 이는 구약에 대한 무지의 결과로 빚어진 오해다. 구약엔 복음이 들어 있고, 구약 시대가 신약 시대보다 현시대와 더 친숙하다는 사실을 몰라서 그렇다.

김창인 목사의 설교를 분석하면서 놀라게 된 또 한 가지는, 그가 구약을 엄청 사랑한다는 사실과 구약에 대한 지식이 신약에 대한 그것 못지않다는 점이다. 특히 그의 설교집 한 권을 조사했을 때 구약으로 91번을 설교하고 신약으로 93번을 설교했음을 확인할 수 있었다. 거의 1:1의 비율로 설교를 한 셈이다.

다른 설교집도 별반 차이가 없었다. 구약도 창세기, 레위기, 출애굽기, 민수기, 여호수아, 사사기, 룻기, 사무엘상·하, 열왕기상·하, 역대상·하, 에스라, 느헤미야, 욥기, 시편, 잠언, 이사야, 예레미야, 다니엘, 에스겔, 요나, 요엘, 오바댜 등, 대부분의 성경들을 총망라해서 설교함을 볼 수 있었다. 어떤 설교에서는 '옵'이라는 성경이 본문으로 나오기에 처음 보는 내용이어서 오타인 줄 알았는데, 알고 보니 '오바댜'였다. 나는 김 목사의 설교를 연구하면서 오바댜서로 설교한 내용을 난생 처음 접하는 특별한 경험을 했다.

구약도 하나님의 말씀이라면 현재 설교자들은 성도들에게 편식(unbalanced diet)을 시키고 있는 셈이다. 신약도 중요하지만, 구약의 진수가 들어 있는 본문도 더 많이 설교해야 함을 김 목사를 통해 도전받는다.

7. 전후 문맥 및 역사 문화적 배경지식

문맥(context)과 역사 문화적 정황(historical & cultural background)은 성경 해석에 있어 야긴과 보아스와 같은 두 기둥이라 할 수 있다. 성경 본문이 어떻게 서로 연결되고 구성되어 있는지와 어떤 배경에서 기록되었는가를 추적하는 연구야말로 성경 해석에 없어서는 안 될 필수 과정이다.

먼저 성경의 전후 문맥에 대해서 살펴보자. 본문의 정확한 의미를 파악하기 위해서는 반드시 연속된 사상의 흐름으로 연결되어 있는 단락 속에서 본문을 이해해야 한다. 문맥을 파악하기 위해서는 본문의 앞뒤, 더 나아가 책 전체를 여러 번 읽어야 함이 필수적이다.

성경을 해석하는 데 있어서는 부분과 전체, 즉 단어와 문장을 동시에 다루어야 한다. 왜냐하면 단어는 홀로 있지 않고 어떤 특정한 문장이나 문맥 속에 있기 때문이다. 원래 성경 원문은 장이나 절의 구분 없이 처음부터 끝까지 엮여진 것인데, 독자들이 읽고 이해하기 쉽도록 전문가들이 장과 절로 단락을 지어 놓았다. 그래서 성경을 이해하는 데 편리하게 된 것은 사실이지만, 전후 문맥을 설명해 주지 않으면 앞뒤로 함께 연결되는 원래 성경의 자연스런 문맥을 끊어 버릴 위험성이 있기에 설교자들은 이 점을 늘 인식하고 있어야 한다.[57] 문맥을 떠난 해석은 본문을 아전인수 격으로 해석할 가능성이 다분한 위험한 행위다.[58]

또한 성경은 진공 속이 아닌 특수한 역사적 삶의 현장 속에서 기록된 것이다. 성경은 사람의 말로 기록된 하나님의 말씀이다. 하나님의 계시는 이슬람에서 말하는 코란처럼 인간들의 상황과 상관없이 하늘에서 뚝 떨어진 것이 아니라, 인간 저자와 수신자 모두가 살아가는 독특한 상황 속에 주어졌다.[59] 그러므로 당시의 역사적이고 문화적인 배경에 대한 이해는 필수적이다. 그렇지 않으면 제대로 된 강해설교를 할 수 없음을 설교자들은 반드

시 기억할 필요가 있다.[60]

그래서 설교자는 먼저 본문 당시의 역사적이고 문화적인 배경과 관습 등을 참조해야 하며, 그런 다음 그와는 판이하게 다른 현시대에 그것을 어떻게 전달해서 설명하고 적용할 것인가를 판단해야 한다.[61]

설교자들 중 문자적 해석이나 알레고리적인 영해와 같은 잘못된 습관에 빠져 있는 이들의 사례를 보면, 본인이 설교하고자 하는 본문의 특수한 정황에 대한 파악이 거의 되어 있지 않은 경우들임을 알 수 있다. 설교자들은 악트마이어(Paul J. Achtemeier)의 다음 얘기에 귀를 기울여야 할 것이다.

> 만약 설교자가 본문을 … 상세히 연구한다면 그 의미를 놓치는 일은 결코 없을 것이다. 무엇보다, *설교자가 본문의 메시지를 형성하는 것이 아니라 본문의 메시지가 설교자의 사고를 형성하게 된다. 모든 진정한 성경적인 설교가 태어나는 것은 이와 같은 본문의 주의 깊은 분석에 의해서이다.*[62]

그의 말처럼, 오늘의 설교자는 청중이 이해하기 쉽게 본문의 상황(there & then)과 오늘의 상황(here & now)을 잘 이어 주는 다리 역할을 해야 한다.[63] 그 작업을 해 주지 못한다면 설교 사역을 그만둬야 할 것이다.

성경의 내용 중에서 당시의 역사적인 배경을 살피지 않고서는 제대로 파악할 수 없는 본문들이 너무 많다. 예를 들어, 고린도후서 2장 16절은 "이 사람에게는 사망으로부터 사망에 이르는 냄새요 저 사람에게는 생명으로부터 생명에 이르는 냄새라"라고 했다. 이는 당시 로마의 군인들이 전쟁에 나가 승리했을 때 벌이는 개선식을 보고 바울이 영적 진리를 담아 설명한 내용이다.

개선문을 통해서 진행되는 개선식 맨 앞줄에는 제사장들이 향을 피운 채 앞장서고, 그 뒤엔 전리품, 그리고 이어서 전쟁에서 승리한 개선장군이 월계관을 쓰고 백마를 타고 따르고, 다음엔 전쟁 포로들이 밧줄에 묶인 채 뒤따르고, 맨 마지막엔 승리한 로마 군인들이 따른다.[64]

이때 제사장들이 피워 놓은 향불이 전쟁에 승리한 로마 시민이나 군인들에겐 승리의 냄새요, 밧줄에 묶여 끌려가는 포로들에겐 사망의 냄새가 된다. 우리가 하나님의 자녀답게 그리스도의 냄새를 풍기고 살 때, 우리가 전한 복음을 받아들이는 자는 생명을 얻을 것이고, 받아들이지 않는 자는 영원한 지옥으로 떨어질 것이란 의미를 로마의 개선식을 참조해서 전달한 것이다.

또 다른 예로, 고린도전서 9장 26절의 "그러므로 나는 달음질하기를 향방 없는 것같이 아니하고 싸우기를 허공을 치는 것같이 아니하며"라는 말씀 역시, 바울이 상대방을 정확히 가격해야 하는 당시 권투 선수의 실례를 보고 영적 교훈을 전한 것이다.[65]

이처럼 본문이 나오게 된 당시의 배경을 알지 못하고는 자신의 양 떼에게 온전한 꼴을 먹일 수 없는 내용들이 많기 때문에, 설교자들은 반드시 이에 대한 지식을 갖춰야 함을 놓치지 말아야 한다. 이런 점에서도 김창인 목사의 문맥 및 문화 역사적인 배경지식 활용의 탁월함은 타의 추종을 불허한다. 구체적인 실례들을 하나씩 살펴보자.

> '예복을 입었다', '입지 않았다'는 배경 설명을 해야 하겠습니다. *유대인들은, 특히 유대인의 왕은 잔치를 열었을 때 오는 손님에게 하나씩 하나씩 예복을 주려고 준비해 놓고 있습니다. 그래서 잔치에 초청 받아 오게 되면 들어가는 사람에게 예복을 하나씩 줍니다. 이 예복은 우리의 양복처럼 우리의 옷을 모두 벗어 버리고 갈아입는 것이 아니라, 자기가 입은 옷 위에*

뒤집어쓰는 옷입니다. 그런데 이 한 사람은 그 예복이 귀찮다는 것입니다. "내 옷이 더 좋은데 그 옷을 내가 왜 입느냐?"는 것입니다.

이 예복은 예수님의 의, 예수님의 공로, 예수님의 이름을 옷 입듯이 입으라는 뜻입니다. 이것을 싫다고 하는 사람은 "나는 예수를 모른다" 하여 자기의 의, 자기의 공로, 자기의 자랑을 내세우는 사람입니다. 이런 사람은 하나님께서 가만히 두지 않으신다는 것입니다.[66]

마태복음 22장에 나오는 '예복 입지 않은 자'에 관한 배경 설명을 이보다 더 구체적으로 잘 얘기한 내용은 찾아보기 힘들 것이다.

본문으로 돌아가서 1절에서 5절을 보면 "여호사밧이 그 열조와 함께 자매 그 열조와 함께 다윗 성에 장사되고 그 아들 여호람이 대신하여 왕이 되니라 여호사밧의 아들 여호람의 아우 아사랴와 여히엘과 스가랴와 이사랴와 미가엘과 스바댜는 다 유다 왕 여호사밧의 아들이라 그 부친이 저희에게는 은금과 보물과 유다 견고한 성읍들을 선물로 후히 주었고 여호람은 장자인고로 왕위를 주었더니 이스라엘 방백 중 몇 사람을 칼로 죽였더라 여호람이 위에 나아갈 때에 나이 삼십이 세라 예루살렘에서 팔 년을 치리하니라"고 하였습니다.

이 말씀의 역사적 배경을 설명 드리면 우리나라가 남북으로 갈린 것처럼 이스라엘도 남북으로 분단이 되었습니다. 북쪽 절반을 이스라엘이라 하였고, 남쪽 절반을 유다라고 합니다. 남쪽에 있는 왕들은 모두 다윗의 자손으로 왕통을 이어 갑니다. 오늘 본문의 주인공인 여호람 왕은 남쪽의 왕입니다. 여호람의 아버지가 되는 여호사밧 왕은 선한 왕입니다.[67]

북쪽 이스라엘과 남쪽 유다가 나눠진 배경 하에서, 다윗의 자손으로 남쪽 유다의 왕위를 이어 가던 중 여호람 왕 시대의 얘기를 김 목사가 전개하고 있다.

> 사도행전 27장 9절 말씀을 보면 "여러 날이 걸려 금식하는 절기가 이미 지났으므로 행선하기가 위태한지라"고 기록되어 있습니다. 이스라엘 백성들이 행선하기 어려운 시기의 금식하는 절기는 대 속죄일입니다. *대 속죄일은 유대의 달력으로 따져서 7월 10일입니다. 이로부터 한 주일간이 대 속죄일의 절기가 됩니다.*
>
> *이 7월 달은 우리들의 달력으로 하면 거의 겨울철인데 이때에는 지중해에 예외 없이 광풍이 자주 불어오곤 하였습니다. 그래서 배가 움직이기에는 아주 위태한 때였습니다.* 바울이 탄 이 배는 276명을 태우고 화물도 많이 실은 큰 배입니다. 여기에는 선장도 있고 선주도 있었지만 이상하게도 백부장 율리오가 그 배를 책임지고 로마까지 가고 있었습니다.[68]

김 목사는 바울과 그 일행이 탄 알렉산드리아라는 배가 지중해를 항해하던 때가 대 속죄일의 절기였음에 대한 배경 설명을 하고 있다.

> *로마서는 바울 사도가 로마 교인들에게 편지를 썼다 해서 로마서라고 합니다. 고린도라고 하는 곳에서 썼는데 에베소 지방을 중심으로 한 소아시아를 떠나서 바다를 건너 저 빌립보로 가서 그곳에서 상당한 체험을 한 다음에 고린도로 내려갔습니다. 그때에 바로 로마서를 쓴 것입니다.* 바울 사도는 그때 자기의 체험을 간증적으로 쓴 것입니다. 내가 연약하다 할 때 바로 하나님이 나의 연약한 부분을 채워 돕더라는 것입니다.[69]

로마서가 기록된 배경과 이유에 대해서 잘 설명하고 있다. 이쯤 되면 김창인 목사가 본문의 역사적이고 시대적인 배경에 대해서 얼마나 상세하게 파악해 청중에게 효과적으로 잘 전달하고 있는지를 확실히 알 수 있을 것이다.

이처럼 본문의 역사적 배경을 파악해서 전달하는 것은 모든 설교자들이 본받아야 할 아주 중요한 요소임을 꼭 기억하자.

8. 지리와 고고학 및 환경적 지식

성경은 성령의 감동에 의한 계시를 담고 있긴 하지만, 저마다 특수한 상황 속에서 기록된 책이라고 했다. 그래서 성경과 오늘날 독자 사이에는 지리적이고 환경적인 엄청난 갭이 있다.[70] 때문에 그 시대의 안경을 쓰고 당시 지리와 환경까지 파악한 상태에서 접근해야 본문의 진정한 의미를 파악할 수 있음을 알아야 한다.[71]

이러한 이유로 성지 순례를 하는 성도들이나 목회자들이 많다. 하지만 성경에 나오는 예수님과 신앙의 선진들의 발자취와 흔적을 찾아 떠난 이들이 정작 당시에 존재했던 건물이 아닌 기념 교회들을 주로 접하고는 적이 실망하는 모습을 볼 때가 많다.

나 또한 그랬다. 2년 전 터키에서 너무나도 방문하고 싶었던 계시록에 나오는 일곱 교회를 방문하고는 충격을 받은 적이 있다. 에베소, 서머나, 버가모, 두아디라, 사데, 빌라델비아, 라오디게아교회를 순서대로 방문하는데, 궁금한 게 하나 있어 가이드에게 물어보았다. 우리가 방문하는 교회들이 비록 기념으로 지은 교회이긴 하더라도 실제 계시록에 나오는 교회들이 있던 그 장소에 지은 게 맞느냐는 질문이었다. 그때 가이드가 해 준 말이 나를 놀라게 했다. 당시는 지금처럼 건물로서의 교회는 존재하지 않았고, 지하 동굴이나 가정 교회로 모였다는 것이다. 계시록의 일곱 교회라 하면 모두가 나름대로 생각하는 건물로서의 교회를 떠올릴 것이다. 하지만 그게 완전히 잘못된 생각임을 터키에 가서 처음 확인한 것이다.

당시 존재했던 교회 터에 기념 교회를 지은 것이 아니라, 지역마다 당시 교회를 기념해서 한 곳에 교회를 세운 것인데, 그곳을 방문하는 대다수가 그런 사실은 알지 못한 채 계시록의 일곱 교회를 방문하고 왔다고 자랑한다. 나 역시 가이드에게 질문하지 않았더라면 그리 생각했을 것이다.

혼인 잔치가 열렸던 갈릴리 가나 역시 기념 교회를 방문해서 예배를 드리고 왔지만, 요한복음 2장에 나오는 실제의 가나는 거기서 몇 킬로미터 떨어진 곳에 위치해 있으며, 지금은 폐허로 남아 있다고 한다. 이처럼 이스라엘에는 성경 당시의 현장이 잘 보존되어서 그곳을 방문하는 게 아니라, 기념으로 세워 놓은 다른 장소를 찾는 경우가 적지 않다고 보면 된다.

물론 예수님 당시나 지금이나 아무런 변화 없이 제대로 볼 수 있는 것들이 있긴 하다. 무엇일까? 이스라엘의 산천초목이나 갈릴리 바다 그리고 그 주변에 피어 있는 꽃과 씨들이다. 이들은 성경 시대의 상황을 재현해 주며 성경을 입체적으로 이해하는 데 유익을 준다.[72]

그런 점에서 김창인 목사는 겨자씨 비유로 믿을 수 없는 설교를 했다. 그 내용을 살펴보자.

> 충성에는 *겨자씨 같은 믿음*이 필요한데 겨자씨를 예수님이 왜 말씀하셨는지 아십니까? 겨자씨가 얼마나 작은지 손바닥에 놓고 들여다보는 중에 콧김에 날아가 버릴 정도입니다. 곧 눈 나쁜 사람은 잘 보지도 못할 정도로 그렇게 작습니다. 그러나 겨자씨가 땅에 떨어지면, 곧 땅에 자기 생명을 투자하면, 생명을 걸고 땅에 심기어지면 거기서 싹이 납니다. 그다

음엔 자라고, 꽃피고, 열매를 맺는데 그 나무에 지나가는 새가 깃들일 정도까지 큽니다. 조그만 나무에는 새가 깃들이지 않습니다. *조그만 씨앗에서 큰 나무가 된 것은 생명이 있기 때문입니다.* 이런 믿음은 이 뽕나무더러 바다에 심기라 해도 그대로 되고, 이 산더러 명하여 바다에 빠지라 해도 그대로 되는 믿음이라고 하셨습니다. 생명이 있는 믿음에는 그런 능력이 나타난다는 것입니다.[73]

같은 실례가 또 나온다.

예수님께서 비유를 들어 하신 말씀 중에 겨자씨를 실례로 들어서 하신 말씀이 있습니다. *씨 중에 가장 작은 것이지만 그 속에는 생명이 충만합니다.* 그 씨가 땅에 심어지고 적당한 온도와 물기가 주어지면 씨에서 싹이 나고 자라고 꽃이 피고 열매를 맺고 새들이 깃드는 것이랍니다. 이것이 생명의 역사입니다.[74]

겨자씨 비유로 엉터리 설교를 하는 이들이 대다수다. 목회자들 가운데 겨자씨 비유를 가지고 제대로 해석해서 설교하는 이를 본 적이 거의 없다. 그런데 김창인 목사는 내가 본 중에서 이 비유에 관해 예수님의 의도에 딱 맞는 설교를 한 몇 안 되는 설교자여서 다시 한 번 놀라움을 갖게 됐다.

거의 모든 설교자들은 "겨자씨 한 알'만큼' 작은 믿음만 있어도 능력을 행할 수 있다!"는 식으로 설교를 한다.[75] 여기에는 두 가지의 사실이 일조한다. 우선 우리말 번역에 문제가 있다는 점 때문이고, 다음으로는 겨자씨가 작다는 이유 때문이다.

우리말 성경에는 "겨자씨 한 알'만 한' 믿음"으로 되어 있는데, 원어대로 번역하면 김 목사가 표현한 대로 "겨자씨 한 알 '같은' 믿음"(faith as a mustard seed)이라야 한다. 겨자씨 한 알만큼 '작은 믿음'이 아니라, 겨자씨 한 알 '같은' '엄청난 잠재력'과 '무한한 가능성'과 '최상의 질'(quality)이 내재되어 있는 믿음을 말씀하신 것이다.

주님은 제자들의 믿음이 작았기 때문에 자신처럼 능력을 행할 수 없었다고 말씀하셨다. 믿음이 작은 것이 제자들의 문제점이라고 지적하신 후 대안을 제시하면서 '겨자씨 한 알만큼 작은 믿음'만 있으면 된다고 하는 것이 논리적으로 맞는 말일 수 있겠는가? 원어에 맞는 정확한 번역과 함께 저자의 의도에 딱 들어맞는 해석을 한 김 목사의 성경 실력은 가히 대단하다 평가할 수 있다.

다음은 고고학과 관련한 한 내용이다.

> 성지에 가 보면 *압살롬의 무덤이 있고 비석이 있습니다.* 비석은 오고 가는 사람마다 돌을 던져서 형체를 알아볼 수가 없을 정도입니다. 추앙받는 다윗의 믿음과 말끝마다 욕설을 당하는 그 아들 압살롬의 믿음은 별개입니다. 아버지가 잘 믿는다고 그 믿음이 아들의 믿음이 되는 것이 아니기 때문입니다.[76]

나는 이스라엘을 방문한 적이 있지만 압살롬의 무덤에는 아직 가 보지 못했다. 그 비석은 잘 찾지도 않겠지만, 방문하는 이가 있다면 돌을 던지는 것이 정상일 것 같다는 생각을 해 본 적이 있다. 그런데 그것이 사실임을 김 목사의 설교를 통해 확인할 수 있다. 정말 호흡이 있는 동안은 다윗처럼 믿음생활을 잘 해야겠다는 생각을 갖게 한다.

이처럼 설교자는 본문 당시의 지리적이고 환경적인 상황에 대한 지식을 마음껏 발휘해야 제대로 된 설교가 가능함을 기억해야 한다.

9. 차별화된 정확한 본문 해석력

김 목사는 해외 유학파도 아니고, 국내에서 박사를 한 사람도 아니고, 성경신학을 전공하지도 않았다. 그럼에도 불구하고 그의 성경 해석의 실력과 깊이는 앞의 다양한 실례들을 통해서도 이미 살펴본 바 있지만, 다른 설교자들의 성경 실력과 차별화될 정도로 우수함을 확인할 수 있다.

김 목사의 설교집을 펼쳐 보거나 그의 설교를 직접 들어 보라. 본문의 문맥과 역사적 배경에 관해서는 물론, 본문에 대한 그의 해박한 지식과 남다른 수준의 설교 내용들에 누구나가 놀라게 될 것이다. 성경신학의 비전공자일 뿐 아니라 은퇴한 지 20년에 가까운 노 설교자에게서는 기대하기 힘든 성경 해석의 깊이와 능력이라 칭찬할 수 있다.

대표적인 실례를 먼저 소개해 보려 한다.

> 여기서 '실족케 한다'는 것은 … 나 때문에 교회 안 나오고 그 결과 믿음을 떠나고 그 영혼이 파멸되어 지옥 가게 하는 것보다는 *차라리 연자 맷돌을 목에 달고 바다에 던짐 받아 죽는 것이 오히려 낫다는 것입니다.* 육신이 죽는 것이 오히려 낫고, 영혼이 파멸되어 지옥에 가게 되면 얼마나 무서운 일이며, 그 책임을 누가 지겠느냐는 말씀입니다. 그러므로 우리는 말 한마디, 행동 하나하나를 조심해서 *나 때문에 다른 사람들이 실족하는 일이 없도록 해야 합니다.* 즉 조심하는 은혜야말로 우리가 첫째로 받아야 할 은혜라는 말입니다.[77]

요즘 많은 설교자들이 연자 맷돌을 아이의 목에 매달아 빠뜨리는 쪽으로 해석하고 있는데, 김 목사는 본문의 문맥과 당시 관습까지 참조해서 본문 기자의 의도에 맞게 정확하게 잘 해석하고 있다. 이 본문은 전후 문맥으로 볼 때 실족케 한 스승에 대한 심판을 언급하는 것인데, 당시 관습에 의하면, 실족케 한 사람이 있으면 관리들에게 잡혀가서 연자 맷돌에 목이 달려서 바다에 빠뜨려지는 형벌을 받게 되어 있었다. 때문에 연자 맷돌은 아이의 목이 아니라 스승의 목에 달리는 것이 정확한 해석이다.[78] 물론 본문의 핵심은 절대 아이를 실족케 하지 말라는 강조형의 내용이다.

또 다른 실례를 살펴보자.

> 주경신학자 중에는 이것을 "예루살렘 성문 가운데 바늘구멍이라는 성문이 있는데 그것이 하도 작아서 약대가 지나가려면 짐을 다 내리고 기어 들어가야 되는 것처럼, 우리가 천국에 가려면 다른 것은 다 벗어 버려야 된다"는 식으로 해석하는 사람도 있습니다. *그러나 이것은 그렇게까지 해석할 필요는 없습니다. 실제적으로 약대가 바늘구멍으로 들어가는 것이 전혀 불가능한 것처럼 그런 부자, 재산 때문에 예수를 버리고 가 버리는 부자, 그런 사람은 죽어도 천국에 갈 수 없다는 뜻입니다.* 그러니까 그때*에 제자들이 "그러면 주님 어떻게, 누가 구원을 얻습니까?" 하고 물었습니다.* 주님은 *"사람은 할 수 없으되* 하나님은 다 하시느니라"고 대답하셨습니다. 즉 구원은 하나님이 하시는 것이지 사람이 하는 것이 아니라는 의미입니다.[79]

이 본문에 대한 해석도 틀린 경우들이 많은데, 김 목사는 새롭게 대두된 잘못된 해석에 관해 본문을 기초로 해서 정확하게 설명하고 있음에 놀라지 않을 수 없다. 약대가 바늘구멍으로 들어가는 것은 불가능한데, 학자들은 예루살렘 성문 중 '바늘구멍이라는 성문'을 활용해서 해결해 보려고 했다. 하지만 제자들의 질문에 대한 주님의 대답에서 김 목사는 본문을 해석하는 결정적인 단서를 잘 간파하고 있다.

즉, '사람으로서는 불가능한데 하나님으로서는 가능하다'(눅 18:27)는 것이다. 쉽게 설명하면, 약대가 바늘구멍으로 들어가는 것은 불가능인데 부자가 천국 가는 것은 그보다 더 불가능이라 할 정도로 부자들이 돈을 밝히지만, 그것도 하나님이 하고자 하신다면 불가능은 없다는 뜻이다. 바로 다음 장인 누가복음 19장에 나오는 삭개오 같은 부자가 예수님을 만나서 놀라운 회심의 결단과 헌신을 보이는 모습이 그 대표적인 실례라 할 수 있다.

> 모세의 어머니가 그냥 버릴 수가 없으니 갈대 상자에 역청을 칠하고 거기에 아기를 담아 나일 강에 버렸습니다. 마침 공주가 나일 강으로 목욕하러 나왔습니다. *자기 왕궁에 목욕통이 있을 텐데 목욕하러 나온 것은 좀처럼 있을 수 없는 일입니다.* 모세를 발견하고 건져 내어 자기 아들로 삼았습니다.[80]

애굽의 바로 왕의 공주가 살던 왕궁에 공주를 위한 목욕탕이 없었을 리가 없음에도 그녀가 위험하기 짝이 없는 나일 강에 목욕을 하러 간 것을 하나님의 섭리로 이해한다고 이상할 것은 하나도 없다.[81] 이런 점을 잘 파악한 김 목사의 설교 내용은 다른 설교자들의 그것과 차별화됨을 볼 수 있다.

> 성령은 하나님께서 예수님을 통해서 보내 주시는 영이기 때문에 하나님의 영 혹은 예수님의 영이라고도 합니다. 예수의 영을 받지 않고서는 2,000년 전에 죽은 예수가 내 죄 때문에 죽었다는 소리가 믿어지지 않습니

다. 그런데 믿어졌다 하는 것은 성령을 이미 받았다는 증거입니다. 성령을 받지 않고 어떻게 믿겠습니까? 그런데도 성령이라는 말을 들어 본 일이 없다고 합니다. 들어 본 일이 없어도 받은 건 받은 것입니다. 모르면 잠자코 있을 일이 아니겠습니까? 사도 바울이 안수를 했더니 성령이 임하시매 방언도 하고 예언도 했습니다. 즉 성령의 충만함을 받았다는 이야기입니다.

성령으로 거듭나는 것은 평생 한 번이면 됩니다. 오늘도 *중생, 내일도 중생하는 것은 아닙니다. 그러나 성령의 충만은 계속되어야 합니다.* 예를 들어 성령 충만은 실력 충만, 영적 인격 성숙과 같다고 보시면 됩니다.[82]

성령에 관해서는 교단마다, 목회자마다 제대로 정리되어 있지 않아 혼돈스럽게 가르치는 경우들이 많음을 본다. 김 목사는 '중생'과 '충만'을 제대로 구분해서 잘 설명하고 있음을 위의 설교 내용에서 확인할 수 있다. 신학적으로 그리고 성경적으로 이처럼 논리 정연하게 표현할 수 있어야 청중에게 확신과 신뢰를 줄 수 있다.

놀라운 실례는 끝없이 계속된다.

7절에서 11절 말씀을 보면 "구하라 그러면 너희에게 주실 것이요 찾으라 그러면 찾을 것이요 문을 두드리라 그러면 너희에게 열릴 것이니"라고 하였습니다.

이 말씀은 무엇보다도 기도 생활을 먼저 하라는 것입니다. 왜냐하면 *본문에 '구하라', '찾으라', '두드리라'는 말은 표현상 여러 가지이나 이것은 모두 기도하라는 뜻입니다.* 그러면 구하는 이가 얻을 것이요, 찾는 이가 찾을 것이요, 두드리는 이에게 열리리라는 말씀처럼 기도하는 사람에게는 하나님께서 응답해 주시겠다고 분명하게 말씀하신 것입니다.[83]

이 구절을 가지고 '세 종류의 기도'라는 제목으로 설교하는 이들이 너무도 많다. 하지만 짐 윌슨(Jim L. Wilson)에 의하면 이 문장의 형태는 '평행법'(parallelism)으로, '구하라', '찾으라', '두드리라'의 세 개 동사는 세 가지의 각기 다른 기도의 방식이 아니라 같은 의미를 뜻하는 동의어에 해당된다.[84]

지금도 대다수의 설교자들이 각기 다른 의미의 3대지 설교를 하고 있는 가운데, 은퇴한 지 20년이나 되어 가는 설교자에게서 이처럼 정확한 본문 해석의 실력을 볼 수 있다는 것은 경이로운 일에 가깝다.

> 본문은 불의한 청지기에게 지혜롭게 일한다고 칭찬하고 있습니다. 그 *이유*는 재물을 불의하게 처분한 것을 칭찬한 것이 아니라 *미래에 대한 준비를 한다는 데 대해서 칭찬한 것입니다.*[85]

주인이 자신의 재산을 낭비하고 또 낭비한 불의한 청지기를 지혜롭다고 칭찬한 이유에 대해서 요즘 색다른 해석이 인기를 끌고 있다. 당시 주인은 고리대금업자로 비난을 받고 있었는데, 종이 주인에게 빚진 자들의 빚을 탕감해 줌으로써 주인에게 비난이 돌아가지 않도록 해 줬기 때문이라는 해석 말이다.

하지만 본문 기자의 의도로 볼 때 이것은 틀린 생각이다. 김 목사의 해석대로 주인이 청지기를 칭찬한 것은, 아직 그에게 기회가 있을 때 쫓겨난 이후에 자신의 살길을 준비한 그 지혜로움 때문이라는 게 옳은 해석이다.

> 구스 여자는 그런 의미에서는 상관이 없습니다. 이스라엘이 출애굽할 때 잡족이 섞여 나왔는데 그중에서 구스 여인과 결혼한 것입니다. 그런데 미리암이 더 야단을 합니다. 형 아론도 함께 동조를 해서 문제를 일으킵니

다. 그 문제는 하나의 표면적인 이유입니다. 실제적인 이유는 "모세 너에게만 하나님께서 말씀하시느냐, 미리암인 나도 선지자요, 네 형인 아론도 대제사장인데 너만 왜 그렇게 날뛰느냐?"라는 이유입니다.[86]

모세의 누이 미리암과 형 아론이 모세를 비난한 이유를 대부분의 설교자들은 그가 구스 여인과 결혼한 일에서 찾지만, 김 목사는 보다 깊은 이유를 모세에 대한 질투와 시기에서 찾아낸다. 그런 김 목사의 깊이 있는 해석의 실력은 감탄을 자아내기에 충분하다.

김 목사의 설교에 관한 집필을 처음 의뢰받고 사실은 많은 고민을 했다. 내가 잘 알지 못하고 한 번 들어 보지도 못한 김창인 목사의 설교에서 과연 한 권의 책 분량이 나올 만큼의 장점이 있겠는가 하는 염려였다. 그의 설교집을 분석하면서 그것이 기우였음을 절감했다.

김창인 목사가 가지고 있는 성경 해석의 탁월성에 관한 실례들은 이 외에도 다 소개할 수 없을 정도로 많다. 그의 남다른 해석의 깊이와 수준이 그로 하여금 이 시대 최고의 설교자 중 한 사람으로 손꼽히게 한 주된 이유 중 하나였음을 확인했으리라 믿는다. 설교자에게 있어서 말씀을 보다 깊고 충실하게 파헤치는 일보다 더 중요한 일은 없다는 사실에 큰 도전이 되었으면 좋겠다.

10. 구속사와 연결시키는 대비력

구속사는 창세기부터 요한계시록까지 성경 66권을 관통할 뿐 아니라, 지금도 끊임없이 흘러가고 있는 큰 물줄기다. 따라서 구속의 주제를 담고 있는 성경 본문이라면, 우리가 그 본문을 구속사의 흐름 속에서 해석하고 설교하는 것은 너무도 타당한 일이다. 역사 속에서 하나님이 행하셨고, 지금도

행하시는 모든 행위들이 결국은 예수 그리스도의 십자가 사건 안에서 죄인들을 구속하기 위한 목적을 갖는다.

류응렬은, "성경은 타락한 인류를 구원하기 위해 그리스도를 통한 하나님의 말씀과 행동을 보여 주는 책이기 때문에 설교자는 모든 성경에 직접 혹은 간접적으로 스며 있는 예수 그리스도와 그와 관계된 복음을 성경신학적 맥락에서 살펴보아야 한다"[87]라고 주장한다. 김창훈 역시 성경의 핵심 주제가 예수 그리스도를 통한 구원이라면서, "역사를 주관하시고 진행하시는 하나님의 최고의 관심과 목표와 사역은 인류의 '구속'"이라고 한다.[88] 이처럼 구속사적 설교를 주창하거나 옹호하는 측에서는 예수 그리스도를 통한 인류의 구속이 하나님의 최대 관심사와 최대 목적 내지 목표라고 보고 있다.

예수님을 비롯한 사도들이 구속사적 관점에서 설교했다는 점에도 주목할 필요가 있다. 이승진에 의하면, 예수님은 "모세와 모든 선지자의 글로 시작하여 모든 성경에 쓴 바 자기에 관한 것"을 예수님 자신에 대한 예언으로 보고 구약성경을 제자들에게 해석해 주셨다(눅 24:27)면서, 이처럼 예수님이 구약성경을 자신에게서 성취된 기독론적 관점이나 구속사적 관점으로 해석하셨기 때문에 오늘날 우리도 그렇게 해야 한다고 주장한다.[89]

이런 점에서도 김창인 목사는 구속사적인 관점으로 성경을 해석하는 장점을 가지고 있다. 그 구체적인 예를 들어 보면 다음과 같다.

> 그러니까 여러분, 마귀가 나타나서 이렇게 집안이 시험 들고 어려움에 빠졌고 에덴동산에서 쫓겨나고 참 기가 막힌 어려움을 많이 당했습니다. 그럴 때 하나님께서 나타나셔서 해결해 주신다는 것입니다. 그런데 제가 광성교회에 온 지 23년이 지나도록 한 사람도 "목사님, 아담과 하와가 구원을 받았습니까? 아니면 멸망했습니까?" 하고 이 문제에 대해서 물어보

는 사람이 없었습니다.

만약 저한테 묻는다면 이렇게 대답을 하겠습니다. 아담과 하와는 구원을 받았다라고 말입니다. 왜냐하면 그렇게 엄청난 죄를 사탄의 꼬임에 빠져서 저질렀지만 하나님께서 찾아오셔서 그들이 당했던 부끄러운 일들을 해결해 주셨기 때문입니다. *하나님께서 비록 그들이 잘못을 저질렀지만 찾아오셔서 양을 잡아 그들에게 가죽옷을 만들어 주셨는데 이것이 바로 속죄의 시작인 것입니다. 구약의 복음입니다. 아담과 하와를 위해서는 하나님께서 양 한 마리를 희생시키셨습니다. 그러나 우리를 위해서는 하나님께서 예수님을 희생시키심으로 우리가 구원을 얻은 것과 같습니다.* 그렇기 때문에 하나님이 나타나시면 문제가 해결되는 것입니다.[90]

창세기 3장에 나오는, 하나님이 아담과 하와의 무화과나무 옷을 벗기고 가죽옷을 지어 입히신 사건에서 예수 그리스도와 관련한 구속사적 흐름에 대한 김 목사의 설명이 돋보인다.

본문을 보면 분명히 요셉이 이스마엘 사람들에게 이끌려 갔습니다. 그러나 그것은 아닙니다. 시편 105편 17절을 보면 "한 사람을 앞서 보내셨음이여 요셉이 종으로 팔렸도다"라고 하였습니다. *비록 요셉이 이스마엘 사람에게 이끌려 갔으나 사실은 하나님께 이끌려 갔다는 말입니다.* 요셉이 팔려갈 때 죽어도 안 가겠다 합니다. 한 번만 살려 달라고 얼마나 발버둥 쳤겠습니까? 그러나 하나님은 요셉을 꼭 애굽에 보내야겠는데 죽어도 안 가겠다고 하는지라 요셉을 애굽으로 보내는 방법이 형들을 시켜서 장사꾼에게 파는 것입니다. 이스마엘 사람들이 돈을 주고 산 요셉을 놓칠 수 있겠습니까? 강제로 끌고 갔습니다.

> *하나님께서 요셉을 보내지 않으셨다면 누가 팔아먹지도 못하고 이끌고 가지도 못합니다. 분명히 그렇게 끌고 간 것은 하나님께서 먼저 보내셨기 때문입니다. 종이 된 것도 하나님께서 종이 되게 하신 것입니다. 그러므로 요셉은 비록 이스마엘 사람들이 끌고 갔을지라도 하나님께 이끌려 간 사람입니다. 요셉을 향한 하나님의 크신 뜻과 목적이 있었기 때문입니다.*
>
> *가나안 땅 자기 집에서 사랑받고 응석부리며 성장한다면 나중에 큰사람이 될 수가 없습니다. 애굽이라고 하는 그때 당시 세계적으로 문명이 최고로 발달한 나라, 그 넓은 천지로 보내어 거기서 훈련시키고 키워야만 훌륭한 인재가 될 수 있기 때문입니다.* 하나님의 이런 계획과 목적을 요셉이 알겠습니까? 죽어도 안 가겠다고 하는 것을 하나님이 그런 방법으로 이끌고 가셨습니다.
>
> 요셉은 이렇듯 하나님께 애굽까지 이끌려 가서 종살이를 하면서 큰 집 살림을 배웠고 나중에 감옥에 갇혔을 때에는 정치범들에게서 정치를 배웠습니다. 이끌려 간 지 13년 만에 애굽의 국무총리가 되었습니다. 이 이상 더 형통할 수가 없지 않습니까? 죽기보다 싫은 길이었고 가 보면 종살이라는 고생이 기다려도 그것은 하나님께서 연단하여 키우고자 하는 계획이었습니다. 이처럼 하나님께 이끌려 가는 사람이 형통한다는 사실을 명심하시기를 바랍니다.[91]

비록 이복형들이 동생을 팔아서 요셉이 애굽으로 이끌려져 가게 되었지만, 하나님의 구속사적인 관점에서 본다면, 김 목사는 시편 105편 17절의 내용을 통해 그 모든 배후에 하나님의 뜻하신 계획과 목적이 있었음을 아주 잘 설명하고 있음을 확인해 보라.

다윗이 왕이 되어서 나라의 세력을 크게 한 다음에 예루살렘을 쳐들어 갔습니다. 쳐들어갔을 때 그 사람들이 예루살렘 성을 단단히 방비하고 코웃음을 치면서 다윗 같은 사람이 쳐들어온다면 우리의 소경과 절뚝발이라도 물리칠 것이라고 했습니다. 다윗이 그만 기분이 상할 대로 상했습니다. 그래서 예루살렘 성을 치면서 절뚝발이는 보이는 대로 없애 버리라고 했습니다. 그 후에도 절뚝발이는 곁에도 못 오게 했습니다. 보기도 싫다는 뜻입니다. 그런데 생명의 은인인 요나단의 아들을 찾아내고 보니 그 사람이 절뚝발이였습니다. 이거 어떻게 합니까? 한 번만 보고 말 것입니까? 하루만 보고 말 것입니까? *죽을 때까지 내 상에서 먹자고 한 것은 특혜 중에서도 보통 특혜가 아닙니다.*

이 말씀이 우리들에게 주는 교훈을 생각해 보겠습니다. 하나님이 제일 미워하시는 것이 무엇입니까? 죄입니다. 하나님은 죄라고 하는 것은 꼴을 보지 못하십니다. 그래서 죄인은 용납을 안 하십니다. 반드시 죄에 대해서는 징벌하십니다. 그런데 우리는 죄인 중의 죄인이 아닙니까? 즉 하나님이 제일 미워하시는 죄인입니다. 그런데 그럴 때 하나님께서는 예수님을 보내셔서 우리의 죄를 다 담당하게 하셨습니다. 그 결과 우리는 죄에서 속함을 받았습니다. *예수님의 의는 우리들에게 주시고 우리의 죄는 다 가져가셨다는 말입니다. 다시 말하면, 우리는 의인이 되고 예수님은 죄인이 된 것입니다. 그 결과 우리로 하여금 하나님의 나라, 그 하나님의 나라에서 므비보셋이 다윗 왕의 영화를 누린 것처럼 영원히 영화를 누리게 된 것입니다.* 이것은 특혜 중의 특혜입니다.[92]

절뚝발이는 모조리 죽이라고 했던 다윗이 친구 요나단의 절뚝발이 아들을 평생 자기 밥상에서 식사하자고 초청한 내용을 예수 그리스도의 대속의 은혜와 특혜로 연결해서 적용시키는 김창인 목사의 구속사적 대비력은 탁월한 실력이라 말할 수 있다.

11. 세심하고 예리한 본문 관찰력

댈러스신학교(Dallas Theological Seminary)의 하워드 헨드릭스(Howard G. Hendricks) 교수는 수업 시간에 학생들에게 사도행전 1장 8절을 가지고 자신이 깨달은 바를 적어 오라고 하는 것으로 많이 알려져 있다. 한 주 후 학생들은 저마다 그 구절에서 발견한 내용들을 적어 와 발표를 한다. 아무리 많이 발견해도 스무 가지 이상을 찾아온 학생은 없다고 한다. 그러면 한 주간 더 묵상해서 깨달은 바를 더 찾아오라고 다시 숙제를 내준다고 한다. 이쯤 되면 학생들은 두 손 두 발을 다 들어 버린다. 그러면 그다음 주 헨드릭스 교수는 자신이 찾은 보물을 쏟아 놓는다. 무려 120개의 보물을 말이다.[93]

이는 우리가 어떻게 세심하게 관찰하느냐에 따라 한 절 안에서도 무궁무진한 영적 진리들을 발견할 수 있음을 보여 주는 좋은 실례다.

1997년, 나는 미국 캘빈신학교(Calvin Theological Seminary)의 와이머(Geofrey Weima)라는 신약 교수를 통해 본문 관찰에 대한 주의력에 문제가 있음을 스스로 깨닫고 놀란 적이 있다. 누구보다 성경을 주의 깊게 관찰한다고 자신했으나 여전히 세밀함이 부족하다는 사실을 깨달은 것이다.

그렇다. 모든 설교자들은 본문에 대한 세심한 관찰력을 갖고 있어야 한다. 본문이 보여 주는 성경의 진미를 맛보기 위해 설교자는 철저한 관찰력으로 무장해야 한다. 주의 깊게 관찰을 하면 이전에는 무심코 넘겨 버렸던 수많은 사실과 교훈들을 새롭게 발견할 수 있음을 경험하게 될 것이다.

김창인 목사의 설교를 분석하다 보면 성경 본문에 대한 그의 세심한 주의력이 남다르다는 사실을 발견할 수 있다. 나는 그가 다른 설교자들이 보지 못하고 지나치거나 놓쳐 버리는 본문 속에 감춰져 있는 보화를 캐냄에 발군의 실력을 갖고 있음을 확인하며 놀랄 때가 많았음을 고백한다. 이제 그의 설교를 통해 이들을 직접 확인해 보자.

> 바울 사도가 로마서 8장 28절에서 "우리가 알거니와 하나님을 사랑하는 자 곧 그 뜻대로 부르심을 입은 자들에게는 모든 것이 합력하여 선을 이루느니라"고 하였습니다.
>
> 이 말씀의 뜻을 설명해 드리겠습니다. 하나님을 사랑하는 자는 하나님께 부름을 받은 사람들이요, 하나님께 부름 받은 사람은 반드시 하나님을 사랑하더라는 내용입니다. 그다음으로 하나님을 사랑하는 자에게 "모든 것이 합력하여"라고 하였습니다. *여기에 나오는 '모든 것'이라는 말씀은 좋은 것만은 아닙니다. 거기에는 좋은 것과 함께 불행과 역경과 고난과 실패와 질고 등이 다 포함되어 있는 말입니다.* 이 모든 것이 합력하여 선을 이룬다는 말은 끝이 좋게 된다는 뜻입니다.[94]

'소금'은 '염화나트륨'(NaCl)을 주성분으로 하는 짠맛의 물질로서, 이것은 '나트륨'(Na)과 '염소'(Cl)가 합성된 것이다. 나트륨이든 염소든 따로 놀면 사람에게 위험한 요소들이 되는데, 이 둘이 결합되면 음식에 없어서는 안 될 소금이 만들어진다. 해로운 것들도 합해지니 지극히 선한 것이 되는 모범적 실례다.

본문에서도 그와 흡사한 내용을 추출할 수 있는데, 그게 바로 '모든 것'이란 단어다. 대부분의 설교자들은 이 '모든 것'이란 단어를 주의 깊게 관찰하지 않는다. 당연히 이 내용을 선한 것들로만 이해할 것이다. 하지만 김 목사는 이 '모든 것'이란 단어 속에 좋은 것만이 아니라 좋지 않은 내용도 포함되어 있음을 놓치지 않고 잘 활용하고 있다. 정말 출중한 해석이다.

성경을 보면 오늘날 하나님께서 우리들에게 명하시는 바가 많습니다. 그 명하시는 것들 중에는 엄청나게 힘들고 어려운 것들이 있습니다. 그런가 하면 조금 쉬운 일도 있고 별 부담 없이 할 수 있는 아주 간단한 일도 있습니다. 그럴 때 "내가 정말 목숨을 걸지 않으면 못 할 일이다"라고 할 수 있는 어려운 일부터 하려고 하면 "난 못 해"라고 하게 됩니다. 그래서 할 수 있는 쉬운 일도 못 하겠다고 합니다. 그러나 *엘리야는 가장 쉬운 일부터 시작을 했던 까닭에 할 수 있었습니다. 그보다 조금 더 어려운 예후에게 기름 붓는 일까지도 할 수가 있었습니다. 그다음으로 가장 어려운 일, 즉 아람 나라에 가서 하사엘에게 기름 붓는 일이 남아 있었습니다.* 그 일은 목숨을 바쳐야 할 만큼 어려운 일이었습니다. 성경에는 그 일을 했는지 안 했는지 기록이 없으므로 정확히 말할 수는 없으나 엘리야의 예언대로 하사엘이 벤하닷을 죽이고 왕이 되었습니다. 결국 그 일도 엘리야가 해냈다는 뜻으로 보아야 하겠습니다.[95]

어려운 일보다 쉬운 일부터 시작해서 좀 더 어렵고 아주 어려운 일을 해나가는 것이 지혜로운 일인데, 엘리야가 그런 방식을 잘 활용하고 있다는 사실을 실례로 들어 설명하고 있는 김 목사의 관찰력과 전개 방식을 지켜보라.

"죽은 자의 부활도 이와 같으니 썩을 것으로 심고 썩지 아니할 것으로 다시 살며 욕된 것으로 심고 영광스러운 것으로 다시 살며 약한 것으로 심고 강한 것으로 다시 살며 육의 몸으로 심고 신령한 몸으로 다시 사나니 육의 몸이 있은즉 또 신령한 몸이 있느니라."

*네 번이나 반복되는 '다시 산다'*는 말은 부활을 의미합니다. 예수님의 부활과 믿는 사람들이 참예하는 부활에 대해 깊이 생각해 보아야 합니다.[96]

'다시 살다'라는 단어가 본문에 네 번 나오는 사실을 파악하려면 세심한 주의를 기울여야 할 것이다.

2절에는 *'지키고' 하는 말이 반복해서 세 번 나오고* 3절과 4절에는 지켜야 할 이유를 설명하고 있습니다.[97]

'지키고'란 말이 세 번이나 반복되고 있음도 소개되고 있다.

그런데도 그 모든 어려움을 극복하고 요셉이 마지막에는 승리하고 성공할 수 있었던 것은 하나님께서 함께하셨기 때문입니다. 그래서 본문에 *'함께하신다'*는 *말이 4번이나 반복된 것*입니다.[98]

'함께하시다'란 말이 네 번이나 반복된 케이스도 있다.

3년 6개월 동안 기다리던 주의 종 엘리야가 가만히 있을 수가 없어서 임금을 찾아가 바알신이 참신인지 우리가 조상 대대로 믿어 오던 여호와가 참신인지 한번 내기를 해 보자 하고 정한 날 정한 시에 갈멜 산에 제단을 쌓고 장작 올려놓고 송아지를 잡아 각을 뜨고, 기도할 때 불로 응답하는 신이 참신이라는 것을 증명하기로 하였습니다.

그래서 *바알의 선지자 450명이 나왔습니다.* 아마 자신이 있었나 봅니다. 그런데 *아세라 신의 선지자 400명은 나오지를 않고 일찌감치 포기를*

했습니다. 바알 선지자들이 제단을 쌓아 놓고 송아지를 잡고 얼마나 바알 신을 애처롭게 부르는지 애간장을 녹이는 부르짖음이었습니다. 제 몸을 상하게 하면서까지 바알 신의 긍휼을 입으려고 온갖 방법을 다했습니다. 그리고 제단 주위를 뛰놀았는데 응답이 없자 포기를 했습니다.[99]

보통 열왕기상 18장으로 설교할 때 대개는 "그런즉 사람을 보내 온 이스라엘과 이세벨의 상에서 먹는 바알의 선지자 사백오십 명과 아세라의 선지자 사백 명을 갈멜 산으로 모아 내게로 나아오게 하소서"라는 19절을 참조해서 엘리야가 팔백오십 명의 바알과 아세라 선지자와 싸워 이겼다고 설명하는 것을 자주 본다. 하지만 김 목사는 22절의 내용("엘리야가 백성에게 이르되 여호와의 선지자는 나만 홀로 남았으나 *바알의 선지자는 사백오십 명이로다*")과 40절의 내용("엘리야가 그들에게 이르되 *바알의 선지자를 잡되* 그들 중 하나도 도망하지 못하게 하라 하매 곧 잡은지라 엘리야가 그들을 기손 시내로 내려다가 *거기서 죽이니라*")을 참조해서 정작 '참신 대결'에 나와 패해서 죽임을 당한 자들은 바알의 선지자 사백오십 명뿐이었음을 정확하게 소개하고 있다. 김 목사의 꼼꼼하고 세밀하고 정확한 성경 지식을 다시 한 번 확인할 수 있는 대목이다.

한글 성경에는 그냥 송아지로 기록되었지만 헬라어 원문에는 '그 *송아지*'로 되어 있습니다. '그'라는 정관사가 있습니다. '그 송아지'란 '*이미 준비해 둔 송아지*', 즉 '*아들 몫의 송아지*'를 가리킵니다. *아버지는 아들을 위해 특별히 송아지를 준비해 놓고 언젠가 아들이 돌아오면 잔치를 베풀 계획을 세우고 있었습니다.* 이 송아지는 예수님을 상징합니다. 아버지 집에는 이러한 사랑이 있었습니다.[100]

우리말 성경의 문제점은 본문 해석에 중요한 '접속사'나 '대명사'나 '관사'를 생략할 때가 많다는 것이다. 우리말의 흐름상 대부분은 생략하는 것이 자연스럽겠지만, 반드시 원문대로 적시해야 할 내용에는 분명하게 명시해야 함이 옳다.

김 목사는 예리한 관찰력으로 누가복음 15장에 나오는 둘째 아들을 위한 잔치에 필요한 '송아지'가 본문의 문맥과 원어상으로 볼 때 아버지가 전부터 이날을 위해 미리 점찍어 둔 바로 '그 송아지'임을 파악했다. 때문에 이 '송아지'는 그냥 송아지가 아니라, 정관사가 포함된 원어에 맞게 바로 '그 송아지'로 번역되어야 한다.

이 정도의 원어 실력과 문맥상의 세심한 관찰력이 발휘되어야 다른 강단과는 차별화되는 설교의 내용이 나오지 않겠는가?

> 배가 육지에서 수 리나 떠나서 바다 한가운데로 갔습니다. 그런데 그 시간이 제4경이었습니다. 4경이란 말은 새벽 3시부터 6시까지입니다. 성경에 보면 밤을 사경으로 나눕니다. 저녁 해질 때를 6시로 계산해서 첫 3시간을 1경, 또 그 후의 3시간을 2경, 그 후의 3시간을 3경, 그 후 3시간을 4경이라고 했습니다. 그러므로 *마지막 제4경은 새벽 3시부터 6시 사이입니다. 그러니까 이 말은 예수님께서 제자들을 다 보내고 산으로 올라가셨는데 새벽 3시가 넘도록까지 기도하신 것입니다.* 제자들을 보내고 사람들을 흩어 보낼 때가 해가 저물기 전이었습니다. *그러니 예수님께서는 적어도 10시간은 기도하신 것입니다.*[101]

오병이어 기적을 베푸신 후 예수님은 제자들에게 먼저 갈릴리 바다를 건너가라고 하시곤 산에 기도하러 가셨다. 거기서 기도를 몇 시간 하셨는지에 설교자들은 별 관심이 없다. 제자들이 배를 타고 가다가 풍랑이 일어 몇 시간째 갈릴리 바다를 건너지 못한 채 두려움에 떨었는지에도 큰 관심이 없다. 설교자들의 거의 유일한 관심사는 큰 풍랑이 일어 제자들이 물에 빠져 죽어가기 직전 주님이 물 위로 걸어와 바람을 잔잔케 하셨다는 것이다.

하지만 김 목사는 이 본문에서 세심한 관찰력을 가지고 저물기 전 제자들이 배를 타고 간 시간이었을 저녁 6시를 기점으로 밤 사경, 즉 새벽 3시에서 6시 사이가 되도록 건너지 못한 사실을 계산함으로써, 그들이 약 열 시간 동안이나 갈릴리를 떠나지 못했음과 그 시간 동안 주님이 산에서 기도하셨다는 결과를 얻어 내고 있다. 본문을 해석하는 사람이라면 이 정도의 관찰력은 기본적으로 발휘해서 설명해 주는 것이 청중을 향한 예의라 볼 수 있는데, 여기서도 김 목사는 그 일을 잘 수행하고 있음을 확인하게 된다.

12. 탁월한 본문 정보와 지식

지금은 정보 시대다. 인터넷만 뒤지면 수없이 많은 정보들이 한꺼번에 쏟아져 나오는 지식 홍수의 시대가 되었다. 정보력에서 뒤지면 앞서갈 수 없고, 퇴물이 될 수밖에 없다. 그래서 누구든 남보다 더 많은 정보와 지식을 습득하기 위해 발 빠른 시도를 계속하고 있다.

성경과 관련한 정보와 지식에 있어서도 마찬가지다. 코로나19 이후 한국 강단이 어떻게 변화해야 할 것인가는 모든 강의와 세미나의 단골 주제가 될 것으로 예상한다. 나 역시 한 달 전 대전에서 개최된 장로교 합동 교단 중진 목회자들 앞에서 '코로나19 이후 한국 강단의 변화'라는 주제로 강의를 한 적이 있다. 바이러스 감염을 피해 모든 교회가 온라인으로 예배드리고 있는 현 상황에서, 나는 코로나19 사태 이전보다 한국 강단에서의 '빈익빈부익부 현상'이 더욱 크게 두드러질 것으로 예상하고 있다. 다시 말해서, 정보와 지식에 앞서는 교회는 더욱 부흥할 것이고, 뒤지는 교회는 더 빨리 쇠퇴할 것이란 말이다.

설교자가 갖춰야 할 최고의 무기 중 하나는 성경에 관한 정보와 지식이다. 다른 건 몰라도 이 사안과 관련해서는 남들에게 뒤지면 안 된다. 현장 목회에서 은퇴한 지 20여 년에 가까운 김창인 목사는 인터넷이 그리 발달되지 않은 때에 목회를 한 분이다. 그럼에도 성경에 대한 정보와 지식 역시 남다른 능력을 갖춘 사람으로 평가된다. 이제 그 실례들을 눈으로 확인해 보자.

> *모세는 그때 당시로부터 1,500년 전의 사람이었습니다.* 죽은 지가 1,500년이 되었다는 말입니다. *엘리야는 1,000년 전의 사람이었습니다.* 그 사람들이 분명히 살아서 변화 산에 나타났습니다. 이 사건은 무엇을 의미합니까? 죽음이 죽음이 아니라는 것입니다. 죽음 후에는 반드시 부활하여 모세와 엘리야같이 썩지 아니할 몸, 영생하는 몸으로 다시 산다고 하는 것을 보여 주었습니다.[102]

모세가 1,500년 전의 인물이고 엘리야가 1,000년 전의 인물인지는 평소 성경에 관한 기본 지식을 갖고 있지 않는 이는 알 수가 없다. 김 목사는 이 정도의 지식은 상식처럼 자신의 설교 속에 자유로이 활용하는 '믿을맨' 설교자이다.

> 나중에는 *13년 만에* 국무총리가 되었습니다. 종노릇을 *11년 동안이나* 했습니다. 감옥살이 *2년을* 했습니다. 그 끝에 나이 *30에* 국무총리가 되었습니다.[103]

13년, 11년, 2년, 30이란 구체적인 숫자가 명시된 네 문장의 설교문을 보

라. 김 목사가 얼마나 본문에 관한 지식에 밝고 정확한가를 보여 주는 실례인지 모른다.

> *'경건하다'라는 말은* 본래 '유라베스'라는 말로서 *신약성경에는 세 번 나오는 말입니다.* 이 유라베스를 본문에서는 '경건'이라고 번역을 하였지만 다른 곳에서는 이 말을 "예배를 잘 드리는 사람"에게 사용하였던 것입니다.[104]

'유라베스'라는 헬라어가 신약성경에 세 번 나온다는 새로운 정보를 확인할 수 있다.

> *신구약 성경을 아무리 살펴보아도 성경* 단 두 *절에* 기독교의 *구원의 도리를 이렇게 정확하게 설명한 곳은 본문을 제외하고는 없습니다.* 로마서나 *갈라디아서에서도 구원의 도리를 잘 설명하고 있지만* 두 *절로써 설명하는 것은 아닙니다.* 이런 의미에서 데살로니가후서 2장 13절과 14절은 아주 뜻 깊은 말씀입니다.
>
> 하나님께서 사람을 구원하시는데 첫째로 택하심, 둘째로 부르심, 셋째로 성령으로 거룩하게 하심, 넷째로 진리를 믿게 하심, 다섯째로 구원을 얻게 하심, 그리고 여섯째로 그리스도의 영광에 참여하게 하심, 즉 '영화'입니다.[105]

단 두 구절로써 기독교의 구원의 도리를 정확하고 명쾌하게 설명한 데살로니가후서 2장 13절과 14절을 소개하고 있다.

> *로드발은 마하나임 지방에 속해 있고 요단 강 건너 얍복 강 나루터를 건너가기 전에 있는 지역인데 예루살렘에서는 상당히 먼 거리입니다.* 그런데 다윗이 압살롬의 반란을 피해 요단 강 건너 마하나임 지방으로 피난을 갔을 때 세 사람이 함께 다윗을 도와주었다는 것입니다.[106]

로드발이란 지역에 대해 김 목사가 알고 있는 지식과 정보가 아주 구체적이고 탁월함을 엿볼 수 있다.

> 그런데 아셔야 될 것은 *그 아들 솔로몬이 예배당 지은 터가 바로 그 땅입니다.* 옛날 아브라함이 자기의 아들 이삭을 제사 드렸던 자리가 바로 그 자리이고, 다윗이 은 50세겔을 주고 사서 제사 드렸던 그 자리, 분명히 이것은 다윗의 땅입니다.[107]

솔로몬이 지은 예배당 터가 옛날 아브라함이 자기의 아들 이삭을 제사 드렸던 바로 그 자리라는 지식은 이런 사실을 알지 못하는 청중에게 유익한 정보를 제공하는 셈이 되는 것이리라.

> 그때 얼마나 놀라운 변화의 은혜를 체험했던지 *베드로가 그때로부터 35년이 지나서 베드로후서를 쓸 때* 베드로후서 1장 16절에서 18절에 본문의 내용을 그대로 써 놓았습니다.[108]

베드로가 변화의 은혜를 체험한 때로부터 베드로후서를 쓸 때까지 정확하게 35년이란 세월이 지났다는 사실 역시 평소 인지하고 있는 정보와 지식이 아니면 활용할 수 없는 일이다. 이런 내용들이 약방의 감초처럼 설교란 음식에 영양을 더해 준다는 것을 설교자들은 반드시 기억해야 한다.

13. 상식을 뒤엎는 반전 내용

세상엔 온통 반전투성이다. 우리가 즐겨 읽는 소설이나 애청하는 드라마나 영화들을 보라. 반전 없이는 판매가 되질 않아 흥행에 실패할 수밖에 없다. 처음부터 결말이 미리 공개되는 방식, 아니면 독자나 청중이 예상하는 방식으로 내용이 전개된다면 사람들의 관심을 끌 수가 없다.

우리 하나님만큼 반전을 좋아하거나 예상을 뒤집는 분은 없을 것이다. 성경 속에 나오는 그분의 역사는 반전과 예상 깨기의 연속이다. 성경에 소개되는 예수님의 비유나 설교들 역시 마찬가지다.

이것은 오늘의 설교에도 그대로 적용된다. 설교가 사람들이 생각하고 예상하는 대로만 진행된다면 청중의 흥미를 유발시킬 수도 없고, 주의를 집중시킬 수도 없다. 청중의 관심을 끌지 못하는 설교는 설교로서의 가치가 없다고 볼 수 있다. 때문에 오늘의 설교자는 부분적으로라도 반전이나 예상 깨기의 모드를 활용할 필요가 있다.

《설교, 예수님처럼 하라》(엔크리스토)의 저자 서천석은 다음과 같이 말한다. "모든 이야기에서 반전은 클라이맥스다. 반전이 없는 이야기는 날지 못하는 새와 같다. 이야기에 반전이 없으면 감동도 없고 해결은 흐지부지해진다. 메시지 프레이밍(message framing)에서 반전은 복음이다."[109]

김 목사의 설교 속에 이런 유별난 장점마저 활용되고 있다는 사실은 놀라운 일이다. 주석에는 나오지 않는, 기존의 상식을 뒤집는 반전 흐름은 그의 설교를 더욱 맛깔스럽게 해 주며, 다른 강단의 설교와는 근본적으로 차별화시키는 묘미를 더해 준다.

어떻게 해서 김 목사의 설교에 이런 장점이 발휘되고 있는지 궁금했다.

그 이유를 과거 그가 부교역자 한 사람에게 권면한 내용을 통해서 확인할 수 있다. 내용은 다음과 같다.

> "금식하는 것도 좋고 기도하는 것도 좋은데, 말씀 읽고 깊이 묵상하는 것도 중요해! *성경을 깊이 묵상함 없이 주석을 참고하면서 '주석에 이랬습니다, 저랬습니다'라고 전달하는 것은 듣는 청중에게 감동을 줄 수 없고 전하는 본인에게도 힘이 없어!* 그러니 주석을 참고하기 전에 먼저 성경을 잘 읽고 *깊은 묵상을 통해 하나님께서 주시는 은혜를 믿고 그것을 전달해야* 하는 거야!"[110]

후배 목사를 향한 조언 중 이만큼 귀한 내용도 없으리라 본다. 일반적으로 설교의 선배들은 후배들에게 주석과 설교집을 많이 참조하라고 권면하는 편이다. 하지만 처음부터 전문가들이 저술한 주석이나 남의 설교집을 참조해 버리면 하나님이 본인에게 들려주시는 남다른 음성을 들을 수가 없게 된다.

묵상의 중요성에 대해 린더 켁(Leander Keck)은 이렇게 말한다. "설교자에게는 말하는 기술보다 듣는 기술이 더 중요하다. 이것은 특별히 강해설교일 때 더욱 그러하다. 왜냐하면 (설교자가) 하나님의 말씀을 먼저 듣지 않고서는 전달(re-said)할 수 없기 때문이다."[111] 그렇다. 설교자가 먼저 하나님의 음성을 듣지 않고 어찌 남에게 그것을 전할 수 있겠는가?

이런 점에서 김창인 목사는 말씀 듣기의 개척자(pioneer listener)이다. 그가 주석의 내용을 미리 보지 않고 깊은 묵상[112]을 통해 하나님이 주시는 은혜를 먼저 받아 왔기 때문에 주석에는 나오지 않는 새로운 각도의 신선한 내용을 생각해 낼 수 있었으리라 본다.

그와 함께 부교역자로 사역했던 장성순 목사가 밝힌 김 목사의 설교에 관한 평가도 곁들여 본다.

> 부목사 시절 김창인 목사님의 설교를 들을 때마다 강단에서 흘러나오는 말씀은 신선한 은혜의 충격을 주는 말씀이었습니다. 말씀을 준비하시면서 최선을 다하시는 모습, 또한 *깊은 묵상*, 듣는 이로 하여금 심령을 살리는 설교, 회개를 일으켜 사람을 변화시키는 말씀, 뜨거운 마음으로 가슴이 열리는 설교, 이 모든 것들이 부목사 시절에 신선한 충격이었습니다.[113]

역시 깊은 묵상이 김 목사만이 지니고 있는 색다른 설교의 비결임을 한 번 더 입증시켜 주는 좋은 실례다. 그럼 그 내용이 어떤 것들인지 하나씩 파헤쳐 보자.

> *여러분은 하나님께 충성하려고 하지 마시기를 바랍니다. 그리고 하나님께 순종하려고 하지도 마시기를 바랍니다. 그보다 먼저 해야 되는 중요한 일은 하나님을 먼저 사랑하는 일입니다. 하나님을 사랑하지는 않고 충성하려고 한다면 얼마나 지겨운 일이겠습니까?* 하나님을 사랑하지는 않고 하나님께 무조건 순종해야 한다면 힘들어서 하지를 못합니다. 하나님을 사랑해 보십시오. 충성하라고 말하지 않아도 충성하게 되고 순종하면서도 즐겁고 재미가 있습니다. 그러므로 크고 첫째 되는 계명이 하나님 사랑이라는 말입니다.[114]

강사가 와서 설교 중에 '하나님에게 충성하려고 하지 말라!'라거나 '하나님에게 순종하려고 하지 말라!'라고 했다면 청중은 어떤 반응을 보일까? '저 사람 혹시 이단 아닌가?'라고 생각하지 않을까? 하지만 바로 그다음 내용에 주목하라. '그보다 먼저 해야 되는 중요한 일은 하나님을 사랑하는 일이다!'란 내용 말이다. 이쯤 되면 잠시 갸우뚱했던 머리가 그냥 끄덕여지게 될 것이다.

> 성경은 부모에게 어떻게 하라고 했습니까? "네 부모를 공경하고 효하라"고 했습니다. *그러나 부모를 공경하지 마십시오. 부모에게 효도하지 마십시오.* "아! 오늘 참 은혜가 된다. 내 시아버지, 시어머니 안 죽고 잔소리만 했었는데 효도하지 말고 공경하지 말라고 하니 오늘 살판났다. 참 은혜가 된다"라고 하실 분도 계실 것입니다. *부모를 공경하고 효도하지 마시고 부모를 사랑하십시오. 사랑하지 않고 효도하려고 한다면 얼마나 지겹습니까?* 부모를 사랑하는 마음은 손톱만큼도 없는데 공경하려고 한다면 얼마나 힘이 들겠습니까? 부모를 사랑해 보십시오. 공경을 왜 못 하겠습니까? 효도를 왜 못 하겠습니까? 부모를 사랑해야 합니다. 공경하려고 하기 전에 사랑하고, 효도하기 전에 사랑해야 합니다.[115]

설교자가 '부모를 공경하지 말고, 효도도 하지 말라!'고 했다면 어찌될까? 그렇게 충격적인 발언을 하고 나서 예상을 뒤엎는 반전 스토리를 전개해 나간다. 부모를 사랑하라는 것이다. 사랑 없이 효도하려면 힘들고 지겹지만, 사랑하면 공경이나 효도는 자동으로 따르는 법이라고 말하고 있다.

> 눈물에는 거짓이 없습니다. "목사님, 그렇지 않던데요? 사기꾼들도 사기를 칠 때 눈물을 펑펑 흘리던데요? 거기에 사람들이 속아 넘어가지 않습니까? 사기꾼들의 눈물은 가짜입니다"라고 하실 분이 계실지 모르겠습니다. *그러나 그것은 모르고 하는 소리입니다. 사기꾼의 눈물도 진짜입니다.* 내가 저 사람을 사기 치기 위해서는 눈물을 흘려야 되는데 사기 치는

> 일 자체를 위해서는 눈물이 나오지 않습니다. 그렇다면 눈물을 흘리는 이유가 무엇인지 아십니까? *옛날에 자신이 사랑하는 애인한테 버림받을 때를 생각하고 펑펑 우는 것입니다. 우리가 사기꾼의 그 사정을 몰라서 그렇지, 사기꾼은 그때를 생각하고 운 까닭에 그 사람이 흘리는 눈물은 진짜입니다.* "목사님, 그렇지 않은 것 같던데요? 그 눈물은 거짓 아닙니까? 내 엄마를 위해서 울어야 할 이유가 없는데요" 하실 분도 계실 것입니다. *그것 역시 몰라서 그러는 것입니다. 개똥이 아빠는 일 년 전에 자기 부인이 죽은 것을 생각하고 우는 것입니다.* 그 눈물의 사정을 우리가 모르는 것뿐입니다.[116]

여기서도 마찬가지다. 사기꾼이 흘리는 눈물을 진짜로 보는 이가 몇이나 있겠는가? 모두가 가짜 눈물로 생각할 것이다. 하지만 김 목사는 진짜 눈물이라고 주장한다. 눈물이란 전문 배우들도 짜내기 힘든 일이기 때문이다. 그래서 김 목사는, 사기 치는 일 자체를 위해서는 눈물이 나오질 않기 때문에 과거 애인한테 버림받을 때를 생각하고 운다는 것이다. 그 감정은 진실한 것이기 때문에 가짜가 아니라 진짜 눈물이란 것이다.

이런 식의 논리로 설교를 전개하는 경우를 본 적이 있는가? 지금껏 수없이 많은 설교를 들어 왔지만, 이처럼 일반 상식과 예상을 뒤엎는 반전 모드로 전개하는 설교는 김 목사에게서 처음 보았다. 이는 김 목사만이 구사하는 '전매특허'(trade mark)로 평가된다. 누구든 이 기막힌 전개 방식을 자신의 설교 속에 장착한다면 김 목사와 같이 차별화된 설교자로 업그레이드될 수 있으리라 본다.

설교자들이여, 깊은 묵상을 통해 다른 설교자들이 보지 못하는 새로운 내용들에 눈을 뜨기를 바란다.

chapter 7

설교학적 특징

1. 연역적 전개 방식

설교를 시작하자마자 본 설교의 제목부터 알린 후에 설교를 이어 가는 방식을 '연역적 방법'이라 한다. 반면, 크레독(Fred Craddock)과 함께 귀납적 설교의 주창자인 랄프 루이스(Ralph Lewis)의 이론을 요약해서 귀납적 설교의 준비를 강조하는 휴 리치필드(Hugh Litchfield)의 주장처럼, 시작에서부터 제목을 알리지 않고 궁금증을 유발시키다가 나중에 가서 제목을 밝히는 방식을 '귀납적 방법'이라 하는데, 청중은 연역적 방법보다는 신비스러운 것이 최종적인 장면에서 해결되는 방식의 귀납적인 전개를 더 선호한다.[117]

이것이 최근 유행하고 있는 신설교학의 설교 전개 방식인데, 나 역시 그 방향을 강조하는 사람 중 하나다. 하지만 권성수의 주장대로, 기억의 폭이 넓지 않은 청중과 특별히 기독교의 진리를 잘 모르는 후기독교 청중에겐 본문의 핵심인 설교 제목을 초반에 언급한 뒤 마지막에 가서 다시 한 번 반복해서 강조하는 편이 더 효과적일 수도 있음[118]을 부정할 수 없다.

그럼 김창인 목사가 즐겨 사용하는 설교의 시작과 마지막 내용을 하나씩 확인해 보자.

"*이 시간에* 로마서 8장 36절에서 9장 3절까지의 *말씀을 가지고* '예수 안에 있는 은사'*라는 제목으로 말씀을 드립니다.*"[119] - 〈도입부〉

"*결론적으로 말씀드립니다.* 예수 안에 승리의 은사가 있습니다. 왜냐하면 예수님은 이미 십자가에 못 박혀 죽으시고, 부활하심으로 말미암아 사망 권세, 마귀의 권세, 죄악의 권세를 깨치고 승리하셨기 때문입니다. - 〈결어부〉

"*오늘* 미가서 7장 7절에서 13절에 있는 *말씀을 가지고* '믿음은 믿음이어야 합니다' *라는 제목으로 말씀드립니다.*"[120] - 〈도입부〉

"*결론을 지어 말씀드립니다.* 우리의 믿음은 기다리는 믿음이어야 합니다. 기도하다가 낙심하지 말아야 합니다. 기도의 응답도 하나님의 때가 있습니다. 하나님의 도우심의 때가 있습니다. 기도하고 응답 즉 하나님의 도우심을 끝까지 기다려야 합니다. 그리고 우리의 믿음은 소망하는 믿음이어야 합니다. 하나님이 죽었다면 모르지만 살아 계시는 까닭에 하나님이 살아 계시는 한, 또 살아 계신 하나님을 믿는 한 우리에게는 실망과 좌절은 있을 수가 없습니다. 그러므로 소망하는 믿음, 즉 좌절할 줄 모르는 믿음이어야 합니다. 마지막으로 확신하는 믿음이어야 합니다. 믿음은 말이 아닙니다. 행동으로 믿고, 몸으로 믿고, 생활로 믿는 확신하는 믿음이 큰 믿음입니다. 여러분들의 믿음이 이런 믿음이기를 바랍니다." - 〈결어부〉

"오늘 사도행전 15장 1절에서 5절까지 있는 *말씀을 가지고* '교회의 환영을 받는 자'*라는 제목으로 말씀드립니다.*[121] - 〈도입부〉

"*결론을 지어 말씀드리겠습니다.* 첫째로 교회의 환영을 받을 자는 문제를 야기하는 자가 아니라 해결하는 자입니다. 가정에서나 직장에서나 교회에서나 항상 문제를 해결하는 자 되기를 바랍니다. 둘째로 크게 기쁘게 하는 자입니다. 교회를 기쁘게 하고 가정에서 모든 식구들을 기쁘게 하고 직장에서 다른 사람들을 기쁘게 하는 자가 환영을 받습니다. 셋째로 내가 받은 은혜가 있어야 합니다. 받은 은혜 없이 증거할 수 없습니다. 내가 받은 은혜를 너에게도 증거하여 은혜를 나누어야 합니다. 은혜가 나누어질 때 더욱 풍성해집니다. 그렇다고 내 은혜가 줄어드는 것이 아닙니다. 은혜가 은혜를 낳습니다. 바울 사도는 이렇게 은혜를 증거했습니다. 이런 사람들이 어디서나 환영을 받는 자입니다." - 〈결어부〉

김창인 목사의 설교가 어떻게 시작되고 매듭지어지는지를 세 개의 샘플로 확인해 보았다. 그의 모든 설교는 앞의 실례와 동일한 패턴으로 전개됨을 볼 수 있다. 설교를 시작할 때 설교 제목이 무엇인지를 미리 알리고, 결론 부분에서 다시 설교의 제목이 뭔지를 언급하며 설교를 마무리하는 방식이다.

설교의 제목이 무엇인가? 본문의 핵심 메시지를 한마디로 압축한 내용이다. 설교자라면 누구나 다 설교를 듣는 사람들에게 딱 한마디의 주제나 메시지를 남겨야 한다. 비록 대지가 세 개이고 소지가 아홉 개인 복잡한 설교의 프레임을 활용하고 있긴 하지만, 김 목사의 설교를 하나의 핵심 내용을 전달하는 원 포인트 설교의 한 패턴으로 평가할 수 있는 이유가 바로 여기에 있다. 이는 본문의 핵심 메시지를 파악할 능력이 없는 설교자에게선 결코 기대할 수 없는 방식이다. 아울러 그 메시지를 설교가 시작하고 끝나는 서론과 결론 부분에서 반복해서 언급함으로써 청중의 뇌리에 깊게 새기게 해 주는 짜임새와 탄탄함이 없어도 명설교자의 반열에 올라갈 수 없을 것이다. 김 목사의 설교가 본문에 충실한 탄탄한 석의와 청중에게의 효과적인 기억 새김이 가미된 이상적인 설교임을 보여 주는 대목이 아닐 수 없다.

2. 통일성 있는 간결한 개요

설교자가 성령을 의지해서 설교를 준비하는 일에 최선을 다해야지, 설교의 구조나 개요에 신경 쓰는 것은 너무 인간적이고 인위적인 것이 아니냐고 주장하는 이들을 간혹 본다. 이런 생각을 가진 이들에겐 조나단 에드워즈의 대답을 들려주고 싶다. 그는 다음과 같이 말했다. "목회자가 설교하거나 어떤 것에 대해 논할 때 보다 쉽고 분명하게 그 방법과 순서를 제시하는 것은 매우 유익한 것이다."[122]

그렇다. 성령님을 의지하면서 설교자가 해야 할 모든 준비 작업을 다 마쳐야 성도들을 향해 나아갈 수 있다. 성령님도 아무런 논리도 짜임새도 없이 소중한 말씀이 선포되길 원치 않으신다는 것을 설교자들은 항상 기억할 필요가 있다.

본문을 석의한 후 설교 원고 작성을 위해 제일 먼저 해야 하는 작업이 개요 작성이다. 여기서 개요는 '대지' 혹은 '요지'라고도 하는데, 영어의 'outline'에 해당되는 말이다. 사실 개요라는 표현보다는 설교의 포인트(point)라는 말이 더 적절한데, 우리에겐 개요나 대지가 익숙한 말이다.

설교의 개요를 작성함에 있어서 첫 번째 관건은 그것이 논리적이고 짜임새가 있느냐 하는 것이다. 아무리 개요가 본문에 충실한 내용으로 구성되어 있다 할지라도 설교의 제목과 3대지의 구조가 비논리적이거나 통일성과 연결성과 간결성이 떨어진다면 청중에게 제대로 어필할 수 없다.[123]

김창인 목사의 설교 개요를 자세히 분석해 보면, 비록 3대지 설교의 형태지만 제목과 소대지가 서로 일관성을 띠고 연결되어 있기 때문에 부정적인 것으로 비판받아야 할 3대지의 형태와는 근본적으로 다르다는 사실을 확인할 수 있다. 세 개의 대지가 서로 연결되지 않고 따로 놀거나 통일성 없이 구성된 '한 지붕 세 가족' 형태의 설교 개요는 반드시 비판받아야 한다. 그런 점에서 김창인 목사의 설교 개요는 어떤 점에서 볼 때 최근 설교학에서 초미의 관심을 끌고 있는 '원 포인트 설교'와 흡사하다는 느낌을 받는다.[124] 그는 본문에서 한 가지의 큰 주제(one big theme)를 추출한 후에 그것을 기초로 세 개의 선명한 설교 개요를 작성한다.

하나의 큰 주제와 메시지가 청중의 마음속에 오래 남아 있도록 하기 위해 지엽적인 내용이나 덜 중요한 내용을 과감히 생략해 버리는 그의 습관은 오늘의 설교자들이 반드시 모범으로 삼아야 할 자세라 생각한다.

김 목사가 만든 개요를 관찰해 보면 그 사이에서 운율과 리듬감을 느낄 수 있다. 이런 그의 능력은 어디서 비롯된 것일까? 이 또한 오랜 세월 동안 빚어 온 그의 깊은 묵상과 기도가 그 이유가 아닐까 생각한다. 그렇기 때문에 본문을 읽고 핵심을 뽑아 간단명료하게 제목과 대지에 담아내는 능력으로는 당시 설교자들 가운데서 단연 으뜸으로 평가할 수 있다.

김창인 목사의 설교를 분석해서 내린 결론은 다음과 같다. 김창인 목사의 설교는, 전체의 흐름은 제목에서 암시되는 하나의 중요한 핵심 메시지를 중심으로 처음부터 끝까지 흘러가되, 그것을 한 덩어리로 전달하기보다는 청중이 알아듣고 기억하기 쉬운 세 개의 대지로 나누어서 전하는 스타일로 평가된다. 다시 말해서, 김 목사의 설교는 제목과 3대지가 아무런 연관성 없이 따로 노는 '한 지붕 세 가족'의 형태가 아닌, 3대지가 제목에 나타난 하나의 큰 주제를 탄탄하게 지지하고 떠받들어(supporting) 주는 원 포인트에 가까운 3대지 설교라 할 수 있다.

3. 본문에 충실한 개요

논리 정연하고 통일성 있는 개요 작성의 중요성은 아무리 강조해도 지나치지 않다. 하지만 설교의 개요가 아무리 간결하고 논리적이고 유익한 내용으로 구성되어 있다 하더라도 그 모든 것이 본문에서 나오지 않은 것이라면 성경적 설교라 할 수 없다. 설교자는 개요 하나하나가 철저하게 본문 속에서 추출되어야 한다는 철칙을 반드시 기억하고 있어야 한다.[125]

김창인 목사의 설교들을 자세히 관찰해 보면, 그가 사용한 설교의 제목과 대지들이 철저히 본문에 기초하고 있음을 볼 수 있다. 그 실례들을 하나씩 살펴보자.

제목: 성도의 마땅한 바(엡 5:1-14)

1. 사랑을 입는 일(1-4)
   1) 하나님의 사랑(1)
   2) 예수님의 사랑(2)
   3) 감사하는 사랑(3-4)
2. 믿음으로 사는 일(5-10)
   1) 순종하는 믿음(5-7)
   2) 변화되는 믿음(8-9)
   3) 분별하는 믿음(10)
3. 책망하는 일(11-14)
   1) 참여하지 말고 책망(11-12)
   2) 구원을 위한 책망(13)
   3) 말씀으로 책망(14)

앞의 개요가 나온 본문은 에베소서 5장 1-14절의 다음 내용이다. 설교 제목과 각 대지와 소지들이 본문 어디에 얼마큼 근거해서 추출되었는지를 샅샅이 분석해 보자.

1. 그러므로 *사랑을 받는 자녀같이*(하나님의 사랑) 너희는 하나님을 본받는 자가 되고
2. *그리스도께서 너희를 사랑하신 것같이*(예수님의 사랑) 너희도 사랑 가운데서 행하라 그는 우리를 위하여 자신을 버리사 향기로운 제물과 희생 제물로 하나님께 드리셨느니라
3. 음행과 온갖 더러운 것과 탐욕은 너희 중에서 그 이름조차도 부르지 말라 이는 성도에게 *마땅한 바니라*(제목: 성도의 마땅한 바)
4. 누추함과 어리석은 말이나 희롱의 말이 마땅치 아니하니 오히려 *감사하는 말을 하라*(감사하는 사랑)
5. 너희도 정녕 이것을 알거니와 음행하는 자나 더러운 자나 탐하는 자 곧 우상 숭배자는 다 그리스도와 하나님의 나라에서 기업을 얻지 못하리니
6. 누구든지 헛된 말로 너희를 속이지 못하게 하라 이로 말미암아 하나님의 진노가 *불순종의 아들들에게 임하나니*(불순종하는 일에 참여하지 말라→순종하는 믿음)
7. 그러므로 그들과 함께하는 자가 되지 말라
8. 너희가 *전에는 어둠이더니 이제는 주 안에서 빛이라*(변화되는 믿음) 빛의 자녀들처럼 행하라
9. 빛의 열매는 모든 착함과 의로움과 진실함에 있느니라
10. 주를 기쁘시게 할 것이 무엇인가 *시험하여 보라*(분별하는 믿음)
11. 너희는 열매 없는 어둠의 일에 *참여하지 말고 도리어 책망하라*(참여하지 말고 책망)
12. 그들이 은밀히 행하는 것들은 말하기도 부끄러운 것들이라
13. 그러나 *책망을 받는 모든 것은 빛으로 말미암아 드러나나니*(구원을 위한 책망) 드러

나는 것마다 빛이니라

14. 그러므로 이르시기를 잠자는 자여 깨어서 죽은 자들 가운데서 일어나라 그리스도께서 너에게 비추이시리라 하셨느니라(구약성경 인용, 말씀으로 책망)

앞에서 분석한 내용으로 볼 때 제목과 아홉 가지의 소지들 모두가 철저히 본문에 근거해서 작성되었음을 알 수 있다. 김 목사의 두 번째 개요 형식인 3대지 설교의 샘플을 하나 더 분석해 보기로 하자.

제목: 하나님이 원하시는 생활(눅 10:17-24)

1. 기쁨의 생활(17-20)
2. 감사의 생활(21-22)
3. 참복의 생활(23-24)

위의 개요가 나온 본문은 누가복음 10장 17-24절의 다음 내용이다. 설교 제목과 각 대지들이 본문 어디에 얼마큼 근거해서 추출되었는지를 분석해 보자.

17. 칠십 인이 기뻐하며 돌아와 이르되 주여 주의 이름이면 귀신들도 우리에게 항복하더이다

18. 예수께서 이르시되 사탄이 하늘로부터 번개같이 떨어지는 것을 내가 보았노라

19. 내가 너희에게 뱀과 전갈을 밟으며 원수의 모든 능력을 제어할 권능을 주었으니 너희를 해칠 자가 결코 없으리라

20. 그러나 귀신들이 너희에게 항복하는 것으로 기뻐하지 말고 *너희 이름이 하늘에 기록된 것으로 기뻐하라*(기쁨의 생활) 하시니라

21. 그때에 예수께서 성령으로 기뻐하시며 이르시되 천지의 주재이신 아버지여 이것

을 지혜롭고 슬기 있는 자들에게는 숨기시고 어린아이들에게는 나타내심을 *감사하나이다*(감사의 생활) 옳소이다 *이렇게 된 것이 아버지의 뜻이니이다*(제목: 하나님이 원하시는 생활)

22. 내 아버지께서 모든 것을 내게 주셨으니 아버지 외에는 아들이 누구인지 아는 자가 없고 아들과 또 아들의 소원대로 계시를 받는 자 외에는 아버지가 누구인지 아는 자가 없나이다 하시고

23. 제자들을 돌아보시며 조용히 이르시되 너희가 보는 것을 보는 눈은 *복*(참복의 생활)이 있도다

24. 내가 너희에게 말하노니 많은 선지자와 임금이 너희가 보는 바를 보고자 하였으되 보지 못하였으며 너희가 듣는 바를 듣고자 하였으되 듣지 못하였느니라

위에서 분석한 내용으로 볼 때 제목과 세 개의 대지들 모두가 철저히 본문에 근거해서 작성되었음을 알 수 있다.

토마스 롱(Thomas Long)이 자신의 책 제목인 《증언으로서의 설교》(쿰란출판사 역간)에서 잘 지적했듯이, 설교자는 말씀의 *증인*(witness of Word)으로 부름 받았지, 말씀의 *창조자*(creator of Word), 즉 말씀을 지어 내라고 부름 받진 않았다.[126] 그런 점에서 볼 때 김창인 목사는 정말 '말씀의 증인'에 가장 적합한 설교자라 평가할 수 있다.

4. 유사 주제와 반대 주제를 통한 선명한 주제 부각

어떤 주제를 부각시키기 위해 아리스토텔레스가 개발한 '발상법'이란 게 있다. 발상한다는 것은 사실이나 아이디어를 떠올리는 것이다. 무언가를 떠올릴 때 우리는 주로 연상력을 이용한다. 인간이 연상 작용을 한다는 것은 고대 그리스 시대부터 이미 의식하고 있었다. 철학자 아리스토텔레스는 이것을 '연상의 법칙'이라 불렀다.[127]

이 연상을 원활하게 만드는 방법으로 다음의 세 가지를 들었다. 반대 연상, 접근 연상, 유사 연상이 그것이다. 예를 들어, '바다'를 부각시키기 위해선 그것과 유사 연상인 '강'을 얘기하고, 반대 연상인 '산'도 얘기하는 방식이다.

설교에 있어서도 비슷한 용어가 있다. 하나님의 말씀을 성도들에게 명확하게 전하기 위한 가장 이상적인 방식은, 설교를 시작하자마자 본문의 핵심 주제로 바로 들어가지 않고 '유사 주제'와 '반대 주제'를 활용하는 것이다. 유사 주제는 핵심 주제를 강조하는 데 도우미 역할을 하고, 반대 주제는 핵심 주제의 필요성을 부각시키는 악역을 맡는다.[128]

예를 들어, 핵심 주제가 '신뢰'라고 가정해 볼 때 유사 주제는 '믿음', '평안', '평온', '평강', '소망' 등이고, 반대 주제는 '염려'이다. 유사 주제들을 미리 언급함으로써 '신뢰'란 주제를 청중에게 더욱 강화시켜 주고, 반대 개념인 '염려'의 실례들을 통해서 '신뢰'가 얼마나 절실히 요구되는가를 그들에게 자각시켜 주는 것이다. 따라서 유사 주제와 반대 주제는 핵심 주제의 중요성과 필요성을 부각시킴에 없어서는 안 되는 중요한 두 기둥이라 할 수 있다. 이 두 가지 요소가 한 편의 설교 속에 함께 발휘되면 설교에 상상 못할 에너지를 불러일으켜 놀라운 위력을 발휘하게 할 것은 말할 필요가 없다.

소설이나 드라마나 영화 속에도 주인공 외에 반드시 주인공을 돕는 선한 조연들과 함께, 주인공을 괴롭히는 라이벌이나 대적자들이 존재하기 마련이다. 성경 속 골리앗처럼 그들의 행동이 악하면 악할수록 다윗 같은 주인공의 존재는 더욱 위대하게 부각되는 것이다. 창세기의 주인공 중 한 사람인 요셉에게도 그를 미워해서 애굽에 팔아넘긴 이복형제들 같은 악역이 존재하지 않았던가. 바울 사도에게도 바나바와 같은 조력자가 있는가 하면 그를 죽이려던 제사장들과 같은 악역이 존재했었다.

설교도 마찬가지다. 그저 단순히 중요 단어나 핵심 주제만 언급한다면 청중에게 어필할 수 없다. 반드시 유사 주제와 반대 주제가 적절하게 버무려져야 핵심 주제를 효과적으로 높이 띄울 수 있다.

우리가 잘 아는 명연설가 중 마틴 루터 킹(Martin Luther King Jr.) 목사나 존 F. 케네디(John F. Kennedy) 대통령이나 간디((Mahatma Gandhi)가 남긴 유명한 연설문들을 분석해 보라. 로이드 존스나 조나단 에드워즈나 한국의 위대한 설교가 이동원 목사의 설교문도 마찬가지다. 모두가 앞에서 살펴본 세 가지 주제들을 적절하게 잘 활용한 최고의 명문장들임을 확인할 수 있을 것이다.[129]

이 방식을 아주 잘 활용하는 또 한 명의 설교자가 있으니 그가 바로 김창인 목사다. 김 목사의 설교 중 한 실례를 들어 설명해 보기로 하자. 다음은 '감사하며 삽시다'[130]라는 그의 설교문을 분석한 결과다.

〈핵심 주제〉 감사(36번)	
〈유사 주제〉 복(축복, 15), 은혜(10), 선택 받음(10), 알곡(6), 쓰임 받음(4), 찬양(2), 일꾼 삼음, 고침 받음, 영광 돌림, 구원, 충성, 영광	〈반대 주제〉 심판(9), 쭉정이(8), 욕심(5), 교만(5), 재앙(4), 쫓겨남(3), 불평(불만, 3), 제 잘난 맛(2), 병 걸림, 부리병, 심판, 방황, 죽음, 송장, 버림받음, 불행한 병, 감사하지 않음, 목에 힘이 붙음, 변질, 하나님을 버림(멀리함, 몰라봄), 우상 숭배, 사람을 기쁘게 함, 실패, 명성, 변질, 믿음으로 살지 않음

'감사'가 핵심 주제인 이 설교문에는 유사 주제로 '복, 은혜, 선택 받음, 알곡, 쓰임 받음, 찬양' 등과 같은 긍정적인 단어가 사용되고 있고, 반대 주제로는 그보다 더 압도적으로 많은 '심판, 쭉정이, 욕심, 교만, 재앙, 쫓겨남, 불

평(불만), 제 잘난 맛'과 같은 부정적인 단어들이 사용되고 있음을 볼 수 있다.

감사의 삶이 얼마나 중요한지를 유사 주제들을 통해서 강조함과 동시에, 반대 주제와 같이 부정적인 문제들에 대해서 언급함으로써 감사의 삶이 절실함을 청중 스스로가 절감하게 해 주는 김 목사의 설교 방식은 오늘의 설교자들에게 주는 가르침이 크다고 본다.

다음은 '요셉의 형통'[131]이란 제목의 설교문이다.

〈핵심 주제〉 형통(20번)	
〈유사 주제〉 은혜(은총, 20), 복(8), 성령의 이끌림(4), 번영(4), 잘나감(4), 봉사(3), 승리(2), 성실(2), 잘됨(2), 번성, 살아남음, 성공, 연단, 충실	**〈반대 주제〉** 종살이(종이 됨, 14), 감옥살이(3), 고난(4), 고생(2), 진노, 고비, 포로, 미움 받음, 장애물, 옷 찢김, 구덩이에 던져짐, 팔려감, 강제로 끌려감

'형통'이 핵심 주제인 이 설교문에는 유사 주제로 '은혜, 복, 성령의 이끌림, 번영, 잘나감, 봉사, 승리, 성실, 잘됨, 번성, 살아남음, 성공, 연단, 충실'과 같은 긍정적인 단어들이 사용되고 있고, 반대 주제로는 '종살이, 감옥살이, 고난, 고생, 진노, 고비, 포로, 미움 받음, 장애물, 옷 찢김, 구덩이에 던져짐, 팔려감, 강제로 끌려감'과 같은 부정적인 단어들이 사용되고 있음을 본다. 요셉의 형통이 반대 주제와 같이 부정적인 것들 속에서도 어떻게 하나님의 은혜로 유사 주제들로 열매 맺게 된 것인지를 김 목사는 리얼하게 잘 보여 주고 있다.

> 24절에 보면 "우리 주 예수 그리스도를 변함없이 사랑하는 모든 자"라는 말씀이 있습니다. 이 변함이 없다고 하는 말은 *'한결같다'* 혹은 *'꾸준하*

*다'*는 말입니다. 이에 반대되는 말로 *변덕, 변절*이란 단어가 있습니다. 이 *변덕*이란 것은 무척 피곤한 말입니다. 우리가 세상 살아가는 동안에 사람을 만나 사귈 때 *변덕스러운* 사람을 만나면 참으로 피곤합니다. 좋다고 할 때에는 자기의 살이라도 다 먹일 것처럼 하다가도 얼마 안 가면 완전히 돌아서서 꼴도 보기 싫다고 합니다. 그런데 따지고 보면 그럴 이유가 아무것도 없는데도 그렇게 합니다. 자기가 손해를 봐서 그렇다면 손해를 배상해 주면 되는 것이고, 다른 무엇이 잘못되었다고 하면 사과하고 고치면 되는데 이런저런 이유도 없이 싫다고 하는 데 문제가 있습니다. 그런데 이런 *변덕*은 사람에 대해서 싫증을 느끼기 때문입니다.[132]

'변덕'과 '변절'이란 말을 사용해서 그런 뜻과는 대조되는 '한결같음'과 '꾸준함'이란 주제의 필요성을 선명하게 부각시키는 모습을 보라.

비슷한 주제와 대조적인 주제를 함께 활용하는 작업의 필요성을 놓치지 말고, 효과적인 설교의 전달을 위해 이 무기 또한 장착하는 것이 설교자들에게 요긴함을 기억하기 바란다.

5. 풍부한 상상력

자신의 설교가 청중에게 왜 어필하지 못하고 교회도 부흥되지 못하는지, 그 정확한 이유에 대해서 잘 모르는 설교자들이 너무 많다. 자신은 성경에 충실한 설교를 하고 있음에도 성도들의 수준이 낮아서 질적으로 우수한 자기 설교를 못 따라온다고 불평하는 이들도 보았다.

언제나 익히 알고 있는 뻔한 내용만 전하는데다가, 늘 틀에 박힌 진부한 논리와 설명에서 벗어나지 못하는 설교에 성도들이 질려 있음을 자각하지 못한다. 분명히 본문에도 충실하고 원어 성경 분석도 적절하게 발휘되고 있음에도 전혀 청중의 관심을 집중시키지 못하는 설교자가 적지 않다. 이들은 월터 부르그만(Walter Brueggemann)과 앤드류 블랙우드(Andrew Blackwood)의 얘기를 귀담아 들어야 한다.

부르그만은 강단의 새로운 변화를 위해서는 설교자가 극적이며(dramatic), 예술적이며(artistic), 풍부한 상상력을 불러일으키는(imaginative) 언어를 사용해야 한다고 주장했고,[133] 블랙우드는 대부분의 성경적인 설교자들이 강해야 할 곳에서 취약점을 보이고 있는데, 특히 상상에 호소하는 부분에서 더욱 그러하다고 말했다.[134]

정확한 지적이다. 상상력이 있는 설교란 추상적 개념 세계에서 내려오고, 관념적 언어유희에서 벗어나 인간의 냄새가 나는 삶의 실제 현장으로 내려오는 것이다. 보이지 않고 표현조차 불가능한 천상의 진리들을 지상의 청중에게 선명하게 이해시키기 위해서는 반드시 설교에서 상상이 발휘되어야 한다.[135]

그런 점에서 김창인 목사 역시 자신의 설교 속에 상상을 자주 활용함을 볼 수 있다. 그 실례들을 눈으로 확인해 보자.

> 그런데 목사와의 결혼이 없었더라면 어떻게 되었을까 *상상을 해 보십시오*. 아찔해지지 않습니까?[136]

> 얼마나 기쁜지 천하를 얻은 것보다 더 기뻤습니다. 얼마나 좋겠는가 *상상해 보십시오*.[137]

구체적인 언급은 없는 내용들이지만 '상상해 보자'라든가 '생각해 보자'라는 표현만으로도 청중의 머릿속에 뭔가를 떠올리고 그려지게 하는 효과가 있었을 것이다.

다음은 보다 구체적인 상상의 내용이 언급되는 실례들이다.

이 사건에서 우리가 교훈으로 받아야 될 것은 동굴에서의 그 거미줄이 조선 시대 때 쌓은 서울 성곽보다 더 강력한 힘이었다는 사실입니다. 그런데 그때 예수님이 없는 동굴이었다면 거미가 그렇게 줄을 쳤겠는가? *상상해 보십시오.* 마리아와 요셉이 예수님과 함께할 때 예수님을 지켜 주시는 하나님이 바로 예수와 함께하는 마리아와 요셉을 지켜 주셨다는 말입니다.[138]

야곱이 가다가 벧엘 벌판에서 돌베개하고 자다가 꿈을 꾸었습니다. 이것을 우리가 너무 쉽게 읽습니다. *상상을 해 보면* 야곱이 얼마나 울며 울며 벧엘 들판까지 갔겠는가 생각해 보십시오. 얼마나 울다가 잤겠나? 그 밤에 여관에 들어갈 돈 한 푼도 없고 저녁 먹을 양식도 없이 쓰러져, 얼마나 지쳤으며 얼마나 울다가 잠들었겠나 쉽게 *생각되지 않습니까?*[139]

마리아와 요셉이 아기 예수와 함께할 때 구세주를 지켜 주시는 하나님이 함께하며 지켜 주셨다는 얘기나, 야곱이 어머니의 도우심을 떠나 벧엘 들판까지 걸어가서 돌베개하고 잠잘 때 얼마나 울고불고 했겠냐는 얘기나, 분명 성도들에게는 당시 상황을 눈으로 선명하게 그려 볼 수 있도록 하는 현장 재현의 효과가 있었을 것이다.

마지막 실례를 참조하자.

여러분, 그때 배를 짓는 장면을 *상상해 보십시오.* 나무 찍는 도끼가 제대로 있었겠습니까? 톱이 제대로 있었겠습니까? 그런데도 어떻게 배를 지었는지 생각해 보면 기가 막힙니다. 그 엄청난 배를 120년 동안 지을 때 사람들은 손가락질하고 미쳤다고 하였을 것입니다. 왜냐하면 바닷가에 배를 짓는 것이 아니라 산꼭대기에 지었기 때문입니다.[140]

노아가 방주 짓는 장면을 이처럼 구체적으로 상상하는 설교를 읽은 적도, 들은 적도 없다. 오랜 세월 동안 배를 지을 때 사람들이 손가락질했을 것은 생각해 보았지만, 바닷가가 아닌 산꼭대기에서 지었기 때문에 손가락질했을 거라고는 상상도 못 하는 일이다. 그뿐이 아니다. 노아 가족이 오랜 세월 그리 큰 배를 만드느라 얼마나 고생했겠는가에 대해서는 상상해 보았을 테지만, 당연히 지금처럼 도끼나 톱이나 망치나 대패로 지었을 것이라 생각한 사람이 대다수였을 것이다. 사실 그때 무슨 도끼나 톱이나 망치나 대패 같은 도구들이 있었겠는가? 당시는 못 하나도 없던 시절이 아니었겠나? 대단한 관찰력과 상상력의 소유자가 아니고선 이런 설교가 불가능하다.

그렇다. 상상력은 캔버스 위에 한 폭의 그림을 그리는 것과 같다. 단순히 소리를 들려주는 것과 보여 주는 것은 다르다. 따라서 제대로 된 설교는 청중으로 하여금 하나님의 말씀을 귀가 아닌 눈으로 보게 만들어야 한다. 최고의 설교자는 종이 위에 기록된 과거의 말씀을 오늘을 살아가는 청중이 가장 이해하기 쉽고 선명하게 볼 수 있도록 살려 주는 역할을 해야 한다.

따라서 오늘의 설교자들은 성경의 메시지를 청중의 머릿속에 관념이 아니라 이미지로 새겨지게 그려 내고 보여 주어야 하며, 신학적 이론을 살아 꿈틀대는 행동으로 바꿔 줘야 한다. 상상력이 있는 설교는 그 설교를 듣는 이들로 하여금 설교의 주제, 사건, 그 사건에 나오는 인물과 일체감을 느끼게 해 주는 장점이 있다.

설교자들이여, 고인 물, 옛 물이 아니라, 늘 흘러가는 신선한 생수를 맛보여 주기 위해 상상력의 두레박으로 감칠맛 나는 설교들을 날마다 길어 내길 소망한다.

6. 스토리텔링형의 구어체와 생생한 직접 화법

설교자의 임무는 본문을 기초로 한 논리적이고 신학적인 진술을 나열하는 것이 아니라, 잘 들리는 구어체의 이야기나 직접 화법의 문장으로 청중을 말씀 속에 참여시키는 것이다.

김 목사 설교의 장점 중 하나는 듣는 이들이 알아듣기 쉽게 설교한다는 점이다. 오죽하면 그의 설교를 '밥 먹듯이 떠먹여 주는 설교'라고 특정했을까? 그것이 가능하려면 설교가 대화식인 스토리텔링형의 스타일과 생생한 직접 화법으로 진행되어야 한다.

그의 설교문만 읽어 봐도 문어체의 딱딱한 내용으로 되어 있지 않고 잘 읽히고 들리는 구어체로 되어 있음을 알 수 있다. 물론 그의 설교를 직접 들어 보면 보다 듣기 쉬운 대화체 스타일의 설교가 구사되고 있음을 확인할 수 있다.

우선 스토리텔링형의 설교 내용부터 소개해 보기로 한다.

> 정월 초하루에 떠나 오 월 초하루에 예루살렘에 도착했습니다. 즉 4개월이 걸린 것입니다. 바벨론에서 예루살렘까지 돌아오는 길은 넉 달이 걸리는 거리라는 것입니다. *그것도 2,000명에 가까운 큰 무리를 거느리고 오는 것입니다. 무장이 되어 있지도 않습니다.* 오는 *길에 이스라엘의 대적이 많지 않습니까? 그런데도 대적들의 괴롭힘이 전혀 없었다는 것입니다. 넉 달 동안의 긴 여행을 끝내고 무사히 예루살렘에 도착했습니다.* 사람의 도

움은 별로 받지 않았습니다.[141]

바벨론에서 예루살렘까지 포로 상태에서 귀환하는 길이 넉 달이나 걸리는데, 그 먼 거리를 한두 명도 아닌 2천 명에 가까운 무장되지 않은 백성이 오는데도 적들로부터의 위협이나 침략이 없었다는 사실을 생생하게 그려주는 문장의 묘미를 맛볼 수 있다.

그때 당시 상황은 사회적으로 각 분야가 *전부 곪아서 터지기 직전*이었습니다. *불법이 판을 치고 부패가 만연하여 정직하게 그리고 믿음으로 살아가려는 사람은 온갖 핍박을 다 받던 때입니다.* 종교적으로는 *회색적 신앙 상태*였습니다. 하나님과 우상 사이를 방황하며 *양다리를 걸칩니다.* 그들의 신앙 상태가 바로 그러했습니다. 그런가 하면 이웃 앗수르와 바벨론은 기세등등하게 *호시탐탐 이스라엘을 노리고 유다를 압박하고* 있을 때입니다. 얼마나 그 사람들이 *조롱을 하며 못살게 굴고 압력을 가해 오는지* 모릅니다.[142]

이스라엘이 하나님과 우상 사이에서 양다리 걸치던 시대에 앗수르와 바벨론이 그들에게 어떤 위협이 되었는지에 관해서 리얼하게 잘 묘사하고 있음을 볼 수 있다.

이제부터는 직접 화법의 실례들을 확인해 보고자 한다.

14절에서 19절을 보면 아람 왕이 많은 군대를 보냈습니다. 며칠 밤을 왔는지 모르겠지만 어느 날 밤에 도단 성을 에워쌌고 아침이 되자 포위망을 좁혀 왔습니다. 그 아침에 엘리사의 시중을 들고 있는 게하시가 나갔다 들어오더니 새파랗게 질려서 떨며 말도 제대로 못 합니다. *"선생님, 어떻게 하면 좋습니까? 지금 아람 나라 군대가 새까맣게 둘러싸고 막 조여 들어오는데 우리는 독 안에 든 쥐 신세입니다. 꼼짝 못하고 이제는 죽게 생겼습니다."* 이때에 엘리사가 그 일을 모르고 있었겠습니까? 그때 하는 말이, *"이 사람아, 저 아람 군대보다 우리와 함께하는 군대가 더 많아. 우리 한번 기도하세!" "하나님이여, 이 사람의 영의 눈을 번쩍 뜨게 해 주십시오."* 게하시가 눈을 뜨고 보니 안 보이던 천군 천사가 보이는데 도단 성을 꽉 에워싸고 있습니다.[143]

김 목사의 설교를 직접 듣노라면 마치 엘리사와 게하시 두 사람이 실제로 대화를 하듯이 현장감 있게 생생하게 청중에게 들리지 않았을까 생각된다.

엘리사가 묻습니다. *"너희는 누구를 찾느냐?" "엘리사를 찾습니다." "그러면 나를 따라오너라. 내가 안내해 주리라"*고 하면서 소경 된 무수한 아람 군대를 이끌고 이스라엘 나라의 수도인 사마리아로 들어갔습니다. 목숨을 걸고 싸워서 그들을 포로로 잡아온 것이 아닙니다. 그리고 *"하나님이여, 저들의 눈을 열어 주옵소서!"* 그들이 모두 눈을 번쩍 떴습니다. 결국 자기들이 붙잡으려고 왔던 엘리사의 안내를 받아 사마리아 성 한복판에 와서 싸움다운 싸움을 한 번도 해 보지 못하고 포로가 되어 버렸습니다. 그때 이스라엘 왕 여호람이 나오더니 *"아버지여, 한칼에 다 죽이고 맙시다"*라는 요청에 엘리사는 *"그러지 마시오. 전쟁하다가 붙잡아 온 포로도 그렇게 못 하는데, 하물며 피 한 방울 흘린 적이 없는데 어떻게 죽이느냐?"*는 것입니다. 그러고는 배가 고플 테니 실컷 먹이고 목마를 테니 실컷 마시게 하고 돌려보내도록 하였습니다.

아람 군대들에게 "*너희들을 어떻게 해 주었으면 좋겠느냐?*"고 물으니 "*고향으로 보내 주시면 좋겠습니다*"라는 대답은 뻔합니다. "*부모와 처자식이 얼마나 기다리겠는가. 그래 너희 마음대로 돌아가라*"고 했더니 그다음에는 다시 침공해 오지 못하였습니다.[144]

엘리사와 아람 군대 그리고 엘리사와 이스라엘 왕 여호람의 대화 내용이 눈앞에 보이듯 파노라마처럼 전개되고 있음도 직접 화법의 묘미다.

아담에게 물으십니다. "*네가 왜 선악과를 따 먹었느냐?*" "*당신이 나에게 만들어 짝지어 준 하와가 먹으라고 해서 먹었습니다*"라고 아담이 대답합니다. 아담이 얼마나 못났으면 아내에게 책임을 전가시킵니까? 곧 죽어도 "*책임이 내게 있습니다*"라고 해야 하지 않습니까? 평생 동안 어떻게 그런 남자를 믿고 살지요? 이제는 하와에게 물으십니다. "*너는 왜 먹었느냐?*" "*뱀이 유혹하므로 유혹에 빠져 먹었습니다*"라고 대답합니다. 아담과 하와에게는 "*왜 먹었느냐?*"고 물으시지만 마귀에게는 절대 묻지 않으십니다.[145]

아담과 하와가 사탄의 유혹에 넘어가 하나님이 먹지 말라 하신 선악과를 따 먹은 후에 하나님과 아담 사이에 벌어진 대화 내용이다. 마치 TV 속 한 장면같이 생생하게 느껴지지 않는가? 이게 바로 직접 화법의 위력이다.

죽기 전에 찬송이나 실컷 불러 보자 하고 찬송을 불렀더니 하늘에서 응답이 오지 않겠습니까? 옥문이 다 열리고 차고 있던 차꼬가 부서지고 벗어지고 맙니다. 꾸벅꾸벅 졸고 있던 간수장이 죄수들이 다 도망간 줄 알고 자결해 죽으려고 할 때 *"그런 짓 하지 말라. 우리 다 여기 있다"*고 하지 않았습니까? 너무너무 혼이 난 간수장이 엎드리어 *"선생님, 내가 어떻게 하면 좋습니까?"* 하니 *"뭐, 다른 것 없다. 예수 믿으라"*고 합니다. *"그럼 우리 집 갑시다"* 그러고는 매 맞아 상처 난 자리를 자기가 다 씻어 주고 싸매 주고 그다음엔 밤참을 잘 차려 대접하고는 *"우리가 어떻게 하면 좋습니까?" "예수 믿으라"* 그다음엔 다 세례 받지 않았습니까? 바로 그 집에서부터 빌립보교회가 시작된 것입니다. *"감옥으로 다시 가 계시면 내가 정식으로 내보내겠습니다"*라고 합니다. 그리고 감옥에 가 있는 동안 노자 두둑이 주어 보내지 않았습니까? 그런 것 보면 한 번 두들겨 맞을 만도 한 것 같습니다. 하여튼 죽기 전에 찬송을 실컷 불렀더니 그런 역사가 일어났습니다. 경건한 사람은 극한 상황에서도 찬송 부르는 것입니다. 찬송의 경건입니다.[146]

옥에서 풀려난 바울과 간수장의 얘기가 직접 화법으로 전개되다 보니 실제 영화의 한 장면처럼 생생하게 들리는 맛이 있음을 확인해 볼 수 있다.

악한 사람들이 미가 개인을 두고 *"네 인생 끝나는 것은 시간문제다"*라고 말합니다. 또 열방들이 이스라엘은 풍전등화라고 조롱합니다. *"도대체 너희를 돕는다고 하는 하나님이 어디에 있느냐?"*라고 하며 비아냥거립니다. 그러나 미가는 대적들에게 *"기뻐하지 말라"*고 합니다. *"내가 엎드러질지라도 나는 다시 일어나고 어두운 가운데 앉을지라도 하나님이 빛이 되어 주신다"*고 단호하게 선언합니다.[147]

문어체 문장으로 국어책을 읽듯이 전개되는 설교와 구어체 문장으로 직접 화법을 통해 전달되는 생생한 설교가 청중에게 얼마나 다른 반응을 보일지는 설명할 필요가 없을 것이다. 오늘의 설교자들도 설교 문장 가운데 필요한 부분을 구어체의 직접 화법으로 바꾸어 전달한다면 자신의 설교에 새로운 변화를 경험하게 될 줄로 확신한다.

7. 사람 냄새나는 시장 언어

하나님의 말씀을 전한다는 것은 영광스럽기도 하거니와 두렵고 떨리는 사역이기도 하다. 따라서 세상에서 사용하는 천박하고 세속적이며 수준 낮은 언어로 소중한 말씀을 전해서는 안 될 것이다.

그렇다고 해서 사람들이 일상적으로 사용하는 지방 사투리나 시골 아낙네의 넋두리, 시장에서 사용되는 사람 냄새나는 언어를 사용하면 안 된다고 단정해서는 안 된다. 설교자가 전하는 메시지의 내용은 하늘의 신령한 양식이지만, 그것이 전달되는 대상은 평범하고도 일상적이며 인간의 냄새가 폴폴 나는 이들이다. 따라서 그들이 가장 잘 이해할 수 있는 언어라는 그릇에 담아 성언(Holy Word)을 운반하는 것이 필요함을 인식할 필요가 있다.

김 목사의 설교 가운데 많지는 않지만 시장 언어도 다소 활용되고 있음을 볼 수 있어 소개한다.

> 그 여자가 *쥐꼬리만 한* 믿음을 가지고 주님께 그대로 나왔더니 믿음이 구원을 얻는 역사를 하였습니다.[148]

> 다른 사람들이 들으면 *소가 웃다가 망태가 터질* 일이라고 할 것입니다.[149]

> 만일에 *껄렁껄렁 믿다가* 다 떨어지고 둘째 부활에 참여하는 날 여러분

들의 운명은 영원히 지옥밖에 없다는 것을 명심하셔야 합니다.[150]

하나님의 참으심에 절대 *재미 붙이지 마시기 바랍니다*. 하나님께서 손을 보시는 날에 씨가 마를 수 있습니다.[151]

앞의 내용들이 다소 경박하고 수준 낮아 보일지 모르지만, 청중에게 가장 친근하고 쉽게 전달될 수 있는 용어들임을 놓치지 말자.

8. 짧고 간결한 단문

설교는 '문어체로 기록되는(written) 문장들'이 아니라 '말로 선포되는(spoken) 구어체'이다. 그래서 마틴 루터(Martin Luther)는 "복음은 기록될 것이 아니라 외쳐져야 한다"고 했고, "교회는 펜의 집(pen-house)이 아니라 입의 집(mouth-house)이 되어야 한다"고 강조했다.[152] 윌슨(Paul Scott Wilson)의 말대로, "입말과 글말은 같을 수가 없다"는 얘기다.[153]

말로 하는 구어체는 짧고 간결한 문장이 좋다. 복잡하고 긴 문장은 전하는 이가 전달함에 있어 어려움을 주기도 하고, 청중의 귀에도 잘 들리지 않는다는 단점이 있다.

김창인 목사의 설교는 잘 들리는 설교로 정평이 나 있다. '떠먹여 주듯 하는 설교'가 그의 설교의 트레이드마크 아닌가. 그 이유 중 하나가 짧고 간결한 문장을 잘 활용하기 때문이다.

이제 그 실례들을 맛볼 기회를 가져 보자. 세 개의 실례를 차례로 소개한다. 이런 글들은 묵독이 아니라, 소리 내어 읽어 보아야 제 맛이 난다.

'다하라 요네고'라고 하는 한창 피어나는 아가씨가 너무 속상한 일이 있어서 '내 인생 끝내자' 하고 달려오는 기차에 몸을 던졌습니다. 기차가 밀고 나가서 죽었으면 인생은 간단히 끝나고 말았을 텐데 죽지 않았습니다. *병원에서 정신을 차리고 보니 두 다리가 간 곳이 없습니다. 왼팔이 떨어져 나갔습니다. 남은 것은 오른팔 하나였습니다. 그 남은 오른팔도 성한 상태가 아니었고 손가락 세 개뿐이었습니다. 손가락 두 개까지 떨어져 나갔습니다. 그쯤 되면 살고 싶겠습니까? 기회가 있는 대로 죽을 자리만 찾았습니다. 그러나 마음대로 되는 것이 아니지 않습니까? 자기 마음대로 움직일 수가 없으니 말입니다. 그 아가씨의 소식을 듣고 전도자 한 분이 찾아갔습니다.*[154]

본문의 내용을 요약하면 이렇습니다. 한곳에 어떤 부자가 포도원을 잘 만들고 가꾸었습니다. 그래서 많은 일꾼이 필요했습니다. *이른 아침에 일꾼을 부르러 나갔는데 이른 아침이면 해 뜰 때입니다. 장터에서 품꾼들을 만나서 하루 품삯을 한 데나리온씩 정하고 포도원에 들여보냈습니다. 그때 장정 하루 품삯이 한 데나리온이었습니다. 그리고 3시에도 나가서 품꾼을 또 들여보냈습니다. 여기 3시는 우리 시간으로 여섯 시간 더해서 9시입니다. 그 사람들은 해 뜰 때가 1시고 해질 때가 12시이기 때문에 낮을 12시간으로 나누고 밤은 일경, 이경, 삼경, 사경으로 나눕니다. 6시에도, 9시에도 나가서 품꾼들을 부르고 그다음에 11시에 나가서 품꾼들을 불러들였습니다. 그때마다 주인이 하는 말은 "너희들이 여기에 놀고 섰느냐? 왜 놀고 있느냐? 포도원에 들어와서 일하라"는 것이었습니다.*

우리들에게 주는 교훈이 있는데, 포도원을 교회로 생각하시면 좋습니다. 교회라고 하는 데는 일꾼을 한없이 필요로 하는 곳입니다.[155]

이스라엘 사람들이 애굽에서 나와 가나안 땅에 들어가기까지 모두가 사막과 돌밭이었습니다. 모래만 되어도 좋겠는데 도무지 쓸모없는 돌밭이었습니다. 그곳에 성지 순례를 다녀오게 되면 그 길을 알 수 있지만 죽음의 길 그대로입니다. 이것은 살라고 보낸 것이 아니라 죽으라고 보낸 것 같습니다. 그 광야 길은 돈이 있어도 쌀 한 톨을 살 수가 없고 금이 있어도 물 한 모금 구할 수 없는 광야의 길입니다. 그러나 하나님이 가라고 하시니 그 말씀을 의지하여 광야 길을 갑니다. 그랬더니 하늘이 열려 매일 양식이 쏟아져 내립니다. 반석에서 물이 솟아오릅니다. 백성들이 진을 치고 그 진 중앙에 성막을 만들어 놓으면 불기둥이 활활 타오릅니다. 원수들이 감히 가까이 올 수가 없습니다. 하나님은 우리의 한가운데 장막을 치시고 함께 계신다고 생각하며 백성들은 용기를 얻었습니다. 항상 희망을 가지고 평안한 마음을 갖고 가나안으로 갈 수가 있었습니다 … 불기둥이 낮에는 구름기둥으로 바뀌어 햇빛을 가려 더위를 막아 줍니다. 구름기둥이 떠오를 때마다 백성들은 출발을 하였고 저기 하나님이 앞장서 가시는구나! 하면서 기뻐했습니다. 아무리 막막하고 힘든 길이라 할지라도 순간순간 하나님의 임재를 발견한 백성들은 용기와 평안과 희망을 가지고 따라갔습니다. 하나님께서 임재하여 계신 곳은 비록 광야일지라도 축복의 장소입니다. 하늘이 열리고 반석이 갈라지고 만나와 생수의 축복이 쏟아집니다.[156]

읽어 보니 어떤 느낌이 드는가? 짧은 문장은 전달하는 이로 하여금 리드미컬한 운율감을 갖게 하고, 듣는 이들도 경쾌하고 명확하게 경청하게 하는 장점이 있다.

설교자들이여, 바라건대 길고 복잡한 내용으로 하나님의 말씀을 어지럽히지 말고, 짧고 간결한 문장으로 청중의 가슴에 박히게 전하라.

9. 사자성어(고사성어)

사자성어(고사성어)는 비유적인 내용을 담은 함축된 글자로 상황, 감정, 사람의 심리 등을 묘사한 관용구이다. 간단히 '성어'(成語)라고도 하는데, 주로 네 글자로 된 것이 많기 때문에 '사자성어'(四字成語)라 말할 때가 많다. 이것은 일상생활이나 글에 많이 사용되는데, 설교 속에 양념으로 곁들이면 감칠맛을 내는 조미료가 된다.

김 목사는 설교 속에 사자성어와 고사성어를 많이 사용하는 편인데, 짧고 간단한 네 글자로 된 용어지만 청중의 뇌리 속에 꽂히게 하는 묘미를 가져다준다. 그 실례들을 살펴보자.

"네 옆집에 예수 믿고 그 믿음이 아주 어리디 어린 신자에게 어떻게 했느냐? 배고플 때 먹을 것을 주었느냐? 병들었을 때 한번 가 보았느냐? 사업하다 망하여 감옥에 들어가서 가족 식구들이 어려울 때 한번 면회를 가 본 일이 있느냐? 바로 그 사람들에게 하지 않은 것이 나에게 하지 않은 것이다"라고 말씀하실 때 그들은 *유구무언*이었습니다.[157]

신앙의 세계와 불신앙의 세계를 왔다 갔다 손바닥 뒤집듯 하면 그 믿음은 전혀 *무용지물*이 됩니다. 그래서 다니엘은 신앙의 지조를 굳게 지키겠다고 결심했고 그대로 실천을 했습니다.[158]

'*단소승자*'라는 말처럼 끝에 가서 웃는 자가 이기는 것입니다. 우리가 세상을 살다 보면 웃기도 하고 울기도 하고, 망하기도 하고 성공도 하지 않습니까? 어떤 일을 해 나갈 때 중간에서 우는 것은 괜찮습니다. 끝에 가서 웃는 사람이 진짜 이기는 사람이기 때문입니다.[159]

폐병과 위장병은 *수화상극*입니다. 날이 갈수록 병세는 점점 심해지기 시작했습니다.[160]

제가 폐병 3기에 위축성 위염으로 인한 무산증으로 위장병에 걸려 있었습니다. 폐병과 위장병은 *수화상극*입니다.[161]

제가 *일구월심*으로 피난 중에 고학을 하면서도 신학을 하여 목사가 된다는 것 이외에 딴것을 생각해 본 적이 없습니다.[162]

그리고 메시아가 외치고 선포하는 말씀을 임금이나 선지자들이 얼마나 *학수고대*했느냐.[163]

'*방패양면*'이라는 말이 있지 않습니까? 방패가 한쪽은 금으로 되어 있고, 한쪽은 은으로 되어 있습니다. 하나만 알고 있으니까 한쪽에서는 자꾸만 은방패라 고집하고, 또 한쪽에서는 금방패라 우기다 보면 싸움이 되는 것입니다. 양쪽을 다 보아야 합니다. 하나님은 어쩔 수 없이 '사랑의 하나님'이십니다. 뒤집어 놓으면 하나님께서는 '공의의 하나님'이십니다. 사랑의 하나님이신 만큼 공의의 하나님이십니다.[164]

온유가 무슨 뜻이냐고 질문할 때 속으로는 '이것이다' 혹은 '저런 뜻이다'라고 감을 잡으면서도 확실하게 대답하라고 하면 대답하기 어려운 것이 온유라는 말입니다. 그런데 '온유'라는 말을 다른 말로 표현하면 '*외유내강*'이라고 하면 좋습니다. 왜냐하면 밖으로는 상당히 순하지만 속으로는 아주 강직합니다.[165]

바울 사도가 제2차 전도여행 때 데살로니가, 즉 헬라 땅에 있는 작지 않은 도시로 전도를 하러 갔습니다. 거기는 헬라 땅인 까닭에 주로 헬라 사람들이 살고 있었습니다. 3주 동안을 유하면서 얼마나 열심히 복음을 증거하고 가르쳐 주었는지 헬라 사람들이 너도나도 예수 믿겠다고 큰 무리가 바울을 따르며 믿었습니다. 그러나 *호사다마*입니다. 거기에 사는 유대인들이 패거리를 지어 저자에서 어떤 괴악한 사람들을 데리고 와서 큰 소동을 일으켰습니다.[166]

사자성어(고사성어)는 사람들이 살아온 오랜 삶의 경험에서 생겨난 것이다. 따라서 그 속에는 우리가 살아가며 배워야 할 지혜와 깊이 있는 삶의 교훈과 가르침이 담겨 있다.

이처럼 수준 높고 단순 명쾌하며 의미심장한 사자성어를 하나님의 말씀과 버무려 잘 활용하면 자신의 설교가 한층 더 업그레이드된 설교로 인정받을 수 있음을 기억하자.

10. 풍부한 독서력

설교의 황태자요, 당시 세계 최대 교회를 담임했던 스펄전이 독서광이었음은 잘 알려진 일이다. 그의 독서 영역은 실로 방대해서 모든 문학과 전기, 신학, 과학, 역사, 미술, 음악, 시 등 전 분야에 걸쳐서 책을 읽었다 한다.[167]

고려신학대학원에서 설교학과 예배학을 가르친 바 있는 한진환 목사는 자신의 책에서 현대인들이 공감할 수 있는 시의적절한 예화를 신문, 잡지, 베스트셀러, TV 등을 빠짐없이 읽고 시청하면서 얻을 수 있다고 강조한다.[168]

김창인 목사 역시 성경에만 빠져 있지 않고 시, 소설, 신문, TV, 잡지, 미술, 음악, 신앙 서적, 베스트셀러 등 광범위한 독서를 하고 있음을 그의 설교 내용을 통해 확인할 수 있다. 이 독서력이 그의 풍성한 상상력과 어휘력의 원천이며, 특히 끝도 없이 강단에서 소개되는 새롭고 차별화된 예화의 근원이다. 그의 한 손에는 성경, 한 손에는 언제나 책이 들려 있다. 책을 떠나서는 위대한 설교가 불가능하다. 독서는 마른 샘에 생수가 콸콸 솟구쳐 나오게 만드는 원천이다.

오늘 강단을 메마르게 하고 청중을 졸리게 만드는 근본적인 이유도 알고 보면 설교자들이 책을 읽지 않는 데서 비롯된다. 책에는 진귀한 보배들이 다 들어 있다. 청중에게 값진 교훈을 던지고 깊은 감동을 주며, 그들로 하여금 정신을 바짝 차리고 설교에 귀 기울이게 만드는 온갖 놀라운 조화가 책 속에 다 들어 있다.

이제 김 목사의 독서력이 어느 정도인지를 한번 확인해 보자. 특히 그가 읽은 동화나 소설, 시, 미술, 베스트셀러 그리고 그가 시청한 영화와 드라마가 그의 설교 속에 구체적으로 어떻게 활용되고 있는지를 하나씩 살펴보기로 하자.

1) 동화

'동화'(童話)란 원래 아이들에게 꿈과 희망 그리고 여러 발전 가능성을 높여 주기 위한 방안으로 만든 이야기다. 동화는 재미를 추구하는 면도 있지만, 교훈을 주기 위한 내용도 상당히 많다. 그리스의 《이솝 우화》, 이탈리아의 《피노키오》, 독일의 《헨젤과 그레텔》, 우리나라의 《콩쥐팥쥐》 등 각 나라마다 수많은 동화가 있다. 이들은 오랜 세월이 흘러도 계속 아이들뿐 아니라 어른들에까지 사랑을 받고 있다.

쉽고 재미있고 교훈적이라는 이유로 남녀노소 누구나가 동화를 좋아한다. 때문에 청중의 관심을 끌고 주의를 집중시킬 도구로 동화만 한 것도 없다. 김창인 목사의 설교 속에도 이러한 동화가 사용됨을 볼 수 있다.

*안데르센이라고 하는 동화 작가*가 이렇게 이야기하고 있습니다. 천국이나 지옥이나 똑같더라는 겁니다. 사람도 밥그릇도 숟가락도 먹는 것도 똑같았습니다. 천국에 가 보았더니 살이 오르고 기쁨이 넘쳤으나 지옥에는 모두 마르고 원망이 가득했습니다. 천국이나 지옥이나 음식을 똑같이 주고 숟가락은 자기 키만 한 것을 갖다 놓더랍니다. 그러고는 반드시 숟가락 끝을 잡고 먹어야 한다는 겁니다. 지옥에서는 난리가 났습니다. 제 숟갈로 제 밥을 떠서 제 입에 넣을 수가 없었습니다. 그러다 보니 긴 숟갈로 앞 사람을 치고 옆 사람을 치기 때문에 밥은 먹지 못하고 싸움만 하더랍니다. 그런데 천국에는 영 다르더랍니다. 그 이유는 서로가 상대방을 먹여 주기 때문에 먹고 싶은 대로 먹고 서로 상대를 향하여 감사하더랍니다. 이것이 곧 천국입니다. 서로서로 위해 주면 천국이 되고 내 것만 내 것이라고 챙기면 결국 지옥이 되고 맙니다. 어머니가 밥을 지어 주면 당연히 지어다 줄 것을 주는 것이요, 나는 받아먹을 것을 먹었다고 생각하면 감사를 못 합니다. 그러나 "어머니 수고하셨습니다. 감사합니다!"라고 하면 얼마나 기쁨이 넘치겠습니까? 이렇게 하는 것이 바로 천국입니다.[169]

덴마크 출신의 안데르센(Hans Christian Andersen)의 동화는 세계적으로 널리 알려져 있다. 《인어공주》, 《성냥팔이 소녀》, 《벌거벗은 임금님》, 《미운 오리 새끼》 등 우리가 잘 알고 있는 작품의 작가인 그의 얘기를 통해 천국과 지옥의 차이에 대해서 설명하고 있음을 보라.

2) 시(동시)

'동시'(童詩) 역시 어린이를 위한 시다. 동시에는 구비문학으로 전해 내려오는 동요와 처음부터 어린이 독자를 가정하고 쓴 시, 어른을 위한 시나 어린이도 읽을 수 있는 시, 루이스 캐럴(Lewis Carrol)의 작품과 같이 산문에서 가져온 시 등이 포함되어 있다.

나는 오늘 초등학교 6학년이 쓴 시 하나를 읽고 엄청 많은 눈물을 흘리는 뜻밖의 경험을 했다. 눈물이 흐르는 정도가 아니라 봇물같이 터지는 경험이었다. 성경 구절이 아닌 시 하나에도 이런 놀라운 반응이 나올 수 있다면, 이런 시들을 하나님의 말씀 전파에 활용할 경우 얼마나 강력한 도구가 될 수 있을지 생각해 보라.

김창인 목사는 시 활용에도 재능이 있는 설교자다. 이제 그 실례들을 하나씩 확인해 보자.

> 내가 청년 시절에 시는 별로 좋아하지 않았습니다. 그런데 *워즈워스의 시*를 읽으면서 무척 좋아했고, *김소월의 〈진달래꽃〉*을 참 좋아했습니다. 지금 책꽂이를 찾아보니 없었습니다. *워즈워스의 시 가운데 유명한 시 하나*가 '이 세상에서 제일 불쌍한 사람이 버림받은 여자'라는 내용이었습니다. 병든 여자도 불행하지 않다는 것입니다. 병들어도 남편이 사랑만 해 주면 불행하지 않다는 것입니다. 건강했을지라도 버림받으면 불행하다는 것입니다. 가난한 것도 불행하지 않다는 것입니다. 남편이 사랑만 해 주면 불행이 아니라는 것입니다. 제일 불행한 여자는 버림받은 여자라는 구절로 끝납니다. 남자도 마찬가지입니다. 버림받은 남자, 버림받지 않을 사람에게 버림받는다는 것은 괴로운 일입니다.[170]

윌리엄 워즈워스(William Wordsworth)의 시는 세계 모든 이들이 좋아하는 작품인데, 김 목사 역시 그의 시를 가지고 자신이 전하고자 하는 메시지를 적용시키고 있음을 볼 수 있다.

*한용운이라*는 *유명한 시인의 시* 중에서 부부 사이를 두고 지은 시가 한 편 있는데, 제목은 〈*사랑하는 까닭에*〉입니다. 이 시 중에서 한 소절을 인용해 보겠습니다.

내가 당신을 사랑하는 것은
까닭이 없는 것이 아닙니다.
다른 사람들은 나의 젊음을 사랑하지만
당신은 나의 백발도 사랑하는 까닭입니다.

여러분! 세상의 보통 사람들은 나이 젊었을 때 그 젊음, 홍안을 사랑하기 때문에 늙으면 거들떠보지도 않습니다. 이 *만해의 시* 가운데 나오는 부부 생활에서 당신은 나의 젊음도 사랑했지만 나의 백발도 사랑하는 까닭에 내가 당신을 사랑한다는 뜻입니다. 그다음에 계속하기를 내가 당신을 그리워하는 까닭이 없는 것은 아닙니다. 다른 사람들은 나의 웃음을 사랑하지만 당신은 나의 눈물도 사랑하는 까닭입니다.[171]

스님이 쓴 시지만 부부간의 사랑에 대한 메시지가 크고 굵기에 설교 중에 유익하게 활용함을 볼 수 있다.

내가 아주 젊었을 때 재미있게 읽었던 *시 한 편*이 생각나지만 내용만 되살아날 뿐이어서 안타깝습니다. 그러나 그 내용을 말해 보겠습니다. 봄이 왔다고 합니다. 그래서 봄을 찾아 하루 종일 산과 들을 헤매고 다녔습니다. 결국 봄을 찾지 못하고 허탈하고 지친 몸으로 대문을 들어섰습니다. 뜰에 있는 매화꽃에 봄이 와 있더라는 것입니다. 봄을 집 안에 두고 밖에서 찾는 어리석음을 범했습니다. 행복은 우리 안에 있습니다. 안에 없는 행복이 밖에 있을 리 없습니다. 착각하지 말아야 합니다. 타자가 바로 착각의 주인공입니다.[172]

행복은 우리 안에 있는데 밖에서 찾으려는 어리석음에 대해서 김 목사가 떠올린 시 한 편을 통해 전달하고 있음을 보라.

미국의 유명한 *시인 롱펠로*가 하루는 식당에 갔습니다. 주문을 했는데 음식이 빨리 나오지 않아서 묵상을 하고 있는데 시상이 떠오릅니다. 그래서 메모지를 꺼내 시 한 수를 썼습니다. 그리고 식사가 나와서 먹고 돌아갈 때 그 메모지에 사인을 해서 집주인에게 선물로 주었습니다. 그런데 얼마 후 롱펠로의 시를 출판하기 위하여 여기저기서 그의 시를 수집하는데 그 음식점 주인이 시 한 편을 가지고 있다는 것입니다. 그래서 아주 파는 것도 아니고 잠깐 빌려주는 것이었는데도 그때 돈으로 6천 불이었습니다. 그때 돈으로 6천 불이면 오늘날의 3만 불 정도가 된다고 합니다.

이 음식점 주인은 횡재를 했습니다. 그리고 롱펠로가 죽었습니다. 죽은 후 롱펠로의 모든 유품들을 경매 입찰할 때 메모지 한 장의 시 한 수가 얼마에 팔렸는지 아십니까? 자그마치 120만 불에 팔렸다고 합니다. 120만 불이면 우리나라 돈으로 얼마입니까? 엄청난 거금을 받았습니다. 백만장자가 되었습니다. 여기서 중요한 건 '누가 사인을 했느냐?'입니다. 만약 제가 롱펠로와 같은 문장으로 시를 쓰고 '김창인'이라고 사인을 했다면 누가 사가겠습니까? 120만 불은 고사하고 120불만 달라고 해도 주지 않을 것입니다. '누가 말했고, 누가 썼느냐, 누가 사인을 했느냐?'가 중요합니다.[173]

이번엔 시가 아니라 롱펠로(Henry Wadsworth Longfellow)라는 유명 시인의 얘기를 통해 누가 말하고 누가 썼느냐가 중요하다는 사실을 전달하고 있다.

강소천이라고 하는 *아동 문학가*가 있습니다. 이 사람은 예수를 믿는 사람으로 병아리를 보고 많은 교훈을 얻었습니다. 병아리가 물을 먹을 때 어떻게 합니까? 병아리가 물을 들이마시고는 고개를 들고 하늘을 보고 입을 오므렸다 벌렸다 하는 모습을 보고 "물 한 모금 입에 물고 하늘 한 번 쳐다보고, 또 한 모금 입에 물고 구름 한 번 쳐다보고"라는 단 두 줄로 된 동시를 지었습니다.

예수를 믿었던 그는 병아리에게서 배웠습니다. 이 세상에서 우리가 온갖 좋은 것을 먹고 누릴 적에 반드시 하늘을 쳐다보고 "하나님 감사합니다." 이것저것 주시면 그것을 받고 먹고 누리면서 반드시 하늘을 쳐다보고 "하나님 감사합니다"라고 하셨습니까? 믿음을 바로 가지고 믿음을 잃지 않을 때 다른 것을 하나님께서 빼앗아 갈 리가 없습니다. 믿음을 회복하는 날 혹시 여러분이 잃어버린 것이 있다 할지라도 하나님께서 이스라엘을 전부 회복시켜 주시듯이 회복을 약속해 주시는 줄로 믿으시기 바랍니다.[174]

아동 문학가 강소천의 동시에서 '물 한 모금 입에 물고 하늘과 구름을 번갈아 쳐다보는 병아리의 모습'을 통해 하나님에게 감사가 부족한 우리에게 교훈을 던져 주고 있는 김 목사의 문학 작품 활용력을 보라.

시인뿐 아니라 그가 쓴 시에 감동을 받는 이도 영감이 있어야 한다. 시인이 부여한 한 단어, 한 문장마다에 깊은 의미들이 스며들어 있음을 설교자는 잘 포착하고 이해해야 한다. 그런 작품들이 성경의 진리나 교훈과 연결되어 유익하게 활용될 수 있다면 그보다 좋은 도구는 없을 것이다.

3) 소설

동화와 함께 모든 사람들로부터 사랑을 독차지하는 것으로 소설을 들 수 있다. '소설'(小說)은 순수하게 문학을 위한 것이기도 하지만, 재미와 의미 전달을 위한 것이기도 하다. 사실이든 사실이 아니든 소설이 전하고자 하는 큰 교훈과 가르침의 의미가 있기 때문에 이를 잘 활용하면 설교에 적잖은 도움이 된다.

김 목사의 설교 속에 소설이 종종 소개되는 이유도 거기에 있다. 그럼 몇 가지 실례들을 살펴보자.

> 저는 일본 사람 중에 미우라 아야꼬(三浦綾者)라는 작가를 매우 좋아합니다. 그를 한 번도 본 적은 없지만 그는 지금 환갑이 넘었고 불행히 암에 걸려서 투병 중에 있다고 합니다. 북해도에 살고 있는데 일본에 가면 찾아가 한번 만나고 싶습니다. 그가 쓴 책들은 너무너무 좋은데 써 냈다 하면 꼭 사다 놓습니다. 그에게서는 예수 냄새, 기독교 냄새가 향기처럼 납니다. 그는 *《빙점》(氷點)이라는 소설을* 쓰고 유명해졌는데, 예수의 사상이 그 책에 꽉 차 있습니다. 각처에서 칭찬하는 편지가 많이 왔더랍니다.
>
> 그러나 개중에는 매우 악평하는 편지도 옵니다. 칭찬하는 편지는 수북이 쌓이는데 악평하는 편지는 몇 개 안 됩니다. 그러나 *그녀는 그 악평한 편지를 벽에다 붙여 놨습니다. 왜냐하면 나쁜 것을 지적해 보낸 것은, 잘 했을 때 잘한다고 칭찬만 하면 자기가 교만해지기 쉬울 텐데, 그것은 그*

사람이 쓴 것 아니라 하나님이 그 사람을 시켜서 써 보냈다는 것입니다. 교만하지 말라. 그래서 그걸 벽에 붙여 두고 그것을 볼 때마다 항상 겸손해지고 무릎 꿇고 낮아지곤 한답니다. 그 사람은 세계적으로 유명한 문필가인데 자기를 악평한 글을 써 붙이고, 그것을 보면서 자기를 낮춰 본다고 하니 얼마나 은혜 받은 자세입니까? 이런 사람에게 하나님께서 도움을 주시는 것입니다.[175]

미우라 아야꼬에 대한 김 목사의 사랑은 지극정성이라 봐도 좋을 것이다. 그의 글이라면 다 독파해서 활용하는 듯 보일 정도다. 그녀가 자신에 대한 비판까지 벽에 붙여 놓고 교만하지 않으려고 애쓰는 모습을 언급하면서, 이런 사람이 하나님의 은혜를 받은 사람임을 예로 들어 설명하고 있음을 보라.

시엔키에비치의 *단편(소설)* 중에 이런 이야기가 나옵니다. 하나님께서 남자를 만들고 또 아가씨를 만들었습니다. 아가씨에게 좋은 거처를 만들어 주기로 약속을 하고 동굴 하나를 만들어 주면서 살도록 하였습니다. 아가씨는 어둡고 음침해서 싫다고 거절하였습니다. 그러면 그늘 한 번 안 지는 광야에 가서 살아 보라고 하였더니 바람이 거세게 불면 모래가 산을 이룰 정도로 거칠어서 못 살겠다고 하였습니다. 그러면 호수 물 가운데 궁궐에서 살아 보라고 하였으나 악마들이 우글거려 못 살겠다고 역시 거절했습니다.

마침 그때 기타를 치면서 시를 줄줄 읊고 지나가는 성스러운 시인을 보고 아가씨는 그 가슴 속에 들어가 살고 싶다고 하였습니다. 그런데 그 성스러워 보이는 시인의 가슴 속에는 동굴의 음침한 모습, 광야의 모래 바람 같은 격정, 호수 속에서 우글거리는 악마의 모습을 모두 지니고 있다라고 하였습니다.

이때 하나님께서 아가씨에게 음침한 곳에 가서 태양이 되고, 광야에 가서 한 떨기 백합화 되어 사막에 생기를 불어넣어 주고, 악마들이 들끓는 곳에서 선한 천사로 살아 보도록 하라고 명하셨다고 합니다. 이 이야기는 환경을 탓하지 말고 창조적인 일꾼, 건설적인 일꾼, 희생적인 일꾼이 되라는 뜻입니다. 하나님이 바울을 이러한 일꾼으로 부르셨기에 큰 영광입니다. 그러므로 감격하여 오직 충성을 다하도록 해야 하겠습니다.[176]

다른 사람이나 환경을 탓하면서 불평하지 말고, 자기 자신이 창조적이고 건설적이고 희생적인 일꾼이 되라는 교훈을 주는 시엔키에비치(Henryk Sienkiewicz)의 단편 소설 내용을 들려주면서, 바울이 그런 일꾼으로 부르심을 받았다는 본문의 내용과 잘 연결하고 있음을 보라.

성도들이 성경 다음으로 많이 읽는 유명한 영국의 작가 존 버니언(John Bunyan)의 《*천로역정*》인즉, 예수 믿는 어떤 사람이 장망성을 떠납니다. 장차 망할 성을 떠나는데 가족들과 친구, 친지들의 만류를 뿌리치고 떠납니다. 미궁이라 하는 곳에 가서 헤매기도 합니다. 온갖 유혹을 다 받아 가면서 그다음에는 사망의 골짜기도 지나고, 허영이라는 도시—즉 이 소설에서 사람은 허영에 들떠서 살아가는 일이 많다는 것. 예수 믿는 사람도 허영에 들떠서 살아가는 일이 많음을 우화적으로 표현한 도시—를 거치면서 온갖 유혹, 시련, 고난을 겪은 끝에 마지막에는 천성에 이른다는 내용입니다. 많은 감동과 교훈을 주는 소설입니다. 그렇습니다. 성도들이 천국에 가려면 이렇게 반드시 거쳐야 하는 과정이 있습니다. 어떤 과정을 어떻게 거쳐야 하는지 본문 중심으로 하나하나 알아보겠습니다.[177]

우리가 잘 아는 책 중에 *《천로역정》이라는 유명한 책*이 있습니다. 이 책의 저자는 영국 사람인 존 버니언입니다. (…)

이《천로역정》의 내용을 보면 장망성 즉 장차 망할 성에서 떠나 천상에 가기까지 기독도라고 하는 사람이 온갖 유혹과 고난을 이기며 천성에 들어간다는 이야기이기 때문에 우리 믿는 사람이 이 세상에 태어나서 예수 믿고 믿음 생활하면서 천국에 가기까지 성경의 내용을 아주 간략하게 요약해서 알기 쉽게 설명해 준 책입니다. 그래서 그 책은 얼마나 유명한지 성경 다음으로 많이 읽히는 책이 되었습니다.[178]

존 버니언의《천로역정》만큼이나 설교에 많이 인용된 책도 없을 것이다. 김 목사 역시 기회를 놓치지 않고 설교 예화의 보고인《천로역정》을 두 번씩이나 활용하고 있음을 본다. '책을 많이 읽는 사람이 리더가 된다'(Readers become leaders)고 했다. 오늘의 설교자들은 김 목사처럼 책을 많이 읽고 활용하는 챔피언이 되어야 할 것이다.

4) 그림과 음악

이동원 목사[179]를 비롯한 유명 설교가들의 설교 속에 자주 등장하는 예화 중에 그림과 음악이 있다. 특별히 성경과 관련된 위대한 작품들이 많으며, 그것들이 탄생하게 된 배경 등은 청중에게 큰 교훈과 감동을 남길 수 있기에 설교에 유용한 도구가 될 수 있다.

김창인 목사도 자주는 아니지만 가끔씩 그림을 설교에 활용하고 있음을 본다. 그 실례를 잠깐 살펴보자.

화가가 그림을 하나 그립니다. 큰 배가 대양을 항해하고 있는데 얼마나

파도가 크게 이는지 모릅니다. 올라갈 때는 하늘에까지 올라가는 것 같고 떨어질 때에는 지옥에까지 떨어지는 것 같습니다. 이렇게 올라갔다 내려갔다 하다가 바다에 쑥 들어가면 끝나는 것입니다.

우리도 예측할 수 없는 문제라는 파도와 불안 속에 살아가고 있습니다. 그런데 그림 그리는 화가가 그쯤 되었으면 그 배에 탄 사람들의 모습을 그릴 때 새파랗게 질린 모습을 그려야 하지 않습니까? 바들바들 불안에 떠는 모습을 그려야 하지 않겠습니까? 그런데도 마음의 평안이 얼굴에 나타나게 그렸습니다. "잘못 그렸다. 이치에 맞지 않는다"라고 사람들은 말할 수 있습니다.

배에는 선장실이 있습니다. 그 배의 선장실을 자세히 살펴보니 선장이 작게 그려져 있는데 예수님이셨습니다. 예수께서 선장이 되어 키를 잡고 계셨습니다. 배에 탄 사람들은 그걸 알고 있었습니다. 예수께서 파도 하나쯤 이겨 내지 못하시겠는가? 하는 뜻입니다. 예수께서 한 배를 타셨다면 이 사실은 예수께서 운명을 함께하신다는 뜻 아닙니까? 무엇이 걱정입니까? 그렇기 때문에 '평안한 모습으로 그렸다'라는 것입니다. 예수께서 우리 가정의 선장이 되시면 문제라는 파도 속에 살아간다고 할지라도 반드시 승리와 평안이 있을 줄로 믿으시기를 바랍니다.[180]

'풍랑과 파도가 크게 이는 바다에서 배를 타고 감에도 모두가 불안한 마음이 없이 평안한 얼굴을 하고 있어 의아하다 생각했는데, 알고 보니 예수님이 선장으로 키를 잡고 계신 배였기 때문이다'란 메시지를 그림보다 더 리얼하게 묘사할 수 있는 방법이 있을까? 김 목사는 그림을 활용해서 청중과 언제나 함께하시는 예수님을 늘 마음에 그리고 평안하게 살라는 교훈을 던지고 있다.

우리가 잘 아는 대로 *장 프랑수아 밀레가 그린* 〈만종〉에 지금 막 해가 넘어가는데, 넓고 넓은 들판 저 건너편에는 예배당이 있고 두 내외가 밭에서 일하다가 조그만 리어카에 열매를 따 놓고 두 손을 모으고 기도하고 있는 모습이 있죠?

기도하는 것은 종교는 신성하다는 뜻이고, 일하는 것은 노동은 신성하며 절대 부끄러운 것이 아니라는 것입니다. 그런데 지나가다 일하는 교인들을 만나게 되면 얼굴을 돌려 버립니다. 왜 부끄러워합니까? 놀고먹는 것이 부끄럽지 일하고 먹는 것이 왜 부끄럽습니까? 노동은 신성합니다. 부부가 함께한 모습은 가정은 신성하다는 뜻입니다. 집에 밀레의 그림이 하나씩 있었으면 좋겠습니다. 가정에서 우리는 내 위치를 지켜야 하며 충실한 사람이 되어야 합니다. 남편은 남편으로서 아내는 아내로서, 그렇다고 해서 기도도 하지 말고 교회도 등한시하라는 이야기는 아닙니다. 교회 생활은 그 나름대로 충실히 하면서 가정에 들어가서는 가정에 충실해야 한다는 말입니다. 기도할 때에는 기도해야 합니다. 그리고 집에 돌아가서는 가정에 충실하라는 것입니다.[181]

밀레의 〈만종〉이라 하면 금세 한 점의 그림이 떠오른다. 들판 건너편에 예배당이 있고 두 내외가 밭에서 일하다가 고개를 숙인 채 두 손을 모으고 기도하고 있는 따뜻한 장면 말이다. 작가가 의도한 '노동의 신성함'과 '부부가 함께한 가정의 신성함'을 김 목사는 설교 속에 잘 활용하고 있다.

영국의 어느 한 백작이 집을 크고 화려하게 잘 지었습니다. 그리고 집들이를 했습니다 … 영국의 백작은 초대를 해도 같은 계급의 사람만 초대합니다. 그리고 사회 저명인사만 초청했습니다 … 그런데 한 하인이 무거운 음식을 나르다가 그만 넘어지는 바람에 그릇은 박살났고, 음식의 기름이 튀어 담벼락에 얼룩이 졌습니다 … 거기에 참여했던 사람들이 생각하기를 '잔치 끝나고 저 하인은 죽었다'고 생각하지 않겠습니까? 그런데 주인이 얼마나 지혜로운지 모릅니다. "여러분, 답답한 방 안에서 이럴 것이 아니라 바깥의 잔디밭 정원을 참 아름답게 가꾸어 놓았으니 나갑시다"라고 말한 뒤 사람들을 안내하여 나갑니다. 얼마나 지혜롭습니까?

이때 때마침 유명한 화가 한 분이 초대를 받았었는데 모든 사람이 나갈 때 뒤처져 혼자 남았습니다. *담벼락의 더러워진 기름 자국을 이용해서 아주 멋진 그림을 그립니다. 푸른 풀밭에 사슴이 달려가는 아름다운 그림입니다.* 사람들이 잔치를 마치고 들어와 보니 열 배나 더 좋아진 모습이 아닙니까? 이런 유명한 화가를 데려다가 벽화를 그리려고 하면 큰돈을 주어야 합니다. *참 아름답고 멋진 그림이었습니다.*

여러분, 나의 실수 내가 망쳐 놓은 것이지만 화가의 손에 붓이 잡히는 날 문제가 달라졌습니다 … 우리도 망쳐진 내 인생, 더러워진 나라고 하는 죄인이 하나님 손에 붙잡히는 날에 새롭게 되어 멋지고 훌륭한 인생을 남겨 놓을 줄로 믿습니다.[182]

더러워진 기름 자국이 화가를 만나서 멋진 그림으로 바뀐 것처럼, 우리도 하나님의 손에 잡히면 저주받은 인생이 그분의 기막힌 작품이 될 수 있음을 잘 설명하고 있다.

이처럼 우리는 하나님의 소중한 영적 진리를 드러내는 일에는 성경 본문 자체뿐 아니라 하나님이 창조하신 모든 자연 만물과 예술 작품 등이 위대한 도구로 활용될 수 있음을 보았다.[183] 예수님은 천상의 진리를 밝히는 일에 도움이 된다면 뭐든 사용해서 청중의 이해를 돕는 데 대단한 모범을 보이셨다.

김창인 목사 역시 타고난 스토리텔러로서 성경 기자의 의도와 의미를 효과적으로 전달함에 다양한 수단을 활용하고 있음을 본다. 오늘의 설교자 역시 유용한 재료들을 총동원해서 감칠맛 나는 영적 식단을 차림에 최선을 다할 필요가 있음을 강조하고 싶다.

5) 베스트셀러

'베스트셀러'(bestseller)는 특정 기간 동안에 굉장한 인기를 얻고 높은 판매를 나타낸 서적을 말한다. 따라서 베스트셀러는 현대인들이 어떤 주제에 관해 관심을 가지고 있는지의 흐름을 파악하게 해 주는 잣대다. 이런 시대적 흐름을 잘 읽을 수 있어야 리더가 된다. 영적 지도자인 설교자 역시 베스트셀러를 잘 활용한다면 감동적이고 교훈적인 설교에 상당한 유익을 얻을 수 있을 것이다.

변치 않는 하나님의 말씀을 쉽게 변하는 청중에게 효과적으로 잘 전함에 있어서 베스트셀러만 한 재료도 없다. 이제 김 목사의 활용 방법을 실례들을 통해 살펴보자.

> *에리히 프롬의 《사랑의 기술》*이라는 책에 보면 첫째, 사랑은 관심을 가지는 것입니다 … 둘째, 사랑은 책임을 지는 것입니다 … 셋째, 사랑은 존중히 여기는 것입니다 … 넷째, 사랑은 이해해 주는 것입니다. 다섯째, 사랑은 주는 것입니다.[184]

에리히 프롬(Erich Fromm)의 《사랑의 기술》이란 책을 통해 사랑의 특성 다섯 가지를 발췌해 설교에 활용하고 있음을 보라.

"두기고가 모든 일을 너희에게 알게 하리라." 유대 사람들에게는 《탈무드》라는 문서가 있습니다. 랍비들의 교훈이 모아진 책입니다. 랍비라는 말은 성경에서 선생이라고 번역하는데 기독교에서는 목사에 해당하는 것입니다. 랍비 문서에 이런 내용이 있습니다. 랍비 하나가 문밖에 나가 보니 거지 한 사람이 이가 끓어 자기 집 담에 몸을 자꾸 문지르면서 가려운 곳을 긁고 있었습니다. 이것을 본 랍비가 불쌍하여 자기 집에 데려다가 목욕을 시키고 새 옷을 갈아입혀 주고 한 상 잘 차려 배부르게 하고 떠날 때는 노잣돈도 두둑이 주어 보냈습니다.

이 일이 소문이 나자 얼마 지난 후 또 거지 부부가 똑같이 담에 몸을 문지르고 있는 것이었습니다. 이 모습을 본 랍비는 전과는 대조적으로 야단을 쳐서 보냈습니다. 이 거지 부부가 쫓겨 가면서 왜 이렇게 전과 달리 화를 내느냐고 물었더니, 랍비는 혼자일 때는 긁을 수 없어 담에 문질렀으나 부부일 때는 협력하여 서로 등을 긁어 주면 되는데 왜 서로 협력은 하지 않고 자꾸 남의 도움만 받으려 하느냐고 대답했다고 합니다.

이런 사람들에게는 도움 줄 것이 없습니다. 우리가 세상 살아갈 때에 모든 일에 협력하고 서로서로 협력할 때 변함없는 협력이 됩니다.[185]

5천 년에 걸친 유대인의 지적 자산이 고스란히 농축되어 있는 경전《탈무드》 속에 나오는 내용으로 영적인 깨우침을 전달하고 있다.

*유대인들의 랍비들의 교훈집*을 읽어 보면 재미있는 이야기가 하나 있습니다. 아들딸에게 고기 한 마리만 주면 한 날을 살 수 있답니다. 그러나 고기 잡는 법을 가르쳐 주면 평생을 산다고 하였습니다. 그런데 여기에 대해서 설명이 더 멋집니다. 고기 한 마리 주는 것은 지식을 주는 것이요, 반

면에 고기 잡는 법을 가르쳐 주는 것은 지혜를 준다는 것이랍니다. 그렇다면 지식이 귀한 겁니까? 지혜가 귀한 겁니까? 지식을 가지고는 하루밖에 못 살지만 지혜를 가지고는 평생을 살 수 있기에 인생의 근본 문제가 해결되는 겁니다. 그러므로 지혜는 지식과 다른 것입니다.[186]

유대 랍비들의 교훈집에 나오는 재미있는 스토리를 활용해서 지식과 지혜의 차이점을 쉽게 잘 설명하고 있음을 보라.

여러분들, *《공자가 죽어야 나라가 산다》*라는 책 한번 사서 읽어 보시기 바랍니다. 이 군사 독재자들이 공자의 윤리를 얼마나 잘 이용했는지 아시지 않습니까? 계속 "군왕에게 충성하라. 충성하라"고 합니다. 총칼로 권세를 빼앗아 갖고, 자기에게 충성하라고 합니다. 이런 공자는 죽어야 된다는 것입니다. 이런 공자를 만나지 않은 것이 참 감사합니다. 그런데 예수 만난 것은 정말 감사한 일입니다.[187]

한때 우리나라에서 화제가 된 바 있는 《공자가 죽어야 나라가 산다》(바다출판사)라는 책으로 공자가 독재자들에게 끼친 악영향이 얼마나 큰지를 잘 설명하고 있음을 보라.

6) 수필집

'수필'(隨筆) 또는 '에세이'(essay)는 생각을 자유롭게 표현한 산문 문학이다. 주제에 따라 일상생활처럼 가벼운 주제를 다루는 경수필과 사회적 문제 등의 무거운 주제를 다루는 중수필로 나뉜다.

설교자나 청중 주변에서 일어나는 일상생활이나 사회적 이슈에 관한 내용들을 다루기 때문에 수필은 설교의 예화로 널리 환영받고 있다. 김창인 목사의 수필 사랑은 남다르다. 그 실례들을 눈으로 확인해 보자.

어느 수필집을 읽고 참 감명을 받은 문구가 있어서 소개를 합니다. 첫째, "종은 울릴 때까지 종이 아니다." 종은 쳐야만 울리는 것인데, 울리지 않으면 10년을 놔두어도 종이 아니고 쇳덩어리라는 것입니다. 그러므로 종은 울릴 때까지 종이 아니라는 것입니다. 둘째로, "노래는 부를 때까지 노래가 아니다"라고 했는데, 아무리 좋은 가사에 좋은 곡이 있어도 부르지 않으면 그것은 노래가 아니라는 것입니다. 그리고 셋째로, "사랑은 사랑할 때까지 사랑이 아니다." 사랑은 나타날 때 사랑이지 마음으로만 사랑하고 끙끙 앓고 있으면 사랑이 아니라는 것입니다. 네 번째로, "축복은 감사할 때까지 축복이 아니다." 이것은 너무도 은혜로운 말씀입니다. 왜냐하면 예수님께서 혼자 먹어도 모자라는 것을 감사하셨더니 5,000명이 먹고도 남았기 때문입니다. 그러기에 하늘을 우러러 감사했다는 말은 하나님께서 내려 주실 때는 모자람이 없다는 뜻이며, 또 모자라도 감사하면 넘친다는 뜻입니다. 그래서 하늘의 축복인 것입니다.[188]

어느 사람의 수필을 읽다가 두 사람의 운명을 설명하는 장면을 보았습니다. 내용은 아들과 딸들을 낳고 사는 가정에 어머니가 세상을 떠납니다. 운명하려는 순간에 남편에게 "지금이 밤이냐 낮이냐?" 하고 묻습니다. 그래서 "한밤중"이라고 했더니 "그러면 아이들은 다 집에 들어왔느냐?"고 또 물었습니다. 남편이 "여기에 다 있다"고 대답했더니 어머니가 마음을 놓고 운명을 했습니다. 거기에 대한 설명은 한밤중에 자녀들은 꼭 집에 들어와 있어야 하기 때문이라고 합니다.

이것이 가정의 질서입니다. 어머니는 운명하면서 가정의 질서를 점검하고 세상을 떠났습니다. 바꾸어 말하면, 하늘나라에 가서 "내 아들딸들도 여기 왔소?" 하고 묻는 물음과 같다고 생각해 보시면 좋겠습니다.

그다음에는 한 집에 아버지가 세상을 떠나는데, 사랑하는 아내에게 묻습니다. "여보, 당신 어디 있소?" "나 여기 있습니다." "맏아들은 어디 있소?" 하고 물으니까 맏아들이 나와서 아버지의 손을 잡으면서 "제가 여기 있습니다", "둘째는 어디 있느냐?" 하니까 둘째가 나와서 손을 잡습니다. 그리고 "막내는 어디 있느냐?" 막내가 나와서 "제가 여기 있습니다" 하고 손을 잡습니다. 그랬더니 그 아버지가 소리를 버럭 지르면서 "그러면 가게는 누가 보고 다 여기 와 있느냐?" 하며 세상을 떠났다는 것입니다. 이 사람은 처음부터 죽는 순간까지 일과 돈입니다. 어머니와는 다르더라는 것입니다.[189]

내가 *어느 수필집*을 읽다가 이런 내용을 봤습니다. 오래전 미국에서, 그때만 해도 차가 많지 않아 주로 버스를 타고 부흥회를 인도하러 갑니다. 차에 타고 보니 혼잡했으나 자리 하나를 얻어 앉았습니다. 얼마쯤 가다 정거장에서 사람들이 타는데 흑인 여자가 탑니다. 여자가 어떻게나 뚱뚱한지, 목욕은 일 년 내내 해 본 것 같지도 않아서 냄새는 나고 애는 다섯씩이나 데리고—하나는 업고 하나는 안고 셋은 걸리고—밀고 들어오는데 어찌나 불쾌한지 모르겠습니다. 그리고 옆에 와서는 예의가 있나, 교양이 있나 마냥 떠들어 댑니다. 애들을 쥐어박아서 죽는다고 울기도 합니다. 짜증스럽고 원망스러워지려고 할 때 성경을 생각하니 하나님께서는 '범사에 감사하라'고 했는데 그런 상황에서 도저히 감사할 수가 없더라는 것입니다. 속이 답답해서 내가 좀 감사할 일이 없나 하고 눈을 감고 한참 생각하니 감사할 일이 생각났습니다. 그래서 무릎을 탁 치고 감사했는데 뭐라고 감사했겠습니까? 목사님은 그 여자가 자기 아내 안 된 것을 감사했습니다.

이것이야말로 감사의 조건을 만들어 감사한 것 아닙니까? 제가 저의 집 사람보고 그런 얘기를 했더니, 나에 대해서는 지금 당신 어떻게 생각하느냐고 그러기에, 내가 당신 앞에서 안 그러지만 당신 없을 때는 기도할 때에 이 여자 제 아내로 주셔서 감사합니다 하고 기도한다고 했더니 아주 좋아하더군요.[190]

모 대학교 교수가 이런 *수필을 쓴 것*을 읽어 보았습니다. 사람이 출세하려면 자전거를 잘 타야 한다는 것입니다. 자전거가 평지를 달릴 때 얼마나 신나게 잘 달립니까? 그러나 언덕을 올라갈 때에 자전거 타는 사람 보십시오. 허리를 90도로 폈다 구부렸다 하면서 발로는 사정없이 페달을 밟습니다. 무슨 뜻이냐면 내 자리, 내 생명, 내 목을 뗐다 붙였다 할 수 있는 권세 높은 사람에겐 허리를 90도로 굽히고, 돌아서서 자기 밑의 사람은 사정없이 밟아 버리는 자세, 보통 사람은 이것을 겸손으로 압니다. 그저 권세 있는 사람 앞에서는 굽실굽실하고 약한 사람은 사정없이 밟아 버리는 그 자세 말입니다. 표준을 사람에게 두니까 그렇습니다. 그러나 하나님 앞에 겸손하면 누구에게나 겸손합니다. 윗사람을 존경할 줄 알고 아랫사람은 사랑할 줄 아는 겸손이어야 합니다. "하나님 앞에"가 겸손의 표준입니다.[191]

*어느 대학 교수가 쓴 수필집*을 읽은 적이 있습니다. "가서 당신의 아내에게 물어보라"는 것인데, 당신은 내가 옆에 있어 주는 것과 나와 대화하는 것 중에 어느 것이 좋으냐를 꼭 물어보라는 겁니다. 어느 것이 좋은지 여러분도 대답해 보십시오. 그분의 답은 대화하는 것이 더 좋다고 하

는 겁니다. 목석같이 옆에 있기만 하는 것보다는 다정하게 이야기하는 것이 열 배나 더 좋은 것입니다. 대화를 통해서 정도 들고 사랑도 싹트는 것입니다.[192]

수필집 속에 나오는 감동적인 문장이나 사건이나 교훈 등을 영적이고 신앙적으로 잘 적용해 나가는 김 목사의 독서력과 적용력은 타의 추종을 불허한다고 볼 수 있다. 그렇다. 인문 고전이나 예술 작품이나 시사적인 것들에 대한 지식 없이는 다른 강단과 차별화되는 설교가 쉽지 않다.

대형 교회로 성장함에 있어 설교의 역할만큼 중요한 것은 없다는 사실을 모르는 이가 없을 것이다. 김 목사가 광성교회를 큰 교회로 부흥, 성장시킨 비결도 이와 같이 남다른 재능과 실력이 있었기에 가능함을 부인하기가 어렵다.

7) 신앙 서적

간증 수기나 신앙 서적 역시 설교의 예화로 더없이 소중한 도구가 될 수 있다. 이들 속엔 영적으로 유익하고 도전과 감동을 주는 자양분들이 많이 들어 있기 때문에 청중의 사랑을 듬뿍 받을 수 있는 좋은 재료들이다. 김 목사가 활용한 실례를 소개해 본다.

요즘 나온 책 중에 《*예수님처럼*》이라는 책이 있습니다. 그 책의 요점을 말씀드리면 교인들이 변화되려고 결심을 단단히 하고 열심히 하나님의 말씀을 실천하면 변화가 되는 줄 알고 있답니다. 그 책은 이야기하고 있습니다. 교인들은 그렇게 하면 변화되는 줄 알고 있지만 그것은 아니라는 겁니다. 그런데 결심한다고 변화되는 것입니까? 사상은 인격의 변화 없이 하나님의 말씀을 실천한다고 변화되는 것입니까? 변화된 사람이 실천하는 것과 변화되기 위해서 실천하는 것은 다릅니다. 이런 방법들은 전부 믿지 않는 세상 사람들의 방법이라고 말하고 있습니다. 즉 성경이 가르치는 방법이 아니라고 합니다.[193]

*《겨자씨》라고 하는 책*에 보면 어느 교회 목사님이 새벽기도회를 마치고 교회 정문을 나서는데 장로님 한 분이 막 지나가고 있었습니다. 화가 몹시 나서 주위를 살필 겨를도 없어 보입니다. 목사님의 영안이 열리면서 마귀가 장로님을 끌고 가는 것이 보입니다. 문제가 있구나 생각을 하고 목사님이 다시 들어가서 또 기도했습니다. 이번에는 그 장로님이 돌아오는데 기쁨이 충만한 모습이었고 앞에서 천사가 춤을 춥니다. 참 묘하다 싶어서 "장로님 들어오시지요" 그리고 이야기를 나누었습니다.

장로님께서 하는 말이 "우리 교회 아무아무 집사가 있지 않습니까? 그 집사님과 수표 거래를 하면서 사업을 하는데 그 집사님이 부도가 나서 자기도 망하고 나까지 망하게 되었습니다. 그래서 오늘은 끝장내고 말리라는 생각에 화가 머리끝까지 치밀어서 달려갔으니 마귀가 춤을 추면서 나를 끌고 갔을 겁니다. 그런데 가 보았더니 자기 집은 빚쟁이들에게 내어 주고 조그마한 셋방에서 살고 있었습니다. 아침 식탁에서 열심히 기도를 하는데 문밖에서 기도가 끝나기를 기다리면서 결심을 단단히 했습니다. 가만 놔두지 않을 작정이었습니다. 집사님이 간절히 기도합니다. '하나님 내가 망하는 것은 좋지만 나 때문에 장로님이 망하게 됐으니 하나님 나에게 한 번만 기회를 주셔서 장로님의 돈을 꼭 갚게 해 주십시오. 나 때문에 장로님이 망하면 어떻게 하겠습니까?' 그 기도가 얼마나 간절한지 마음이 녹아지고 말았습니다. 기도를 마친 다음에 들어가서 보니 식탁의 식사가 말이 아니었습니다. 그래서 제 주머니에 있는 것을 다 털어 주면서 '집사님! 걱정하지 마십시오. 힘을 내십시오'라고 오히려 위로해 주고 오는 길입니다. 그러니 천사가 춤을 추겠지요"라는 사연입니다.

집사의 기도에 마음이 녹아져 은혜가 되고 보니 화가 머리끝까지 났던 장로님의 마음속에 기쁨이 충만해졌습니다. 우리는 기도를 통해서 은혜 받고 찬송을 통해서 은혜 받고 하나님의 말씀을 통해서 은혜 받으면 예배당에 들어올 때와 나갈 때에 완전히 다른 사람이 되는 겁니다.[194]

초대 군종감을 지낸 김형도 목사가 쓴 *《복의 근원》*이라는 책이 있는데 하나의 자서전 비슷한 것입니다. 그 책 가운데 "김덕진 사건"이라는 내용이 있습니다. 군종감을 지낼 때에 군 형무소 군목이 오더니 "군종감님 김덕진이라고 아십니까?" "잘 압니다." "그분이 꼭 군종감님을 만나 보고 싶어 합니다. 지금 무기징역을 받고 복역 중인데 예배 시간이면 얼마나 울며 불며 은혜 받는지 모릅니다." 그래서 김형도 목사님이 찾아갔습니다. 그 사람은 평양 숭실전문학교 동창이었습니다. 노래 솜씨가 좋은지라 왜정 시절에 벌써 악단을 조직하고 활동하게 되었습니다.

한국, 일본, 중국, 만주 온 천지를 다니면서 돈도 많이 벌고 세상의 온갖 재미를 보면서 살아왔습니다. 이 세상 재미에 "예수는 물러가라" 하던 사람입니다. 그러다가 해방이 되고 공산당의 치하에서 살 수가 없게 되었습니다. 친구였던 김형도 목사가 군종감이 됐다는 말을 듣고 취직을 부탁하러 찾아갔습니다. 때마침 38선 근처 황해도 백천에 있는 중학교에 음악 선생이 없는지라 음악 선생으로 취직을 시켜 주었습니다. 얼마 안 되어 6.25사변이 일어나고, 다시 휴전이 된 다음 김덕진 선생은 월남하지 못하고 북한에 남게 되었습니다. 공산당들이 그 김덕진이라 하는 사람을 붙잡아 훈련시켜

간첩으로 보낸 것입니다. 남한에 내려오다가 붙잡혀 무기형을 선고받고 감옥에서 옥살이를 하고 있는 중이었습니다.

그런데 "김형도 목사님을 찾는다"는 것입니다. 김형도 목사님이 각계에 진정을 낸 결과 재심하게 되었습니다. 법정에서도 김형도 목사님이 신원 보증을 서고 그 친구를 데리고 나왔습니다. 그때 그 친구가 깨달은 것이 있는데 지금까지 인생을 헛살았다는 것입니다. 친구인 김형도 목사는 저렇게 값진 인생을 살고 있는데 자기는 인생을 헛살았다는 것을 깨닫고 통회하였습니다. 그도 신학교에 들어가 졸업하고 목사가 되었습니다. 지금부터라도 인생을 바로 살아야겠다고 생각하고 형무소와 경찰서 유치장을 찾아다니면서 옛날 노래 솜씨로 찬송을 부르면 많은 죄수들이 울면서 회개하는 역사가 일어났습니다. 이렇게 인생의 마지막을 주를 위하여 멋지게 살다가 갔다는 글입니다.[195]

*《죽으면 죽으리라》*와 *《죽으면 살리라》*는 책을 쓴 안이숙 씨는 왜정 때 일본에서 대학을 졸업하고 보성여중 교사를 하고 있을 때 신사 참배를 거부한 것 때문에 악명 높은 왜경 고등계로 붙잡혀 가서 온갖 고문을 다 당했지만 끝까지 이겨 내면서 버티었습니다. 나중에는 재판에서 사형이 언도되고 사형 집행 직전에 해방이 되어 살아 나왔습니다. 미국으로 유학하여 교육학 석사 학위도 받았습니다.

한번은 토론토에서 간증 집회 끝에 부수상이 은혜 받았다고 인사를 청하였습니다. "왜경의 악명은 세계적이었었는데 신사 참배를 한 번 하시고 나오실 일이지요. 그렇다고 하나님이 지옥에 보내시겠습니까?"라는 물음에 안이숙 씨는 "예수님이 나와 같은 처지에 있다면 어떻게 하셨을까를 생각하고 버티어 냈습니다. 예수님이라면 신사 참배를 못 하지요"라고 대답

했습니다. 이것이 생활 신앙입니다. 생활 신앙의 주인공들이 되기를 바랍니다.[196]

성도들이 즐겨 읽는 간증 수기나 신앙 서적의 내용을 설교에 활용하는 것은 청중을 설교 속에 머물게 만드는 효과를 가져다준다. 이는 앞에서 소개한 샘플들을 통해 이미 확인한 바 있다. 우리도 활용하면 된다.

8) 신문과 TV

사람들은 주변 이야기에 관심이 많다. 매스컴이나 SNS의 발달로 말미암아 신문이나 잡지, 동영상, TV 등을 통해서 얻는 우리 주변의 이야기가 지천에 널려 있다. 설교자나 청중이 늘 자주 접할 수 있는 이런 도구들보다 더 좋은 예화의 소재는 없을 것이다.

김창인 목사의 설교엔 신문과 TV가 예화로 자주 언급됨을 볼 수 있다. 하나씩 확인해 보자.

며칠 전 〈*조선일보*〉에 "섭섭한 의로운 죽음"이란 제목으로 조그마한 기사가 났습니다. 내용은 한강을 조금 거슬러 올라가면 다리를 놓고 있는데 그런 곳은 물살이 빠릅니다. 24살 난 양필석이라고 하는 청년이 강가에서 자기 친구와 놀러 갔다가 사람 살리라는 소리가 들려와서 바라보니 어린 애들이 물에 빠져 죽게 되었습니다. 돌아볼 겨를도 없이 뛰어들어 중학생 하나를 건지고 초등학생 하나 또 초등학생 하나 이렇게 세 명을 구출했습니다. 그런데 자기는 기운이 빠져서 헤어나지를 못하고 빠져 죽었습니다. 암사동에 있는 성모병원에 시신을 모셨는데 신문 기자가 알고 찾아갔더니 그때 함께 강가에 나갔던 친구와 그의 어머니가 외롭게 빈소를 지키고 있었습니다. 어머니가 넋을 잃고 울 기력도 없습니다. 이런저런 이야기를 주고받는 중에 자기는 섭섭한 것이 있다는 것입니다. 내 아들이 칭찬을 받으려고 한 일은 아니지만 내 아들이 목숨을 잃고 살려 준 아이들과 그들의 부모들이 한 번도 안 나타났다는 것입니다.

여러분, 사람의 탈을 쓰고 이럴 수 있습니까? 우리가 이런 이야기를 들을 때 혀를 끌끌 차면서 어찌 그럴 수가 있나 하지만, 우리는 그 이상의 주님 은혜를 받고 죽을 목숨, 영원한 멸망에서 구원을 얻었는데 하나님 앞에 얼마나 감사했느냐는 말입니다.[197]

사람들의 감사가 얼마나 부족한가에 대해 이런 예화보다 더 확실한 실례가 어디 있겠는가? 김 목사는 〈조선일보〉에 난 기사를 소개하면서, 사람들이 원수 갚는 데는 기가 막힐 정도로 발달되어 있지만, 은혜 갚거나 감사를 표시함에는 별로 신경 쓰지 않는다는 얘기를 입증시키고 있다.

얼마 전 *텔레비전*에서 이런 내용이 보도된 적이 있습니다. 한 사람이 독실한 그리스도인이었는데 젊은이로서 좋은 직장을 가지고 아주 패기 있고 양양하게 그리고 보람 있게 일을 해 나가는데 모든 사람들이 보고 그 사람에게 장래가 있다고 하면서 모두 부러워했습니다. 그런데 어느 날 눈에 좀 이상이 있다고 느껴지기 시작했습니다.

시간이 가고 한 달, 두 달, 석 달이 지나니 점점 시력이 나빠지고 나중에는 30cm 앞의 글자도 못 보게 되었습니다. 더 눈이 나빠져서 이제는 사랑하는 마누라 얼굴도 보지 못하게 되자 이 사람이 완전히 실망 상태에 빠졌습니다. 어디 가서 수술을 해도 안 된다는 진단을 받으니 암담할 뿐이었습니다.

지금까지의 좋은 자리, 굉장한 부러움, 그리고 훌륭한 재능이 아무런 도움이 되지 못했습니다. 완전히 소경이 될 지경이 되었으니 이전 것들이 무슨 복입니까. 다 가져가도 좋으니 시력만 회복시켜 주면 좋겠다는 심정이었을 것입니다. 이때에는 다른 사람의 안구를 구하여 개안 수술을 해야만 합니다. 그런데 안구를 구하는 것은 쉬운 일이 아니라 백방으로 노력하여 겨우 안구를 구해서 수술을 했더니 이제는 시력이 완전히 회복되었습니다.

얼마나 기쁜지 천하를 얻은 것보다 더 기뻤습니다. 얼마나 좋겠는가 상상해 보십시오. 텔레비전 기자와 어떻게 연락이 되었는지는 몰라도 *텔레비전* 화면에 비치는데 하나님 앞에 예배하며 감사하는 장면이 있습니다. 모든 사람이 다 돌아갈지라도 너무 고맙고 감사해서 하나님 앞에 기도하고 있는 모습이 계속 방영되고 있었습니다.[198]

저는 요즘에 *〈사랑은 아무나 하나〉*라는 연속극을 보고 있습니다. "별로 인기 없는 걸 뭘 그렇게 보세요"라고 하실 분들이 있을지도 모르겠습니다. 어느 날 *텔레비전* 채널을 돌리다 보니 그 연속극이 나오고 있었습니다. 처음부터 본 것이 아닙니다. 이 연속극은 쌍둥이 두 딸의 결혼 문제를 다루고 있습니다. 아직 결혼하지 아니한 아들과 딸을 가진 아버지로서는 관심이 갑니다. 양쪽 부모님들의 묘한 심리와 갈등을 어쩌면 그렇게 잘 묘사를 했는지 모릅니다.

그래서 그 시간 돌아오기를 기다립니다. 그 연속극 하는 시간은 토요일 밤 8시입니다. 토요일이 빨리 돌아왔으면 하고 기다리게 됩니다. 연속극이 토요일 날만 하는 것이 아닙니다. 주일 밤 8시에도 합니다. 주일 밤 8시면 우리 교회는 저녁 예배를 드립니다. 목사가 예배를 안 드리고 연속극을 볼 수는 없지 않습니까?

그래서 비디오 녹화를 시켜 놓고 예배를 드립니다. 그 연속극을 하는 시간이 그렇게 기다려지고 끝나는 시간이 아쉽고 보고 싶습니다. 왜 그렇습니까? 뭔가 느낌이 있고 생각 키워지는 바가 있고 얻는 것이 재미가 있기 때문입니다. 한마디로 이야기하면, 깨달음이 있기 때문입니다.[199]

설교자가 설교 시에 '텔레비전'과 '드라마'란 단어만 사용해도 자다가 벌떡 일어날 이들이 적지 않다. 그만큼 사람들과 친밀한 관계를 갖고 있기에 그 영향 또한 더 크리라 본다.

9) 속담과 격언

'속담과 격언'은 예로부터 민간에 전해 오는 교훈이나 풍자를 담은 짧은 어구를 가리킨다. "빛 좋은 개살구"나 "황금 보기를 돌과 같이 하라"와 같은 것들이 그 실례들이다.

이처럼 옛날부터 전해 내려오는 속담과 격언들을 살펴보면 우리 조상들이 얼마나 슬기롭고 재치 있게 살고 생활해 왔는지를 알게 된다. 요즘 우리말에서 속담과 격언이 많이 쓰이지 않는 현상을 보는데, 이는 아쉽기 짝이 없는 모습이다. 우리네 속담과 격언은 보물 창고에 가득 쌓인 보석처럼 아름답고 가치가 있다.[200]

설교 속에 속담과 격언이 활용되면 얼마나 감칠맛을 더해 주는지 모른다. 김 목사는 속담과 격언까지 자신의 설교에 활용하는 알뜰 설교꾼이다. 그 실례를 확인해 보자.

*"호랑이도 제 말하면 온다"*는 *속담*이 있습니다. 누구 이야기를 하는데

그 사람이 마침 나타났습니다. 그럴 때 호랑이도 제 말하면 온다는 속담을 말하곤 합니다. 여기 보니까 "이 말을 할 때 예수께서 친히 가운데 오셨다"고 하였습니다.[201]

우리 속담에 "*재주는 곰이 넘고 돈은 되놈이 먹는다*"는 말과 같습니다.[202]

이 사건이 오늘날 우리들에게 주는 교훈은 무엇입니까? "*사람 나고 돈 났다*"는 속담이 있습니다.[203]

이것이 뭡니까? "*무엇 묻은 개가 겨 묻은 개를 흉본다*"는 우리 속담과 다를 바가 없는 것입니다.[204]

우리들에게 속담은 아니지만 속담 비슷한 가르침을 주는 말이 있습니다. 즉 "*1년 앞을 내다보는 사람은 농사를 짓고, 10년 앞을 내다보는 사람은 나무를 심고, 100년 앞을 바라보는 사람은 사람을 키운다*"는 말입니다.[205]

모두가 설교 속에 유용하게 활용될 수 있는 우리 민족 고유의 속담과 격언들이다. 더 많은 지혜로운 말들을 참조해서 설교 속 양념으로 사용한다면 더 이상 밋밋하지 않고 감칠맛 나는 설교를 청중에게 공급할 수 있을 줄로 믿는다.

11. 이해를 쉽게 하는 적절한 예증

나는 설교를 돕는 보조 도구를 '예증'과 '예화'로 구분해서 사용한다. 예증과 예화의 차이점은 무엇일까? '예증'이 설교자가 전하고자 하는 내용을 청중이 쉽게 이해하도록 도와주는 역할을 하는 것이라면, '예화'는 그뿐만이 아니라 큰 감동과 은혜도 가져다주는 역할을 하는 것이란 점에서 차이가 있다. 김창인 목사는 자신의 설교 속에 예증과 예화를 많이 사용하기로 유명하다.

우선 김 목사가 활용한 예증에 대해서 살펴보기로 하자. 예증은 우리 주변에서 자주 접하는 친숙한 물건이나 사람이나 짐승들인데, 설교자가 자신의 설교 속에 이들을 잘 활용한다면 청중의 이해도를 한껏 높일 수 있는 장점이 있다. 이에 대해 언급한 김 목사의 얘기를 직접 들어 보면 좋겠다.

> 제가 신학교 다니면서 설교학을 배울 때 신학교 교수가 우리 한국에는 아무개 목사가 설교를 가장 잘한다고 했습니다. 그래서 신학교 다닐 때 그 교회에 열심히 나가 봤는데 내가 볼 때는 별것이 아니었습니다. 그런데도 교인은 참 많이 모였습니다. 참 이상하다고 생각했는데 나중에 두고두고 생각해 보니 참 훌륭하다는 것을 깨달았습니다. 그 교회는 장관들도 나오고 박사들도 많이 있었고 초등학교도 못 나온 할머니들도 많이 계셨는데 모두가 잘 이해하도록 설교를 쉽게 하므로 하나같이 은혜를 받았습니다.
>
> 그러나 내가 앉아 들어 보니 소설에 있는 멋진 대사를 읽어 주지도 않고 철학에서의 유식한 문구도 안 쓰고 또 좋은 이야기나 문장을 인용하지도 않는 것이었어요. 처음엔 이것도 설교인가 하고 의심이 들었는데, 그것이 아니었습니다. 예수님께서 언제 철학 사전 꺼내 들고 철학적인 용어를 썼으며, 어느 소설에서 좋은 문장을 인용한 적이 있습니까? 보통 쓰는 말로, *생활 주변의 용어로 우리 피부에 느끼는 대로 쉽게 가르쳐 주셨습니다.* 그

러니까 가르침 받는 사람이 잘 깨달았습니다.[206]

내가 볼 때 김 목사가 앞에서 언급한, 당시 한국에서 설교를 가장 잘한다는 아무개 목사가 영락교회의 한경직 목사가 아닌가 생각한다. 물론 김 목사와의 인터뷰를 통해 사실임을 확인한 바도 있다. 나 역시 한경직 목사의 설교를 여러 번 들어 봤지만 정말 받아 적을 게 없을 정도로 수준 높은 내용의 설교는 아니었다. 하지만 남녀노소, 빈부귀천, 학력의 높고 낮음이 없이 누구에게나 다 쉽게 이해되는 설교인 것은 분명했다. 그게 바로 청중이 이해하기 쉬운 예증을 들어서 영적인 진리를 설명하기 때문인 것이다.

이제 김 목사가 사용한 쉬운 예증의 실례들을 하나씩 살펴볼 차례다.

> '온유함'이란 '부드러운 마음'과 '부드러운 모습'을 가리킵니다. 온유한 사람은 악한 사람에게 모두 다 빼앗기고 패하는 것 같지만 나중에 보면 온유한 사람이 이긴다는 뜻입니다. *산과 들에서 힘차게 뛰어다니는 야생마가 있지 않습니까? 힘이 넘치고 강합니다. 사람이 올라타려고 하면 태우지 않으려고 길길이 날뛰곤 합니다. 그러나 일단 길들여지면 순하디 순한 말이 됩니다. 주인의 명령에 잘 따릅니다. 온유라는 말은 길들여진 상태라고도 말할 수 있습니다.* 길들여졌다고 해서 그 말이 지녔던 힘을 잃어버리는 것은 아닙니다. '힘은 그대로 있으면서 길들여진 상태'를 가리켜 '온유'라고 합니다.[207]

온유라고 하면 힘이 약하거나 바보스런 사람으로 오해하는 경우가 많다. 이에 김 목사는 활력이 넘치고 힘이 센 야생마를 가지고 '온유'가 뜻하는 원어적 의미를 쉽게 잘 전달하고 있다.

학생이 공부하지 않으면 죄입니다. 학생에게서 공부를 빼놓으면 이미 학생은 아닙니다. 그렇기 때문에 *학생이 공부 안 하면 죄입니다. 이와 마찬가지로 믿는 사람이 기도 안 하면 죄라는 것입니다.*[208]

'신자가 기도 안 하면 죄가 된다'는 말을 '학생이 공부 안 하면 죄가 된다'는 예증을 가지고 설명하고 있음을 보라.

여러분, 강아지를 길러 보면 참 재미있습니다. 겨울철이 되면 군고구마를 잘 사다 먹는데, 냄새가 얼마나 좋은지 강아지가 졸졸 따라다닙니다. 그리고 얼마나 먹고 싶어 하는지 고구마를 뚫어지게 바라봅니다. 다 먹고 껍질 하나를 던져 주면 꼬리를 흔들고 좋아합니다. 여러분, 꼬리 흔드는 것은 좋다는 뜻이지 감사하다는 뜻은 아닙니다.

좋아하는 것과 감사는 다릅니다. 믿지 않는 사람도 주면 좋아합니다. 그러면서도 하나님께 감사할 줄을 모릅니다. 믿는 사람은 하나님께 감사할 줄을 압니다. 강아지가 군고구마 껍데기를 바라보듯 하나님을 바라보고 살았으면 좋겠다는 생각을 해 보았습니다.[209]

그냥 좋아하는 것과 감사하는 것의 차이를 먹을 것을 주면 꼬리를 흔들어 대는 강아지를 가지고 너무도 쉽게 설명하고 있음을 보라.

이 세상에 태어나서 살아가는 사람으로 사명이 없는 사람은 한 명도 없습니다. 물 컵을 예로 들어 설명하겠습니다. 우리가 물 컵을 사용하는데 물 컵이 제 할 노릇 또는 자기의 구실 없이 태어나는 법은 없습니다. 반드*시 컵을 만드는 사람은 물을 떠 마시는 그릇으로 사용하겠다고 해서 만들*

어지는 것입니다. 즉 사명이 먼저 주어지고 만들어지는 것입니다. 물 컵은 사명을 위해서 태어난 존재입니다. *이 세상에 우리가 만들어 쓰는 그릇 중에도 제 구실, 제 노릇 하지 않는 그릇이 하나도 없는데, 하물며 우리 인생이 태어날 때 사명 없이 태어났겠습니까?* 그러므로 우리는 이 사명을 위해서 태어난 존재라고 봐도 좋을 만큼 사명은 귀한 것입니다. 사명을 위한 생활이 귀하다는 말입니다.[210]

세상에 사명 없는 사람이 없다는 사실을 물 컵이란 쉬운 예증을 통해서 설명하고 있음을 보라.

그렇기 때문에 어린아이들은 계속해서 자랍니다. 여러분 중에 혹시 오이 농사 지어 보신 분은 아시겠지만 '*오이 자라듯*' 한다고 하지 않습니까? 저도 농사꾼의 아들로 중학교를 졸업할 때까지 농사짓는 것을 많이 보았는데, 저녁에 손톱만 한 오이가 아침에 나가 보면 엄지손가락만큼 자란 것을 보곤 하였습니다. 그러니까 *오이 자라듯 쑥쑥 자란다*는 것입니다. *아이들은 하루가 다르게 자랍니다.* 어제와 오늘이 다르고 지난달과 이달이 몰라보게 자랍니다. 그래서 *구원 얻은 성도는 생명을 얻은 까닭에 어린아이처럼 잘 자라게 되어 있습니다.* 생명은 성장하기 때문입니다.[211]

아이들이 하루가 다르게 쑥쑥 자라는 것을 오이가 자라는 것을 예증으로 해서 쉽게 전달하고 있다.

우리 천호동만 해도 큰 도시인데도 만 오천 명이 한꺼번에 먹을 것을 마련하려고 한다면 불가능할 것입니다. 그런데 하물며 벳세다라는 조그

만 시골 동네에서 어떻게 해결할 수가 있겠습니까? 그러니 혹 돈이 있다고 해도 못 한다는 것입니다. 이것은 최선을 다해도 안 된다는 뜻입니다.[212]

청중에게 익숙한 천호동의 실례를 들어서 벳세다의 상황을 쉽게 설명하는 김 목사의 실력은 정말 탁월하다.

그리고 사랑에는 반드시 질투가 따릅니다. 질투 없는 사랑은 생각할 수가 없습니다. 예를 들어, *내가 출근을 하면서 볼품없는 절구통에 치마를 둘러놓고 "여보, 나 오늘 다녀올게요"라고 깍듯이 인사를 하고 나왔다면 어떻게 되겠습니까?* 퇴근하고 집으로 돌아왔을 때 그 절구통은 어디에 있는지 행방이 묘연해질 겁니다. 아내에게만 "여보"라고 해야 하는데 절구통에게 "여보"라고 한다면 아무것도 아닌 절구통이지만 아내가 질투를 느껴 반드시 치워 버립니다. 아내가 나를 사랑하기 때문입니다. 이처럼 사랑은 반드시 질투를 합니다. 질투 없는 사랑은 사랑이 아니라 해도 좋을 겁니다. 그런데 뒤집어 놓고 "질투는 사랑이다"라고 하면 안 됩니다. 누가 뭐라고 해도 사랑은 사랑이어야 합니다. 이와 마찬가지로 믿음은 믿음이어야 합니다.[213]

사랑엔 반드시 질투가 따른다는 사실을 절구통에게 절하는 실례를 통해 잘 전하고 있음을 보라.

나에게 누군가 관심을 가지고 있습니까? 사랑한다는 증거입니다. 사랑이 없으면 절대 관심이 없습니다. *아내가 미용실에 가서 머리 스타일을 바꾸었지만 남편이 그걸 모른다면 그것은 관심이 없기 때문입니다.* 사랑은

관심으로 나타납니다.[214]

아내에 대한 남편의 사랑의 증거로 아내가 미용실에서 머리 스타일을 바꾸는 일상적인 내용으로 설명하고 있다. 청중이 평소 경험하는 일상의 예증을 활용해서 전하고자 하는 내용을 설명한다면 청중에게 쉽게 어필될 수 있을 것이다.

효봉 승려는 불교에서 제법 유명합니다. 그분의 본래 직업은 왜정 때 판사였습니다. 평양고등법원의 판사로서 한국 사람으로는 출세한 사람입니다. 재판 건이 있어서 재판 중에 죽어 마땅하다 싶어 사형 언도를 내렸습니다. 얼마 지난 후에 진범이 잡혔습니다. 죽일 사람은 따로 있고 안 죽일 사람을 죽였으니 가책을 받았습니다.

밤에 잠도 못 자고 밥도 못 먹고 고민하다가 사표를 내고 법복을 벗고 전국을 방랑하면서 속죄하는 의미로 엿 장사를 하였습니다.

여러분 생각해 보십시오. 안 죽일 사람 죽여 놓고 엿 장사한다고 속죄가 됩니까? 그래도 마음에 평안이 없어 금강산으로 들어가 머리를 깎고 중이 되었습니다. 불교에 깊이 들어가 도를 닦고 있는데 자기 아들이 마침 학교에서 금강산으로 수학여행을 왔습니다. 아들은 자기 아버지가 여기 있으리라는 것은 생각도 못 했습니다. 아버지는 그 아들을 보았습니다. 아버지는 숨어 버리고 말았습니다.

여러분 생각해 보십시오. 내가 절간에 가서 머리를 깎고 중이 되면 내 아내와 내 아들딸은 어떻게 됩니까? *야이로라고 하는 그에게 12살 딸이 있었는데 만약에 야이로가 절간의 부처를 찾아갔다고 하면 무엇이 되었겠는가*를 상상해 보십시오.[215]

예수님을 이단시하던 회당장 야이로가 바로 그 예수 그리스도를 찾아가 딸을 살려 달라고 요청한 사건이 오늘날의 어떤 사건에 해당했던 것인지를 청중에게 쉽게 설명하기 위해 효봉 승려의 예증을 활용하고 있는 김 목사의 재주를 보라.

예증의 위력이 얼마나 대단한지를 김 목사의 실례들을 통해 제대로 맛보았으리라 생각한다. 그렇다. 앞에 소개한 김 목사의 실례들을 통해서 알 수 있듯이, 세상에는 진리의 말씀을 이해하는 데 도움이 되는 내용들이 도처에 널려 있다. 그것들을 찾고 발견해서 적절하게 활용하는 이가 대장 노릇 한다.

설교자들이여, 주변을 둘러보고 하나의 예증이라도 더 발견해서 설교에 적절하게 사용해 보라. 결코 후회하지 않을 것이다.

12. 차별화된 새롭고 특별한 예화

지금으로부터 30년 전, 내가 신학대학원을 다닐 때쯤만 하더라도 설교자들에게 서자 취급을 받는 것이 하나 있었다. 뭘까? 예화다. 특히 보수 교단에서는 설교 속에 세상 예화가 들어가는 것을 싫어했다. 그런데 세월이 많이 지난 지금의 강단에서 예화는 그 무게와 가치가 이전과는 확연히 달라졌음을 본다. 더 이상 예화는 강단에서 서자가 아니라 황태자로 떠받들려지고 있는 현실이다. 이는 바람직한 현상일까, 아니면 경계해야 할 일일까?

예화를 반대하는 이들의 논리가 있다. 성령으로 영감 된 하나님의 거룩한 말씀을 전함에 있어서 세상의 예화를 활용함이 어울리지 않는다는 것이다. 게다가 설교의 내용은 잊어버리고 감동적인 예화만 기억되어 주객이 전도될 위험성이 많다는 논리도 있다.

충분히 일리 있는 얘기다. 하지만 설교의 황태자 스펄전의 얘기를 들어 보라. "창문이 없는 건물은 집이라기보다는 감옥이다. 아주 어두워서 아무도 임차하지 않기 때문이다. 마찬가지로 비유 없는 강화는 지루하고 재미가 없다. 그리고 심한 육체의 피곤을 가져온다." [216] 그렇다. 집에 적어도 창문이 두세 개는 있어야 하는 것처럼, 설교에도 몇 개의 유용한 예화는 필요하다. 그런데 이런 생각도 두 부류로 나누어짐을 볼 수 있다.

설교에 예화가 필요함을 인정하긴 하지만, 반드시 성경 속에 나오는 예화라야만 한다고 고집하는 이들이 있다. 성령의 감동으로 완성된 계시의 말씀 속에 있는 예화니까 활용이 가능하다는 것이다. 예수님만큼 예화를 많이 사용하신 분도 없을 것이다. 그분은 예화 활용의 대가셨다.

예수님이 사용하신 성경 속에 나오는 예화를 거부할 사람은 없을 것이다. 그렇다면 예수님을 비롯한 성경의 여러 기자들이 활용한 예화들이 어떤 것들인지를 한번 살펴보자. 더도 말고 예수님이 사용하신 예화만 살펴보자. '씨 뿌리는 비유', '공중에 나는 새', '들의 백합화', '논두렁의 뱀' 등이 아니던가. 이들이 어떤 것들인가? 하나님이 진리를 전할 때 활용하라고 천상에서 내려 주신 거룩하고 신비롭고 오묘한 것들이 아니다. 이들은 이 땅에 살고 있는 사람이라면 누구나가 익히 알고 가까이서 접할 수 있는 세상의 것들이다.

세상 것들을 가지고 거룩한 말씀 전달의 도구로 사용함이 가당키나 하냐는 질문이 있어 왔다. 그런데 그 '세상 것들'이라고 부정적으로 말하는 게 누구로부터 온 것인가? 모두가 하나님이 창조하신 피조물들이 아닌가? 이 땅에 존재하는 피조 세계의 모든 것들은 진리를 증거함에 활용하라고 하나님이 주신 소중한 수단들임을 알아야 한다.

물론 성경 속 예화도 사용 가능하지만, 그것들은 청중이 이미 너무도 잘 알고 있는 것들이므로 신선함과 감동이 떨어지는 게 사실이다. 따라서 이 시대 사람들이 아주 가까이서 익히 알고 있거나 경험하고 있는 현실 속의 예화야말로 그들에게 가장 잘 어필할 수 있는 유익한 도구가 될 수 있다.

호주 출신의 신학자 마이클 프로스트(Michael Frost)가 쓴 《일상: 하나님의 신비》(IVP 역간)의 서문에 나오는 다음 얘기가 오늘의 설교자들에게 전하는 메시지는 아주 설득력이 있다.

> 나는 초자연적 차원과 그 권능을 믿는다. 그러나 우리가 그런 차원만 추구하다 보면 잃는 것이 너무 많지 않을까 싶다. 우리의 눈은 더 이상 놀란 듯 활짝 열려 있지 않다. *고흐의 작품 〈해바라기〉에서 하나님을 발견할 수는 없는가? 부서지는 파도 속에서 하나님이 보이지 않는가? 갓 태어난 아기의 해맑은 눈동자 속에서 하나님이 보이지 않는가? 장미 한 송이 혹은 영화나 책에 등장하는 인물, 아름다운 노래, 계절의 변화 가운데서는? 친구가 사랑한다고 말할 때 그분의 목소리가 들리지 않는가? 또한 맛있는 음식과 감미로운 대화에서 그분을 맛보지 않는가? 하나님의 나라는 이 세상 도처에서 확장되고 있다. 우리의 눈을 열어 굉장한 사건을 주목하는 만큼 이른바 일상적인 삶 속에서 하나님의 은혜를 맛보기로 하자. 이제 당신은 평범함 속에서 비범함을 발견하는 기쁨을 누릴 수 있어야 한다.*[217]

구구절절 옳은 얘기다. 하나님이 만드신 하늘과 땅과 바다와 나무와 꽃과 들풀들은 물론, 영적인 것들의 그림자로 사용될 시나 소설이나 영화나 드라마나 베스트셀러나, 뉴스나 인터넷상에 소개되는 모든 자료들은 활용하는 이의 목적과 방향에 따라 위대한 설교의 도구가 될 수 있음을 기억하자.

김 목사의 설교집을 보거나 설교를 직접 들어 본 이들은 누구나가 다 그의 예화 활용 능력에 놀라게 된다. 본문에 짝짝 들어맞는 재미있고 감동적인 예

화를 읽고 듣노라면 시간 가는 줄 모르게 그가 전하는 말씀에 빠져든다.[218]

김창인 목사가 설교 속에 사용하는 예증이나 예화를 분석해 보면 다른 설교자들의 그것들과 확연한 차이가 있음을 보게 된다. 우선 그가 사용하는 예화는 다른 이들이 잘 사용하지 않는 내용일 때가 많다는 점이다. 그것은 그가 남의 예화집보다 다른 설교자들이 잘 읽지 않는 책들을 많이 접하기 때문임을 발견할 수 있다. 눈물샘을 자극하는 감동의 명품 예화에다 새롭고 유별나고 특별한 예화 활용의 달인이라 할 수 있다. 그 실례들을 하나씩 살펴보자.

토레이라는 미국의 유명한 부흥사가 어느 날 로스앤젤레스에서 부흥집회를 하다가 예화를 하나 들었습니다. 미국과 캐나다 접경지대에 가면 미시간 호라는 큰 호수가 있는데 바다처럼 끝도 보이지 않는 넓은 호수입니다. 그 호수를 왕래하던 연락선이 하루는 사람을 많이 태우고 가다가 가라앉게 되었습니다. 그러니 배에 탔던 사람들은 꼼짝없이 다 죽게 되었는데도 용케도 스물세 사람이 살아남았습니다.

그 이유를 알아보았더니 바로 때마침 노스웨스턴 대학에 다니는 수영선수가 그 부분에 있다가 배가 침몰하는 현장을 보고는 뛰어들어 한 사람, 두 사람 건져 내다 보니 스물세 사람을 건져 낸 것이었습니다. 생명의 위험을 무릅쓰고 많은 사람을 구한 이 사람의 갸륵한 정신을 본받자고 설교하면서 예화를 들었던 것입니다. 그 예화가 끝나자마자 설교를 듣고 있던 교인 중의 한 사람이 손을 들고 '목사님!' 하고 외쳤습니다.

"목사님, 바로 그때 그 수영 선수가 접니다." 그러자 토레이 목사가 그 사람에게 물었습니다. "당신이 23명을 구하고 20여 년의 세월이 흐르는 동안에 느낀 점이 무엇입니까?" 그랬더니 그 사람이 하는 말이 "20여 년 세월이 지나는 동안에 단 한 사람도 고맙다 하며 찾아와 인사하는 사람이 없었습니다"라고 하더라는 것입니다. 사람들은 그렇게 감사할 줄 모릅니다. 죽을 사람을 살려 준 내 생명의 은인인데 평생에 한 번도 감사하지 않고 있습니다. 물론 마음으로는 감사했겠지요. 그러나 행함이 없으면 아무것도 아닙니다.[219]

이는 추수감사주일에 감사가 얼마나 부족한가라는 예화로 사용하기에 아주 적격인 내용이다. 사실 이 예화를 활용하는 이들이 아주 많은데, 정확한 내용이 아닌 몇 가지 틀린 버전들이 설교집이나 예화집에 돌아다니고 있음을 보았다. 어떤 내용이 정확한 것인지 궁금한 나머지 2년 전 방학을 맞아 두 달간 시카고에서 거주할 때 노스웨스턴 대학을 방문해서 정확한 근거를 찾아본 적이 있다. 그 결과 김 목사가 사용한 앞의 예화의 내용이 가장 정확한 내용임을 확인하게 되었다. 정확한 소스(source)의 예화를 활용한 김 목사가 내 눈에 보다 새롭게 인식되었음은 물론이다.

그렇다. 정확한 예화는 청중에게 신뢰를 주고 감동을 더 크게 할 수 있는 좋은 도구다.

전라남도 순천에 훌륭한 목사님 한 분이 계셨습니다. 나덕한 목사님이라는 분입니다. 그분은 전도사로 가셔서 목사 안수 받고 죽을 때까지 그 교회에서 봉사했습니다. 한 교회밖에 모르는 사람입니다. 얼마나 덕이 있던지 순천 서장이나 순천 시장이 부임해 오면 그 목사님께 먼저 와서 인사드리곤 했습니다. 순천은 우리 강동구의 절반도 못 되는 곳입니다. 그 분이 여순 반란 사건 때 별량으로 피난을 갔다가 반란군에게 붙잡혔습니다. 그런데 반란군 장교 중에는 믿음의 가정에서 태어난 사람이 있었습니니다. 그는 얼굴은 못 보았지만 훌륭한 목사 한 사람이 붙잡혀 왔다는 소리를 듣고 달려와서 "여기 예수 믿는 놈 나와!" 했습니다. 예수 믿는 놈이라고 손들고 나가 죽을 사람 어디 있습니까? 그러자 목사님 마음속에서는 성령이 "손들어!" 하는데, 한쪽에선 "들지 마라!" 합니다. 아무도 안 나오니까 이번에는 "목사 놈 나와!" 소리칩니다. 그러니까 성령이 "손들어!" 하는데, 마음은 "들지 마라!" 합니다. 그러나 성령을 따라 손을 번쩍 들었습니다. 그 장교는 목사님을 끌고 나가더니 졸병에게 이 사람은 악질 중의 악질이니까 내가 처치한다고 산골로 끌고 들어가서는 총을 허공에 몇 번 쏘고는 빨리 도망가라는 것이었습니다. 그날이 감옥에 있는 사람들을 다 죽이는 날이라는 것입니다. 그래서 살아 나왔습니다. 그리고 총회장까지 지내고 그 교회에서 세상을 떠났습니다.

성령이 가르쳐 줄 때 손들고, 가르쳐 줄 때 말하고, 성령의 지시를 따라 사는 사람, 복된 사람이요 기뻐해야 할 일입니다.[220]

성령의 지시를 따라 사는 사람이 복된 사람이라는 내용의 설교에 이보다 더 딱 맞아떨어지는 예화가 어디 있으랴!

일본의 북해도 지방에 처음 교회를 개척하고 성공한 유명한 목사님 이야기입니다. 그가 젊었을 때 좀 편하게 사는 방법이 없을까? 쉽게 사는 방법이 무엇일까? 궁리하다가 다른 사람과 반대의 생활을 해 보기로 했습니다. 낮에는 실컷 자고 밤에는 일하고, 그러나 뚜렷한 직장이 있는 것도 아니고, 재주가 있는 것도 아니고 별수 있습니까? 밤에 할 일 찾은 것이 결국 남의 물건 훔치는 도둑질밖에….

정신없이 일한 어느 날 훔쳐 온 물건을 살펴보니 오버코트 하나와 낡은 책 한 권이 전부였습니다. 헌책 팔아야 값도 안 나가니 구석에 던져두고 오버코트 팔아 하루 살고…. 이렇게 방탕하게 살던 어느 날 심심하고 답답해 무심코 방구석에 던져진 책을 읽어 나갑니다.

놀라운 일이 일어납니다. 자신의 삶을 뉘우치고, 깨닫고 회개하고 새로운 사람이 됩니다. 그 책이 바로 하나님의 말씀 성경책이었습니다. 열심히 공부하여 목사가 되고 결혼을 합니다. 목사의 아내가 남편 책상을 정리하다 보니 낯익은 성경책이 있습니다. 깜짝 놀랐습니다.

그렇게 소중히 여기며 읽고 은혜 받던 자기의 성경책, 어느 날 오버코트와 함께 도둑맞은 성경이었습니다. 그런데 그 도둑맞은 그날부터 "얼마나 어렵고 힘들면 이런 일했을까? 누구인지는 몰라도 그 성경 읽고 회개하여 예수 믿게 해 주세요"라고 하루도 빠짐없이 자기 물건 가져간 자를 위해 기도했다는 것입니다. 그 도둑이 자기 남편이 되고 기도가 이루어져 목사가 된 것이지요.

그렇게 도둑으로 살다가 도둑으로 죽어야 될 그가 회개함으로 받은 그 생의 풍요로움이 얼마나 큰 것인지 아셔야 됩니다. 그 목사가 뭐 물질적으로 풍요하단 말은 아닙니다. 영적으로 얼마나 풍요로운 삶을 살았습니까? 성공적이고 승리하는 삶을 산 것입니다. 회개를 통해 얻어진 영육 간의 부요이며 축복입니다. 히스기야와 같은 복을 받았습니다.[221]

회개함으로 얻게 되는 영적인 풍요가 얼마나 큰지에 관한 적절한 예화로 생각된다.

뮐러는 목사로서 독일 사람입니다. 독일이 전쟁을 일으켜 다른 나라에게 피해를 줍니다. 영국도 많은 피해를 입었는데 뮐러는 독일 목사이기에

영국 사람에게 미안함을 느끼고 있었습니다. 그래서 영국으로 건너가 전쟁으로 고아가 된 아이들을 돌보기 시작했습니다. 죽을 때까지 고아원을 짓고 고아들을 돌본 훌륭한 사람입니다. 이 사람은 기도를 많이 하기로 유명하고 응답도 많이 받기로 유명한 사람입니다.

그런데도 뮐러 목사님을 못살게 구는 사람이 있었습니다. 손해를 끼치고 괴로움을 줍니다. 또 지역 주민들에게도 많은 피해를 주고 있습니다. 그 지역 사람들은 그 사람을 상종을 못할 사람이라 하여 모두 외면했습니다. 괴롭히고 손해를 끼치고 못되게 구는 사람들을 찾아 설득해 보았지만 소용이 없습니다. 그래서 수첩에 그 못된 사람과 함께 다섯 명의 이름을 기록하고 전도하기 위해 기도하였더니 그렇게 못된 사람 하나는 당장에 친구가 되었습니다. 5년쯤 지나니 다섯 명 중에서 한 사람이 회개했고 10년쯤 기도하니 두 명이 회개하고 예수를 믿게 되었습니다. 기도를 시작한 지 52년이 지났습니다. 52년을 기도했지만 예수를 안 믿는 사람은 안 믿습니다.

그런데 52년 만에 조지 뮐러가 죽어 간다는 소문이 납니다. 네 번째 사람이 병문안을 왔다가 예수님을 영접했습니다. 이제 한 명이 남았습니다. 조지 뮐러 목사님이 죽었습니다. 네 번째 사람이 한 명 남은 그 사람을 찾아가서 내가 그 수첩을 보니 네 이름이 52권의 수첩에 적혀 있는데 52년 동안을 뮐러가 기도했다고 전했습니다. 그 마지막 사람이 그 이야기를 전해 듣고 통곡을 하며 회개하고 예수 믿게 되었습니다. 죽은 다음에 믿은 겁니다. 선을 행하다 낙심하지 말라는 말씀이 있습니다. 기도하다가 낙심하지 말라는 말이 되기도 합니다. 5년 만에 들어주는 기도, 10년 만에 들어주는 기도, 죽은 후 52년 만에 들어주는 기도도 있습니다.[222]

조지 뮐러(George Müller)를 영국 사람으로 생각하는 이들이 대다수인데, 독일 사람이란 사실과 함께 그가 영국에 와서 고아들을 돌본 이유가 무엇인지와, 52년간 기도한 친구들이 마침내 다 구원을 받았다는 사실을 알려 주는 김 목사의 예화는 특별한 예화로 오래 기억되리라 본다.

아프리카의 성자 슈바이처라는 사람이 있었는데 그는 대학 교수 자격을 가진 철학자요, 신학자요, 음악가요, 그리고 의사입니다. 우리는 네 가지 중에 한 가지만 되려고 해도 평생 걸려야 하는데 네 가지를 다 해냈으니 모든 행복의 조건을 다 갖춘 사람입니다. 그러나 이 모든 조건을 포기하고 아프리카, 그 당시만 하여도 식인종들도 있는 지역을 자원해서 찾아갔습니다. 학교 하나가 있습니까? 예배당 하나가 있습니까? 병원 하나가 있습니까? 그런 곳으로 가서 병원을 지어 병을 고쳐 주고 예배당 짓고 복음을 전하고 그다음에는 글을 가르쳐 주었습니다.

왜 그렇게 53년 동안 봉사와 헌신의 생활을 하고 죽었겠습니까? 그것은 다른 것이 아닙니다. 그가 어려서 초등학교에 다닐 적에 자기보다 세 살 위가 되는 큰 아이와 씨름을 했는데 보기 좋게 이겼습니다. 너무 의기양양하여 좋다고 할 때 그만 큰 애가 일어나더니 눈물을 뚝뚝 흘리면서 "나도 너처럼 고기를 먹으면 너를 이길 수 있어!"라고 합니다. 그 말이 뭡니까? 너는 잘사니까 고기 먹어서 힘이 세지만 나는 이렇게 가난하여 제대로 먹지 못하니 힘이 없어 너한테 진 것뿐이라는 말입니다.

*이때 그렇게 좋아하던 슈바이처가 그 말에 충격을 받았습니다. 거기서부터 '내 인생은 이게 아니다'라고 하며 무엇인가를 굳게 결심했습니다. 그*래서 열심히 배웁니다. 배운다는 자체가 벌써 혜택인지라 나보다 열 배나 더 불행한 사람을 찾아가자고 다짐하였습니다. 그래서 그는 아프리카 가

봉이라고 하는 나라, 랑바레네라는 곳을 찾아 오고웨 강가에 병원을 짓고 봉사를 많이 했습니다. 그는 가진 자의 의무, 그리고 배운 자의 의무를 다 했습니다. 하나님께 받은 혜택, 자기보다 훨씬 불행한 사람에게 베풀 의미가 있다는 것입니다. *이 의무와 책임을 다하느라고 그는 오지에 가서 평생을 헌신하다 죽은 사람입니다.*

예수님이 바로 우리들에게 네 가정에서 의무를 다하고 나라와 민족을 위해서 책임을 다하고 교회에 나와 하나님께 네 의무를 다하라는 것이 바로 우리들에게 가르쳐 주는 생활입니다.[223]

《생명의 경외》(종로서적 역간)란 책으로 유명한 슈바이처(Albert Schweitzer) 박사가 아프리카를 위해 헌신한 동기와 이유가 무엇인지를 김 목사의 설교를 통해 또 처음 접하게 된다. 한 번도 들어 보지 못한 특별한 예화는 이처럼 신선한 반향과 깊은 감동을 더해 준다.

마지막으로 하나 더 살펴보자.

장로교 창설자가 칼빈입니다. 제네바 공동묘지에 가 보면 돈이 많은 사람의 무덤은 돌로 굉장하게 해 놓았습니다. 그런데 *칼빈의 무덤은 진짜 무덤이 아니라 가묘입니다.* 왜냐하면 존 칼빈은 본래는 아버지의 뜻을 따라서 법률 공부를 해서 법률가가 되려고 했습니다. 얼마나 머리가 비상한지 14살에 대학에 들어갔고 4개의 대학을 나왔습니다.

얼마나 공부를 열심히 했는지 위장병에 걸려 죽을 때까지 고생을 했습니다. 27살에 기독교 역사상 불후의 명작인 《기독교 강요》를 남겼습니다. 어느 신학자도 쓰지 못할 만큼 훌륭한 저서입니다. 제네바에서 종교 개혁을 할 때 의회를 장악하고 마음대로 조종하면서 종교 개혁을 해 나가 완전히 성공하였습니다. 그리고 결혼을 31살에 합니다. 아들을 하나 낳고 아내와 함께 살다가 아들이 죽고 14년 만에 아내까지 죽어서 말년을 외롭게 살다가 55살에 죽었습니다. 한때는 배척을 받았지만 마지막에는 하나님 다음으로 추앙을 받았습니다.

자기가 죽은 다음에는 무덤을 크게 해 놓으면 자기 무덤이 우상이 될 것 같아서 공동묘지에 묻고 비석은 절대로 세우지 말라고 하였습니다. 그래서 칼빈이 죽은 후에 무덤을 찾을 수가 없었습니다. *후대 사람들이 제네바 시내 안에 있는 공원묘지에 가묘를 만들어 놓았습니다.* 존 칼빈의 신앙과 삶의 표어가 '오직 예수'입니다. 오직 예수 위해 살고 오직 예수 위해서 평생을 바쳤습니다. 하나님은 이런 사람을 귀하게 쓰십니다.[224]

내가 유학을 떠나기 전 KBS 공영방송에서 칼빈의 삶을 다큐로 찍어 방영한 것을 본 적이 있다. 기자들이 프랑스에서 칼빈에 대한 영상을 찍다가 그의 묘지를 찾으러 갔는데 쉽게 발견하질 못했다. 칼빈의 묘라는 표지가 없었기에 기자들이 그의 묘를 찾는 데 갖은 애를 먹는 걸 보았다. 그러다가 겨우 찾긴 했는데, 그의 묘비명에는 'J. C.'라는 두 글자만 적혀 있었다. 그러니 찾기 어려울 수밖에 없지 않았겠는가. 기자가 마지막 남긴 말은 이것이었다. "John Calvin, 그는 죽어서도 자기 이름 두 자가 아니라 'Jesus Christ', '예수 그리스도'란 이름 두 글자만을 남기길 원했다."

너무도 큰 감동이었기에 30년 가까이 되는 세월이 흘렀음에도 아직 지워지지 않는다. 하지만 김 목사가 사용한 앞의 예화를 읽어 보니, 이 무덤이 가묘였음을 새롭게 알게 된다. 공동묘지에 묻되 비석은 절대 세우지 말라고 칼빈이 유언했기 때문이다. 이런 내용들이 감동도 되고 오래 남는 예화로도 유익하게 활용될 수 있음을 기억하자.

김 목사가 즐겨 사용하는 예화 가운데 유별나게 감동적이고 영향력이 있는 샘플들을 여러 가지 살펴보았다. 이렇게 특별하고 신선하고 감동 만점인 예화를 활용하기 위해선 독서를 많이 해야 한다. 김 목사가 활용한 예화들이 어디서 유래되었을까를 생각해 보고, 오늘의 설교자들 역시 그를 본받음으로 강단마다 신선하고 감동적인 예화를 사용함으로 자신의 설교 작성에 유용하게 활용하길 바란다.

13. 자신의 경험담에서 나온 예화

예화 가운데 가장 감동이 크고 은혜가 되는 것은 설교자 자신이 직접 보고, 듣고, 경험한 예화다. 그것은 우선 그 어떤 예화보다 전하는 자가 큰 확신을 갖고 강력하게 말씀을 선포할 수 있게 해 주고, 또 청중에게 신뢰감도 더하게 해 주는 큰 장점이 있다.

김 목사는 지금까지 꼭 죽을 뻔한 사건에서 세 번이나 살아난 경험이 있으며,[225] 한 교회를 34년간 목회한 경험도 있다. 뿐만 아니라 대형 교단의 총회장도 역임했으며, 우리나라뿐 아니라 해외에서 부흥회도 많이 인도한 경험이 있기 때문에 특별한 예화 거리들이 즐비하다. 책이나 영화나 뉴스를 통한 예화도 유익하겠지만, 자신이 직접 체험하고 확인한 예화는 더욱 강력하다. 이제 그 실례들을 하나씩 확인해 보자.

믿지 않는 사람과 더불어 타협하지 말라는 것입니다. 믿음을 놓고 타협해서는 안 됩니다. 불신앙적인 요소를 놓고 믿음과 혼합하지 말라는 것입니다. 그러면 '눈엣가시'가 된다는 것입니다.

눈엣가시에 대해 한 말씀 드리겠습니다. 제가 얼마 전에 눈이 계속 아팠습니다. 2년 전, 미국에 갔을 때에도 눈이 아파 안약 넣으면 그때뿐이었

습니다. 눈에 가시가 들어간 것 같은데 들어간 적은 없어서 안약을 넣으면 괜찮다가 또 아프고, 그러다가 귀국하여 천호동에 있는 안과에 갔더니 안약을 넣어 주어 일주일 만에 좀 나았습니다. 그러자 부흥회를 갔는데 다시 아파 못 견디겠습니다. 부흥회를 한창 인도하는데 눈은 아파 오고 시뻘개져서 견딜 재간이 없었습니다. 마침 그 교회 정 장로님이 안과 의사이기에 그런 이야기를 하였습니다. 병원으로 가서 검사했더니 눈썹 하나가 안으로 났다는 것입니다. 밖으로 나게 되어 있는 눈썹 하나가 안으로 자라고 있었습니다. 다른 병원에서는 안약만 넣어 주니 나을 수가 있습니까? 뽑고 나니 그렇게 시원합니다. 뿌리가 빠져서 안 나올 수도 있고 또 나올 수도 있답니다. 아직은 괜찮은데 모르겠습니다.

'눈엣가시'라는 것이 아무것도 아닌 것 같은데 그렇게 못 견디겠습니다.[226]

자기 눈 안에서 자라나는 눈썹 하나로 인해 당한 고초로 '눈엣가시'가 얼마나 괴로운 것인가를 잘 설명하고 있음을 보라.

제 아들이 군대를 갔습니다. 한 주일이면 보통 세 번은 전화를 합니다. "여보세요"라고 하면 "아버지, 태섭입니다"라고 합니다. 아들과 이런 이야기 저런 이야기를 하다가 마지막에 가서는 "아버지, 사랑해요"라고 한 후 끊습니다. *그러면 저는 속으로 '사랑하면 내가 너보다 열 배나 더 사랑하지, 네가 나를 더 사랑하겠느냐?'라는 생각이 들어도 "아버지, 사랑해요"라는 그 소리가 그렇게 좋기만 합니다.*

내가 열 배를 더 사랑하고 자기는 열 가지 중에 한 가지밖에 사랑하지 못하는데도 사랑한다는 말이 그렇게 좋더라는 말입니다.

다윗의 고백이 바로 "하나님, 사랑해요"라는 그 고백이 아닙니까? 하나님도 우리가 사랑하는 것보다 열 배나 더 우리를 사랑해 주시지만 우리는 십분의 일을 사랑할지라도 하나님은 기뻐하시고 마음에 들어 하십니다. 다윗처럼 하나님을 사랑합시다.[227]

군에 간 아들과 전화로 통화하면서 경험한 일을 토대로 하나님을 향한 우리의 사랑보다 우리를 향하신 그분의 사랑이 비교할 수 없을 정도로 큼을 잘 묘사하고 있다.

어린아이들을 길러 보면 그 어린아이가 정상적으로 잘 먹고 잘 자고 잘 자랄 때 기쁘고 즐겁지 않습니까? *저는 맏딸을 낳아서 기를 때에 애기를 낳은 다음 날 여 집사님 한 분이 와서 도와준다고 아이를 씻기다가 긴 손톱으로 그만 배꼽 줄을 떼어 놓고 말았습니다. 피가 나는데 병원에 갈 돈이 어디 있어야지요! 그래서 머큐롬을 사다가 바르고 붕대를 감아 주었는데 그때부터 울기를 시작합니다. 3개월을 넘게 눈만 뜨면 우는데 애간장이 녹을 지경입니다.*

나중에 알아보았더니 그런 경우 대개 다 파상풍에 걸려서 죽는다고 하는데 이 아이는 기적적으로 산 아이라는 것입니다. 그런데 아기가 울어 대면 귀찮으니까 예배당으로 나가곤 했습니다. 나중에는 깨끗이 낫고 지금 잘 자라서 건강하지만 그때는 무척 속상했습니다. 제대로 먹지도 못하면서 조금 자다가는 깨서 울고, 또 자다 깨서는 우니 정상이 아닌 것 같아 큰 걱정거리였었습니다.

이처럼 우리들의 믿음이 정상적으로 자라지 못하면 하나님의 걱정거리가 됩니다. 그러나 나중에 그 맏딸이 깨끗이 나아서 하루가 다르게 잘 자라는데 하루가 다르게 새로워졌습니다. 우리 믿음의 생활도 건강하여 매일 다르게 새로워져야 됩니다. 이것을 갱신이라고 하겠습니다.[228]

다른 이가 아니라 자기 맏딸이 태어나서 경험한 속상했던 사건을 가지고 성도들의 영적 생활에 대해서 설명하고 있는 김 목사의 설명을 보라. 아무리 감동적인 예화라 할지라도 자신이 직접 경험한 예화만큼 큰 신뢰와 감동을 줄 수 있는 것은 없을 것이다. 남이 사용한 예화나 책이나 다른 자료들을 가지고 예화로 활용하는 것보다, 자신이 직접 보고, 듣고, 체험한 내용을 사용하면 청중의 신뢰도를 더욱 높일 수 있다.

21세기 이후, 특히 코로나19 사태 이후의 청중은 더욱 남다른 예화, 새롭고 특출한 예화를 원할 것이다. 그러므로 유명한 설교자의 예화집에 있는 내용보다 자신이 직접 체험한 예화를 사용함으로 자신의 강단이 피폐되지 않도록 모든 설교자들은 최선을 다해야 할 것이다.

14. 다양한 어휘력 및 상태

오늘날 설교자들의 설교가 잘 전달되지 않는 원인이 무엇일까? 설교자들의 어휘력이 예상외로 부족하다는 점이다.[229] 언제나 같은 단어와 문장을 구사하는 설교에 청중은 신선감을 느끼지 못하고 따분해한다. 따라서 설교자라면 누구나 다 자신의 어휘력을 다양하게 넓힐 필요가 있다.

인기 있는 소설에는 사용되는 어휘가 아주 많다. 명작으로 알려진 《바람과 함께 사라지다》에 사용된 어휘 수는 30만 개, 한때 사람들의 마음을 사로잡았던 톨킨의 《반지의 제왕》에 사용된 어휘 수는 25만 개라고 한다.

영어는 어휘가 약 85만 개이고, 국어는 약 45만 개라고 한다. 그렇다면 설교 한 편에서 설교자들이 사용하고 있는 어휘는 과연 몇 개나 될까?[230] 존 파이퍼(John Piper) 목사는 한 편의 설교에 약 8천 개의 어휘를, 존 맥아더(John MacArthur) 목사는 한 편의 설교에 1만 개 이상의 어휘를 사용한다고 한다.[231] 여기서 잠시, 오늘 설교자인 당신은 한 편의 설교에 몇 개의 어휘를 사용하고 있는지 카운트해 보면 좋겠다.

시편 119편은 신구약 성경에서 가장 많은 절수로도 유명하지만, '성경'이란 단어 대신 다양한 어휘력을 발휘해서 사용하고 있는 내용으로도 널리 알려져 있다. 실제로 기자가 '율법', '율례', '규례', '증거', '법도', '계명', '말씀', '법', '교훈' 등의 다양한 어휘를 사용함을 볼 수 있다. 어휘력이 풍부하지 않은 이에게선 결코 나올 수 없는 탁월한 글솜씨다.

《유시민의 글쓰기 특강》(생각의길)에 보면 '예쁘다'라는 단어는 다른 어휘를 통해 표현할 때 가장 마음에 잘 다가온다고 한다. 예를 들어, '곱다', '아름답다', '참하다', '단아하다', '귀엽다', '매력적이다' 등의 다양한 단어를 활용하는 것이 좋단 말이다.[232]

김창인 목사의 설교를 접하다 보면 그가 어휘력에 있어서도 발군의 실력을 발휘하고 있음을 확인할 수 있다. 그 실례들을 차례로 살펴보자.

> 선생님들이 아이들에게 들어가자고 권하고 있을 때 예배당이 천둥치는 소리를 내면서 *폭삭* 내려앉고 말았습니다. 한 치를 남기지 않고 지붕이 *몽땅* 내려앉았습니다.[233]

'폭삭'과 '몽땅'은 비슷한 의미인데 같은 단어를 사용하지 않고 다양한 어휘력을 발산하는 김 목사의 재능을 보라.

> 그 염소들이 목사를 받아 놓고 뒤에 가서는 *좋아합니다.* 교인들도 받아

버리고는 뒤에 가서 *쾌감을 느낍니다.*[234]

'좋아하다'라는 말과 '쾌감을 느끼다'라는 말은 같은 뜻이지만, 김 목사는 다양한 단어 사용하기를 즐겨 하는 사람이다.

> 어떤 경우에는 밑바닥까지 떨어지는가 하면 어떤 경우에는 하나님께서 *칭찬하고 귀히 여기고 기뻐하*는 인생을 살기도 했습니다.[235]

'칭찬하다', '귀히 여기다', '기뻐하다'라는 비슷한 의미의 각기 다른 단어가 연속되고 있음을 보라.

> '*역정*'을 다른 말로 하면 '*이력서*'라고 해도 좋습니다 … 거라사인이 살아온 '*역정*' 즉 '*살아온 과정*'을 보면 그 사람의 '*이력서*'가 아주 다양합니다.[236]

'역정'이나 '이력서'나 '살아온 과정'이나 같은 의미인데, 세 가지로 다양한 어휘를 활용하는 김 목사의 설교 재주를 보라.

> 오늘 본문의 주인공은 군대 귀신에 들려서 완전히 *마귀* 노릇 하고 *악마* 노릇을 하는 *폐인*입니다 … 가정에서 *악마* 노릇을 하고 교회에서 *악마* 노릇을 하고 직장에서 *악마* 노릇을 하는 사람이 어떻게 발붙이고 뿌리를 내리겠습니까?[237]

> 내 *감정에 끌려 사는 사람, 내 감정에* 노*예가* 된 *사람, 내 감정에* 포로*가*

*된 사람*은 변덕이 죽 끓듯 합니다.[238]

내 감정에 '끌려 사는 사람'이나 '노예가 된 사람'이나 '포로가 된 사람'이나 모두 같은 뜻인데, 한 단어로 하지 않고 각기 다른 세 단어로 표현하고 있음을 보라.

> "엘가나가 그 아내 한나와 동침하매 여호와께서 그를 생각하신지라."
>
> 하나님이 생각하셨습니다. *하나님이 생각해 주셨다*는 것은 바꾸어서 말하면 *권고해 주셨다, 돌봐 주셨다*는 말입니다. 하나님께서 권고해 주신 그날 밤으로 잉태를 했습니다.[239]

'생각해 주다'와 '권고해 주다'와 '돌봐 주다'는 모두 같은 의미의 사촌에 해당하는 어휘들이다. 같은 의미의 설교라도 이처럼 다양한 어휘력이 발휘되는 메시지가 전달된다면 청중의 관심을 더욱 끌어당길 수 있을 것이다.

어휘력이 부족한 설교자들은 김창인 목사처럼 시나 수필이나 인문 고전에 나오는 다양한 어휘 또는 명문장 등을 읽고 쓰고 외워서 설교 속에 꼭 활용하길 권면한다.

15. 재미있는 언어유희와 촌철살인의 유머

서양인들은 일반적으로 유머가 자연스럽게 통용되는 사람들이다. 특히 미국의 대통령들은 청중을 웃기는 것이 마치 대통령의 의무 중 하나라도 되는 듯이 유머 활용을 매우 즐기는 모습을 자주 본다. 에이브러햄 링컨(Abraham Lincoln)이나 로널드 레이건(Ronald Reagan)은 풍성한 유머 활용으로 널리 알려져 있다. 영국의 수상이었던 처칠(Winston Churchill) 역시 촌철살인의

유머로 유명하다.[240]

유머 예찬론자들이 있다. 빅토르 위고(Victor Hugo)는 "인생이 엄숙하면 할수록 더욱 유머가 필요하다"라고 했다. 린위탕((林語堂)은 "독일의 카이제르 빌헬름은 웃을 수 없었던 탓으로 한 제국을 잃었다"라고 했다. 김태길은 "생각하는 순간보다도 유머라는 웃음을 웃는 찰나에 인간은 더욱 강해진다"라고 했다.[241]

로이드 존스는 사람들이 천국과 지옥의 갈림길에 놓여 있는데 어찌 우스갯소리를 할 수 있느냐며 설교 시에 절대 유머를 사용하지 않았다고 한다. 하지만 교회에 출석하는 성도들은 대다수가 이미 천국 백성이 된 사람들이기에 그의 논리가 전적으로 옳다고 볼 수만은 없다. 물론 로이드 존스 역시도 설교 외에 평상시에는 유머깨나 하는 사람이었다고 한다.

사실 역사적으로 유명한 설교자들은 대개 유머가 풍부한 사람들이었다. 최후의 청교도요 설교의 황태자라고 불리는 찰스 스펄전은 천부적인 유머 감각으로 유명하다. 그는 주변에서 말릴 정도로 아주 많은 유머를 설교에 활용했다고 한다.[242] 강해설교의 대가인 존 스토트 역시 유머의 유익을 다음과 같이 말한다. "설교에서 유머는 긴장을 해소시키고, 회중과의 담을 무너뜨리는 비범한 능력이며, 거드름을 피우기 좋아하는 인간의 허위를 분쇄함으로써 우리를 겸손케 한다."[243] 미국 최고의 설교자로 인정받는 찰스 스윈돌(Charles Swindol)도 타고난 유머 감각으로 유명한 분이다.

우리 한국 강단에서도 유명한 부흥사들이나 설교 잘하기로 소문난 이동원 목사 같은 이들을 보면 거의 대부분이 유머의 달인들임을 알 수 있다. 과거 스펄전 시대에도 통했던 유머라면 21세기를 살아가는 이 시대에는 더욱 설교에 유용한 장점으로 어필될 수 있다는 사실을 절대 무시할 수 없다.

유머는 우선 설교자와 청중과의 거리감을 좁혀 주고 긴장과 경직됨을 빨리 해소시켜 주는 약방의 감초 역할을 한다. 그래서 청중으로 하여금 설교자가 전하는 메시지에 마음을 활짝 열게 한 후 진리의 말씀으로 청중의 마음에 결단과 헌신을 유도함에 유익한 도구로 활용된다.[244]

유머가 활용되는 설교를 수준이 낮거나 천박한 설교로 오해하는 이들이 있다. 물론 강단에서 유머를 활용할 때 주의해야 할 사항이 있긴 하다. 하지만 유머는 잘 사용하기만 한다면, 닫힌 청중의 마음을 재빨리 열어 주고, 설교자가 전하는 메시지에 보다 친근한 마음으로 귀를 열게 해 주는 효과가 있다.

김창인 목사를 조금 아는 이라면 그가 유머와는 전혀 거리가 먼 사람으로 생각할 가능성이 많다. 날카로운 인상에 대쪽 같은 성품의 소유자로 알려져 있는데, 그런 이에게 유머스러운 이야기는 아주 어울리지 않을 것 같은 생각이 들기 때문이다. 그것도 모자라 설교 시간에 유머를 활용한다니, 이는 상상조차 못할 일일 것이다. 그러니 그의 설교 속에 상당한 유머가 활용된다는 사실을 안다면 아마도 충격을 받을 것이다. 그의 유머 감각이 발휘되는 실례들을 확인해 보자.

먼저 영어로 된 언어유희의 실례부터 소개하기로 한다.

> 한번은 외국인 몇이 모여서 'family'라는 말을 돌아가면서 한마디씩 정의해 보기로 했습니다. 모두 다 각자의 생각대로 이야기를 합니다. 그러다가 미국 아가씨에게 말할 기회가 왔습니다. 그러자 그 아가씨는 *'family'에서 f는 father, a는 and, m은 mother, i는 '나'라는 i, l은 love, y는 you 즉 'father and mother I love you'의 첫 글자를 따서 모아 놓은 것이 'family'* 라고 했습니다. 'Family'라는 것이 본래가 그런 의미로 된 글자는 아니지만 그렇게 맞추어 놓고 보니 너무너무 좋은 내용이 됩니다. *'아버지, 어머*

*니, 내가 당신들을 사랑합니다'*라는 뜻입니다. 자녀들이 부모에게 고백하는 것뿐 아니라 부모들도 자녀에게 그 사랑을 고백해야 합니다. 가정이라고 하는 것은 이런 사랑이 있을 때 낙원이 되는 것입니다.[245]

'Family'라는 단어를 가지고 말 꾸밈을 활용하고 있는 김 목사의 모습을 보고 놀라지 말라. 이제부터는 그의 유머에 관한 실례들을 구체적으로 살펴볼 것이다.

다른 실례를 보자.

속으로 어떻게나 괘씸하고도 섭섭한지요, 주일학교 선생이 어때서 그런 것 할 바에야 전도사한다고 합니까? 그래서 마음대로 하라고 내버려두었더니 끝내 봉사를 안 하고 시집을 갔습니다. 그런데 그것도 목사한테 시집을 갔습니다. *그래서 속으로 너도 내 꼴 한번 당해 보라고 생각도 해 보았습니다. 일할 만한 일꾼이 왔을 때 자기가 나에게 한 말을 그대로 들어보라는 뜻입니다. 그래야만 내 심정을 알 수 있을 것 같았기 때문입니다. 속으로만 이야기했고 정말로 말한 것은 아닙니다. 시집을 가서 아기를 둘 낳고 잘 살았습니다.*[246]

주일학교 교사를 하라고 권하는 김 목사의 얘기를 듣지 않다가 목사 사모가 됐다는 얘기를 들은 후 '너도 지금의 너처럼 목사 말 잘 안 듣는 골치 아픈 성도 만나서 내가 당한 꼴을 당해 봐야 당시 내 심정 이해하겠지'라고 생각한 얘기를 진솔하게 밝히면서도, 속으로만 얘기했고 실제로 말한 것은 아니라고 유머를 활용한 김 목사의 이 설교를 들은 성도들은 어떤 반응을 보였을까? 자기네와 별 차이 없어 보이는 김 목사에게서 인간적인 실망은커녕,

오히려 친근함으로 이해되었을 것으로 생각된다.

다음은 아버지의 역할에 대한 유머를 소개한다.

〈크리스천 사이언스 모니터〉지가 아버지 주일에 특집 기사를 실었습니다. 거기에 초등학교 1학년생으로서 미국의 나이로 일곱 살 난 소년이 담임선생님께 질문했던 내용이 담겨져 있습니다. "선생님, 도무지 이해가 안 되는 것이 하나가 있습니다." "그게 뭔데?" "우리 집 냉장고에는 먹을 것이 꽉 차 있습니다. 그리고 거실에는 나를 즐겁게 해 주고 온갖 좋은 프로를 계속 보게 해 주는 텔레비전이 있습니다. 부엌에는 맛있게 음식을 차려 주는 어머니가 있습니다. 뒤뜰에는 재롱을 잘 부리는 예쁜 강아지가 있습니다. 그런데 선생님, 이해가 안 되는 것이 있습니다." "글쎄, 그게 뭔데?" *"내 아버지는 무엇 때문에 있어야 합니까? 밥만 먹고, 잠만 자고 나가는 아버지가 왜 있는지 모르겠습니다."*

그 특집에서 어린아이가 한 질문이 참 어리석다 싶어도 오늘날 그 질문과 그 생각을 우리가 똑같이 하고 있다는 사실입니다. 냉장고에 채워 둔 그 모든 것을 사는 돈을 누가 대어 줍니까? 아버지가 벌어다 주는 것 아닙니까? 어머니가 맛있게 차려 주는 음식만 해도 그렇습니다. 어머니가 차려 줘서 어머니가 최고라고 하지만 그 돈을 누가 뒤를 대어 주고 있습니까? 아버지가 아닙니까? 모두가 아버지의 덕분인데 그 아버지의 중요성을 모른다는 말입니다.[247]

위의 유머는 오늘날 가정에서 아버지의 역할이 도대체 무엇이냐를 빗대서 말함으로써 가정에서 아버지가 얼마나 무능한가를 고발하는 내용으로 되어 있다. 그런데 김 목사는 이런 유머를 활용해서 청중을 한 번 웃기는 것으로 끝내지 않고, 유머 내용의 문제성을 날카롭게 꼬집으면서 아버지의 역할이 결코 소홀히 되어선 안 된다는 긍정적 내용의 설교를 하고 있음에 주목하라.

반대로 배고픔을 한번 경험해 보신 적이 있으십니까? 경험자만 아는 것입니다. 배고픔이 얼마나 서럽습니까? 우리가 6.25사변을 겪을 당시 보릿고개니 춘궁기니 하면서 그때 가난을 이야기하게 되면 젊은이들은 *"그때 밥이 없으면 라면이라도 끓여 잡수시지 왜 굶으셨습니까?"* 합니다. 젊은이들이 그때를 경험하지 못했기 때문에 하나만 알고 둘은 몰라서 엉뚱하게 딴소리를 하는 것입니다. *그 당시 없어서 못 먹었지 삶아 먹을 줄 몰라 못 먹었습니까? 배고픔을 몰라 본 사람은 그 사정을 모르는 것입니다. 배고파 보십시오.*[248]

보릿고개를 경험하지 못한 우리 자녀들이 부모와의 대화에서 자주 묻는 질문인데 유머처럼 사용되는 얘기다. 옛날 부모 시절엔 배가 많이 고팠다고 하면 라면을 끓여 드시든가, 아니면 냉장고엔 먹을 게 없었냐는 대답이 나오는데, 그냥 웃고 넘어갈 뿐이다. 어릴 때 누구나가 다 경험했을 이런 내용을 사용해서 청중과 공감대를 맞춰 나가는 설교자의 모습에 졸거나 비난할 성도는 없을 것이다.

내가 도계교회 부흥회 첫날, 열한 번째 계명이 무엇인지 물어보았더니, 교인들이 그런 것도 있었나 하고 눈이 둥그레집니다. 우리 교인은 알 것입니다. *열한 번째 계명이란 '곗놀이 하지 말라 하시니라'입니다.* 저는 이 소리를 일 년에 한 번 내지 두 번은 꼭 합니다. 우리 교인들이 곗놀이 하

> 다 만약 들키면 권사, 집사, 구역장, 사표 내야 합니다. 할 일이 없어서 겟꾼 두목 노릇 합니까?[249]

겟놀이 때문에 교회에 폐해가 얼마나 컸으면 저리 말했을까 싶다. 하지만 11계명이라 하지 않고 그냥 겟놀이 하지 말라고 했다면 거부감을 가질 수도 있었을 것이다. '열한 번째 계명'이라는 유머를 활용함으로써 성도들이 웃으면서 경계를 했으리라 본다.

> 어느 부흥회에 갔더니 우리 교회에서 자라 제가 주례를 했던 부부가 참석했습니다. 예배 마친 다음에 강사 방에 찾아와서 참 반가웠습니다 … 그 내외와 이 얘기 저 얘기하다가 그는 "목사님, 저는 우리 집사람한테 불만이 많습니다. 보통 불만이 아닙니다" 그래요. *"말을 안 들어요? 그래요? 그러면 때려 줘요. 여자는 때리며 살아야 부드러워지는 거요. 말라빠진 북어도 자꾸 두드려야 부드러워지잖아요. 때려 줘요!"* 했더니 *"아니 목사님 그것이 아니구요"* 하더군요*(제가 때리란다고 진짜로 가서 때리란 말 아닙니다)*.[250]

목사가 말 안 듣는 여자를 때리라 하면 어떻게 되겠는가? 하지만 그가 청중에게 전하고자 하는 메시지를 유머를 사용해서 친근하게 전달하려는 의도를 잘 알고 있는 성도들에게는 보다 자연스럽고 친숙하게 들렸을 것이다. 물론 오해하는 이가 혹 있을까 해서 괄호 속의 내용을 첨가한 것도 주목할 만하다.

> 한번은 군대에 가 있는 아들이 씩씩거리고 투덜거렸습니다. 그래서 "뭐가 그렇게 불만이냐?"고 물었습니다. "큰누나 있잖아요. 큰누나가 나쁜 여

자예요." "큰누나가 왜 그렇게 나쁘냐?" "시집가기 전에는 괜찮았는데 시집가고 나서는 자기 남편밖에 모르고 자기 아들밖에 모르는데 나쁜 여자가 아닙니까?" *"그런 식으로 나쁜 여자를 말한다면 네 엄마가 누나보다 더 나쁜 여자인 걸.* 그것이 나쁜 게 아니라 그렇게 되어야 하는 거야. 자기 남편보다 친정아버지를 더 위하고, 자기 아들보다 너를 더 위할 줄 알았느냐? 네가 생각을 잘못한 거야. 이다음에 너도 장가가서 아기 낳아 봐. 그러면 알게 될 거야. 결혼하면 너도 그렇게 되어야 하고, 또 그렇게 되어야 당연한 거 아니냐? 당연히 그렇게 되어야 해"라고 하였습니다.

"엄마 비키세요" 해서 왜 비키라고 하는가 하여 비켜 주면 자기 아내를 그 자리에 앉힙니다. "아빠 비키세요" 해서 왜 비키라고 하는가 하여 비켜 주면 자기 아들을 그 자리에 앉힙니다. 여러분들도 그것을 생각하셔야 합니다. 자기 아내와 자기 자식들밖에 모르기 때문입니다. *저는 그런 것을 다 계산하고 살기 때문에 그리 큰 기대를 하지 않습니다.*[251]

결혼한 누나가 예전같지 않음에 대한 아들의 불만을 설명하는 과정에서 김 목사의 유머러스한 면모를 제대로 확인할 수 있다. 여유 없는 이에게서는 저런 모습을 상상하기 힘들다. 저 설교를 듣는 이들의 마음이 얼마나 따뜻했겠으며, 자기 목자에 대한 신뢰가 얼마나 더 깊어졌을지 한번 떠올려 보라.

한번은 예수님께서 열두 제자를 데리고 팔복 산으로 가셨습니다. 지금 그 팔복 산에는 기념 예배당이 있습니다. 거기 올라가는 중에 예수님은 제자들에게 돌 하나씩 주워 가지고 가자고 하셨습니다. 제자들은 큰 돌을 끙끙거리면서 가지고 올라갑니다. 그런데 가룟 유다는 조그마한 돌을 가지고 올라갑니다. 올라가면서 제자들을 얼마나 비난하는지 모릅니다. 조그마한 돌이나 큰 돌이나 돌은 마찬가진데 뭐 저렇게 고생스럽게 큰 돌을 가지고 가냐고 어리석다면서 제자들을 비난합니다.

가룟 유다는 자기가 가장 지혜로운 사람인 줄로 착각을 합니다. 예수님께도 불평을 합니다. "저 산꼭대기에는 돌이 많은데 무엇 때문에 이런 고생을 시키는가?"라고 말입니다. 산꼭대기에 올라갔더니 예수님께서 그 돌을 내려놓으라고 하십니다. 힘들게 올라왔더니 몹시 배가 고팠습니다. 예수님이 기도하자 가져온 돌들이 전부 떡이 되었습니다. 작은 돌을 가져온 유다는 떡이 모자라 이 사람 저 사람에게 구걸하면서 허기를 채웠습니다.
이 내용은 유대인의 전설에 나오는 것입니다. 전설이기는 하지만 우리에게 주는 교훈이 있습니다. 일하는 사람들이 열심히 살지 않고 잔꾀를 부리거나 술책을 써서는 안 된다는 것입니다.[252]

유대인의 전설 속에 나오는 내용으로 유머를 활용하고 있다. 김창인 목사를 경직되고 딱딱한 설교가로 생각하는 것만큼 잘못된 오해는 없다. 날카로운 듯 보이는 설교자에게 유머 감각이 곁들여졌다면 양 날의 검을 겸비한 막강한 설교의 능력자라 할 수 있으리라.

현대인의 필수품인 유머 활용은 오늘의 설교자들이 갖춰야 할 필수 자산이기도 하다. 오늘의 설교자들은 딱딱하고 구태의연한 설교로 청중을 졸리게 하지 말고, 신선한 유머로 청중의 마음을 열어 주는 설교의 변신을 시도해 보기 바란다.

16. 생생한 의성어와 의태어

우리 어릴 때 자주 불렀던 김태오 작사, 정동순 작곡의 〈강아지〉라는 동요가 있다. 가사는 다음과 같다. "우리 집 강아지는 복슬강아지. 어머니가 빨래 가면 *멍멍멍. 쫄랑쫄랑* 따라가며 *멍멍멍.*”

노래를 부르노라면 빨래하러 가시는 어머니를 쫄쫄 따라가는 우리 집 강아지가 눈에 떠오른다. ‘복슬강아지’나 ‘멍멍멍’이나 ‘쫄랑쫄랑’이란 의태어(Mimesis)와 의성어(Onomatopoeia)가 들어가 있기 때문이다.[253] 여기서 ‘복슬’과 ‘쫄랑쫄랑’은 의태어이고, ‘멍멍멍’은 의성어이다. 사람들의 눈과 귀에 자극을 주고, 기억하기 쉽고 생생한 재미를 더하게 하는 묘미를 주는 것이 바로 이 두 보검이다.

김창인 목사가 의성어와 의태어 활용에도 탁월한 재능을 갖고 있음을 예상한 이가 과연 몇이나 될까? 그의 설교가 쉽게 들리고 떠먹여 주듯 편안하게 이해될 수 있는 이유 중 하나는 바로 이 두 개의 보검이 그의 설교 속에 장착되어 있기 때문이다. 이제 그가 활용한 구체적인 실례들을 그의 설교 속에서 찾아보자. 우선 의성어의 실례들부터 하나씩 소개한다.

> 어떤 사람은 말도 붙이지 못하는 일도 말의 지혜를 가진 사람은 가서 일을 *척척* 다 끝내고 옵니다.[254]

> 아무리 어렵게 구한 좌석이라도 툭툭 털고 일어나야지 그렇다고 그 자리를 가지고 가지는 못합니다.[255]

> 예배당이 천둥치는 소리를 내면서 *폭삭* 내려앉고 말았습니다. 한 치를 남기지 않고 지붕이 *몽땅* 내려앉았습니다.[256]

> 그다음에 유대 나라로 물밀듯이 쳐들어오는데 메뚜기 떼가 곡식밭을 깨끗이 *갉아먹듯이 싹 쓸고* 올라와 버립니다.[257]

내가 그 외식하는 자들, 겉만 *뻔지르르하고* 알맹이 없는 자가 될까 조심하라는 것입니다.[258]

그러니 예배 시작하면 겨우 나와서 앉아 있다가 예배가 끝나자마자 *쏜살같이* 가 버리는 교인, 이들은 교회가 어떤 일을 한다 해도 전혀 관심이 없기에 참여하지도 않고 그저 팔짱 끼고 남의 일 마냥 구경만 합니다.[259]

그러면 그만 꼼짝 못하고 쑥 들어가 버립니다.[260]

예수님을 사모하는 사람은 오늘 어떠한 일이 있어도 시간을 뚝 잘라 교회에 나와서 예배를 드리고 섬깁니다.[261]

저녁에 손톱만 한 오이가 아침에 나가 보면 엄지손가락만큼 자란 것을 보곤 하였습니다. 그러니까 오이 자라듯 쑥쑥 자란다는 것입니다.[262]

예수님 당시의 유대 사람들은 만나기만 하면 *웅성웅성* 자기네끼리 하는 얘기가 '무엇을 먹을까?', '무엇을 입을까?' 그저 먹을 것, 입을 것 걱정이 전부였습니다.[263]

말씀을 듣는 중에 신앙의 졸음을 졸던 성도들, 신앙의 깊은 잠에 빠진 성도들, 신앙이 병든 성도들이 아주 깨어 *벌떡* 일어나는 부흥회가 되어질 수 있기를 간절히 바랍니다.[264]

그는 일천 번제를 바치고 그날 밤에 잠을 *쿨쿨* 자고 있었습니다.[265]

이렇게 다양한 의성어가 김창인 목사의 설교 속에 등장하고 있다. 다음은 의태어의 실례들을 살펴보고자 한다.

나이 들면 모두 *쭈글쭈글해져* 볼품이 없어집니다.[266]

복음을 받은 그들의 믿음이 *무럭무럭* 자랐습니다.[267]

세 제자가 여기저기 *뿔뿔이* 흩어져서 기도했습니까?[268]

동생의 옷을 다 벗기고 그 옷을 *갈기갈기* 찢은 후에 양을 잡아먹고 그 피를 발라 아버지에게 보내면서 "동생의 옷이 아닙니까? 분명히 악한 짐승에게 찢겨 죽은 것 같습니다."[269]

신들린 사람들이 완전히 폐인이 되고 버림받았던 사람들에게 예수 그리스도의 이름으로 명하노니 귀신아 나가라 하면 귀신들이 *싹싹* 빌고 통곡을 하면서 쫓겨났습니다.[270]

군인들이 나를 *겹겹이* 싸고 있어도 평안이 없었습니다.[271]

염소는 양들이 다정하게 모여 있으면 *살금살금* 다가가서 힘껏 받아 버리는 것입니다. 그러면 양들은 불시에 공격을 받고 *뿔뿔이* 흩어집니다.[272]

무리를 벗어나는 양을 염소는 가만히 놔두지를 않습니다. *살금살금* 따라가서 힘껏 받아 버리면 죽는다고 *껑충껑충* 뛰면서 양의 무리를 향해 달

려갑니다.[273]

아장아장 걷는 아이를 데리고 고궁 구경을 가거나 시내를 한번 거닐어 본 일이 있지 않습니까?[274]

앞의 내용들은 김 목사가 자신의 설교에 의성어와 의태어를 얼마나 다양하게 그리고 자주 활용하고 있는가를 잘 보여 주는 실례들이다. 설교의 대가가 그냥 될 수 있는 것이 아님을 다시금 절감할 수 있는 대목이다.

17. 신뢰를 주는 자기 동일시 기법과 자기 우선 적용

현대 수사학에 '자기 동일시 기법'(Identification)[275]이란 게 있다. 이것은 자신과 독자나 청자들을 동일시해서 연설하는 방식을 뜻한다. 청중과 자신을 동일시하는 설교자는 청중으로부터의 호의적인 반응이 보장되기 때문에 청중을 쉽게 설득시킬 수 있는 힘을 가진다.

에스겔 선지자는 유대 포로들에게 설교하기 전 의도적으로 그들과 자신을 동일시해서 함께 울고 웃고 하나가 된 인물로 알려져 있다(겔 3:15). 느헤미야 역시 조국의 동포들과 자신을 동일시해서 하나님에게 회개의 기도를 올린 리더로 유명하다(느 1:6). 신약의 바울 또한 이들에게 뒤지지 않는 설교자였다.[276] 베일리(Raymond Bailey)에 의하면, 바울만큼 자기 동일시 기법을 잘 활용한 달인은 없었다고 한다.[277] 그리고 그 누구보다 예수님은 청중이 누구든지 간에 그들의 눈높이에 맞는 메시지 전달의 챔피언이셨다.

사람이면 누구나 부정적이거나 불행했던 경험을 갖고 있다.[278] 청중에게 하나님의 말씀을 전하는 설교자 역시 마찬가지다. 자신이 경험한 쓰라린 아픔이나 상처와 허물 같은 것들을 설교 시 청중에게 진솔하게 나누어 보라.

청중과 쉽게 하나가 되고, 그들의 신뢰를 크게 얻을 수 있음을 경험하게 될 것이다.

과거에는 설교자가 성도들에게 일방적으로 권위 있게 선포하는 스타일로 전달했지만, 현재는 설교자가 청중과 동일시해서 먼저 자기 자신에게 적용시키는 경우가 더 어필된다고 가르치고 있다.

김창인 목사 역시 자기 동일시 기법과 자기 우선 적용 활용에도 대단한 특징을 보이고 있다. 존경하는 영적 리더에게 자기네와 똑같은 아픔과 고민과 상처와 약점이 있음을 알게 될 때, 놀랍게도 실망이 아닌 공감과 신뢰가 형성됨을 알아야 한다.

김 목사가 자기 동일시 기법으로 자신의 허물과 약점을 드러낼 때의 청중의 모습을 보고 싶다. 영적 어버이가 자신이 당한 고난과 아픔과 실패 등을 진솔하게 드러내는 그 자체만으로도 청중은 깊은 은혜와 감동을 받을 것이다. 이제 김 목사가 활용한 그 실례들을 하나씩 확인할 차례다.

> *제가 폐병 3기에 위축성 위염으로 인한 무산증으로 위장병에 걸려 있었습니다.* 폐병과 위장병은 수화상극입니다. 날이 갈수록 병세는 점점 심해지기 시작했습니다. 신학교 교수 한 분을 오랜만에 만났는데 "김 목사, 어떻게 죽게 생겼어"라고 했습니다. *여러분, 병든 사람에게 "죽게 생겼다" 그러지 마시기 바랍니다. 그 말에 얼마나 충격을 받았는지 아십니까?* 나중에 더 이상 버티지 못하겠다 여겨질 때 비로소 하나님 앞에 무릎을 꿇게 되었습니다. 하나님은 완전히 건강도 빼앗아 가고 말았기에 더 이상 지탱할 수가 없었기 때문입니다. 저에게 남은 것이 없었습니다. 고난, 고난 해도 이렇게 지겹게 중첩될 수가 있겠습니까? 하나님 앞에 엎드려 그때부터 기도하기를 시작했더니 하나님께서 은혜를 주시는데 하나하나 풀어 주셨

습니다. 그래서 제가 오늘날 여러분들께서 보시는 것처럼 이 자리에 서 있습니다. 그때는 그 고난이 나를 키워 주시기 위한 연단이라는 것을 미처 생각하지 못하고 *얼마나 원망스러웠는지 모릅니다.* 지내 놓고 보니까 전부 저를 위한 은혜였습니다. 즉 그 고난을 통한 연단은 전부 저에게 은혜가 되었습니다.[279]

자신이 병들었을 때 신학교 교수 한 분이 내뱉은 '죽게 생겼다'고 한 한마디가 그의 마음에 큰 가시가 된 얘기를 스스럼없이 전하고 있다. 이는 자신이 직접 경험한 사실이기 때문에 듣는 이로 하여금 동정하는 마음을 갖게 하는 유익이 있다.

하나님은 나에게서 셋째로 일감을 빼앗아 버리셨습니다. 하나님께서 그렇게 하신 것입니다. 일감을 빼앗겨 본 사람들은 그 심정을 이해하실 것입니다. 난감하지 않습니까? *얼마나 하나님이 원망스러웠는지 모릅니다.*[280]

김 목사는 하나님이 원망스러웠던 경험을 숨김없이 소개하고 있다. 성도들한테는 하나님을 원망하지 말라고 설교하는 설교자가 자신은 하나님을 원망했다니, 성도들이 시험 들 상황 아닌가라고 생각하는 이들이 있을 수 있다. 하지만 오히려 설교자의 그런 인간적인 모습에 청중은 동일한 공감대를 갖고 목사의 설교에 더 큰 친근감과 신뢰를 두게 된다.

제가 신학교를 졸업하고 부산 대성교회에서 강도사로 시무할 때 *밤중에 자다가 기침이 나오더니 피가 쏟아집니다. 처음인지라 겁이 났지만 가만히 진정을 했더니 피가 멎었습니다. 다음 날 병원에 가서 진찰을 했더니*

결핵 중증이었습니다. 그때는 소화가 너무 안 되어 밥 한 숟갈에 꼭 100번씩 세어 가며 씹어 먹을 때였습니다. 여기에 악성 빈혈까지 겹쳤습니다. 이런 건강 상태로 대성교회를 떠나 지금의 광성교회로 부임돼 왔고 이런 상태에서 장가들고 목사 안수를 받았습니다. 그런데 병은 점점 더 악화되어 갔습니다. *친구들은 공부도 하고 또 유학을 가기도 했는데 그렇게 부러울 수가 없었습니다.* 그렇지만 병이 더 악화되고 나니 친구들 생각은 없고 가족이 걱정되었습니다. 그것도 잠깐이었습니다. 병이 더 악화되어서 몸이 견딜 수 없게 되자 이제는 가족 생각도 나지 않고 오직 하나님과 나만의 일대일 관계가 되었습니다. 그런데 이때 비로소 진정한 기도가 되고 은혜를 받았고 내가 살아나게 되었습니다. 나는 인생의 견딜 수 없는 가장 밑바닥에 내려가서 너무나 큰 은혜를 체험했던 것입니다.[281]

폐병 3기였던 얘기, 피도 나고 악성 빈혈에 위장병도 갖고 있었던 얘기, 신학교 교수의 말에 충격을 받은 얘기, 하나님이 원망스러웠던 얘기 그리고 유학 가는 친구들이 부러웠던 얘기 등, 자신의 적나라한 약함과 부끄러운 수치들과 인간적인 부러움 등을 숨김없이 진솔하게 드러내는 김 목사의 설교를 보라. 자신의 부족했던 경험을 통해 청중에게 고난의 유익함을 권면하는 김 목사의 설교 내용은 당시 이 설교를 듣고 있던 청중에게 신뢰를 주며 호소력 있게 다가가지 않을 수 없었으리라 생각된다.

제가 아침 1부 예배를 마치고는 꼭 집에 가서 식사를 하는데 때로는 텔레비전을 틀어 놓고 보면서 합니다. 그 시간에 꼭 〈장학퀴즈〉가 나오는데 어느 채널인지는 모르겠어요. *그러면 아들 녀석하고 텔레비전 때문에 싸우게 됩니다.* 그 시간에 꼭 미군 방송에서 만화가 나오는데 내가 가면 벌

써 만화를 보고 있습니다. 그러면 나는 '돌리라!'고 하고 그 애는 '안 돌린 다!'고 해서 싸움을 합니다.[282]

아들과 텔레비전 채널을 차지하려고 서로 다투는 모습도 숨김없이 공개하는 김 목사의 진솔한 모습을 보라.

난감하고 해결하기 어려운 문제였지만 솔로몬 왕이 개입하였더니 문제가 쉽게 해결되었습니다. *만약 저 같았으면 지혜가 부족하여 이런 방법을 생각하지 못했을 것입니다. 그리고 제가 칼을 가져오라고 했을 때 누가 가지고 오며, 절반으로 쪼개라고 했을 때 누가 제 말에 순종하여 절반으로 쪼개겠습니까?* 말도 안 되는 소리입니다. *저에게 권세가 없기 때문입니다.*[283]

김 목사가 전하고자 하는 의도를 청중에게 쉽게 전달하기 위해서 자신이 솔로몬과 비교해서 턱없이 부족하고 힘없는 사람이라고 낮추기까지 하는 모습을 보라.

건강이 좋지 못하고 작은 교회의 가난한 사역자인 자신과 결혼해 준 아내에 대한 고마움을 숨기지 않고 진솔하게 표하고 있음을 보라.

저는 쌀쌀하고 냉정하다는 소리는 많이 들어도 교만하다는 소리는 별로 듣지를 못했습니다. 어떤 경우에도 교만하지 말아야 하겠습니다.[284]

설교자 스스로 쌀쌀맞고 냉정하다는 소리를 많이 듣는다고 얘기하기는 쉽지 않다. 이런 점에서도 우리는 김 목사가 성도들 앞에서 자신의 허물은 감추고 좋은 면만 드러내는 교만하고 권위주의적인 카리스마의 소유자가 아님을 확인할 수 있다.

> 제가 차를 몰고 다니면서 느끼는 것이 참 많습니다. 큰길로 갈 때는 괜찮은데 골목길을 다닐 때는 당연히 한쪽으로 오고 가야 하는데 그렇지를 못합니다. 뿐만 아니라 주차를 할 때에도 한쪽에다 대면 큰 불편이 없는데 자기만 편하게 아무렇게나 차를 대놓고 볼일을 봅니다. 그러다가 뒤차가 *경적을 울려야 나와서 미안하다는 인사도 없이 마지못해 차를 비켜 줍니다. 치워 주면 됐지 무슨 말이 많으냐는 자세입니다.* 여러분도 이런 경험을 많이 해 보셨을 것입니다. 이래도 되는 것입니까?[285]

차를 운전하면서 겪는 에피소드들이 많다. 목사나 신학교 교수도 운전할 땐 얌체가 되는 경우가 적지 않다. 그런 부끄러운 일화도 숨김없이 김 목사의 설교에 등장함을 본다. 청중의 얼굴에 실망이 아닌 엷은 미소가 터져 나오는 모습이 보이는가?

> 내가 지금 나의 지나온 발자취를 쓰고 있습니다. *제가 광성교회에 와서 너무 고통스러운 일을 겪은 적이 있습니다. 문 모 장로와 그 패거리들 때문이었습니다.* 아마 여기 앉은 분들 중에서 그걸 아는 사람은 몇 분 안 될 것입니다. 너무 고통스러워서 도무지 밥을 먹을 수가 없었습니다. 밤에 잠을 자려고 해도 잠이 오지 않았습니다. 할 일은 기도밖에 없었습니다. 한 달, 여섯 달, 일 년이 가도 문제가 해결되지 않았습니다. 교회에서 살다시피 하면서 기도를 했습니다. 그런데 어느 날인가 기도하는 중에 자꾸 마

음이 평안해집니다. 그래도 문제는 해결이 되지 않았습니다. 그렇지만 기도하고 나면 평안해지곤 하는 것이 이상했습니다. 얼마 후에 그 문제가 봄 동산에 눈 녹듯이 해결이 되었습니다. 기도 중에 마음의 평안이 이루어지는 것은 주님께서 네 문제는 해결되었다고 보내시는 징조요 신호라는 것을 알았습니다. 기도하고도 마음이 불안하다는 것은 어쩌면 응답이 없다는 뜻입니다. 주님이 주는 평안이 그렇게 좋았습니다.[286]

장로와 그 패거리들 때문에 고생한 얘기도 들어 있다. 그 고통이 얼마나 컸으면 장로의 성까지 거론했을까 싶다. 김 목사의 인간적인 면모를 엿볼 수 있는 대목이다.

비록 하나님의 메시지를 전달하는 설교자의 입장에 있기도 하지만, 스스로 그 설교를 들어야 하는 청중 중 한 사람으로서 설교자 자신에게 먼저 말씀을 적용하는 김 목사의 모습은 감동적이고 은혜로워 보인다.

과거 우리에게 설교학을 가르치던 분들은 설교자가 자신이나 자기 가정의 얘기를 하지 않는 것이 좋다고 가르치곤 했다. 설교자가 자신의 허물이나 사생활에 대해서 언급하면 교인들이 실망하게 되어 설교의 권위가 떨어진다는 생각 때문이었다. 하지만 이제는 그것이 오히려 청중에게 더 큰 존경과 신뢰를 얻게 하는 시대가 되었다.

설교자가 자신의 약점이나 모난 부분 등을 숨기지 않고 공개함으로써 설교를 듣는 이들과 하나 되게 하는 이 자기 동일시 기법을 활용한 자기 우선 적용이야말로 설교의 전략 중 가장 돋보이는 기법의 하나로 평가받고 있음을 모든 설교자들은 기억해야 할 것이다.

18. 적절한 찬송가 및 찬송가 배경

60년대 아이젠하워(Dwight David Eisenhower) 대통령 때만 해도 미국인의 90퍼센트 이상이 그리스도인이었다. 그런데 60년대 말에 접어들자 마약과 프리섹스를 자유분방하게 즐기는 히피족들이 유행했다. 이런 히피들에게 다가간 한 사람이 있었으니 그는 척 스미스(Chuck Smith) 목사다. 그때 히피족들이 즐겨 불렀던 노래가 하나 있었다. 자기들이 작은 불꽃이 되어서 프리섹스나 동성애가 만연한 세상을 만드는 꿈을 꾸며 부른 노래였다. 그런데 척 스미스 목사가 그 노래를 개사해서 그들과 함께 해변에서 기타를 치며 불렀다고 한다. 그 노래가 우리가 복음성가로 즐겨 부르는 〈작은 불꽃 하나가〉이다.

> "작은 불꽃 하나가 큰 불을 일으키어 곧 주위 사람들 그 불에 몸 녹이듯이 주님의 사랑 이같이 한 번 경험하면 그의 사랑 모두에게 전하고 싶으리 산 위에 올라가서 세상에 외치리 내게 임한 주의 사랑 전하기 원하네."[287]

그렇게 친해진 후 척 스미스 목사는 젊은 히피들을 자기 교회로 불러들여 커피를 대접하면서 그들에게 복음을 전했다. 그 결과 캘리포니아에서 가장 큰 교회인 갈보리채플을 이루었고, 세계 각국에 300여 개의 지교회를 세우는 부흥을 경험하게 됐다고 한다. 찬양의 힘은 이렇게 놀랍고 위대하다.

유명한 성공회 신부이자 신학자인 알리스터 맥그라스(Alister McGrath)는 '예수를 세상이 말하는 도덕적인 선생 그 이상으로 알고자 한다면 무엇을 읽어야 하는가?'란 질문에 다음과 같이 답했다. "아마 신약성경이나 훌륭한 *찬송가 가사*나 기독교 서적을 읽어 보는 것이 이 점을 이해하는 가장 쉬운 방법일 것이다."[288] A. W. 토저(A. W. Tozer)도 이렇게 말했다. "*성경 다음으*

로 *귀중한 책은 찬송가책입니다.* 어느 초신자든 1년 동안 기도하는 마음으로 왓츠(Isaac Watts)와 웨슬리(Charles Wesley)만 묵상해도 훌륭한 신학자가 될 것입니다."[289] 로이드 존스 역시 어릴 때 그가 만난 포웰(S. M. Powell) 선생이 내 준 숙제로 인해 설교에 찬송가를 많이 인용한 설교자로 알려져 있다.[290]

예배 중에 부르는 찬송가를 설교 중에 활용하는 것이 아직 한국 강단에는 대중화되지 않았으나, 부흥사들은 지금껏 즐겨 사용해 왔다. 판단해 보건대, 설교 시 찬송가 가사나 그 가사의 배경을 소개해서 설교에 활용하고 그 찬송을 성도들과 함께 부른다면 큰 유익이 될 것으로 확신한다.

김창인 목사의 설교 속에도 찬송가 가사나 그 가사가 나온 배경에 대한 설명이 적지 않게 등장한다. 그 실례들을 하나씩 살펴보자.

> 예수님께서 "나를 따라오려거든 자기 십자가를 지고"라는 말씀을 하셨습니다. 여기서 조심해야 할 것은 십자가를 찬송하라는 것이 아닙니다. 즉 예수님께서는 *"십자가, 십자가 무한 영광일세"* 찬송하며 따라오라고 하셨습니다. 십자가의 영광이요 자랑이기도 하지만 반드시 십자가는 지고 따라가야 합니다.[291]

> 그리고 "나는 예수로 말미암아 살았다. 예수님께서 나를 고쳐 주셨다. 예수님을 만났더니 예수께서 내 인생을 새롭게 하셨다. 너도 이런 예수님을 만나 보아라"는 증거로 전도할 수 있었습니다. *"예수 예수 믿는 것은 받은 증거 많도다"*라는 찬송도 있지 않습니까? 예수님을 믿고 받은 증거가 없다는 것은 문제입니다.[292]

> 미국 남북 전쟁이 있을 때 사람이 많이 죽었습니다. 그래서 서로서로

원수가 되어서 싸우는데 적군이 들어왔다 하면 모두 둘러엎고, 재산을 빼앗아 가고, 젊은 사람들은 다 군대에 잡혀갔습니다. 그때는 도망가는 것이 상책입니다. 청년 하나가 겨우 빠져서 도망하여 광야를 헤매는데 먹을 것도 잠잘 곳도 없었습니다. 너무 기진맥진하여 이제는 죽는가 싶었는데 저녁이 되어 어두워 갑니다. 멀리서 희미하게 불빛이 비치면서 찬송 소리가 가냘프게 들려왔습니다. 그래서 죽을힘을 다해 그리로 갔습니다. 과부 하나가 어린이 하나를 데리고 가난하게 사는 것 같았습니다. 마침 저녁 가정 예배를 드리고 있었습니다.

그는 자기의 사정 이야기를 다 하고 함께 가정 예배를 드렸습니다. 가난하지만 함께 살면서 전쟁이 끝날 때까지 같이 지내자는 과부의 말이었습니다. 그때 들었던 찬송이 *"내 주를 가까이하게 함은 십자가 짐 같은 고생이나"*였었는데, 그 찬송에 은혜 받고 힘을 얻었던 것입니다. 함께 지내면서 무사히 난리를 피했습니다. 그래서 *이 사람은 그 찬송을 평생 자기의 찬송으로 삼았습니다. 이 사람이 난리가 끝난 다음에 신학을 하고 목사가 되고 나중에는 감독이 되었습니다.*

찬송 하나가 그에게 희망을 주었습니다. 찬송 한 장이 그에게 용기를 주었고, 목사가 되게 하는 결심을 일으켜 주었다는 말입니다. 이와 같이 찬송은 자신에게도 은혜가 되고 다른 사람에게도 놀라운 은혜를 끼쳐 주는 것이므로 언제나 찬송을 즐기는 삶이어야 하겠습니다.[293]

복음성가 중에 〈*나의 등 뒤에서*〉라고 있지 않습니까? *"나의 등 뒤에서 나를 도우시는 주, 평안히 길을 갈 땐 보이지 않아도, 지치고 곤하여 넘어질 때면 다가와 손 내미시네"*라는 가사입니다. 우리가 평안할 때면 예수님은 함께 계시지 않는 것같이 느끼곤 합니다. 그러나 지치고 곤하여 넘어지고, 쓰러질 때에는 예수님께서 다가와 손을 내밀어 우리를 붙잡아 일으켜 주시고, 우리와 함께 끝까지 동행하여 주십니다. 보이지 않는 것 같지만 늘 주님께서 우리의 뒤를 따라와 끝까지 함께 가십니다. 등 뒤에서 이렇게 밀어 주시고, 손 내밀어 주시고, 끝까지 함께 가시는 예수님. 여러분 가정이라고 하는 배를 함께 타고 가시는 예수님을 본문을 통해 다시 한 번 체험해 보시기를 간절히 바랍니다.[294]

찬송가 506장에 있는 대로 *"성령이 스승 되셔서 진리를 가르치시고 거룩한 뜻을 깨달아 예수를 알게 하소서"*라는 가사가 아주 정확하게 표현하고 있습니다.[295]

말씀의 은혜가 있으면 설교를 듣는 중에 혹은 성경 읽는 중에 너무 재미가 있게 됩니다. 그러면 시간 가는 줄 모르고 말씀의 재미가 있어서 설교 시간이 지루하지 않고 저녁에도 나오고 수요일에도 나오게 되는 것입니다. 이것은 말씀의 은혜 때문입니다. 또 찬송을 뜨겁게 부르다 보면 너무 감격스러워지기도 합니다.

"내가 걱정하는 일이 세상에 많은 중, 속에 근심 밖에 걱정 늘 시험하여도, 하늘 영광 밝음이 어둔 그늘 헤치니 예수 공로 의지하여 항상 이기리로다." 고난당할 때에는 이 찬송이 나에게 얼마나 힘이 되었는지 모릅니다.

속에 근심, 밖에 걱정 늘 시험하여도 하늘나라 그 밝은 영광이 마음의 어둔 그늘 다 물리치고, 예수 공로 의지하여 끝까지 나아가면 반드시 승리합니다. 얼마나 힘을 주고 은혜가 되는지, 부르고 또 불러도 은혜가 되었습니다. 이것이 찬송의 은혜입니다.[296]

성 버나드라는 사람이 62세에 죽습니다. 얼마나 독실한 일꾼인지 나중엔 성자 칭호를 받습니다. 그가 죽기 얼마 전에 병이 들어 몸이 몹시 쇠약해집니다. 이쯤 되면 만사가 귀찮아집니다. 그런데 그가 지은 찬송이 지금까지 1,000년 동안 찬송가에 포함되어 불리고 있습니다. 1,000년 동안 찬송가로 불린 찬송이 어디 있습니까? 이런 가사로 시작됩니다. *"구주를 생각만 해도 내 맘이 좋거든 주 얼굴 뵈올 때에야 얼마나 좋으랴."* 가슴에 와닿습니까? 그런데 남녀가 사랑을 해 보았으면 알 것입니다. 자다 말고 미친 여자처럼 싱글벙글 좋아합니다. 지금 이 여자가 무슨 생각을 하고 있는 것입니까? 그 남자 생각을 하고 있는 것입니다. "생각만 해도 내 맘이 좋거든" 아닙니까? … 이처럼 "구주를 생각만 해도 내 맘이 좋거든 주 얼굴 뵈올 때에야 얼마나 좋으랴." 죽음을 얼마 앞두고 성 버나드는 이 찬송을 하는 것입니다. 우리는 지금 예수님이 내 곁에 계시는 줄, 즉 함께 계신 줄을 믿고 사는 것이지 보고 사는 것은 아닙니다.[297]

제가 폐병 3기였지 않습니까? 피가 터져 나오고 아무리 약을 써도 낫지를 않고 나중에는 모든 것을 포기하고 하나님께 기도하는 것밖에 다른 길이 없었습니다. "정말 나는 죽는가 보다" 하면서 매달릴 데가 하나님밖에 없었습니다. 하나님께서 살려 주셔서 오늘날 제가 이만큼 건강해지고, 이만큼 목회하고 있지 않습니까? 저는 그런 고비마다 얼마나 하나님의 진한 사랑을 느꼈는지 오늘 부른 찬송 *"내 구주 예수를 더욱 사랑 엎드려 비는 말 들으소서 내 진정 소원이 내 구주 예수를 더욱 사랑 더욱 사랑"*, 이 찬송이 얼마나 가슴에 와닿는지 모릅니다. 제 하나님께 조건 없이 사랑을 받은 것, 조건 없는 사랑을 이렇게 많이 받았기 때문에 "나의 힘이 되신 여호와여, 내가 주를 사랑하나이다"라고 고백할 수 있습니다.[298]

지금부터 200년 전 이야기입니다. 로버트 로빈슨(Robert Robinson)이라는 사람이 젊었을 때 은혜를 받아 찬송가를 많이 지었습니다. 그러다가 그만 실수를 해 타락했는데, 나중에는 주태백이가 되어 버렸더랍니다. 그때는 자동차가 없었던 때인데, 그날도 술이 곤드레만드레가 되어 가지고 용케 집에 가는 마차를 탔습니다. 요즘 시내버스 타듯 말입니다. 인사불성인데 달리는 마차 안에서 어찌나 찬송 소리가 뜨겁고 요란한지 그 찬송 소리에 그만 눈이 번쩍 띄었고 정신이 번쩍 들었습니다. 왜냐하면 마차 안에서 부르는 찬송가는 이 젊은이가 은혜 받고 지었던 찬송가인데, 그 찬송가를 지은 나는 주태백이, 술고래가 되었고, 내가 지은 찬송가를 통해 저 사람들이 은혜 받고 있으니 나는 무엇인가? 라는 생각이 들자 거기서 정신바짝 차리고 집에 들어가자마자 아무 말도 안 하고 문을 안으로 걸어 잠그고 며칠을 두고 하나님 앞에 "하나님, 이 죄인을 용서해 주십시오"라고 회개하며 울었습니다. 금식하고 철저히 회개한 후에 다시 붓을 들어 찬송가를 썼는데 그것이 우리 찬송가 28장입니다.

*3절의 가사를 보면 "주의 귀한 은혜 받고 일생 빚진 자 되네. 주의 은혜 사슬 되사 나를 주께 매소서. 우리 맘은 연약하여 범죄하기 쉬우니 하나님이 받으시고 천국 인을 치소서!"*입니다.[299]

찬송은 곡조 없는 기도요, 신앙 고백이요, 하나님 말씀이 그 속에 들어 있다고 들어 왔다. 때문에 김 목사처럼 설교자들이 찬송가와 그 비하인드 스토리를 잘 파악해서 청중에게 전달한다면 은혜는 배가되리라 생각한다. 배경이 기록되어 있는 찬송가를 구입해서 활용한다면 설교에 큰 유익을 경험하게 될 것이다.

19. 'No, No, No, Yes' or 'Yes, Yes, Yes, No' 기법

어렸을 적 광고 중 지금도 기억나는 것이 하나 있다. 세월이 오래 흘렀음에도 여전히 생생하게 남아 있다. 뭘까? '용각산' 광고다. "이 소리가 아닙니다. 이 소리도 아닙니다. 용각산은 소리가 나지 않습니다."

어렸을 적 집집마다 적어도 하나 정도는 다 있었던 국민 애용 약품, 용각산. 지금도 내 곁에서 사랑을 받고 있는 약품이다. 그때 광고를 보고는 정말 소리가 나지 않는지 동생과 함께 흔들어 보았던 추억도 잊을 수 없다.

"이 소리가 아닙니다. 이 소리도 아닙니다. 용각산은 소리가 나지 않습니다." 용각산을 광고하는 보령제약의 이 카피는 한국 광고사에 길이 남을 수작으로 평가받고 있다. 이게 바로 지금 소개하고자 하는 'No, No, No, Yes 기법'의 전형적 모델이라 할 수 있다.

광고를 시작하자마자 '용각산은 소리가 나지 않습니다!'라고만 해 버리면 어떻게 되겠는가? 재미가 하나도 없을 것이다. 시청자들의 관심을 끌 수도 없다. 사실이 아닌 얘기부터 두세 마디 해 놓고선 정답은 나중에 제시하는 방식이라야 주의를 집중시킬 수 있다.

"*이 소리가 아닙니다*(No). *이 소리도 아닙니다*(No). *용각산은 소리가 나지 않습니다*(Yes)!"

이게 바로 'No, No, No, Yes' 기법이다.

이 기법이 글을 쓸 때나 연설할 때도 유익하지만, 설교 시에도 요긴한 도구로 사용될 수 있다. 무엇보다 성경의 진리나 복음과 관련해서 성도들이 오해하고 있는 내용들이 있는데, 그런 오답들부터 먼저 소개한 후 나중에 올바른 지식이나 참정보가 무엇인지를 제시해 주는 방식으로 설교를 전개해 나감이 훨씬 효과적이다. 물론 이 기법으로 다양한 변칙들을 활용할 수도 있다.

김창인 목사는 이 기법 활용에도 상당한 은사를 가지고 있다. 이제부터 그가 활용한 기법의 샘플들을 하나씩 확인해 보자.

먼저 아래의 내용들은 김 목사가 사용한 'No, No, Yes' 기법의 샘플들이다.

그러면 우리 예수 믿는 사람은 무엇으로 살아야 되느냐 하면 바로 믿음으로 살아야 됩니다. 믿음이 아니면 말하지 않고(No), 믿음이 아니면 정하지 않고 동하지 않는(No), 믿음으로만 사는 사람(Yes), 이것이 곧 믿는 사람입니다.[300]

무덤에서 살아난 사람과 똑같이 즉 예수님의 신령한 몸과 똑같이 변화합니다. 훈련이나 교육을 받아서 되는 것도 아니요(No), 어떤 대가를 지불해서 되는 것도 아니요(No), 오직 하나님의 일방적인 능력으로 주시는 변화의 은혜인 것입니다(Yes).[301]

어떤 훈련을 받고 되는 것이 아닙니다(No). 세미나에 참석해서 되는 것이 아닙니다(No). 오직 예수님에 의해서만 변화되었습니다(Yes).[302]

한번은 율법사가 예수님을 찾아왔습니다. "주님!" "왜 그러지?" "계명 중에 가장 큰 계명이 무엇입니까?" "네 마음을 다하고 뜻을 다하고 성품을 다하고 힘을 다하고 목숨을 다하여 주 너의 하나님을 사랑하라 이것이 크고 첫째 되는 계명이라"고 하셨습니다. 충성이라고 하지 아니하셨습니다(No). 무조건 순종이라고도 하지 않으셨습니다(No). 가장 큰 계명은 하나님 사랑이라고 하셨습니다(Yes).[303]

그렇기 때문에 항상 하나님 사랑의 테두리를 벗어나서 벌 받을 짓, 망할 짓 하지 말며(No) 미움 받을 짓 하지 말고(No) 하나님의 사랑받을 일을 하라(Yes)는 것입니다.[304]

다음은 'No, No, Yes, Yes' 기법의 샘플이다.

누에가 뽕으로 살고, 송충이가 솔잎으로 사는 것과 같습니다. 믿음이라고 하는 것은 연구하는 것이 아닙니다(No). 믿음은 이론도 아닙니다(No). 믿음은 곧 행동입니다(Yes). 믿음은 곧 생활입니다(Yes).[305]

다음은 'No, No, No, Yes' 기법의 샘플들이다.

고백하지 않는 믿음은 써먹을 데가 없습니다(No). 고백하지 않는 사랑도 사랑입니까(No 암시)? 아닙니다(No). 우리의 믿음도 고백할 때 그 믿음은 하나님을 영화롭게 한다는 사실을 믿으시기를 바랍니다(Yes).[306]

내 공로로 구원 얻는 것이 아니라는 것입니다(No). 석가모니가 구원하고, 공자가 구원하고, 마호메트가 구원하는 것이 아니라는 것입니다(No). 그런가 하면 구원이 나의 공로에 있는 것도 아니라는 뜻입니다(No). 오직 구원은 하나님께만 있고 구원은 전적으로 하나님 편에 있습니다(Yes).[307]

이 사람들이 이렇게 변화한 이유가 무엇입니까? 어디 가서 훈련받고 된 것입니까(No 암시)? 공부하고 된 것입니까(No 암시)? 누가 돈을 줘서 돈 받고 변화된 것입니까(No 암시)? 부활의 주를 만났기 때문에 주께서 이 사람

들을 이렇게 변화시켰다는 사실을 믿으시기를 바랍니다(Yes).[308]

다음은 'No, No, No, No, Yes' 기법의 샘플이다.

한때 유행하던 '포스트모더니즘' 즉 종교 다원주의의 '기독교 밖에도 구원이 있다'라는 주장은 정말 말도 안 되는 얘기입니다. 한때의 유행 신학일 뿐입니다. 석가모니가 우리를 위해 죽었습니까(No 암시)? 공자가 우리를 위해 부활을 했습니까(No 암시)? 우리가 공자와 석가모니의 의를 힘입어 의롭다 함을 얻고, 구원을 얻을 수 있습니까(No 암시)? 어림도 없는 소리입니다(No 암시). 오직 예수 안에만 있는 구원의 은혜입니다(Yes).[309]

다음은 'No, No, No, Yes, Yes' 기법의 샘플이다.

바울이 감옥에 갇혀서도 왜 그렇게 기뻐했습니까? 바울은 큰 것을 생각하다 보니 작은 것을 가지고 울고 웃지 않았기 때문입니다(No). 바울은 아주 값진 것을 생각하고 기뻐하다 보니 값싼 것 때문에 울고 웃지 않았습니다(No). 바울은 영원한 세계를 바라보기 때문에 일시적이고 세속적인 것을 가지고 울고 웃지 않았습니다(No). 그렇기 때문에 감옥에서도 기뻐할 수 있었고(Yes), 매 맞으면서도 기뻐할 수 있었습니다(Yes).[310]

다음은 'No, No, Yes, No, No, No, No, Yes' 기법의 샘플이다.

육신의 피와 육신의 몸을 가지고는 하나님 나라에 가지 못한다는 것입니다(No). 아담에 속한 사람, 흙에 속한 사람, 육신의 형상을 가지고는 못

가는 나라(No), 그리스도의 형상을 입은 사람만이 유업으로 받을 수 있는 것이 하나님 나라입니다(Yes). 돈을 지불하고 가는 나라가 아니요(No), 어떤 공로를 세워 가는 나라도 아닙니다(No). 어떤 대가를 지불하지 않아도(No), 아무런 공로가 없어도(No), 하나님께서 건설하여 우리에게 유업으로 주시는 나라, 하나님께서 거저 주시는 선물, 즉 은혜의 나라입니다(Yes).[311]

아래의 케이스처럼 'No, Yes, No, Yes'의 형식으로 되어 있는 변칙도 활용할 수 있다.

63빌딩이 아무리 크고 좋아도 그것을 신령한 집이라 하지 않습니다(No). 신령한 집이란 하나님께서 계시는 집이어야 합니다(Yes). 내가 아무리 출세하고 성공했어도 하나님의 영이 없는 사람을 성도라고 하지 않습니다(No). 우리 속에 하나님의 영을 모시고 하나님 앞에 드리는 예배가 하나님이 기뻐하시는 예배입니다(Yes).[312]

'Yes, No, Yes' 기법의 실례도 살펴보자.

학생이 공부하지 않으면 죄입니다(Yes). 학생에게서 공부를 빼놓으면 이미 학생은 아닙니다(No). 그렇기 때문에 학생이 공부 안 하면 죄입니다(Yes).[313]

다음은 'Yes, Yes, Yes, Yes, No' 기법의 실례다.

건강이 복이요(Yes) … 그런가 하면 건강 못지않게 재물도 큰 복입니다(Yes) … 또 그런가 하면 재물이 없을지라도 손재간도 복입니다(Yes) … 또 그런가 하면 가정이 큰 복입니다(Yes) … 그런데 다윗은 이런 것들이 다 우리에게 복일지라도 하나님이 없다면 이런 것은 복이 아닙니다(No)라고 천명하였습니다.[314]

지금까지 김 목사가 활용한 다양한 실례들을 쭉 살펴보았다. 정답을 바로 제시하는 방식과 오답들을 몇 차례 먼저 제시한 후에 뒤이어 정답을 제시하는 방식에 상당한 차이가 있을 것이라 생각지 않는가?

앞서 제시한 김 목사의 실례들을 참조해서 자기만의 독특한 방식으로 설교에 활용해 보라. 분명 차별화되는 설교를 절감하게 될 것이다.

20. 청중 지향적 적용

사우스이스턴(South Eastern) 침례신학대학원의 설교학 교수였던 세비 혼(Sevi Horn) 박사에게 한 청년이 이렇게 말했다고 한다. "목사님의 설교는 언제나 저를 향한 메시지 같습니다. 설교가 3분의 1가량 진행되면 저는 이 본당에 혼자 앉아 있고 목사님은 저만을 위해 말씀하고 계신 듯한 착각을 하게 됩니다."

뉴욕의 유서 깊은 리버사이드 교회(Riverside Church)에서 시무했던 해리 에머슨 포스딕(H. E. Fosdick)도 비슷한 평을 들었다고 한다. 존 록펠러(John Davison Rockefeller)는 그의 설교를 이렇게 평가했다. "그의 설교를 들으면서 교인들은 저분이 나를 향하여 외치고 있다고 느꼈다. 교인들의 한결같은 반응은 목사님이 내 문제를 어떻게 저렇게 잘 아실까 하는 것이었다."[315]

하지만 이와는 정반대의 반응도 있다. 교인들과 상관없는 설교, 교인들에게 관심을 기울이지 않는 설교, 그래서 청중으로 하여금 따분하게 만들고 잠들게 하는 설교 말이다. 이는 적용의 적절함과 그러하지 못함의 차이라 할 수 있다. 적용이 없으면 강해설교가 아니다. 강해설교에 관한 해돈 로빈슨(Haddon W. Robinson)의 정의에 의하면, 그것은 '본문의 핵심이 되는 메시지에다 적용이 함께 가는 설교'[316]라 할 수 있다.

오늘날 설교의 위기 중 하나는 적용의 결핍에서 온다. 무엇보다 적절한 적용의 결핍 말이다. 청중의 마음을 사로잡고 변화를 가져오는 적용은 은쟁반의 금구슬같이 소중하다. 김 목사의 적용이 얼마나 적절한지를 실례를 통해서 하나씩 살펴보자.

> 누가복음 4장에 보게 되면 예수도 세례 받으러 가고 올 때도 성령의 이끌림을 받았고, 광야로 가서 40일을 금식하며 마귀에게 시험을 받을 때에도 성령의 이끌림을 받았고, 시험에서 승리하고 갈릴리로 돌아와서 하나님의 사업을 위한 공생애에 나설 때에도 성령에 이끌리셨다고 했습니다. 예수도 반드시 성령에 이끌리시어 세례를 받고 시험에서 승리하고 하나님의 사업을 했다는 사실을 명심해야 합니다. *그 예수를 이끌었던 그 성령에게 오늘날 우리들도 이끌리어야 합니다. 우리가 성령을 이끌거나 하나님을 이끌려고 하면 안 됩니다.*[317]

성도들 가운데 성령에 지배되는 삶을 살기 위해 성령 충만을 추구하는 이들이 많은데, 지나친 열심과 무지로 인해 성령에 지배받는 것이 아니라, 오히려 성령을 자기 뜻대로 이끌어 가려 하는 이들이 적지 않음을 본다. 그런 마음을 한 번이라도 품어 본 적이 있는 이들에게 아주 적실한 적용이라 할 수 있다.

그것은 자신이 해결할 수 없는 문제였습니다. 또 어디를 가도 해결할 수 없는 문제였습니다. 여러분 가운데 이런 문제 때문에 고민하는 분들이 있습니까? *괴로움을 씹으면서 눈을 떴다 하면 울 수밖에 없고, 밤에는 잠잘 수 없고, 끼니때가 되어도 먹을 수도 없는 그런 고민에 붙잡혀서 울고 있는 경우도 있을 것입니다. 바로 그때가 기도할 때라는 것을 본문이 잘 가르쳐 주고 있습니다.* 한나는 그때에 그 문제를 놓고 기도했습니다. 괴로울 때는 기도할 때입니다. 즉 하나님께서 기도할 때라고 우리에게 신호를 보내신 것입니다. 다시 말하면 하나님이 기도할 문제를 주신 것입니다.[318]

한나처럼 고독과 괴로움을 질겅질겅 씹으면서 밤잠 자지 못한 채 울며 고민하는 이들이 얼마나 많은지 모른다. 그런 이들에게 이런 적용의 내용은 듣기만 해도 큰 위로를 가져다줄 것이다. 자기 얘기를 하니까 말이다. 이런 적용이 청중의 마음을 흔들어 놓는 설교로 만든다.

그런데 여기 한 가지 이상한 사건이 있습니다. 제자들은 예수님이 가라고 하는 곳으로 갔습니다. 그런데 풍랑을 만났습니다. 바다에 풍랑이 일어났기 때문에 밤새도록 갔는데도 수 리밖에 가지 못한 것입니다. 풍랑이 얼마나 심했는지 밤이 맞도록 갔는데도 갈릴리 바다를 건너지 못한 것입니다. 믿음으로 살고, 주님 시키는 대로 하고, 가라는 곳으로 갔는데도 앞으로 나가기가 그렇게 어려울 정도로 심한 풍랑을 만난 것입니다.

말하자면 *우리가 인생을 살아가는데, 내 사업을 해 나가는데, 내 가정 생활을 해 나가는데 고난과 시련이 닥쳐왔다는 뜻입니다. 그것도 주님의 말씀대로 살고, 주님께서 시키는 대로 하고, 제법 봉사를 한다고 하는데도 그럴 때가 있습니다.* 그러니 이런 고난이 닥쳐오는 이유를 모르겠다는 것입니다. 그러나 주님께서 그것을 아셨습니다. *다 아시면서도 가만히 내버려두신 것입니다. 그런데 끝까지 그냥 두지는 않으셨습니다. 또 그냥 기도만 하고 계시지도 않으셨습니다. 직접 찾아오셨습니다.*[319]

이런 설교의 적용을 듣다 보면 어쩜 내 삶과 내 마음의 불만을 있는 그대로 적용하고 있는지 놀라게 될 것이다. 주님 말씀대로 살려고 애를 썼고 주님이 시키시는 대로 행해 왔으나, 내가 원하는 일은 일어나지 않고 정반대의 사건들만 터져서 고통 중에 있는데, 주님은 다 알고 계시면서도 도와주지 않으시는 것같이 느껴지는 상황들이 얼마나 많은가. 나의 힘든 사정 다 아시면서도 응답이 없을 때, 정말 미쳐 나갈 수밖에 없을 것이다. 하지만 위로와 소망이 있는 것은, 주님이 끝까지 침묵하시진 않는다는 사실이다. 반드시 오셔서 우리에게 가장 적절한 응답을 해 주실 것이기 때문이다.

청중의 마음을 사로잡고 힘과 소망을 부여할 이런 적용을 통해, 교회는 신바람이 나면서 좋은 소문이 나게 되어 부흥하고 성장하게 되는 것이다. 김 목사의 설교를 듣는 이들이 얼마나 행복했겠는가를 한번 상상해 보라.

21. 구체적 적용

요즘 성도들은 교역자들과 상담을 잘 하지 않으려 한다는 얘기를 들은 바 있다. 이유는 상담해 봤자 자신의 문제 해결에 도움이 되지 않는 뻔한 얘기를 들을 것이기 때문이란다. 성도가 목회자와의 상담 후 삶에 구체적인 변화가 나타나야 상담할 맛이 나지 않겠는가?

상담뿐 아니라 설교에 있어서도 마찬가지다. 설교의 생명은 적용에 있다. 그런데 오늘날 설교자들의 설교를 들어 보면 적용이 약하거나, 아예 없거나, 아니면 적용이 두드러지게 나타나 있긴 하지만 너무 추상적이고 구체적이지 못한 면을 볼 수 있다.

청교도들의 설교를 보면 적용에 상당히 많은 내용이 할애되어 있음을 알 수 있다. 그들의 설교 내용 중 50퍼센트 이상이 적용이다. 예를 들어, 조나단 에드워즈의 "진노하신 하나님의 손 안에 있는 죄인들"(Sinners in the Hands of an Angry God)이라는 유명한 설교의 원고를 분석해 보면 모두 서른여덟 개의 문단 중 열아홉 개가 적용임을 알 수 있다. 구원에 이르는 신앙은 지식적인 신앙이 아니라 행동으로 옮기는 신앙이다.

에드워즈는 미국이 낳은 최고의 철학자요, 신학자였고, 프린스턴대학교의 총장까지 지낸 미국 최고의 지성이자 학자 겸 목회자였다. 그는 현대인들이 읽기에 부담이 될 정도로 형이상학적이고 깊이 있는 글들을 남겼다. 하지만 그런 그의 설교를 통해 대각성 운동에 불이 붙는 위대한 역사가 일어난 이유가 무엇일까? 설교의 내용도 그러하거니와, 구체적이고 적나라한 설교의 적용이 있었기 때문임을 기억해야 할 것이다.[320]

우리 시대의 예술적인 설교로 호평을 받아 온 이동원 목사는 성공적이고 성경적인 적용에 대해 다섯 가지의 특성을 말했는데, 첫째는 성경 본문의 교훈과 일치해야 하고, 둘째는 청중 전체를 위한 것이면서도 개인적이어야 하고, 셋째는 현대적인 것이어야 하고, 넷째는 역동적이어야 하고, 마지막으로는 구체적이고 실천적이어야 한다고 했다.[321]

김창인 목사는 구체적 적용에도 출중한 실력을 갖춘 설교자다. 그의 설교 중 구체적 적용이 활용된 실례들을 하나씩 살펴보자.

> 그러나 삭개오는 결코 중간에 포기하지 않았습니다. 좌절은 금물입니다. 그래서 그는 앞으로 달려갔습니다. 예수님이 오신다고 하는 그 길목에서 먼저 자리 잡기 위하여 달려갔다는 이야기입니다. 예수님을 사모하

는 사람은 그 누구보다 *더 앞서서 달려갑니다. 가만히 앉아 있지 않습니다. 예배 시간이 되었다 하면 달려갑니다. 성경 공부하는 시간이라면 빠지지 않고 달려갑니다. 봉사하는 자리에는 열심히 달려갑니다.* 주님을 사모하기 때문입니다.[322]

'예배 시간에 달려감', '성경 공부하는 시간에 빠지지 않고 달려감', '봉사하는 자리에 달려감' 등 구체적인 적용의 내용을 보라.

예를 들어, 주일은 일주일 동안에 장사가 제일 잘되는 날입니다. 그런데 이날 문을 열어 놓고 돈을 벌어야 하느냐 아니면 문을 닫고 예배를 드려야 하느냐 하는 문제에 대해서 어떻게 할 것인가 하는 것입니다. 돈을 *벌면 육신에 좋고, 예배를 드리면 내 믿음에 좋은데 그럴 때에는 문 닫고 나가서 하나님께 영적으로 예배드리라는 것입니다.* 이것이 예수님의 제자로서 꼭 해야 할 일이란 말씀입니다.[323]

주일날 장사하는 이들에게 문을 열어야 할지, 닫고 예배를 드려야 할지에 대해서 구체적으로 권면하고 있다.

여러분, 예수님이 *아파트 한 채*를 가졌습니까? *저금통장*도 없습니다. 예수님은 *관공서에 취직해 월급* 한번 받아 본 적이 없습니다. 예수님은 이 세상에서 *먹을 것과 입을 것*만 있으면 족하게 여기셨습니다. 사람에게는 두 가지 생명이 있는데 하나는 육신의 생명으로 육신의 아버지에게서 받는 것입니다. 육신은 개나 돼지처럼 먹여 주고, 입혀 주고, 좋은 잠자리 주면 좋다고 합니다. 이렇게 살아가는 사람을 가리켜 육에 속한 사람이라고 합니다.

고린도전서 2장 14절에서 3장 1절에 보면 세 가지 종류의 사람이 나오는데, 하나는 육에 속한 사람입니다. 이런 사람들은 개나 돼지처럼 먹을 것과 입을 것과 잠자리만 있으면 좋다고 하는 동시에 하나님은 내가 알 바 아니라고 합니다. 개나 돼지와 다름이 없습니다. 두 번째는 육신에 속한 사람입니다. 육신에 속한 사람은 예수를 믿고 하나님을 안다 하고 제법 교회도 나오는데 하나님보다 돈을 더 좋아합니다. 주일 예배드리는 것보다 *설악산*이 더 좋다는 것입니다. 세 번째로는 영에 속한 사람, 즉 신령한 사람입니다. *먹는 것, 입는 것* 그리고 *금덩어리*는 있어도 좋고 없어도 좋다고 합니다. 오직 하나님만 찾고 하나님만 섬기고 찬양하는 즐거움으로 삽니다.

우리의 영은 하나님을 찾아야 살게 되어 있고, 찬송하고 영광 돌리고 높여야 살게 되어 있습니다. 이런 사람은 성령의 인도하심을 따라 살아갑니다. 달리 말하면, 예수님을 닮아 가는 것입니다. 그래서 너희들도 육신의 생명만 생각하고 육신의 욕망만을 추구하면 결국 멸망을 당할 뿐이라는 것이 본문의 가르침입니다.

그래서 나를 본받아 영적인 삶, 영에 속한 삶을 살아야 영원한 생명의 주인공이 된다는 것입니다. 즉 예수님처럼 살고 예수님처럼 죽고 예수님 닮아 가는 삶을 사는 이런 사람을 귀하게 여기십니다. 선생 중에 가장 훌륭한 선생은 예수님이십니다. 말하는 것도 마음 쓰는 것도 생활하는 것도 예수님을 닮아 가면 하나님께서 귀히 여기는 사람이 된다는 것을 명심하시기를 바랍니다.[324]

'아파트', '저금통장', '월급', '먹는 것', '입는 것', '금덩어리' 등과 같이 구체적인 실례를 사용해서 청중에게 적용을 시도하고 있음을 보라.

> 두 번째로, 욕심은 한이 없더라는 겁니다. 왜? 여자는 한 명이면 됐지 천 명이 뭡니까? 사람의 욕심은 한이 없다는 뜻입니다. 전세를 살다가 9평 아파트 사 보십시오. *9평* 사면 *15평*을 바라보고 또 불만입니다. 15평을 사면 또 만족합니까? 그다음에는 *30평*을 바라보고 또 불만입니다. 30평을 사면 또 만족합니까? 그다음에는 *50평*을 바라보고 또 불만입니다. 사람의 욕심은 온 천하를 다 가지고도 욕심을 채울 수가 없습니다. 그래서 사람의 욕심이 끝이 없다는 말입니다.[325]

'9평에서 15평, 15평에서 30평, 30평에서 50평' 등, 구체적인 숫자를 활용해서 적용하는 김 목사의 설교는 듣는 이들로 하여금 선명한 그림을 그리게 해 주는 효과를 가져다준다.

> 교회라는 곳에 학력을 중심으로 해서 조직된 단체가 있어서는 안 됩니다. 자칫 잘못하여 *나 하나의 말과 행동이 소외된 자, 약자에게 상처*가 되어서는 안 되겠습니다. 우리는 약자에게 깊은 관심을 가져야 합니다. *교회 안에 패거리 짓는 것, 줄이 생긴다*는 *것*은 있어서도, 해서도 안 됩니다. 교회는 *있는 사람이나 없는 사람이나, 배운 사람이나 못 배운 사람이나, 지위가 높은 사람이나 낮은 사람이나,* 다 같이 와서 함께 믿음 생활하며 형제로서 우대하면서 사는 곳입니다. 예수님께서 *없는 사람, 약한 사람, 소외된 사람*에게 늘 관심을 가지고 계셨듯이 우리도 이런 자들에게 관심의 눈길과 사랑의 손길을 보내야만 합니다.[326]

말과 행동이 소외된 자 및 약자에게 상처가 되는 것, 교회 안에 패거리 짓는 것, 줄이 생기는 것 등에 대한 경계와 없는 사람, 약한 사람, 소외된 사람 등 긍휼을 베풀어야 할 구체적인 대상들에 대한 언급에 주목해 보라.

> 교회에서는 섬기는 사람이 귀한 사람입니다. 섬기지 않는 사람은 말이 많습니다. 바꾸어 말하면, 말 많은 사람은 섬기지 않는 사람입니다. 열심을 내어 봉사하는 사람은 말이 없습니다. 헌금하는 사람은 헌금에 대해서 말이 없습니다. 안 하는 사람들이 말이 많습니다. 광성교회에 사랑이 없다고 하는 사람들 치고 *남의 초상집에 가는 법이 없고,* 광성교회에 사랑이 없다고 하는 사람들 치고 *남의 아들 잔칫집에 가는 일이 없습니다.* 그리고 *내 집 잔치, 내 집 초상*에는 왜 안 왔느냐고 따집니다.[327]

김 목사가 활용한 '남의 초상집', '남의 아들 잔칫집', '내 집 잔치', '내 집 초상' 같은 내용의 적용을 보라. 이 얼마나 구체적인 적용 거리들인가? 설교자가 이런 구체적이고 분명한 적용을 해 줘야 청중의 실생활에 명확한 변화가 일어나지 않겠는가?

본문 연구에 치중한 설교, 적용이 부족한 설교, 적용이 있더라도 구체적이지 못한 설교에 대한 설교자 스스로의 반성이 요구된다. 절대 배신하지 않는 구체적 적용이 지니고 있는 묘미를 설교자 모두가 맛보고 체험하기를 소망한다.

22. 반복 대구법

역사상 위대한 연설 중 하나로 평가되는 대단한 인권 연설이 있다. 바로 마틴 루터 킹 목사의 'I have a dream'(나는 꿈이 있다)이라는 연설이다. 지금도 녹화된 그의 연설문을 인터넷에서 들을 수 있다. 그의 연설이 왜 위대하냐 하면, 그것을 듣는 이들로 하여금 완전히 빠져들고 열광하게 만들었기 때문이다.

이 연설이 무엇 때문에 그렇게도 많은 사람들을 열광시켰을까? 생생한 그림 언어와 함께 수많은 '반복적 대구법'(repetitive parallelism) 때문이다.[328] 중요한 단어들이 수없이 반복된 킹 목사의 연설은 가히 예술에 가깝다고 평가할 수 있다.

바울이 쓴 빌립보서도 마찬가지다. 빌립보서의 주제는 '기쁨'과 '기뻐하라'다. 그래서 이 명사와 동사가 열일곱 번씩이나 거듭해서 반복되고 있음을 확인할 수 있다. 그만큼 중요한 단어요, 핵심 주제이기 때문에 계속 반복되는 것이다.

설교도 마찬가지다. 중요한 문장이나 내용을 반복적으로 언급하는 것은 그만큼 중요한 메시지이기 때문이다. 뿐만 아니라 설교자가 중요하다고 생각하여 거듭 반복해서 강조하는 내용들은 청중의 뇌리에 깊게 새겨짐에 효과적인 영향을 미치게 된다. 세상일에 마음이 많이 빼앗겨 있는 강퍅한 성도들의 심령에 파고들려면 선명한 한 가지 초점, 한 가지의 주제를 마치 융단 폭격하듯이 반복적으로 외쳐야 한다.[329]

김 목사의 설교의 특징 중 하나는 중요한 단어나 문장을 거듭 반복한다는 사실이다. 매 문장마다 적어도 똑같은 주제를 한 번 이상 반복해서 언급하는 그의 모습에 혀를 내두르게 된다. 이런 설교의 내용은 청중의 뇌리와 가슴에 오래 남을 수밖에 없다.

위대한 설교가는 그렇게 불릴 만한 유별난 이유가 있음을 본다. 김 목사의 설교의 장점을 배우고 습득해서 잘 활용하다 보면 위대한 설교가 선포되는 것은 자연스런 현상일 것이다. 이제 김 목사가 활용한 실례들을 하나씩 살펴보자.

그러나 다시 사는 *몸*은 시간과 공간에 전혀 제한을 받지 않는 신령한 *몸*, 병들지 않는 *몸*, 늙지 않는 *몸*, 죽지 않는 *몸*, 시간이 제한을 못 하고 공간이 제한을 못 하는 아주 자유자재한 *몸*입니다. 즉 영화로운 *몸*입니다.[330]

'몸'이란 단어가 계속 반복되는 걸 볼 수 있다.

예수의 제자들, 예수를 따르던 무리들이 전부 낙심하고 흩어졌으나 부활의 주를 만난 후에는 전부 올라왔고 모였고 담대해졌습니다. 생활의 *변화*, 인격의 *변화*, 신앙의 *변화*가 일어났습니다.[331]

'변화'란 단어가 연속되고 있음을 볼 수 있다.

사람이 *변질*된다는 것이 큰 문제입니다. 그가 *변질*이 되므로 왕이 안 된 것만도 못하게 되었습니다. 어떤 사람은 목사가 되고 나더니 교만해지고 *변질*이 되는 경우가 있습니다. 그런가 하면 어떤 사람은 장로가 되더니 집사로 봉사할 때와는 전혀 다른 사람으로 *변질*되는 경우도 있습니다.

이와 마찬가지로 사울은 왕이 된 후에 *변질*이 되므로 왕이 되었다는 사실이 결국 화근이 되었습니다.[332]

김 목사의 설교 속에 '변질'이란 단어가 계속해서 반복되고 있음을 볼 수 있다.

12절을 보면 "*아멘* 찬송과 영광과 지혜와 감사와 존귀와 능력과 힘이 우리 하나님께 세세토록 있을지로다 *아멘*"이라고 하였습니다.

둘째로 그들의 예배는 *아멘*의 예배였습니다. 무엇으로 시작해서 무엇으로 마칩니까? *아멘*으로 시작해서 *아멘*으로 마칩니다. 예배는 *아멘*으로 시작해서 *아멘*으로 마쳐야 합니다. 즉 흰옷 입은 자들의 예배는 *아멘*의 예배였습니다. *아멘*이란 뜻은 '진실로'입니다. 그래서 등단 주악이 나오면 그 뜻을 생각하면서 "*아멘, 아멘*"합니다. 찬송을 부르면서도 "*아멘, 아멘*"하고, 말씀을 들을 때마다 "*아멘, 아멘*"을 합니다. 이처럼 예배는 *아멘*으로 시작해서 *아멘*으로 진행되고 *아멘*으로 마칩니다. 돌아갈 때에 '내가 오늘 나오기를 너무너무 잘했다' 싶어집니다. 이것이 *아멘*의 예배가 아닙니까? *아멘*은 마음속에서 우러나오는 신앙의 고백입니다. 이것이 *아멘*의 예배입니다.[333]

열네 문장의 설교 내용 속에 '아멘'이라는 단어가 몇 번 등장할까? 무려 스물한 번이나 활용되고 있음에 주목하라.

이 장면을 보았고 또 약속받은 제자들은 큰 *기쁨*을 가지고 예루살렘으로 돌아와서 늘 찬송하며 살았는데 이 *기쁨*은 세상이 주는 *기쁨*이 아니라 예수님으로 말미암는 *기쁨*이기에 이 *기쁨*이 큰 축복인 것입니다. 이런 *기쁨*이 없으면 신앙생활은 아주 어려워집니다. 이 *기쁨*이 있을 때 예배를 *기쁨*으로 드리고 봉사도 헌신도 *기쁨*으로 하게 됩니다. 그래서 이러한 *기쁨*은 가정생활에까지 이어져야 합니다. 부부 생활에 *기쁨*이 없으면 재미가 없고 참고 살아갈 뿐입니다. 직장 생활에서 *기쁨*이 있어야 합니다. *기쁨*이 없으면 직장 생활을 못 합니다. 그런 직장 생활에는 성공이 없습니다.

또 교회 생활에 *기쁨*이 없으면 교회 생활을 못 하고 마는 것입니다. 그렇다고 흥미를 말하는 것은 아닙니다. 혼자 있어도 이런 *기쁨*이 충만한 사람은 복된 사람입니다. 그렇지만 *기쁨*이 없고, 항상 우울하고, 불안하여 원망이 가득한 사람은 갈 곳이 없습니다.

오늘 본문이 말하는 제자들의 *기쁨*은 세상이 준 *기쁨*이 아니라 주님이 주신 *기쁨*이기에 세상에서 알지 못하고 세상이 빼앗지 못하는 *기쁨*입니다. 이런 *기쁨*은 혼자 있어도 *기쁨*이 충만하고, 가정에 들어가도 *기쁘고*, 교회에 나와도 *기쁘고*, 직장에 나가도 *기쁘고*, 항상 *기쁩니다*.

본문에 늘 성전에서 찬미하며 살았다는 것은 이런 *기쁨*이 있었기 때문입니다. 예수님께서 이 시간, 즉 부활하신 예수님께서 여러분들을 향하여 손을 들어 축복하시는 줄로 믿습니다. 이 큰 *기쁨*이 여러분들 중심에 충만하기를 바랍니다.[334]

열일곱 문장의 설교 내용 속에 '기쁨'('기쁘고', '기쁩니다')이라는 단어가 무려 스물여덟 번이나 사용되고 있음을 보라.

*뿌리가 깊은 나무*는 옆으로도 퍼지고 위로도 크게 자랍니다. *뿌리가 얕은 나무*는 이렇게 자랄 수가 없습니다. 또한 *뿌리가 깊은 나무*는 아무리 비바람이 몰아쳐도 절대로 쓰러지지를 않습니다. 그런데 *뿌리가 얕거나* 혹은 *뿌리*가 옆으로 뻗었다면 잘 넘어집니다. 우리 믿음 생활에도 *뿌리가 깊어야* 합니다. 할아버지의 할아버지가 믿고, 할아버지의 아버지가 믿고, 할아버지가 믿고, 아버지가 믿고, 내가 믿고, 내 자식이 믿듯이 *뿌리가 깊은* 가정의 믿음은 특별히 뜨거움이나 갑자기 변화가 일어나는 일은 많지가 않습니다. 특별히 뜨거움이나 성령 체험을 하는 경우는 당대에 믿는 사

람들이 많습니다. 그러다 보니 *뿌리 깊은* 믿음은 있는 듯 없는 듯 미지근 한 것이 단점입니다. 이러한 단점이 있지만 이런 사람들은 좀처럼 교회를 떠나지 않는다는 장점, 즉 끈질김이 있습니다.[335]

아홉 문장에 '뿌리'라는 말이 여덟 번이나 등장하고 있다. 아예 '뿌리'를 뿌리 뽑고 있다.

오늘은 마가복음 6장 30절에서 44절까지의 말씀 가지고 "그리스도인의 *생활* 공부"라는 제목으로 말씀드리겠습니다 … 학생이기에 남이 안 하는 *생활*을 해야 되는 경우가 있습니다. 먹고 입고 자는 것은 똑같지만 학생의 *생활*은 일반인과 다릅니다 … 군대에 가면 먹고 입고 자는 것은 우리와 똑같지만 군인이기에 우리와 다른 *생활*이 있습니다. 군인이기에 군인의 *생활*이 있다는 말입니다. 그러나 우리는 그리스도인이기에, 즉 믿는 사람이기에 믿는 사람으로서 해야 되는 *생활*이 있습니다. 오늘은 본문에 나오는 그리스도인의 *생활*을 공부하려고 합니다. 그 *생활*을 우리가 공부하고 귀로 듣고 배우는 데서 끝나면 안 됩니다. 공부는 *생활*에 응용하는 데까지가 공부입니다. 그래서 그리스도인의 *생활*을 우리가 배우고 우리도 그리스도인의 *생활*을 살아야 된다는 말입니다.

'보고하는 *생활*'을 다른 말로 '투명한 *생활*'이라고 해도 좋습니다 … 우리들의 *생활*은 이런 투명한 *생활*이어야 한다는 것입니다. 우리 믿는 사람들 중에서도 누구 본위로 사느냐에 따라서 그 사람의 *생활*이 달라집니다. 여러분이 혼자 있을 때 여러분의 *생활*은 어떻습니까? … 사람들이 있을 때는 괜찮은데 나 혼자만 있을 때 내 *생활*의 모습은 어떠한가?라는 말입니다.[336]

설교 전반에 걸쳐 설교의 제목 속에 들어 있는 '생활'이란 단어가 열여덟 번이나 거듭해서 반복되고 있음을 살펴볼 수 있다.

다음은 단어가 아니라 같은 문장이 계속해서 반복되고 있는 실례들을 소개한다.

> *처음에는 형편없었지만 끝이 좋은 사람*이 이렇게 좋은 기록을 남겼다는 이야기입니다 … *처음이 좋으면 좋지만* 처음에는 고생스럽고 실패의 연속이었다 할지라도 *나중이 잘되어서 좋은 기록을 남길 수* 있는 여러분들의 생애가 되기를 간절히 바랍니다 … 여러분들도 *끝이 좋은 사람, 나중이 좋은 사람이* 되어서 *좋은 기록을 많이 남길 수* 있기를 간절히 바랍니다 … 처음에는 그렇게 어렵게 시작되었으나 *나중이 좋고 끝이 좋은 사람*은 이렇게 많은 사람에게서 존경을 받았다는 이야기입니다. 그 반대로 *처음은 좋았는데 끝이 좋지 않았다* 할 때 받을 존경이 뭐가 있겠습니까? … *처음이 좋으면 좋고 처음이 안 좋다 할지라도 나중이 잘되고 끝이 좋아서* 많은 사람에게 존경받는 여러분들 되기를 바랍니다 … *끝이 좋은 사람*은 이렇습니다. 이렇게 잘 봉사하는 사람은 *끝이 좋다*는 *것*입니다. 여러분들 모두 *끝이 좋은 사람, 끝까지 봉사하여 나중이 좋은 사람*이 되기를 간절히 바랍니다 … 나중이 좋은 사람은 첫째로 좋은 기록을 남깁니다. *처음보다 날이 갈수록 나중이 좋은 사람이 되기*를 바랍니다 … 셋째는 *끝까지 봉사*를 합니다. 모르드개는 네 편 내 편을 가르지 않고 봉사했는가 하면 *끝까지 봉사하였습니다. 나중이 좋은 사람이었습니다.*[337]

설교문 전체에 걸쳐서 '처음에는 형편없었지만 나중이 잘되어서 끝이 좋은'이란 표현이 계속해서 반복되고 있음을 본다. 낙숫물에 바위가 뚫린다는 말이 있듯이, 핵심이 되는 단어나 문장이 계속해서 반복되면 청중의 가슴속에 깊이 새겨지지 않을 수 없다.

같은 내용의 단어와 문장들이 여러 번에 걸쳐서 압도적으로 많이 반복되어 활용되고 있음에 주목할 필요가 있다. 김 목사의 또 다른 설교 파워 중 하나를 엿볼 수 있는 대목이 아닐 수 없다. 거듭 반복해서 강조할 때 잘 박힌 못과 같이 청중의 뇌리에 잘 새겨질 것은 당연한 이치리라.

한 번 듣고 잊어버리는 설교가 대부분이지만, 김 목사의 대구법을 통한 핵심 단어나 문장의 반복은 청중의 관심을 집중시킴은 물론 들은 설교의 내용을 계속 기억하게 만드는 장점으로 유익하게 활용될 수 있음을 오늘의 설교자들은 명심해야 할 것이다.

23. 본문을 정리해 주는 결론

비행기를 타고 이륙해서 목적지까지 잘 날아갔다 하더라도 착륙에 문제가 생긴다면 목적을 달성했다 할 수 없을 것이다. 실제로 비행기로 여행하다가 목적지까지 도착하지 못한 채 중간에 사고로 소중한 생명을 잃은 예들이 얼마나 많은가?

설교도 마찬가지다. 설교가 진행되는 과정에서 마지막 1-2분은 가장 긴장되고 다이내믹한 순간이다. 설교의 서론에서부터 본론을 거쳐 결론까지 숨 가쁘게 달려온 여정에 종지부를 찍는 아주 중요한 때이다. 청중으로 하여금 두 주먹을 불끈 쥐고 말씀대로 살아야겠다고 헌신하고 결단하게 만드는 시점이 바로 이때다.

브라이언 채플(Bryan Chapell)은 청중이 설교 가운데 어느 부분을 가장 잘 기억하는지를 조사한 적이 있는데, 흥미로운 결과가 나왔다. 사람들은 설교를 들으면서 가장 기억에 남는 부분을 '결론적 언급'으로 손꼽았다.

시작이 반이라고 했듯이 설교의 서론은 설교의 반에 해당된다. 그러나 설교가 제대로 완성되려면 설교의 결론이 좋아야 한다. 설교의 완성은 항상 결론의 몫이기 때문이다. 시작은 좋았으나 결론이 흐지부지하거나 효과적이지 못해서 망치는 설교들이 적지 않다. 데이비스(H. Grady Davis)의 얘기를 귀담아 들어 보자.

> *결론은 청중이 설교의 주제를 한 눈에 볼 수 있는 순간이다.* 그것은 설교의 핵심 이슈가 가장 선명하고도 날카롭게 드러나며, 그것이 삶에서 어떻게 해결되어야 할지가 가장 적실하게 드러나는 순간이다. 결론은 설교의 목적이 무엇이든 그것이 성취되는 마지막 찬스이다. 따라서 이 순간은 전체 설교에 있어 가장 중요한 부분을 이룬다. 설교자는 그냥 그치는 것이 아니라 결론을 지어야 하며, 말을 토막토막 끊는 것이 아니라 완결을 지어야 한다.[338]

설교의 시작부터 결론 바로 직전까지 설교를 잘 진행했더라도 마지막 결론 부분에서 핵심을 분명히 짚어 주거나 주제를 선명하게 요약, 정리해 주지 않으면 안 된다는 말이다. 이런 점에서 김창인 목사의 결론은 본문의 의도와 주제를 아주 분명히 밝히는 방식으로 정평이 나 있다.

보통 결론에 활용되는 구체적인 요소들은 핵심 내용 요약, 질문, 예화, 간증, 인용문, 시, 결단 요청 등으로 나타난다.[339] 그런데 김 목사의 결론을 분석해 보면, 설교 서론에서 언급한 설교의 제목을 재 언급한 후 3대지를 요약하고, 다시 설교의 제목을 언급하면서 매듭짓는 방식임을 알 수 있다. 구체적인 실례들을 세 가지만 살펴보자.

결론을 말씀드리겠습니다. 천국에 합당한 자*(제목)*는 자세를 바로 한 사람입니다*(첫 번째 대지)*. 즉 믿음의 자세를 바로 해야 합니다. 두 번째로는 하나님의 일을 소홀히 하여 내일로 미루지 말고 오늘에 충실해야 합니다*(두 번째 대지)*. 내일은 아직 보장되지 않았기 때문입니다. 세 번째로는 오늘에 충실하되 하나님 나라를 전파하는 하나님의 일을 최선을 다해서 해야 합니다*(세 번째 대지)*. 최선을 다하지 않는 자는 천국에 합당치 않습니다. 최선을 다하여 천국에 합당한 자*(제목 재 언급)*가 되기를 간절히 바랍니다.[340]

종합해서 말씀드리면 이스라엘이 광야 생활하는 동안에 먹고 살아남게 한 만나가 주는 교훈*(제목)*이 많습니다. 첫째는 하나님이 주시는 양식이라는 사실입니다*(첫 번째 대지)*. 사람은 하나님께서 주시면 먹고, 안 주시면 못 먹는 존재입니다. 일용할 양식도 전부 하나님이 주시는 것이기 때문에 이스라엘은 광야 생활하는 동안 하나님께 목을 매고 살았습니다. 그리고 만나는 순종할 때 누리는 양식이라는 교훈입니다*(두 번째 대지)*. 순종하지 않는 자가 받을 것이란 아무것도 없습니다. 순종하면 안 되는 것 같아도 결국은 잘된다는 말입니다. 그런가 하면 만나는 반드시 금항아리에 넣어 대대로 잘 보관하라는 사실도 큰 교훈입니다. 자자손손이 두고 보라는 뜻입니다*(세 번째 대지)*. 즉 믿음을 이어 주고 생명의 말씀이요, 생명의 떡이 되시는 예수님을 잘 모시도록 하라는 교훈입니다. 이런 만나가 주는 교훈*(제목 재 언급)*을 명심하시기 바랍니다.[341]

챔피언*(제목)*은 누구나 되는 것은 아닙니다. 그만한 노력이 따라야 합니다. 다니엘과 그의 세 친구는 '기도의 챔피언'이었습니다*(첫 번째 대지)*. 그들은 기도를 빼놓고 살 수 없는 사람들입니다. 그들은 기도로 승리했습니다. 그리고 그들은 '믿음의 챔피언'이었습니다*(두 번째 대지)*. 그들은 믿음 그 자체를 가장 귀한 복으로 여겼습니다. 믿음이 얼마나 귀하다는 것을 보여 준 사람들입니다. 그런가 하면 그들은 '축복의 챔피언'이었습니다*(세 번째 대지)*. 그들은 하루아침에 몰락한 귀족의 자녀로서 포로 신세가 되었으나 하나님은 그들에게 복의 근원이 되셨습니다. 하나님께서 주시는 복은 받을수록 좋은 것입니다. 여러분들도 그들처럼 '천국의 챔피언'*(제목 재 언급)*이 되기를 바랍니다.[342]

세 가지 실례를 살펴봤지만, 그의 결론은 거의 대부분 이런 식으로 매듭지어진다. 앞에서 언급했듯이, '설교의 제목 - 3대지 요약 - 설교의 제목 재언급'의 순으로 설교를 결정짓는 김 목사의 설교의 결론은 30분 설교의 내용을 청중의 뇌리에 한순간 짧게 요약해서 각인시켜 주기에 부족함이 없음을 확인할 수 있다. 설교자들도 이런 패턴을 모방한다면 도움이 되리라 확신한다.

24. 대조와 대비 문장

미국이 낳은 최고의 철학자이자 신학자로 유명한 조나단 에드워즈는 우렁찬 목소리로 대중 설교에 익숙했던 휫필드와는 달리, 원고에 매인 채 시선 처리나 제스처가 전혀 발휘되지 않은 상태에서 차갑게 설교했던 설교자로 인식되어 왔다. 하지만 1741년 7월 8일, 노샘프턴(Northampton) 인근의 엔필드(Enfield)라는 마을에서 행해진 "진노하신 하나님의 손 안에 있는 죄인들"(Sinners in the Hands of an Angry God)이라는 설교 한 편은 미국 역사상 가장 위대한 설교로 평가되고 있다.

나는 에드워즈의 이 설교에 관한 논문(article)에서 무엇보다 그의 탁월한 그림 언어(Image)와 대조법 사용이 그의 설교를 최고의 설교 중 하나로 자리매김하게 만들었음을 확인한 바 있다.[343] 이 두 가지 수사 기법은 설득력 있는 설교를 위한 필수 도구로 인정받고 있는데, 그중 대조법은 모든 설교자들이 반드시 배우고 활용해야 할 중요한 요소임을 기억할 필요가 있다.

대조법은 대립, 반대되는 것을 들어 차이점이나 거리를 드러내려는 수사법이다. 듣는 이들의 관심을 끌고 설득시키기에 아주 좋은 기법 중 하나다. 김창인 목사의 설교에 청중이 매료되는 주된 이유 중 하나도 풍부한 대조법 활용임을 이제부터 하나씩 확인해 보자.

> 우리는 과학도 열심히 공부해야 하지만 보다 더 높은 차원의 '하나님 공부'를 해야 합니다. 그런데 과학과 하나님 사이의 공부가 있습니다. 그것이 '사람 공부'입니다. 사람이 과학만 공부하고 과학만 발전시키고 사람을 몰라보면 문제가 심각합니다. *과학보다 사람이 중요하기 때문입니다.*[344]

과학과 하나님을 대조시키면서 그 중간에 사람과도 대조시키고 있음을 보라.

> 신약에서 사가랴라고 하는 제사장은 엘리사벳이라고 하는 처녀와 결혼했습니다. 처음엔 얼마나 좋았겠습니까? 그러나 세월이 흐르고 머리가 백발이 되고 아기를 낳을 가망이 없었음에도 불구하고 사가랴는 포기를 하지 않았습니다. 엘리사벳은 본래 수태하지 못하는 여자였습니다. 사가랴는 "하나님, 나는 다른 여자를 통해서 아기를 얻고 싶은 생각이 없습니다. 반드시 이 여자를 통하여 아들을 주십시오"라고 오래도록 기도했습니다.

얼마나 오랫동안 기도하며 기다렸는지 하나님께서 사가랴에게 아들을 주셨습니다. 그 아들이 세계적으로 그리고 역사적으로 유명한 세례 요한입니다. *끝까지 기도하며 기다려서 얻은 아들 세례 요한과 기다리지 못하고 성급하게 서둘다가 얻은 아들 이스마엘과는 전혀 다른 이야기가 됩니다.* 즉 하늘과 땅만큼 차이가 납니다.[345]

오랜 세월 기도하며 기다려서 얻은 아들 세례 요한과 성급하게 인간적으로 얻은 아들 이스마엘을 대조시키는 김창인 목사의 날카로움이 크게 돋보인다.

세상의 불은 나무를 쌓아 놓고 아래부터 올려붙여야 잘 탑니다. 그러나 본문 38절에 보면 *하나님의 불은 내려붙었다는 것입니다.* 불이 내려와서 맨 위의 번제물을 태우고 그 밑의 나무, 그 밑의 돌, 그 밑의 흙을 태우고 옆으로 도랑의 물을 핥아 버리고 말았습니다. 다시 말하면 내려붙은 것입니다. 여호와의 불은 성령의 불을 의미하는데 성령의 역사는 내리 역사해야 합니다. 그래야 승리하는 겁니다.[346]

세상의 불은 인위적으로 아래서 붙여야 하지만, 하나님의 불은 그와는 달리 위에서부터 그분이 붙여 주시는 것인데, 성령의 역사도 마찬가지라고 김 목사는 강조한다.

믿음이 있는 사람은 하나님을 섬기고 봉사합니다. 그래서 하나님께 자원하는 노예가 됩니다. 그러나 *믿음이 없는 사람은 재물의 노예가 됩니다.* 재물을 섬깁니다. 재물의 주인이 되기는커녕 재물의 노예가 되어 살아갑니다. 하나님의 노예가 된 사람은 재물의 노예가 되지 않고 오히려 재물의

주인이 되어 재물을 바르게 사용합니다. 그래서 두 주인을 겸하여 섬기지 못한다고 하였습니다.[347]

'믿음이 있는 하나님께 자원하는 노예'와 '믿음이 없는 재물의 노예'가 대조되어 있음을 보라.

성지에 가 보면 압살롬의 무덤이 있고 비석이 있습니다. 비석은 오고 가는 사람마다 돌을 던져서 형체를 알아볼 수가 없을 정도입니다. *추앙받는 다윗의 믿음과 말끝마다 욕설을 당하는 그 아들 압살롬의 믿음은 별개입니다.* 아버지가 잘 믿는다고 그 믿음이 아들의 믿음이 되는 것은 아니기 때문입니다.[348]

문제 많은 압살롬의 믿음과 추앙받는 다윗의 믿음을 잘 대조시키고 있음을 본다.

'신념'과 '신앙'은 다릅니다. 신념은 믿지 않는 사람도 얼마든지 가지는 것입니다. *신념은 "나는 할 수 있다"고 합니다* … 의지가 강한 사람일수록 신념도 강합니다. 믿는 사람의 신앙은 신념이 아닙니다. *믿는 사람은 내가 할 수 있다가 아니라 "하나님이 하신다"고 고백합니다 … '하나님'이라는 말이 꼭 들어가는 것입니다. 그러나 신념은 '하나님'이 빠지는 것입니다.*[349]

'신념'과 '신앙'을 대조해서 어떤 차이가 있는지를 잘 설명하고 있음을 확인할 수 있다.

아나니아와 삽비라는 교회에 공포심을 조장한 사람입니다. 교회에 큰 두려움을 끼치는 피곤한 사람입니다. 가는 곳마다 남에게 두려움을 주고 손해를 끼치는 사람은 환영을 받지 못합니다.

본문 3절을 보면 "저희가 교회의 전송을 받고 베니게와 사마리아로 다녀가며 이방인들의 주께 돌아온 일을 말하여 형제들을 다 크게 기쁘게 하더라"라고 하였습니다.

사도행전 5장 11절에서는 아나니아와 삽비라 사건 뒤에 결론으로 "교회가 다 크게 두려워하더라"라고 말하고 있습니다. "다 크게 기뻐하더라"라는 말씀과는 하늘과 땅만큼이나 차이가 납니다.[350]

아나니아와 삽비라가 범죄한 결과로 나타난 부정적인 표현과 이방인들이 주님에게로 돌아온 일로 인해 나타난 긍정적인 표현이 날카롭게 대조되어 있음을 본다.

우리가 잘 아는 대로 사울 왕이라고 하는 이스라엘의 초대 왕이 얼마나 세상에 좋고 좋다는 것을 다 가진 부러운 왕이 아닙니까? 그런데도 하나님과 점점 더 멀어지고 하나님과 버성기다가 결국은 완전히 망하고 말았습니다. 이렇게 하나님과 버성겨서 되는 것이 없습니다. 그러다가 끝내는 망했다는 것을 아셔야 됩니다.

그렇지만 다윗은 그 고난 속에 쫓기는 신세였습니다. 아주 가난하고 천하고 불행한 생활 속에서도 매일 하나님과 가까이하며 하나님과 조화를 이루어 나갔습니다. 나중에 하나님이 그를 들어 왕의 자리에 올려놓고, 왕통을 이어 주고, 그 후손에서 메시아 예수를 나오시게 하지 않았습니까?[351]

하나님과 점점 더 멀어지고 그분과 버성기다가 망한 이스라엘의 초대 왕 사울과 불행한 중에서도 늘 하나님과 가까이하며 그분과 동행하다가 사울을 이은 성군이 된 다윗 왕의 얘기를 대조하고 있음을 보라.

> *"불쌍히 여기다"는 말과 대조가 되는 개념을 가진 말이 무엇입니까? "괘씸히 여기다"입니다.* 천상천하에 전지전능하신 하나님께서 괘씸히 여기시면 그 인생은 끝이 납니다. 그러나 "불쌍하다"라고 하시면 죽을 수밖에 없는 상황에서도 살길이 열립니다.[352]

'불쌍히 여기다'와 대조가 되는 '괘씸히 여기다'라는 단어를 활용하는 김 목사의 내용을 보라.

> 세상에는 3대 참회록이라 일컫는 세 가지 기록이 있습니다. 첫째로 '어거스틴의 참회록'과 둘째로 '루소의 참회록' 그리고 셋째가 '톨스토이 참회록'입니다. *그러나 본문에 나오는 아도니 베섹의 참회는 그 한마디 참회가 성경에 기록되어 오늘날 우리가 두고두고 보면서 얼마나 많은 깨달음과 느낌을 얻는지 모릅니다.*[353]

사사기 1장 7절에는 아도니 베섹의 참회록이 기록되어 있다. 내용은 다음과 같다. "아도니 베섹이 이르되 옛적에 칠십 명의 왕들이 그들의 엄지손가락과 엄지발가락이 잘리고 내 상 아래에서 먹을 것을 줍더니 하나님이 내가 행한 대로 내게 갚으심이로다 하니라 무리가 그를 끌고 예루살렘에 이르렀더니 그가 거기서 죽었더라."

과거 자신의 악행대로 하나님이 자기에게 보응하심을 자각하면서 참회하는 내용인데, 이것이 세계 3대 참회록보다 더 충격적인 내용임을 대조적으로 소개하고 있음을 보라.

앞에서 소개한 여러 실례들을 통해 이미 절감하고 있을 테지만, 청중의 뇌리에 오래 각인되는 설교를 위해 대조법을 잘 활용하는 것이 매우 주효함을 설교자들은 놓치지 말아야 한다.

25. 비교점층법

청중에게 강한 인상을 남기기 위해 활용하는 수사법 중 비교점층법이 있다. 이것은 묘사하는 대상 및 내용의 비중을 점점 더 강하고 높고 깊고 크게 강조함으로써 청중의 감정을 고조시키는 고도의 수사 기법이다. 김창인 목사는 이 비교점층법 활용에도 귀재로 평가된다. 몇 가지 예를 들어 보자.

> '언제 예수님이 부활하셨느냐' 하는 그 시기도 무시할 수 없겠지만 *더 중요한 것*은 예수님이 부활하셨다는 사실이 중요한 것입니다.[354]

예수님이 부활하신 때도 중요하지만, 보다 중요한 것은 그분이 부활하셨다는 사실 자체임을 김 목사는 비교점층법을 통해 확실히 전달하고 있다.

> 제가 피난 생활 초기부터 어려운 병이 들었습니다. 처음에는 어머니를 찾았습니다. 앳된 청년이 병들었으니 어머니를 찾는 것은 당연하지 않습니까? *어머니가 와서 머리만 한번 짚어 주어도 병이 나을 것 같았습니다.* 어머니 손은 약손이라고 하지 않습니까? 한번 손으로 쓸어 주어도 다 나을 것 같았습니다. 그런데 병이 좀 더 중해지면 어머니를 찾지 않고 *의사를 찾습니다.* 어머니가 고칠 수 있는 한계를 넘어섰기에 의사를 찾습니다.

그때만 해도 저는 병원에 갈 수 있는 형편이 안 되었습니다. 그러다가 나중에 병이 아주 중해지므로 의사도 이제는 손 못 대겠다고 합니다. 마지막에는 누구를 찾습니까? *예수를 찾는 것입니다.* 자다 말고도 '주여' 하고 예수를 찾습니다. 그러다 보니 병과 상관없는 오늘에도 '주여' 하는 것이 습관이 되었습니다. 최후의 단계에 이를 때 주님을 간절히 사모하고 애타게 찾는 것입니다.[355]

김 목사가 발휘하고 있는 이 놀라운 설교의 전개 방식에 주목해 보라. 믿을 수 없을 만큼 대단한 솜씨다. 몸이 아플 때 처음엔 누구나가 다 어머니를 찾게 되지만, 좀 더 심각해지면 당연히 전문가인 의사를 찾게 되고, 의사마저 손댈 수 없게 되었을 땐 예수님을 찾게 된다는 그의 비교점층적인 설득 기법은 정말 탁월한 선택이라 칭찬하지 않을 수 없다.

부부가 갓 결혼해서 살아갈 때 "내가 내 남편을 즐겁게 해 드린다"라고 하는 것이 중요하지 않습니까? 즐겁게 해 드려야 합니다. 그리고 신랑은 새로 맞이한 신부 된 아내를 즐겁게 해 주어야 합니다. *그런데 이것보다 더 중요한 것이 무엇인지 아십니까? 남편을 즐겁게 하기 이전에 남편을 먼저 즐거워해야 하는 것입니다. 아내를 즐겁게 하기 이전에 아내를 먼저 즐거워해야 하는 것입니다.* 내 남편이 즐겁지 않은데 즐겁게 해 줄 수는 없기 때문입니다.[356]

남편이나 아내를 즐겁게 하기 전에 내가 먼저 상대방을 즐거워해야 한다는 김 목사의 출중한 말재주는 타의 추종을 불허한다. 비교점층법은 처음 소개하는 것과는 족히 비교가 안 되는 내용을 나중에 알려 주기에, 청중으로 하여금 끝에 소개되는 내용에 주의를 집중할 수밖에 없게 하는 장점이 있다.

여러분, 노벨상을 잘 아시지요? 스웨덴 사람 노벨이 다이너마이트를 발명하고 굉장히 큰돈을 벌었습니다. 그가 죽을 때에 세계를 위해서 공헌한 사람들에게 상을 주도록 하였는데, 물리, 화학, 의학, 문학, 평화, 다섯 가지 분야입니다. 노벨상 상금이 얼마인지 아십니까? 처음에는 4만 불에서 시작되었는데, 지금은 10만 불이 넘습니다. 그렇게 상금이 많은 것도 귀하지만, 그 상을 받았다고 하면 세계가 인정하지 않습니까?

노벨상을 받은 사람들이 한국에 오면 무사통과입니다. 미국에 가도 통과하고, 영국에 가도 무사통과합니다. 한국에서 누가 노벨상을 받았다고 하면 나라가 떠들썩할 것입니다. 그만큼 세계가 인정하는 상입니다.

그보다 더 귀한 것은 하나님께 인정받는 것입니다. 세계가 인정하는 상이 귀하여 이 사람들이 어느 나라에 가서도 무사통과된다 할지라도 하늘나라에 가서 통과되지 못한다면 끝나는 것입니다. 하나님께 인정받는 사람, 하나님께 복을 받은 사람은 이 세상 누구보다도 하늘나라에서 무사통과합니다. 그러기에 하나님께 인정받고 세상에서 인정받는 사람은 더욱 복된 사람입니다. 우리가 인정의 복을 받으면 우리의 후손은 복 받은 자의 후손이 될 것입니다.[357]

이 땅에서는 노벨상만큼 크고 귀한 상이 없다. 하지만 김 목사는, 그 상보다 귀한 것은 하나님에게 인정받는 상이라고 말한다. 그러면서 그는 '그 상이 최고다'라고 하기보다 노벨상에 대해 먼저 언급한 다음 '그보다 더 큰 상이 있으니 하나님에게 인정받는 상이다'라고 소개함으로써 뒤에 소개한 내용을 더욱 강조해서 돋보이게 하고 있다. 위대한 설교자들은 이런 수사법을 잘 사용하는 사람들임을 기억하자.

난감하고 해결하기 어려운 문제였지만 솔로몬 왕이 개입하였더니 문제가 쉽게 해결되었습니다. 만약 저 같았으면 지혜가 부족하여 이런 방법을 생각하지 못했을 것입니다. 그리고 제가 칼을 가져오라고 했을 때 누가 가지고 오며, 절반으로 쪼개라고 했을 때 누가 제 말에 순종하여 절반으로 쪼개겠습니까? 말도 안 되는 소리입니다. 저에게 권세가 없기 때문입니다.

그런데 그때 당시 솔로몬 대왕의 권세를 누가 당하겠습니까? 지극히 높은 권세를 가진 왕, 누구와도 견줄 수 없는 지혜를 가진 왕이었기 때문에 이런 문제에 개입해서 깨끗하게 해결할 수 있었습니다. 전혀 뒤탈이 없는 문제 해결이었습니다. *이 세상의 난감한 일도 왕이 개입했더니 해결이 되더라는 말입니다.*

이보다 더한 문제도 만왕의 왕 되시는 하나님께서, 예수님께서 개입하실 때 뒤탈 없이 깨끗이 해결될 수 있고, 또 뒤가 더 좋다는 교훈인 줄로 믿으시기 바랍니다.[358]

'나'에서 '왕', '왕'에서 '하나님'과 '예수님'으로 주의가 옮겨지고 있음을 눈여겨보라. 김 목사의 설교 속에는 이와 흡사한 비교점층법의 실례들이 아주 많이 활용되고 있음을 확인할 수 있다.

'비교점층법', 이는 정말 매력 넘치는 수사 기법 중 하나로, 모든 설교자들이 필수적으로 활용해야 할 가치가 있는 수사 기법이다.

26. 따끔한 충고나 단호한 책망

현대 설교자들의 설교 유형을 분석해 보면 대개 두 부류로 나눌 수 있다.

첫째는, 교훈과 책망과 명령 일변도의 권위주의적인 방식으로 말씀을 전달하는 유형이고, 둘째는, 칭찬과 위로와 격려 등 청중의 자발적인 헌신을 유발하는 유형이다.

현대 스피치와 커뮤니케이션의 한 가지 원칙이 있다. '긍정적이고 밝은 내용만 전하고 부정적인 얘기나 권위주의적인 표현은 되도록 하지 말라'[359]는 것이다. 현대 설교의 방향도 마찬가지다. 청중은 강압적으로 책망하고 명령하는 설교에 지쳐 있는 측면이 있는 것도 사실이다. 때문에 미국 새들백교회(Saddleback Church)의 담임인 릭 워렌(Rick Warren)은 "부정적인 설교는 교회를 부정적인 교인으로 꽉 채운다"[360]고 말했다.

우리의 설교가 구원과 소망과 긍정이 가득 찬 메시지를 전하는 것도 필요하지만, 그렇다고 청중이 기뻐할 내용만 전해서는 안 된다. 때론 따끔한 충고나 책망이나 권고가 필요함을 놓쳐선 안 된다.[361] 설교가 인기영합주의(Populism)로 가 버리면 안 되기 때문이다.

그런 점에서 김창인 목사의 설교는 소망과 격려의 내용과 함께 청중이 귀 기울여 듣고 깨닫고 회개하고 변화해야 할 내용을 균형 있게 잘 사용하고 있음을 본다. 그 실례들을 살펴보자.

> 우리 교회도 보십시오. *전도하자 하면 십여 년씩이나 교회에 나온 사람들도 못 들은 척하고 지냅니다. 그리고 헌금 이야기도 한 번만 해 보십시오. 교회 나가니 헌금 얘기만 하더라 하면서 신경질적인 반응을 보이는 사람이 있습니다.* 그런데 갈멜 산상에 모였던 사람들은 순종했습니다.[362]

> 착한 마리아를 못살게 굴지 말라는 것입니다. 교회에서도 보면 봉사 열심히 하는 사람을 시기해서 봉사 못 하게 하는 사람들이 있는데 가룟 유다

와 똑같습니다. 우리 교회 안에서도 그런 사람들이 있습니다. *남이 봉사 잘하면 그냥 내버려둘 일이지 왜 자꾸 시기해서 너 친목파다, 친목파다 하는지 모르겠습니다. '친목파'는 '목사와 친한 파'라는 말입니다. 그런 식으로 긁어 가지고 기어이 봉사를 못 하게 만들고 맙니다.*[363]

둘째로는 "윤리적 실존"입니다. 이런 사람들은 교회에 나와서 십자가 소리, 부활 소리를 하면 들으려고 하지를 않습니다. "목사님, 십자가 소리, 부활 소리 좀 빼고는 설교하실 수 없습니까?" 하고 말합니다. 윤리적이고 도덕적이고 교양적인 얘기만 들으려고 합니다. 그리고 은혜가 된다고 합니다. 이런 경우 대개 학벌이 좋다고 하는 사람들이 꼭 그렇습니다. *윤리와 도덕을 무시하면 안 됩니다. 귀한 것은 틀림없으나 절대 복음을 대신할 수 없다는 것을 꼭 기억해야 합니다. 만약에 윤리와 도덕이 믿음을 대신할 수 있다면 예수님보다 공자가 더 훌륭하다고 해야 할 것입니다.*[364]

영국의 어느 한 백작이 집을 크고 화려하게 잘 지었습니다. 그리고 집들이를 했습니다. 여러분들은 집들이할 때에 조심하시기 바랍니다. 60평, 70평의 아파트를 산 후에 15평 아파트에 사는 친구에게 왜 자꾸 집들이 잔치에 오라고 합니까? 잘사는 사람이야 자신을 뽐내는 재미를 볼 수 있겠지만 고등학교, 대학교 때 같은 책상에서 공부하던 15평 아파트에 사는 친구는 얼마나 속이 상하겠습니까? 뽐내는 친구와 함께 웃어 주기는 어렵지 않습니까? 그래서 성경의 "우는 자와 함께 울고 웃는 자와 함께 웃으라"는 말씀은 지키기가 너무 어려운 말씀입니다. 우는 자와 함께 우는 것은 간단합니다. 왜냐하면 나보다 불행하여 우니까 불쌍해서 함께 울어 주는 것은 쉽습니다. *그러나 나는 망하기 직전인데 친구는 잘되어 좋아서 웃고 있다*

면 같이 웃을 수 있겠습니까? 그런데 왜 60, 70평 아파트를 샀다고 친구들에게 집들이 오라고 야단입니까? 삼가는 것이 좋습니다.[365]

여기서 흰옷 입은 사람들이 성전에서 하나님을 밤낮으로 섬겼더니 하나님께서 장막을 쳐 주셨다는 내용입니다. 즉 하나님께서 받아 주시더라는 것입니다. 이 사람들은 살았을 때에도 하나님을 섬겼지만 죽어서 하늘나라에 가서도 섬겼습니다. 살았을 때에는 도둑질만 하다가 죽은 후에 하늘나라에 가서 하나님을 섬길 수 있는 것입니까? *이런 식으로 믿음의 생활을 하지 마시기 바랍니다. 안에서 새는 쪽박이 밖에서도 새지 않습니까? 즉 교회 안에서 순종하지 않는 사람은 밖에서도 순종하는 법이 없습니다. 교회 안에서 사랑을 나누지 못한 사람은 밖에 나가서도 나눌 사랑이 없습니다. 그러니까 앞에 나와 앉으라고 하면 앞에 나와 앉아야 하지 않습니까? 예배 시간 정해 놓고 그렇게 "늦지 말라. 늦지 말라" 하는데도 늦는 사람이 어디 간들 시간을 지키겠습니까? 어디서 약속을 지키겠습니까? 약속을 지킴은 인격의 기본입니다. 질서는 교회에서부터 지키시기 바랍니다.*[366]

지난 주간의 부흥회가 끝나고 첫 주일인데도 봉사 위원의 자리가 절반 이상 비어 있습니다. 이래서는 안 되지 않습니까? 하나님의 일을 하는 청지기로서는 부끄러운 일입니다. 엘리에셀이 주인 아브라함을 위하여 일하는 것처럼 우리도 해야 합니다. 한 달에 다섯 주일이면 다섯 주일, 한 달에 네 주일이면 네 주일을 끝까지 봉사해야 합니다. 일 년 365일 내내 열심히 봉사해야 합니다. 무슨 대가를 바라고 일하는 것은 좋지 않습니다. 이름도 없이 빛도 없이 주만 따라가야 합니다. 충성한 후에 우리 자신이 영광

받을 만하면 우리는 그 자리에서 사라져야 합니다. 이것이 참된 청지기의 충성하는 모습입니다.[367]

제가 여러분에게 하지 말라고 하는 것 한 가지가 있습니다. 성경에는 십계명이 있고 교회에는 십일계명이 있는데, 그 열한 번째가 바로 곗놀이 하지 말라는 것입니다. 그러니까 *교회에서 곗놀이를 하고 싶은 사람은 아예 다른 곳으로 가는 것이 좋습니다. 그렇지 않으면 곗놀이를 포기하시기 바랍니다.* 예를 들어서, 권사가 계를 만들어 계주 노릇을 합니다. 집사도 모아 놓고 권찰도 모아 놓고 열두 명이 모여서 일 년에 한 번씩 곗돈을 타고 일 년 동안 잘 돌아가면 재미가 좋습니다. 한 달에 한 번 모이니까 일 년에 열두 번을 모이게 됩니다.

남편은 직장 가서 3,000원짜리 우동을 사 먹고 열심히 일하다가 들어오는데, 부인은 곗놀이 가서 1만 5천 원짜리 불고기와 냉면 먹고 들어온다면 어떻습니까? 일 년에 열두 번씩 만나다가 이것이 3년 지나고 5년 지나면 그 계를 깰 재간이 없습니다. 똘똘 뭉쳐 버리고 맙니다. 어느 권사님의 자제분이 본 교회에서 결혼식을 해도 오지도 않으면서 같은 계원 중에서 결혼하면 멀고 먼 부산까지도 찾아갑니다.

여러분, 권사가 그래도 좋습니까? 집사라 그렇게 해도 됩니까? 이렇게 몇 명이 모여 패거리를 형성하는 것을 마귀가 제일 좋아합니다.[368]

조금 미안하지만 젊은 여자분들 잘 들으세요. *광성교회 젊은 여 집사들이 왜 병원에 가서 유산을 시킵니까? 주님께서 주시는 아들과 딸을 낳기도 전에 병원에 가서 수술하는 일은 큰 변 날 짓입니다. 다시는 그런 짓을 하지 마시기 바랍니다.*[369]

헌금, 교회 안의 친목파, 윤리·도덕 문제, 60, 70평 아파트 산 얘기, 예배 시간에 지각한 얘기, 봉사 위원들의 봉사 무시 얘기, 곗돈 얘기, 유산 얘기 등, 신앙생활 전반에 걸쳐 아주 구체적인 내용을 가지고 김 목사가 자신의 성도들을 책망하며 훈계하고 있음을 보라. 전혀 모르는 이로부터 이런 책망을 들었다면 누구든 다시 그 사람이 하는 말을 듣지 않으려 할 것이다. 하지만 자신들의 영적 지도자가 어버이의 심정으로 신앙적으로 잘 살도록 이와 같은 설교를 전하는 줄 잘 알고 있기에 변화의 열매가 확실하게 나타나게 될 줄로 확신한다.

chapter 8

베스트 설교문 분석

지금까지 김 목사의 설교에 관해 다방면에 걸쳐서 샅샅이 해부해 보았다. 이번에는 그의 설교는 과연 어떤 방식으로 작성되고 있는가에 대해서 전체적으로 세심하게 분석해 보고자 한다. 이것은 한 설교자의 설교문이 구체적으로 어떻게 구성되어 전개되고 있는지를 살펴볼 수 있는 아주 유익한 내용이 될 것이다. 설교문을 작성하는 방법을 배우기에 이보다 더 좋은 내용은 없을 것이다.

그러기 위해선 김 목사의 설교 가운데 가장 뛰어나고 짜임새 있다고 생각하는 설교 한 편을 골라 독자들에게 소개하는 것이 필요하리라 생각한다. 그리고 그 설교의 개요를 소개한 후 그에 대한 구체적인 설명을 제시해 볼까 한다. 독자들은 김 목사 설교의 전문을 읽고 난 뒤 이어서 소개하는 설교문 분석에 관한 내용을 참조하면 좋을 것이다.

그럼 김 목사가 2002년 5월 가정의 달에 에베소서 5장 31절부터 6장 9절까지의 말씀으로 설교한 내용의 전문을 읽어 보라.

1. 설교 전문 소개

〈서론〉

가정이라고 하는 것은 너와 나의 관계 속에서 출발을 합니다. 그래서 이 관계가 제대로 되면 행복하고, 이 관계가 제대로 되지 못하면 불행해집니다. 이런 의미에서 가정은 천국이 될 수도 있고, 지옥이 될 수도 있습니다. 부부는 본래 너와 나, 즉 남남 사이가 아닙니까? 부부는 결혼을 하면서 관계 속에서 출발을 합니다. 관계가 바로 되어야 합니다. 그런가 하면 부모와 자식 그리고 윗사람과 아랫사람의 관계가 바로 되어야 합니다.

옛날에 저는 시골에 살았습니다. 시골에 사셨던 분들은 마당에 솥을 걸고 음식을 만들 때 둥그렇게 쇠로 띠를 두르고, 그 띠에 이어 다리 세 개를 세우고 마음대로 불을 때어 음식을 만드는 것을 보신 적이 있을 것입니다. 솥을 받쳐 주고 있는 세 발이 정확하게 제 위치에 든든히 서 있는 것을 정립이라고 합니다. 만약에 그중에 다리 하나가 약하거나 없어지거나 하면 반드시 넘어지고 쏟아지게 됩니다. 그 세 다리가 대립하여 버티어 제자리에서 제 구실을 해 줄 때 이것을 정립이라고 합니다.

〈본론-본문〉

광성교회는 해마다 5월 첫 주일을 가정주일로 지킵니다. 한국에 있는 교회들은 5월 첫째 주일은 어린이주일, 5월 둘째 주일은 어버이주일로 나누어서 지킵니다. 그러나 우리 교회에서는 두 주일을 지키려다 보니 반복되는 감이 있어서 오래전부터 가정주일이라 하여 두 주일을 묶어서 지금까지 지켜 오고 있습니다. 가정에는 부부도 있고, 부모도 있고, 자식들도 있기 때문입니다. 즉 가정주일이라 하면 모두 거기에 포함이 된다고 하겠습니다.

오늘 본문의 가르침을 따라 어떻게 가정의 관계를 정립해야 하는지 상고해 보도록 하겠습니다.

〈본론-본문〉

첫째, 부부 관계를 정립합시다(5:31-33).

하나님께서 에덴동산에 온갖 좋은 것들을 다 갖추어 놓으셨습니다. 그리고 남자, 아담을 만드셨습니다. 그렇게 좋은 동산에 남자 혼자서 외롭게 지내고 있는 것이 하나님이 보실 때 좋지 않았습니다.

창세기 2장 18절을 보면 "여호와 하나님이 가라사대 사람의 독처하는 것이 좋지 못하니 내가 그를 위하여 돕는 배필을 지으리라 하시니라"고 하였습니다.

하나님께서는 아담이 잠들었을 때 그의 갈빗대로 여자를 만들어 아담에게로 이끌어 왔습니다. 여기서 생각해 볼 수 있는 것은, 혼자 사는 것은 안 좋다는 것입니다. 그러니까 처녀 총각들은 빨리 장가가고 시집가시기 바랍니다. 하나님은 혼자 사는 것이 좋지 않다고 하셨기 때문입니다.

창세기 2장 22절을 보면 "여자를 만드시고 그를 아담에게로 이끌어 오시니"라고 하였습니다. 하나님께서 아담에게 가장 적합한 여자를 이끌어다가 짝을 지어 주셨다는 말씀입니다.

〈실례 소개〉

이 말씀을 저의 경우에 비추어서 생각해 보면, '김창인이라고 하는 남자에게 김기옥이라고 하는 여자를 이끌어 오시니'라는 말입니다. 좀 더 구체적으로 얘기를 하자면, 이 세상에 많은 여자가 있는데 하나님이 그중에서 한 여자를 지목하여 나에게 짝을 지어 주셨다는 말씀입니다. 이 말씀은 '나'라고 하는 남자에게 가장 적합한 여자는 '바로 이 여자다'라고 생각하시면 됩니다. 그래서 둘로 한 몸을 이루게 하신 것입니다.

여러분들의 아내는 '이 세상 여자 중에서 가장 나에게 적합한 여자로서 하나님이 골라 주셨다'라고 생각하면 이 여자와 짝지어진 것이 그렇게 자랑스럽고 복된 것입니다. 하나님이 얼마나 잘 아시겠습니까? 다른 여자와는 재미있게 살지 못할 것이기에 '이 여자가 좋다' 하여 짝을 지어 주신 것입니다. 그리고 이 여자에게는 '이 남자가 좋다' 하여 짝을 지어 주신 것입니다. 가장 이상적인 남녀로 짝을 지어 주셨다고 생각하면 가장 행복한 부부가 됩니다.

본문으로 돌아가서 31절을 보면, "사람이 부모를 떠나 그 아내와 합하여 그 둘이 한 육체가 될지니"라고 하셨습니다.

이 말씀은 첫째로, 남자가 부모를 떠나라는 겁니다. 뒤집어 생각하면, 결혼하게 되면 부모는 자식을 내보내라는 것입니다. 즉 간섭하지 말라는 뜻입니다. 결혼하기 전에는 아들이 월급을 타 오게 되면 전부 어머니한테 가져다 바치지 않습니까? 그러나 결혼해서 제 아내를 맞이하게 되면 부모는 거기에 관여하지 말라는 말입니다. 관여를 하다 보니 시어머니와 며느리 사이에 문제가 심각해지고 고부간의 갈등이 일어나지 않습니까? 내 아들이지만 일단 결혼을 하면 남의 남편이 됩니다.

그런데 자기 남편이 벌어 온 것이나 쓸 일이지, 남의 남편이 벌어 온 것을 왜 가로채서 쓰려고 합니까? 아들에게는 엄연히 자기의 아내가 있는데 말입니다. 그렇게 하지 마시기 바랍니다. 서양 사람들은 아들이 결혼하면 절대로 간섭을 하지 않고 알아서 생활하도록 합니다. 한 집 안에 살지라도 간섭을 하지 않습니다. 그래서 고부간의 갈등이 없는 것입니다. 얼마나 아름답고 좋은 일입니까?

둘째로, 결혼하면 "부모를 떠나라"는 말씀은 경제적으로 독립하고 자립해서 살라는 뜻입니다. 그리고 "둘이 합하여 한 몸을 이룰지라"고 하였습니다. 이 두 사람 사이에 시어머니가 끼어들지 말아야 합니다. 이 사이에 올케가 끼어드는 것이 아닙니다. 부부가 둘이 한 몸이 되라는 것입니다. 여기서 짚고 넘어가야 할 것이 있습니다. 부부가 천 년을 함께 살아 보십시오. 그렇다고 한 몸이 됩니까? 내가 밥 먹었다고 내 아내가 배부릅니까? 서로서로 먹어야 되지 않습니까?

그런데 어떻게 한 몸입니까? 그러나 이 말씀은 한 몸처럼 살아가라는 뜻입니다. 한 몸이라는 것은 목표가 하나입니다. 삶의 방법이 하나입니다. 주머니가 하나입니다. 그리고 믿음이 하나입니다. 빨리 하나가 될 때 부부는 행복해진다는 뜻입니다. 그래서 하나님이 가정의 제도, 즉 부부로 짝을 이루어 복된 삶을 살도록 만들어 주셨습니다. 부부는 이렇게 이루어진다는 이야기입니다.

본문으로 돌아가서 31절에서 33절을 보면 "이러므로 사람이 부모를 떠나 그 아내와 합하여 그 둘이 한 육체가 될지니 이 비밀이 크도다 내가 그리스도와 교회에 대하여 말하노라 그러나 너희도 각각 자기의 아내 사랑하기를 자기같이 하고 아내도 그 남편을 경외하라"고 하였습니다.

부부가 하나 되는 비결이 무엇입니까? 그것은 하나님이 여자 하와를 만들어 남자 아담에게 이끌어 오셨을 때 아담이 하는 말이 "이는 내 살 중의 살이요 내 뼈 중에 뼈로다"라고 하였습니다. 즉 나와 불가분의 관계로서 '내 살이요 내 뼈라'는 말입니다. 그러므로 아내 사랑하기를 내 몸처럼 아끼고 귀히 여기라는 것입니다. 이것이 곧 사랑이기 때문입니다. 우리는 내 살을 얼마나 귀히 여깁니까? 조금 찢기어져 피만 나오면 야단을 치지 않습니까? 그다음에는 뼈가 상할까 봐 얼마나 신경을 쓰고 또 귀히 여깁니까? 아내를 꼭 쥐면 터질세라, 좀 거칠게 다루면 깨질세라 그렇게 내 몸처럼 아끼고 사랑해 주는 것이 하나 되는 비결입니다.

셋째로, "아내는 남편을 경외하라"고 하였습니다. 경외라고 하는 말은 신하가 임금에게 쓰는 말입니다. 또 우리 그리스도인들이 하나님께 쓰는 말입니다. 그러므로 "아내는 남편을 경외하라"는 이 말씀은 남편 알기를 왕같이 알고 하늘같이 여기라는 뜻입니다. 그렇게 되면 하나 된다는 것입니다. 아내가 남편 알기를 발바닥처럼 여긴다고 생각해 보십시오. 그렇게 되면 하나일 수도 없고 또 얼마나 불행하겠습니까? 그래서 사랑과 경외가 하나 되는 비결입니다. 이 비결이 바로 부부 관계를 바로 정립하게 하는 것입니다.

〈예화〉

저는 연애결혼이 아니라 중매결혼을 했습니다. 제 고향 선배 되는 목사님이 중매를 하셨습니다. 제가 부산에 오래 있다가 서울로 올라왔습니다. 그때까지만 해도 이 선배님은 저에 대해서 어느 정도는 알지만 구체적으로는 잘 알지 못했습니다. 그렇지만 아가씨를 소개해 주어서 선을 보았습니다. 그때 저는 병이 두세 가지가 겹쳐서 굉장히 약했었습니다.

이런저런 이야기를 하는 중에 그 아가씨는 저에 대한 건강이 걱정스러웠던 것 같습니다. 왜 그렇게 몸이 약한가?라고 물었습니다. 그 당시만 해도 목사가 얼마나 장가가기가 힘들었는지 모릅니다. 목사에게 나는 시집 안 간다고 할 정도였습니다. 그러니 제가 이런 병도 있고, 저런 병도 있다고 하면 성사가 될 것 같지 않아서 "내가 이북에서 혼자 피난을 왔는지라 고생을 하면서 먹지 못해 그렇습니다. 잘 먹으면 됩니다"라고 하였습니다. 그랬더니 그 아가씨가 저를 너무도 불쌍히 여겨 주었습니다. 그러면 결혼하자고 하여 선을 본 지 3일 만에 약혼을 했습니다.

저에게 외삼촌 한 분이 계십니다. 그분은 장로님이십니다. 외삼촌이 오셔서 선을 본 이야기를 해 보라고 하셔서 이야기를 했더니 정색을 하시면서 "조금 있으면 목사가 될 녀석이 그렇게 새빨간 거짓말을 하고 장가를 가? 장가를 못 가면 마는 거지? 그렇게 하면 안 된다"고 하시면서 중매한 목사님께 전화를 걸어서 "이 녀석이 지금 병 때문에 이렇게 약한데, 전혀 엉뚱한 거짓말을 했습니다"라고 하였습니다.

자세한 상황을 잘 몰랐던 그 목사님이 큰 변이 났습니다. 그래서 중매한 아가씨를 불러서 "결혼해서 과부가 되는 것보다는 없던 일로 하고 파혼하자"고 하였답니다. 책임을 지지 않겠다는 뜻이지요. 그 아가씨의 고향이 충청북도 충주에서 조금 떨어진 시골이었는데 조금 큰 동네였을 뿐입니다. 아무개 집 딸이 약혼했다 했는데 며칠 있다가 파혼했다고 하면 꼴이 무엇이 되겠습니까?

그 아가씨가 중매자 목사님의 말을 듣고 한참을 생각하더니 "속은 것도 하나님의 뜻이지요"라고 했답니다. 그래서 제가 장가를 갈 수 있었습니다. 내가 병들었다는 것을 알고 시집을 와 주어서 얼마나 고마운지 모릅니다. 제가 점점 병이 깊이지고 피를 토하곤 하였지만 교인들에게는 숨겼습니다. 그런데 밥상을 마주하고 함께 식사를 할 때 아내가 얼마나 꺼림칙했겠습니까? 제가 한 끼에 밥 한 공기를 다 먹지를 못했습니다. 그렇다고 조금 덜어 줄 수는 없지 않습니까?

제가 몇 숟가락을 먹고 내려놓으면 그때 아내는 그 밥을 슬그머니 부엌으로 가지고 나가서 개밥으로 줄 수도 있지 않겠습니까? 제 아내가 그 밥을 개에게 주는 것을 내가 보았다면 내가 속으로 얼마나 섭섭하겠습니까? 아내는 밥상에 앉아서 함께 밥을 먹다가 자기 밥은 제쳐놓고 제가 먹던 밥을 달라고 하여 그것을 먹곤 하였습니다.

그때 얼마나 고마웠는지 모릅니다. 그 고마움이 지금도 제 머릿속에 꽉 들어차 있습니다. 지금도 저녁 식사 후에 더운물을 가져다가 발을 씻겨 주고 지압해 주는 것이 아내의 일과입니다. 그때마다 피곤이 풀리곤 하였기 때문입니다. 그때마다 참 고맙다는 생각이 듭니다. 폐병쟁이의 밥을 먹어 주고 지압해 주니 너무 고맙고 사랑스럽습니다. 그래서 지금까지 3남매를 낳고 잘 살고 있습니다.

부부지간의 관계가 사랑과 경외로 정립이 될 때 행복한 부부가 된다는 사실을 명심하셔서 여러분들의 부부 사이의 관계가 항상 좋은 관계가 되기를 간절히 바랍니다.

둘째, 부자 관계를 정립합시다(6:1-4)

부부지간의 관계가 악화되면 헤어진다고 하지만 부자지간은 헤어질 수 없지 않습니까? 그러므로 부자 사이가 악화되어 원수처럼 평생을 지낸다면 이것은 사이가 나쁜 부부보다 더 심각한 것입니다. 이런 이유에서 부모와 자식 간의 관계가 바로 되어야 하는 것입니다. 그럴 때 그 가문이 잘 된다는 것이 본문입니다.

본문으로 돌아가서 1절에서 4절을 보면 "자녀들아 너희 부모를 주 안에서 순종하라 이것이 옳으니라 네 아버지와 어머니를 공경하라 이것이 약속 있는 첫 계명이니 이는 네가 잘되고 땅에서 장수하리라 또 아비들아 너희 자녀를 노엽게 하지 말고 오직 주의 교양과 훈계로 양육하라"고 하였습니다.

"자녀들아 부모를 공경하라"고 하였습니다. 부모가 돈 잘 벌어 뒤를 대주고, 먹여 주고, 입혀 주고, 공부시켜 주고, 결혼시켜 줄 때에도 부모에게 잘할 뿐 아니라, 나이 많아 돈 한 푼을 못 벌고 오히려 자녀에게 신세를 질 때에라도 똑같이 공경하라는 말씀입니다. 만약에 여러분들 가운데 주책부리는 부모가 있는 분은 없으십니까? 부모가 주책을 부린다고요? 나 자신, 기저귀 차고 대소변을 못 가리고 밤새도록 울며 자기만 위해 달라고 보채던 것 이상으로 부모가 주책을 부립니까? 내가 부모에게 주책부린 것은 조금도 생각지 않고 부모가 조금 짐이 된다 하여 보기 싫다 하고 모시기를 싫어하는 자식이 있습니다. 이런 사람에게 하나님이 주실 복이 무엇이 있겠습니까?

도대체 부모가 내게 해 준 것이 무엇이냐고요? 내가 이 땅 위에 태어났고 존재하는 그 자체가 부모의 은혜 아닙니까? 핏덩어리를 내다 버렸으면 어떻게 되었겠습니까? 나를 낳아 주셨고, 또 이만큼 키워 주셨고, 가난해서 공부를 못 시켜 고학해서 내가 성공했을망정, 그것이 전부 다는 아니지 않습니까? 고학해서 공부했다는 것보다 그동안에 부모의 은혜가 얼마나 큽니까?

가난한 부모일지라도 조금도 차별하지 말고 공경하라는 것이 본문입니다. 부자 부모에게만 아니라 가난한 부모에게도 공경해야 합니다. 건강한 부모에게만 아니라 병든 부모에게도 공경하라는 것입니다. 거기에는 반드시 "네가 잘되고 땅에서 장수하리라"는 축복이 약속되어 있습니다. 더 이상 받을 복이 어디에 있습니까? 복이란 복은 다 주시겠다는 뜻입니다. 그렇기 때문에 자식은 부모를 공경해야 합니다.

부모는 주의 교양과 훈계로 양육해야 한다고 성경은 말합니다. 한마디로 말씀드리면 믿음을 잘 키워 주라는 말입니다.

믿지 않는 부모는 학교 교육에서 일등을 하면 부모로서 할 일 다했다고 할지 모르지만, 믿는 부모는 그것이 아닙니다. 학교에서 일등을 하면 좋습니다. 회사에서 잘나가면 더 좋습니다. 그러나 그것보다도 내 아들딸들을 믿음으로 키웠다는 것이 더 귀한 일입니다. 세상에서 출세해도 좋고 못해도 좋습니다. 자녀를 믿음으로 키웠다면 그 부모는 정말 성공한 부모입니다. 그러기에 우리는 자녀들을 반드시 믿음으로 키워야 됩니다. 공경과 믿음의 두 가지가 바로 될 때 부자 관계는 정립된다는 말입니다. 여기에 그

가정의 행복이 있고 그 가문에 복이 있다는 이야기입니다.

〈예화〉

우리 교회에서 오랫동안 봉사하시다가 지금은 미국에 가 계시는 이신일 집사님이 계십니다. 제가 광성교회에 오기 전부터 그 집사님은 광성교회에 계셨었습니다. 부임하고 보니 자기의 직업을 가지고 아무런 보수도 없이 사찰로 교회 일에는 손발을 걷어붙이고 봉사를 했습니다. 나중에는 생활비를 지급해 드렸지만 아들딸들은 아버지가 교회에 봉사하는 일에 전혀 불편이 없도록 돕고 협력을 했습니다. 그 자녀들이 아버지 말을 거역하는 것을 본 적이 없습니다.

한동안은 담벼락 하나를 사이에 두고 이쪽은 저희가, 저쪽은 이 집사님이 살기도 하였습니다. 집사님 가정은 아침이면 반드시 가정 예배를 드렸습니다. 찬송을 부르고 성경을 읽고 기도를 하면 기도 소리까지 다 들리곤 하였습니다. 반드시 예배 후에 아침을 먹이고 아들딸들을 학교에 보냈습니다.

이렇게 믿음으로 철저하게 키운 아들 중 큰아들은 미국으로 유학을 하고 박사가 되어 지금은 명지대학교에서 영문학을 가르치고 있는 유명한 교수입니다. 둘째 아들은 요즘 은행에서 퇴출되고 정리되곤 하지만 지점장으로 오히려 승진이 되었습니다. 부모를 잘 공경하면 땅에서 잘되고 장수합니다. 그리고 부모는 자식을 믿음으로 키우는 부자 관계가 정립된 가정에 축복이 약속되었습니다. 부모 자식 간에 좋은 관계를 정립해서 이런 약속된 축복을 받는 여러분이 되시기를 바랍니다.

셋째, 상하 관계를 정립합시다(6:5-9)

본문으로 돌아가서 5절에서 9절을 보면 "종들아 두려워하고 떨며 성실한 마음으로 육체의 상전에게 순종하기를 그리스도께 하듯 하라 눈가림만 하여 사람을 기쁘게 하는 자처럼 하지 말고 그리스도의 종들처럼 마음으로 하나님의 뜻을 행하고 기쁜 마음으로 섬기기를 주께 하듯 하고 사람들에게 하듯 하지 말라 이는 각 사람이 무슨 선을 행하든지 종이나 자유인이나 주께로부터 그대로 받을 줄을 앎이라 상전들아 너희도 그들에게 이와 같이 하고 위협을 그치라 이는 그들과 너희의 상전이 하늘에 계시고 그에게는 사람을 외모로 취하는 일이 없는 줄 너희가 앎이라."

옛날에 바울 사도가 에베소교회에 편지하던 그 당시에는 종의 제도가 있었습니다. 주인이 있었고 종이 있었습니다. 즉 주종 관계가 존재했었습니다. 이것을 다른 말로 하면 계급입니다. 그때에는 계급 제도가 엄격했습니다. 계급이라는 것은 사람 위에 사람이 있고, 사람 아래 사람이 있다는 말입니다. 오늘날 민주 국가에서 계급이라는 것은 있을 수가 없습니다. 그러나 계급이라는 것은 없지만 계층이라는 것은 있습니다. 계층이란, 일을 할 때 위에서 일하는 사람이 있고, 아래서 일하는 사람이 있다는 말입니다. 그것은 일의 관계일 뿐이지 사람 자체가 위아래가 있다는 말은 아닙니다.

예를 들어, 여러분들이 직장에 나가서 일할 때 처음에 평사원으로 입사를 하지 않습니까? 회사에는 계장도 있고, 과장도 있고, 부장도 있고, 이사도 있고, 사장도 있습니다. 모두 평사원이라면 일을 하지 못합니다. 그래서 반드시 일에는 위가 있고 아래가 있습니다. 그리해야만 제대로 일이 돌아가고 일을 해낼 수 있기 때문입니다.

"그런 것이 아니다"라고 하면 일을 못하는 것입니다. 이것은 사람 자체가 위라는 말은 아닙니다. 사람 자체가 아래라는 말도 아닙니다. 단지 일에 위아래가 있을 뿐이라는 말입니다. 옛날에 종의 제도, 주인의 제도인 계급을 오늘날에는 계층 간의 조화라고 생각하시면 됩니다.

"종들은 상전에게 그리스도께 하듯 하라"고 하였습니다.

이 말씀은, '종들은 저 사람이 꼴 보기 싫은 주인이다'라고 생각하지 말고, 저분이 '예수님이라면' 내가 어떻게 하겠는가 생각하고 섬기라는 것입니다.

"상전들아 너희도 이와 같이 하라"고 하였습니다.

이 말씀은, 만약에 내가 예수님의 입장이라면, 즉 예수님이 내 입장이라면 종들에게 어떻게 했을까? 그렇게 생각하고 종에게 하라는 것입니다. 그렇게 하면 그 행한 대로 하늘의 아버지께 받는다는 것입니다. 이 말씀을 한마디로 종합하면 종이나 상전이나 예수님을 표준으로 하라는 뜻입니다. 즉 예수께 하듯 하라는 말입니다. 그렇게 하면 얼마나 상하 관계가 좋겠습니까?

예를 들어, 직장에 나가 아랫사람에게 '내가 예수님이라면, 예수님이 내 입장에 있다면 내가 아랫사람에게 어떻게 할까?' 그리고 '아랫사람이 예수라면 내가 어떻게 할까?'를 생각해 보시기를 바랍니다. 또 아랫사람은 '예수님이 나의 위치에 있다면 어떻게 할까?' 그리고 '위의 분이 예수라면 내가 어떻게 할까?'를 생각해 보시기 바랍니다.

그 결과 상하 관계가 잘될 때 그 회사는 복된 회사가 되는 것입니다. 사람 자체가 위아래가 있는 것은 아니지만, 교회에서도, 회사에서도, 가문에서도 웃어른이 있고 아랫사람이 있습니다.

'예수라면'이라는 마음으로 윗사람을 대하고 아랫사람을 대하면 얼마나 상하 관계가 아름답겠습니까? 이런 가정에 행복이 있고, 이런 사회가 복되고 잘된다는 뜻입니다. 직장에서나 교회에서나 가문에서나 이런 상하 관계를 바로 이루어서 복된 가정과 잘되는 집안이 되기를 간절히 바랍니다.

〈결론〉

오늘은 가정주일입니다. 가정에서 상호 관계를 정립할 때 그 가정은 복된 가정입니다. 첫째로, 부부 관계를 정립해야 합니다. 사랑과 경외로만 가능합니다. 둘째는, 부자 관계를 정립해야 합니다. 공경과 주의 훈계로 양육할 때 이루어지는 관계요, 축복이 약속되는 것입니다. 셋째는, 상하 관계를 정립해야 합니다. 일하는 직장에서 또 가문에서 웃어른과 아랫사람은 모두 예수 표준으로 관계를 정립할 수 있습니다. 이상의 관계 정립으로 복된 가정이 되시기를 바랍니다.

2. 설교문 개요 분석

〈설교 제목: 가정의 관계를 정립합시다〉

첫째, 부부 관계를 정립합시다(엡 5:31-33)

둘째, 부자 관계를 정립합시다(엡 6:1-4)

셋째, 상하 관계를 정립합시다(엡 6:5-9)

3. 설교문 분석

김 목사의 설교 개요(outline)는 앞에서 볼 수 있듯이 아주 간결하고 짜임새 있게 구성된다. 제목을 중심으로 해서 그것을 지탱해 주고 있는 세 개의 기둥이 군더더기 하나 없고 흐트러짐 하나 없는 공통된 단어들로 구성되어, 언제나 단순 명쾌하고 논리 정연하게 만들어짐을 볼 수 있다.

이제 설교문 전체의 내용을 처음부터 하나씩 분석해 보기로 하자. 김 목사가 선택한 이 본문은 부부 관계와 부모와 자식 관계 그리고 상전과 하인의 관계에 대해서 교훈을 주는 말씀이다. 김 목사는 설교의 서론을 언제나 본문이 아닌 예화로 시작함을 본다. 이는 청중에게 가장 어필되는 귀납적 방법으로, 청중이 가장 선호하는 설교의 방식이다. 청중은 설교를 시작하자마자 본문 얘기하는 것을 아주 싫어한다. 그래서 설교의 서론을 본문과 흡사하거나 본문의 내용 전체를 압축하는 설명과 예화로 시작하면 최상의 방식이 될 것이다. 김 목사는 바로 그 방법을 즐겨 사용한다.

서론에서 김 목사는 첫째로 가정이라는 것이 부부나 부자나 상하의 관계에 의해서 시작을 하는데, 이 관계가 올바른 관계가 되어야 한다고 전제함으로 설교를 시작한다. 다음으로 이 설명을 쉽게 이해시키기 위해 자신이 시골서 살 때 보았던 솥을 받쳐 주는 삼발이를 활용한다. 그다음 광성교회가 해마다 5월 첫 주일을 어버이주일과 어린이주일을 구분하지 않고 가정주일로 지키고 있음을 언급한다.

그 후 설교의 본론이자 성경 본문으로 들어가기 위한 전환 문장을 사용한다. 그것은 "오늘 본문의 가르침을 따라 어떻게 가정의 관계를 정립해야 하는지 상고해 보도록 하겠습니다"라는 문장이다. 설교의 서론으로 출발해서 본론(본문)으로 접근함에 있어 상당히 짜임새 있고 논리적인 흐름으로 전개됨을 볼 수 있다.

김 목사의 설교 본론에서는 본문의 내용을 기초로 한 세 개의 대지가 어김없이 등장한다. 가정의 관계를 정립해야 하는 방법 중 첫 번째로, 부부 관계의 정립에 대해서 설명한다. 창세기 2장 18절에 나오는 "여호와 하나님이 가라사대 사람의 독처하는 것이 좋지 못하니 내가 그를 위하여 돕는 배필을 지으리라 하시니라"(개역한글)라는 말씀을 가지고 처녀 총각들도, 과부나 홀

아비들도 빨리 장가가고 시집가라고 권면한다. 이유는 하나님이 혼자 사는 것이 좋지 않다고 하셨기 때문이라는 근거를 활용한다.

창세기 2장 22절에 나오는 "여자를 만드시고 그를 아담에게로 이끌어 오시니"라는 말씀으로 하나님이 아담에게 가장 적합한 여자를 이끌어다가 짝을 지어 주셨다고 설명한다. 그 설명을 쉽게 하기 위해 자신의 케이스를 예로 활용한다.

에베소서 5장 31절에 나오는 "사람이 부모를 떠나 그의 아내와 합하여 그 둘이 한 육체가 될지니"라는 내용으로 세 가지의 의미를 전달한다. 첫째는, 남자가 부모를 떠나라는 것인데, 부모는 결혼한 자식에게 간섭하지 말라고 얘기하면서 월급에 관한 예를 가지고 구체적으로 설명한다.

다음은 '결혼하면 부모를 떠나야 한다'는 말씀을 경제적인 독립과 자립으로 설명한다. 그리고 '둘이 합하여 한 몸을 이룰지라'는 내용을 두 사람 사이에 시어머니나 올케가 끼어들어선 안 된다는 구체적인 예를 들어서 잘 설명하고 있다. 그다음은 '아내는 남편을 경외하라'라는 내용으로 설명하는데, '경외'란 말은 신하가 임금에게 그리고 그리스도인들이 하나님에게 사용하는 말이라 설명한다. 쉽게 말하면, 아내는 남편 알기를 왕같이, 하늘같이 여기라는 뜻으로 적용한다.

그러면서 자신의 감동적인 결혼 경험을 구체적으로 소개한다. 고향 선배 목사님이 중매를 해서 한 아가씨와 선을 보았는데, 자신의 유약한 건강 상태를 걱정하는 아가씨에게 자신이 병이 있다는 사실을 숨기고 3일 만에 약혼을 하게 되었다는 얘기와, 그 사실을 안 외삼촌 장로님이 화가 나서 아가씨를 중매한 목사님에게 전화를 걸어 사실 그대로를 말하고는 파혼시키라 한 얘기와, 그럼에도 불구하고 뒤늦게 사실을 안 아가씨가 "속은 것도 하나님의 뜻이지요"라며 결혼하겠다고 해서 결혼이 성사된 얘기 등을 털어놓으면서,

밥상에서 식사하며 피를 토하곤 했음에도 자신이 먹던 밥을 개밥으로 주지 않고 본인의 밥 대신 남편 밥을 달라고 해서 먹어 주던 아내의 고마운 얘기, 식사 후 더운 물을 가져다가 발을 씻겨 주고 지압해 준 아내에 대한 사랑스러운 얘기, 3남매 낳아 잘 키워 행복하게 살고 있다는 얘기들을 전해 준다.

행복한 부부 관계를 설명함에 이보다 더 좋은 예화가 어디에 있겠는가? 부부간의 이런 감동적인 얘기들은 듣는 이들로 하여금 가슴을 뭉클하게 하며, 자신들도 그렇게 살아야겠다는 각오와 결심을 유발하기에 적절한 예화가 아닐 수 없다.

둘째는, 부자 관계의 정립에 관한 내용이다. 여기서 그는 부부 관계와 부자 관계에 있어서의 차이에 대해 언급한다. 즉, 부부지간에는 관계가 악화되면 헤어질 수 있지만, 부자지간에는 끊을 수 없기에 부부간의 관계 악화보다 부자간의 관계 악화가 더욱 심각함을 잘 설명한다. 그런 후 에베소서 6장 1-4절에 나오는 "자녀들아 너희 부모를 주 안에서 순종하라 이것이 옳으니라 네 아버지와 어머니를 공경하라 이것이 약속 있는 첫 계명이니 이는 네가 잘되고 땅에서 장수하리라 또 아비들아 너희 자녀를 노엽게 하지 말고 오직 주의 교양과 훈계로 양육하라"(개역한글)는 말씀을 설명한다.

우선 '자녀들아 부모를 공경하라'는 내용으로 부모가 나이 많아 돈 한 푼 못 벌더라도 공경해야 함을 여러 구체적인 실례를 들어서 강조한다. 부모가 주책을 부려도 자식이 어릴 때 대소변 가려 주고 궂은 일 다 해 주신 것보다 더 주책을 부리겠으며, 자식을 낳아서 길러 주신 것만 해도 해 준 게 뭐 있냐며 대들 수 없다는 설명을 논리적으로 설득력 있게 잘 전하는 솜씨는 기가 막히다.

그뿐 아니라 부모가 어떤 형편에 있든지 무조건 공경해야 하는 아주 중요한 이유를 소개한다. 그것은 "네가 잘되고 땅에서 장수하리라"라는 약속의 말씀이다.

또 자녀가 이런 축복을 받기 위해 부모 역시 주의 교양과 훈계로 잘 양육할 필요가 있음을 성경 본문을 근거로 강조하고 있다. 거기에다가 김 목사가 광성교회에 처음 부임했을 때 사찰로 일하던 한 집사의 가정 얘기를 소개한다. 그 집과 담벼락 하나를 사이에 두고 같이 산 적이 있었는데, 아침이면 언제나 그 집에서 가정 예배를 드리느라 찬송을 부르고 성경을 읽고 기도하는 소리가 들리곤 할 정도로 신앙 교육을 잘 시키는 가정이라고 했다. 그 결과 큰아들은 미국 유학을 마친 후 명지대 교수로 있고, 둘째 아들은 은행 지점장이 될 정도로 땅에서 축복받았는데, 이런 구체적인 실례는 청중으로 하여금 '우리도 저렇게 철저하게 자식들에게 신앙 교육을 시켜야겠다'는 각오와 결심을 하게 함에 아주 유익할 것이다.

김 목사를 '어린아이에게 밥을 떠먹여 주듯이 쉽게 설명하는 설교자'로 얘기하는 이들이 많은데, 그게 바로 이런 예화 소개에 기인한 것이라는 점을 기억할 필요가 있다.

셋째는, 상하 관계 정립에 관한 얘기다. 우선 에베소서 6장 5-9절의 내용을 소개한다. "종들아 두려워하고 떨며 성실한 마음으로 육체의 상전에게 순종하기를 그리스도께 하듯 하라 눈가림만 하여 사람을 기쁘게 하는 자처럼 하지 말고 그리스도의 종들처럼 마음으로 하나님의 뜻을 행하고 기쁜 마음으로 섬기기를 주께 하듯 하고 사람들에게 하듯 하지 말라 이는 각 사람이 무슨 선을 행하든지 종이나 자유인이나 주께로부터 그대로 받을 줄을 앎이라 상전들아 너희도 그들에게 이와 같이 하고 위협을 그치라 이는 그들과 너희의 상전이 하늘에 계시고 그에게는 사람을 외모로 취하는 일이 없는 줄 너희가 앎이라."

본문을 소개한 후 에베소교회 당시 존재했던 노예 제도에 대해서 설명한다. 주인과 종은 주종 관계로 엄격한 관계였다. 하지만 현재는 그런 계급의 관계가 아니라 계층의 차이가 있는데, 이것은 일을 할 때 직책과 하는 일이 다를 뿐, 사람 자체에 위아래나 높고 낮음이 있음이 아니란 점을 상기시킴으로 본문 당시에 갈등을 빚어 온 계급 관계를 현대의 청중에게 무리 없이 지혜롭게 잘 적용하고 있다. 이런 계층 간의 조화를 잘 이루어야 한다고 말한다.

그렇게 종들은 상전을 '예수님이라면 어떻게 하겠는가' 생각하고 잘 섬겨야 하고, 상전들도 그와 같이 하라고 적용한다. 그렇게 하면 그 행한 대로 하늘의 아버지께 보상을 받는다고 도전하기도 한다. 한마디로, 종이나 상전이나 예수 그리스도를 표준으로 적용하면 그보다 더 좋은 상하 관계는 없을 것이라 설명한다. 그런 후 예를 들어서 실제 직장에서 내가 상관일 때 아랫사람에게 어떻게 행해야 하고, 아랫사람일 경우에 상관에게 어떻게 행해야 할 것인지를 생각해 보라고 권면, 적용한다.

마지막으로 가정주일임을 상기시키면서, 부부 관계와 부자 관계와 상하 관계를 잘 정립해야 이상적인 복된 가정이 될 수 있다고 한꺼번에 정리하면서 마무리를 하고 있다.

chapter 9

호소력 있는 전달의 특징

미국 대각성 운동의 주축이었던 영국의 부흥사 조지 휫필드는 설교 원고를 남기지 않은 것으로 유명하다. 사람들이 그의 설교 원고를 출판하고자 요청하자 그는 이렇게 말했다고 한다. "저는 제 설교를 기록으로 남겨 둘 생각이 없습니다. 당신은 번개와 우렛소리를 종이에 인쇄할 수 있습니까?"[370]

그렇다. 한 설교자의 설교 내용을 담아 놓은 설교집을 읽고도 은혜를 받는 것이 가능하겠지만, 그것이 그의 설교의 모든 것이라 할 수는 없다.

'설교집'(설교 원고, sermon note)과 실제 '설교'(preaching)는 구분해야 한다. 설교집은 설교가 아니고 설교의 내용을 적어 놓은 것에 불과하다. 아무리 설교집을 읽고 은혜 받았다 해도 실제 설교를 듣지 않았다면 제대로 된 설교를 접했다 할 수 없다.

지금까지 우리는 성경적이고 효과적인 설교를 작성하기 위해서 어떻게 해야 하는지에 관해 탁월한 스승이라 할 수 있는 김창인 목사의 설교집을 통해 소중한 열매들을 얻을 수 있었다. 하지만 그것으로 김 목사 설교의 모든 것을 다 파악했다고 한다면 큰 오산이다. 우리가 김창인 목사의 설교집에 관한 거의 모든 부분을 샅샅이 분석했다 해도 그의 실제 설교(actual preaching, 전달)를 놓쳐 버린다면 그의 설교를 완벽하게 분석했다고 볼 수 없다.

설교는 원고를 들고 혼자 읽고 외치는 독백(monologue)이 아니라, 쌍방 간의 대화(dialogue)다. 설교는 일방적인 강의나 강연이 아니라, 청중과의 호흡 및 의사소통(communication)이다. 그래서 청중과의 원활한 커뮤니케이션 기술을 갖추기 위해서도 최선을 다해야 한다. 실제로 본문 석의와 원고 작성에는 신경을 많이 쓰지만 전달에는 재능과 관심 기울임이 부족해서 죽을 쑤는 설교자가 있는가 하면, 설교의 내용은 대단하지 않으나 전달에 능력이 있어서 청중에게 큰 감동을 끼치는 이들이 있다.

따라서 우리는 김창인 목사의 설교에 있어서 언어적인 측면과 함께 비언어적인 측면도 반드시 연구해 볼 필요가 있음을 절감한다.[371] 그러기 위해선 설교의 현장에서 그가 직접 선포하는 설교를 오래 듣든지, 아니면 최소한 동영상을 통해 그의 설교를 시청해야만 한다. 조지 휫필드의 얘기처럼, 설교 원고만 가지고 김 목사의 설교를 배우려 한다면 종이에 그려진 그림을 보고 천둥과 우렛소리를 들으려 하는 것과 마찬가지기 때문이다.

이제 김창인 목사의 말씀 선포 속에 나타나는 특징과 장점들을 하나씩 살펴보기로 하자.

1. 호감이 가는 외모와 밝은 표정

사람의 외모가 타인에게 미치는 영향력이 얼마나 큰지는 설명할 필요도 없이 다 아는 바다. 하지만 최근 전문가들은 3초 이내에 판단되는 첫인상을 너무 쉽사리 믿어선 안 된다는 주장을 한다.

그러나 어쩌랴! 이것은 뇌에서 일어나는 지극히 본능적인 현상이다. 인간은 아름다운 것을 보면 쾌감을 느끼는 미적 본능을 갖고 있다. 뇌의 시각피질은 아주 신속하게 미추를 분별하고 사물을 제법 정확하게 꿰뚫어 보는 자명성을 가지고 있다.

한 번 척 보고 상대방을 판단하는 것은 인간의 뇌가 가지고 있는 본능적이고 선천적인 능력과 특징이다. 또한 처음 자신이 판단한 것을 그대로 믿고 유지하고 싶은 일관성의 원칙 그리고 처음 들어온 정보가 나중에 들어온 정보의 해석에 영향을 주는 초두 효과 등의 심리학적 현상은 처음 뇌에 각인

된 현상이 얼마나 강력한지를 느끼게 해 준다.

때문에 《인상이 바뀌면 인생이 바뀐다》(집사재)와 같은 책들이 절찬리에 판매되고 있다.[372] 이 책의 저자 송은영은 '내 얼굴은 내 것이 아니라 남의 것'이라고까지 강조한다. 사람의 인상이 중요함을 말하는 것이다. 청중 앞에서서 설교를 많이 하는 우리 설교자들이 귀담아 들어야 할 내용이다.

1960년, 케네디와 닉슨(Richard Nixon)이 대통령 선거에서 대결한 적이 있다. 대부분의 예상은 젊은 애송이 케네디가 노련한 닉슨의 상대가 되지 못한다는 것이었다. 하지만 TV 토론에서의 결과는 전혀 달랐다. 나이가 들어 보이는 닉슨에 비해 잘생긴 케네디의 차분하고 미소 띤 모습에 시청자들은 열광했다.[373] 그 결과 누가 백악관의 주인이 되었는지는 우리 모두가 다 알고 있는 사실이다.

김 목사는 한 눈에 봐도 미남형의 호감이 가는 얼굴이다. 젊었을 땐 질병으로 인해 바짝 마른 모습이었을 것이나, 배우같이 깔끔하게 생긴 외모와 밝은 표정은 설교를 듣는 이들에게 적잖은 기쁨과 청량제가 되었을 것으로 생각한다.

'마흔이 넘으면 자신의 얼굴에 책임을 져라!'라는 말처럼, 우리가 자신의 얼굴을 보는 시간보다 타인에게 노출되는 시간이 훨씬 더 많다. 내면의 아름다움을 보는 것보다 먼저 우리는 그 사람의 인상을 본다. 오죽했으면 사울 왕에게 기름 부었다가 실패를 경험한 바 있는 사무엘 선지자도 두 번째 기름 부을 때 외모에 현혹되어 다윗의 큰형 엘리압을 선택할 뻔했겠는가!

이때 나온 유명한 문장이 무엇인가? 바로 이것이다. "사람은 외모를 보거니와 나 여호와는 중심을 보느니라"(삼상 16:7). 사람의 외모를 보지 말라는 말씀이지만, 그만큼 사람들이 외모를 중시한다는 뜻이기도 하다.

그러면 김 목사처럼 외모가 수려한 사람이야 좋겠지만, 첫인상과 외모가 좋지 않은 나 같은 이는 어떻게 해야 할까? 자주 거울을 보고 웃는 연습을 많이 해야 한다. 'Practice makes perfect.' 연습과 훈련이 사람의 인상까지 바꿔 놓는다.

자신이 준비한 설교의 내용이 청중에게 잘 어필되도록 하기 위해 설교자들은 외모와 표정 관리에 신경을 많이 쓸 필요가 있음을 김 목사의 케이스에서 점검해 본다.

2. 따뜻하고 다정다감한 성품

목회 사역에서 설교만큼 중요한 요소는 없다. 설교가 살아 있을 때마다 교회는 크게 부흥한 반면, 강단이 약화되었을 땐 교회가 쇠퇴해 왔다.[374] 때문에 교회 지도자들은 설교가 교회 부흥과 직결된다고 보는 것이다.

에드윈 다간(Edwin Dargan)은 다음과 같이 말했다. "교회에서의 영적 생활과 활동이 활력을 잃은 것은 공통적으로 생기 없고 형식적이고 열매 없는 설교에 기인한 것이고, 이것은 부분적으로 원인과 결과가 된다. 반면, 기독교회사의 위대한 부흥들은 대개 강단의 위대한 역사의 결과물들이라 볼 수 있다."[375]

최근 들어 교회가 더 이상 제 역할을 감당하지 못할 정도로 심각해졌다는 지적이 많이 제기되어 왔다. 미국 교회의 80-85퍼센트가 성장을 멈췄거나 심지어 감소 현상을 보이고 있다는 통계다.[376] 세계 기독교 역사상 전례를 찾아보기 어려울 정도로 급성장하고 부흥했던 우리 한국 교회도 마찬가지의 병폐를 보이고 있다.

무엇보다 한 번도 예상치 못했던 코로나19로 인해 오늘날 교회는 그 어느 때보다 심각한 위기를 맞고 있다. 코로나19 이후 한국 강단에 변화가 없다면 우리의 교회는 급속도로 쇠퇴해 갈 것이 불을 보듯 훤한 일이다.[377]

오늘 교회와 강단에서 빚어지는 심각한 문제의 원인 중 하나는 설교자들의 온전치 못한 성품이다. 설교자가 전하는 메시지는 메신저와 분리될 수 없다. 설교자의 고귀한 영성과 인격이 없는 메시지는 공허한 말에 불과하다. 그렇다. 설교자들이 전하는 말씀(message)은 설교자(messenger)와 같아야 한다. 설교자의 탁월한 인격이 담겨져 있지 않은 말씀은 공허한 말일 뿐이다. 말씀이 제대로 청중에게 먹혀들어가려면 우선 말씀을 전하는 자의 인격이 그들로부터 인정을 받아야 한다.[378]

그런 점에서 김창인 목사는 특별한 사람이라 할 수 있다. 김 목사의 외모에 장점이 많다는 얘기를 앞서 언급한 바 있다. 하지만 한편으로는 그의 첫 인상을 날카롭고 올곧고 꼿꼿한 선비 스타일로 생각하는 이들도 적지 않다. '공과 사가 분명한 대쪽 같은 이미지, 무섭고 직선적이며 쓴 소리도 주저하지 않는 개성이 뚜렷한 성격, 차갑고 냉랭한 분위기, 권위적이고 절대적인 카리스마를 지닌 사람.'

이런 사람은 주변인들이 선뜻 쉽게 접근하기 힘든 차가운 느낌을 주기 마련이다. 학자라면 모를까, 목회자들은 푸근한 인상을 갖고 있으면 유리하다. 하지만 그와 친분이 두터운 목회자들이나 교인들의 얘기에 의하면, 처음엔 친해지기 힘든 스타일이지만 김 목사와 한 번 교제하고 신뢰를 얻기만 하면 인간미가 철철 흘러넘치는 장점을 가지고 있다고들 한다. 김창인 목사가 시무할 당시 광성교회 교육 목사이자 장신대학교에서 조직신학을 가르쳤던 현요한 교수의 얘기를 들어 보자.

> 책망을 하실 때는 끔찍하지만 돌보아 주고 배려해 주실 때는 자상한 분이 바로 (김창인) 목사님이셨습니다. 목사님이 사람들을 격려하고 칭찬하는 기술은 정말 탁월합니다. 예를 들어, 찬양대에게 '오늘 찬양이 너무 좋

아요. 지금까지 했던 것을 다 합친 것보다 더 잘했어요.' 이런 식입니다. 그래서 목사님은 칭찬받는 사람을 종종 황송하게 만들곤 하십니다.[379]

'다정다감하고, 부드럽고, 자상하고, 칭찬과 격려에 따뜻한 분'이 그를 오래 경험한 이들의 한결같은 인상이다.

그렇다. 인간은 누구나 다 양면성을 가지고 있다. 겉으로 보이는 것으로 사람의 모든 걸 판단할 수는 없다. 김창인 목사는 타고난 외모와 성격도 그러하거니와, 혼자 몸으로 월남해서 고아처럼 외롭고 힘들게 살아가다 보니 내성적인 성격이 다져져서 그렇게 되었으리라 짐작한다. 그와의 인터뷰에서 알게 된 사실은, 선친께서 말을 별로 하지 않는 과묵형 인물이셔서 본인도 별로 말이 많지 않았다는 것이다.

첫인상이 아무리 좋아 보여도 길게 교제할 만한 내용이 없는 사람보다는, 우선은 차가워 보여도 오랜 세월 교제하면서 신뢰와 정을 주고받을 수 있는 사람이 훨씬 낫다. 김 목사가 딱 그러한 사람이다.

외모가 딱딱해 보이고 성격이 과묵한 사람일수록 자기 일에 깊이와 신실함을 겸비한 경우가 많다. 그래서 심방 시나 교제 시에는 다정다감한 성격이 도움이 되겠지만, 강단에서 말씀을 선포할 때는 분명하고도 카리스마 있게 설교함이 더없이 소중한 장점이 될 수 있다.

그의 분명하고도 확신에 찬 진지한 얼굴에서 듣는 이들은 긍정적인 많은 걸 피부로 느끼고 전달받게 된다. 설교는 목소리와 제스처로만 전달되는 것이 아니다. 말씀을 전하는 사람의 인격과 확신과 열정과 표정이 함께 작용해서 소리로 전달되는 것이다.

무엇보다 대형 교회 목사였음에도 그에게선 자기를 드러내거나 과시하는 교만함을 찾아볼 수 없다는 장점이 있다. 항상 겸허하게 사람들을 인격적으로 대하고, 자신의 허물과 약함도 숨김없이 공개하는 솔직담백한 목회자다. 그는 자신의 약점과 맹점을 잘 인식하고 하나님 앞에서 겸손하게 살려고 애쓴 설교자였다.

이런 설교자의 설교는 청중의 가슴에 잘 박힌 못처럼 깊이 잘 새겨지기 마련이다. 설교문에서는 다 파악할 수 없는 그의 겸손하고 진솔한 인품은 설교자로서 구비해야 할 중요한 자산이다.

그와 함께 사역했던 후배 목회자들은 모두가 한결같이 김 목사와의 사역 당시를 가장 행복한 때로 기억한다. 스승의 존경스런 인품과 겸허한 자세와 탁월한 설교를 입을 모아 칭찬하고 자랑하는 모습은 내가 보기에도 좋았다.

코로나19 정국을 맞이해서 한국 교회의 후배 목회자들을 위해 그가 건강을 더 잘 유지해서 무병장수로 더 오래 남아 준다면 큰 힘과 자산이 되리라 생각한다.

3. 진솔하고 겸허한 인간미

아리스토텔레스의 세 가지 수사 기법이 있다. 첫째는 로고스*(logos)*이고, 둘째는 파토스*(pathos)*이고, 셋째는 에토스*(ethos)*이다. '로고스'는 '청중을 설득시킬 수 있을 만큼 논리적인 연설 원고'를 의미하고, '파토스'는 '감정적 호소를 통해 청중의 마음에 부여하는 열정'을 의미하고, '에토스'는 '연설하는 이의 인격'을 의미한다. 아리스토텔레스는 이 세 가지 중 가장 중요한 요소를 에토스라고 강조했다.[380]

그렇다. 아무리 메시지가 좋고 열정적으로 설교를 해도 말씀을 전하는 사람의 인격에 문제가 있다면 그 말씀은 청중에게 제대로 흡수될 수 없을 것이다. 그런 점에서 하나님의 말씀이라는 소중한 메시지를 전달하는 메신저들은 탁월한 인격의 소유자가 되어야 한다.

오래전 박사 논문을 쓸 때 영어로 된 수백 권의 설교학 책들을 읽는 중에 감동적인 이야기를 하나 본 적이 있다. 어느 주일날 미국의 큰 교회에 기자가 와서 예배 후에 성도들과 인터뷰를 했다. 질문은 한 가지였다. "오늘 목사님의 설교를 보니 크게 능력이 있는 편은 아닌 것 같은데, 어째서 이 교회는 이렇게 기쁨이 충만하고 부흥에 부흥을 거듭하는 것입니까?"

그때 한 성도가 이렇게 말했다. "우리 담임목사님은 주일 예배 설교 시간에 실수로 설교 원고 대신 세탁물 리스트가 적힌 페이퍼를 가지고 와서 읽어도 우리 모두는 은혜 받을 것입니다."

그 목사님의 인격이 얼마나 훌륭하기에 성도가 그런 표현을 했을까? 비록 설교가 탁월하지 못하다 해도 인품이 갖춰져 있으면 청중은 그 설교에 감동받는다는 점을 오늘의 설교자들은 결코 잊지 말아야 한다.

김창인 목사의 첫인상을 말해 보라 하면 대다수가 과묵하고, 근엄하고, 날카롭고, 단호하고, 엄격한 카리스마를 그의 트레이드마크로 얘기한다. 이런 카리스마의 주인공은 대개 권위적이고 독선적인 방향으로 전개되는 수가 많은데, 김 목사 경우엔 전혀 다른 식으로 진행됨을 볼 수 있다. 이에 관해서는 김 목사가 시무할 당시 광성교회에서 부교역자로 사역했던 김세광 목사의 얘기를 들어 보면 좋겠다.

> 목사님의 날카로움과 엄격성을 보기 위해서는 광성교회 예배를 참여하면 알 수 있는데, 날카로운 눈매에 카랑카랑한 목소리로 회중들의 잘못된 점들을 질타할 때면 예배당이 얼어붙을 만큼 분위기가 차가워진다. 그*런데 이상한 것은 야단을 맞는 회중들의 얼굴에 묘한 웃음기가 있고, 때론 실제로 웃음이 터지기도 한다는 데 있다. 야단맞는 데 이력이 나서일 수도 있지만, 그보다는 부끄러운 것일지라도 베일에 감추지 않고, 솔직*

히 표현함으로 나타나는 목사님의 해학성이 순간순간 배어나오기 때문인 것 같다.[381]

설교자가 진실하고 솔직한 까닭에, 성도들을 강하게 지적하고 꾸지람을 해도 시험 들거나 거부반응이 일어나지 않고 좋은 분위기를 유지할 수 있다는 증언을 들을 수 있었다.

앞선 내용 중에서 김 목사가 자기 동일시 기법 활용에 빼어난 설교자임을 확인했듯이, 그는 정말 진실하고 겸손한 목회자임이 분명하다.

지인들의 설명에 의하면, 김 목사는 '예'와 '아니오'를 분명하게 하고 속에 있는 감정을 억지로 숨기지 않지만, 약한 자에게는 한없이 약한 여린 마음의 소유자임을 알 수 있다. 외모로 볼 때는 차갑게 느껴질지 몰라도, 마음이 따뜻해서 성도들을 어버이처럼 품는 목자이자, 부교역자들의 살림살이까지 배려하는 선배로서의 다정다감한 모습을 가진 겸손한 분이라는 게 공통적인 얘기들이다.

보통 카리스마가 있는 대형 교회의 담임목사 정도가 되면 세심하고 섬세한 일까지 신경 쓰며 관심을 기울이기가 쉽지 않은데, 김 목사는 임신한 부교역자 사모에게 남편 몰래 용돈까지 세 차례나 선물할 정도로 보살핌에 은사가 있는 분으로 알려져 있다.[382] 진솔하고 겸허한 인격의 소유자가 아니라면 결코 기대할 수 없는 김 목사의 큰 장점 중 하나다.

김 목사의 카리스마는 내유외강형이라 보면 가장 적절하리라 생각한다. 겉으로 보기엔 강력한 권위와 파워를 휘두르는 스타일 같지만, 실제로는 남달리 온화하고 진실하고 겸손한 화합형의 카리스마를 지니고 있다고 보면 된다.

하나님의 말씀이 선포되어 청중에게 은혜와 감동으로 다가가기까지는 우선 성령의 도우심이 필요하겠지만, 설교자의 성품과 인격 또한 발휘되어져야 한다. 따라서 메신저는 반드시 메시지가 되어야 한다. 자신이 전하는 말씀을 삶으로 뒷받침하지(back up) 못하는 자의 설교에 은혜와 감동 받을 이는 없기 때문이다.

4만 5천 명의 교회로 부흥, 성장시킨 지도자는 그냥 만들어지는 게 아니다. 뭔가 그럴 만한 분명한 이유가 있다. 김 목사의 여러 장점들 가운데 진솔함과 겸손함이 그중 가장 빛나는 특징이 아닌가 생각한다.

말만 잘하고, 성경만 잘 해석하고, 설교만 잘한다고 목회를 잘할 수 있는 것은 아니다. 설교자로서의 겸허하고 진실한 인격에 탁월한 설교의 능력과 성령의 도우심이 삼위일체를 이룰 때 위대한 설교가 이뤄질 수 있음을 오늘의 설교자들은 반드시 기억해야 한다.

4. 융통성 있는 개방적 사고

김창인 목사는 은퇴한 지 20년이 다 되어 가는 구세대에 속한 사람이다. 대부분 이런 분들은 고리타분하고 고지식하고 경직된 사고방식을 갖고 있을 가능성이 많다. 하지만 김 목사는 젊은 신세대 목사들 못지않게 매우 진취적이고, 개방적이며, 융통성이 많은 분으로 유명하다.

내가 대학부 시절 저녁 예배 때 '문학의 밤'을 개최한 적이 있는데, 대학부 회원 한 사람이 기타로 복음성가를 연주하다가 화가 난 담임목사님이 행사를 중단시키는 바람에 모두가 난처한 일을 당한 경험이 있다. 하지만 김 목사는 교회 안에서 기타뿐 아니라 전자 악기와 심지어 드럼 사용까지도 허용하는 개방적인 사고를 갖고 있었다.

그뿐 아니라 설교 중에 주초 문제로 교회에 출석하기가 힘든 이들까지 배려하는 융통성 있는 사고를 엿볼 수 있다. 그가 전한 설교의 내용을 두 부분 소개해 본다.

여러분들의 남편 중에 술이 아니면 못 사는 사람이 있을 것입니다. 그런 사람에게 술을 끊으라고 하면 끊지 못합니다. 술을 끊고 교회에 나오라고 하면 교회에 나오지 못합니다. 아내는 남편이 술을 좋아하면 술을 한잔 대접하고 기분이 좋을 때 "교회에 나갑시다"라고 하면 나와서 앉는 것은 할 수 있습니다. *이 자리에 술을 끊지 못할 분들이 있으면 한잔 얼큰하게 하고 나오십시오. 나오는 것은 할 수 있지만 끊는 것부터 하라면 못 하는 것입니다. 그렇게 교회에 나오다가 나중에 믿음이 들어가면 술을 사다가 마시라고 주어도 네가 다 마시라 하면서 마시지 않습니다.* 그때는 지킬 수 있는 믿음의 실력이 생기기 때문입니다. 지킬 수 있는 것부터 지켜 나가면 되는 것입니다.

하루에 담배 두 갑씩 피우는 사람에게 담배를 끊고 교회에 나오라고 하면 교회에 나오겠습니까? 담배를 피우면서라도 나와서 앉으시기 바랍니다. 정장을 했을 때 담뱃갑을 안주머니에 넣으면 모르지만 여름에는 러닝셔츠만 입고 나오지 않습니까? 러닝셔츠의 윗주머니에 담뱃갑을 넣어 두면 옷이 얇아서 어떤 담배를 넣었는지 다 보입니다. 그래도 괜찮습니다. 러닝셔츠에 담배를 넣고 나오셔도 됩니다. 담배를 먼저 끊고 나오라면 못 합니다. 그냥 피우면서 출석하는 것부터 하시기 바랍니다. 그러다가 믿음 생활을 제대로 하게 되면 담배를 보루로 사다 주고 피우라고 해도 네가 다 피우라고 하면서 피우지 않습니다. 이처럼 믿음 생활할 때 하나하나 말씀을 지켜 나가면 '지키니까 되더라, 하나님의 말씀을 하나하나 적용하니까 되더라'는 체험을 하게 되는 것입니다. 이렇게 말씀을 지켜 나가는 것은 믿는 사람이 해도 되고 안 해도 되는 것이 아닙니다. 하나하나 지

켜 나갈 때 여러분들의 믿음은 그리스도의 장성한 분량에까지 이르게 될 것입니다.[383]

그러나 술을 마셔도 교회에 나오면 됩니다. 술 끊고 나오라 하면 죽을 때까지 예수를 믿지 못합니다. 믿음이 생기면 주초를 끊는 능력이 나타납니다. 하루에 담배 두 갑을 피우는 골초가 담배 끊고 나오라고 하면 나옵니까? 교회에 나와서 믿음이 생기면 됩니다.[384]

법조문을 낭독해 주고 모범 답안만 제시할 것같이 날카롭고 올곧은 타입의 목사에게서 위와 같이 배려심 넘치고 개방적인 내용의 설교가 선포될 줄은 상상도 못할 일이다. 하지만 김 목사는 균형 잡힌 신학과 함께 융통성이 있는 넓은 마음의 소유자다. 이런 분의 설교를 듣는 청중의 마음이 어떻겠는가? 그 따뜻하고 진취적이고 적극적인 자세에 마음이 활짝 열려, 그가 전하는 말씀에 보다 큰 은혜와 감동과 변화를 받지 않겠는가? 오늘의 설교자들이 반드시 배우고 갖춰야 할 필수적인 자세 중 하나임을 반드시 기억하자.

5. 타의 모범이 되는 부부애

대단한 능력과 자질을 가진 유명 목회자들이 부부간의 문제로 파탄 나는 경우를 간혹 볼 수 있다. 그 정도로 문제가 심각하진 않아도 부부 사이에 아무런 문제없이 잉꼬부부로 살아가는 이들은 정말 찾아보기 힘들다.

이민 교회를 담임할 때 상담을 전문적으로 하는 집사의 얘기를 들은 적이 있다. 전화 상담을 하다 보면 자신의 직업을 밝히지 않는 이들이 있는데, 십중팔구 목회자들이라고 한다. 그만큼 목회자들 가정에 문제가 많다는 것이다. 이유는 두 사람의 문제보다는 대다수가 교인들 때문에 빚어진 갈등과 상처들이란다. 목회가 힘들어 죽을 맛이다 보니 부부간에도 악영향이 미쳐지는 것이다. 그런 목회자가 어찌 강단에서 하나님의 말씀을 힘차고 당당하게 전할 수 있겠는가?

그런 점에서도 김 목사는 모든 설교자들의 귀감이 되고 있다. 김 목사라고 목회에 어려움이 왜 없었겠는가? 성도들이나 타인과의 관계에 있어서 문제가 왜 없었겠는가? 하지만 이 모든 것들을 부부가 기도와 한결같은 사랑으로 극복하고 승리한 사람들이다.

김창인 목사와 김기옥 사모, 이 두 사람의 끈끈한 부부애는 성도들이나 가까운 지인들이라면 누구나가 다 아는 내용이다. 김 목사의 아내 사랑과 김 사모의 남편 존경은 남다르다. 지금도 두 사람은 연애 시절과 다름없이 찰떡궁합을 자랑하고 있다.

훌륭한 목회자의 배후에는 위대한 사모가 있다는 얘기가 있다. 바로 김창인 목사를 두고 하는 말이다. 한자성어에 '부창부수'(夫唱婦隨)란 말이 있다. '남편이 어떤 일을 하고 나서면 아내가 그 일을 도와 가며 서로 협동하고 화합하는 것'을 뜻한다. 이것 역시 김 목사 부부에게 딱 어울리는 말이다.

김 목사의 아내인 김기옥 사모는 모범적인 목회자로 자리매김한 김창인 목사 못지않은 신앙과 인품의 소유자로 알려져 있다. 결핵 환자였던 김 목사와 함께 개척해서 대형 교회로 성장하기까지 얼마나 많은 고초와 눈물을 품었을지 모른다.

무엇보다 서두에 소개한 바 있지만, 약혼한 남자가 결핵 환자란 사실을 숨겼다는 얘기를 중매쟁이로부터 듣고도 '속은 것도 하나님의 뜻'이라며, 그와 결혼해서 한평생을 동역자로 살아온 김기옥 사모야말로 모든 사모들의 귀감이 아닐 수 없다. 특히 결혼 후 식사 중 김 목사가 각혈을 하다 남긴 밥을 버리기는커녕 대신 먹어 준 사모의 배려와 사랑 얘기는 가히 초인적으로 느껴졌다. 아내에 대한 김 목사의 고백을 직접 들어 보자.

> 저의 아내가 저에게서 무엇을 보고 결혼했겠습니까? 그때에 내가 건강했던 것도 아닙니다. 그렇다고 재산이 많습니까? 작은 교회의 가난한 강도사였는데 무슨 희망이 있다고 좋아했겠습니까? 오직 목사라는 것 때문에 결혼했습니다. 즉 저를 믿음으로 보고 결혼한 것입니다. 제가 지금 35년째 함께 살아가고 있지만 지금까지 저의 아내와 결혼한 것에 대해 후회해 본 적이 한 번도 없습니다. 복된 결혼이라 자부해 봅니다.[385]

김 목사와 함께 사역했던 김호원 목사가 들려주는 감동적인 일화도 소개해 본다. 아직 김창인 목사가 총회장 취임을 하지 않았을 당시, 남선교회 전국 연합회 회장 취임 예배 때 김 목사가 그 자리에 함께 참석한 적이 있었다고 한다. 그때 연합회 회장으로 취임하는 분이 취임 인사 중에 아내에게 감사한다는 말을 한 적이 있는데, 마치고 돌아오는 길에 김 목사에게 물었다고 한다. "목사님께서도 총회장 취임식에서 그런 인사 말씀하실 것입니까?" 그때 김 목사는, "물론, 내가 폐병으로 사람들이 모두 꺼릴 때 시집와서 옷을 팔아서 내 먹을 것을 뒷바라지해 주고, 또 내가 먹다 남은 음식을 마다하지 않고 자신이 먹었던 그 고마움을 내가 잊지 못하지"라고 답했다 한다. 그 후 총회장 취임 예배 시에 김 목사는 자신의 말대로 '아내에게 그 고마움을 표한다'고 하면서 목멘 음성으로 말했다고 한다. 이후 김호원 목사는 사모를 대하는 자신의 자세에도 변화가 있었음을 솔직히 고백했다.[386]

그뿐이 아니다. 김창인 목사는 아내의 말을 듣지 않았다가 감기에 걸려 고생한 사건을 소개하면서 아내의 좋은 충고를 잘 들어야 한다고 강조했다.[387] 이런 점에서 볼 때 김 목사는 가정에서도 백점짜리 남편이요, 교회에서도 백점짜리 목회자가 틀림없어 보인다.

김기옥 사모 역시 남편뿐 아니라 성도들로부터 영적 어머니다운 분으로 존경받아 왔음을 알 수 있다. 그들은 김 사모를 사랑과 관심으로 기도의 밤을 지새우고, 하나님에게 바치기를 기뻐하며, 물질에의 욕심을 버리고 남에게 베풀기를 즐겨 하는 모습으로 기억하고 있다.[388]

'가화만사성'(家和萬事成)이라 했던가! 부부간의 사랑과 화합이 이루어지지 않은 이가 어찌 하나님의 말씀을 자신 있게 전할 수 있으리오. 설교자로서의 확신과 여유는 가정에서의 평안과 부부간의 화목으로부터 비롯된다. 아무리 탁월한 설교문이 준비되어 있다 하더라도 부부간의 갈등과 문제로 인해 힘들고 괴롭다면 어찌 감동적이고 강력한 메시지가 선포될 수 있겠는가? 탁월한 설교의 전달이 부부간의 화합과 사랑에서 비롯된다는 사실을 모든 설교자들은 명심해야 할 것이다.

6. 타고난 발음과 목소리 및 원고 숙지력

앞에서 소개한 이 책 대부분의 내용은 김창인 목사의 설교집을 토대로 분석한 것들이다. 하지만 그것은 김 목사 설교의 모든 것이 아니다. 김창인 목사의 실제 설교를 평가하려면 그의 설교를 직접 들어 보아야 한다. 그렇게 그의 전달 방식과 능력 등까지 고려해야 그의 설교를 제대로 얘기할 수 있다. 때문에 이 부분은 그의 설교 영상을 직접 시청한 결과 분석된 그의 설교 전달에 관한 평가이므로, 어떤 내용보다 더 가치 있고 주목해 볼 필요가 있다고 본다.

내가 직접 보고 들은 김 목사의 설교(preaching)에서 느낀 그의 발음, 목소리, 전달 속도, 얼굴 표정 그리고 제스처 등에 관해 차례로 설명해 보겠다.

연설에서든 설교에서든 발음과 목소리는 생명과도 같다. 적지 않은 설교자들이 선천적으로 좋지 않은 목소리를 가지고 있다. 그 목소리로는 감동을 주기 힘든 치명적인 결함이 있다. 또 설교를 듣다 보면 지방 사투리로 인해서나 부정확한 구강의 발성 구조 때문에 발음이 정확하지 않은 목소리가 있다. 그런 목소리로는 청중에게 설교의 내용을 제대로 전달할 수 없다.

모든 것이 그러하듯 설교자 역시 천부적으로 좋은 목소리와 발음을 타고나는 게 큰 복인 것 같다. 그런 점에서 김창인 목사는 복 받은 사람이다. 그는 누가 들어도 발음이 정확하고, 목소리 또한 중저음 톤으로 카랑카랑하고 맑은 음의 소유자다.

하지만 발음도 중요하고 목소리도 매력적이어야 하지만, 그것으로 끝나는 것은 아니다. 음성의 강약과 고저장단은 물론, 빠르고 느린 속도까지 적절하게 잘 조절할 줄 알아야 한다. 처음부터 느린 속도로 끝까지 느리다거나, 처음부터 약한 톤이 끝까지 약한 식의 천편일률적인 설교의 음성이라면 청중의 관심을 끌 수가 없다.

김 목사의 설교는 속사포처럼 쏜살같이 전개되는 스타일이 아니라, 한 단어, 한 단어, 느리지도 빠르지도 않게 또박또박 진행되는 케이스다. 천천히 행진해 나가듯이 전달되는 목소리가 리듬(Rhythm)이라는 운율까지 타면서 청중의 귀에 쏙쏙 들리게 하는 맛이 기가 막히다. 특히 '부사'를 사용할 땐 한 단어, 한 단어를 자근자근 씹어 먹듯이 아주 천천히 꾸욱 눌러 발음하는 모습이 돋보였다. 예를 들면, '예쁘게'란 단어는 '예-에쁘게'로, 그리고 '쑥'은 '쑤욱'으로 발음하는 것처럼 말이다.

키케로(Marcus Tullius Cicero)는 "전달에 있어 음성 다음으로 중요한 것이 얼굴 표정이다. 그리고 그 표정은 눈이 좌우한다"라고 말했다.[389] 목회 전반부와 후반부에 있어서 김 목사의 설교 스타일에 다소 차이가 있음을 확인했다. 젊은 시절엔 좀 더 강하고 무게 있는 톤으로 설교를 했으나, 연륜이 쌓이면서는 많이 부드러운 모습으로 변화되었음을 발견할 수 있었다. 후반부 설교에서 김 목사의 얼굴 표정은 미소 띤 유머러스한 분위기를 유지할 때가 많았고, 아주 중요하거나 진지하게 경청해야 할 내용이 나올 때만 주로 단호하고 근엄한 모습으로 잠시 바뀌는 패턴이 나오곤 했다.

설교 시 설교자의 시선 처리와 관련해서는 해돈 로빈슨의 얘기를 귀담아 들을 필요가 있다. 그는 설교자의 바람직한 시선 접촉에 대해서 다음과 같이 말하고 있다.

> 설교자가 사용하는 수단 중 입 외에 가장 중요한 수단이 눈이라고 할 수 있다. 눈에 의한 접촉은 듣는 사람들의 주의를 유지시키며, 청중의 반응을 설교자가 확인할 수 있도록 해 준다. 또한 교인들의 눈을 바라볼 때 청중은 설교자가 개인적으로 말하고 싶어 한다는 느낌을 준다."[390]

설교 시에 관찰되는 김 목사의 시선은 청중의 좌우를 골고루 균형감 있게 쳐다봄과 동시에 확신에 차 있으면서도 인자한 얼굴로 말씀을 전달하는 형태를 띠고 있다. 이런 모양새 역시 청중의 주의를 집중시킨다는 점에서 장점으로 평가될 수 있다.

시선 처리가 제대로 이뤄지지 않으면 설교자와 청중 사이의 교감이 떨어지게 되고, 결국 청중은 흥미와 집중을 잃을 수밖에 없게 된다.[391] 따라서 설교자들은 청중과의 하나 됨을 위해 시선 처리가 얼마나 중요한 것인가를 늘 인식하고 있어야 한다.

데모스테네스(Demosthenes)가 '연설의 시작이요, 진행이요, 마지막'[392]이라 했던 김 목사의 제스처(gesture)에 대해서 설명해 보자. 김 목사의 경우엔 주로 오른손이 사용될 때가 많은데, 평소엔 손가락을 편 채로 발휘되고 있으며, 가끔씩 중요한 내용을 강조할 땐 검지로 하늘을 가리키는 형태를 띤다. 그와 함께 종종 오른쪽과 왼쪽 양손이 함께 평온하게 움직여져서 청중으로 하여금 일체감을 갖게 하고,[393] 설교의 내용이 마음속에 잘 새겨지게 하는 역할을 했다.

설교집에 나오는 원고 스타일과는 다소 달리 그의 실제 설교는 '-까?'와 '-요?'가 자주 동반된 구어체와 직접 화법으로 전개되는 대화체가 발휘되어 청중을 자연스러움과 친숙한 분위기 속으로 빠져들게 만드는 큰 장점도 가지고 있었다.

김 목사의 발음과 음성과 대화체로 물 흐르듯 자연스럽고 편안하게 전달되는 스토리텔링형의 전달은 천부적으로 타고난 것임을 알 수 있다. 물론 성령으로 기도하고 말씀을 깊이 묵상하면서 얻게 되는 확신과 여유 또한 무시할 수 없을 것이다.

무엇보다 김창인 목사의 설교의 가장 큰 장점은 원고를 거의 보지 않고 30분 분량의 설교를 너끈히 해낸다는 점이다. 내가 설교 세미나를 하면서 조사한 바로는, 원고를 보지 않고 설교하는 이가 30퍼센트도 되지 않는다. 30퍼센트에 속한 이들도 사실은 어느 정도 원고를 참조해서 설교하는 이들이 대부분이다. 그런데 김 목사는 혹시나 모를 상황을 대비해서 한 페이지로 된 요약본을 가지고 강단에 올라가지만 그야말로 참고용일 뿐, 거의 원고 없이 설교를 전개해 나가는 스타일의 설교자다. 그를 아는 제자들이나 지인들의 얘기에 의하면, 우수한 두뇌와 깊은 묵상과 철저한 준비[394] 없이는 흉내 낼 수 없는 김 목사만의 트레이드마크라고 한다.

철저한 본문 석의에 수준 높은 설교문까지 겸비했음에도 원고에만 매여 죽을 쑤는 설교자들이 많다. 원고 숙지가 안 되어 있기 때문이다. 조셉 파이퍼(Joseph Piper)에 의하면, 칼빈은 성령에 붙잡힌 생동감 있는 설교가 되기

위해 원고를 보지 않았다고 한다.[395]

그렇다. 이 시대의 명설교자는 그냥 타고나기만 하는 것이 아니다. 부단한 땀과 훈련과 기도와 묵상을 통해 만들어지는 것이다. 천부적인 재능을 갖추지 않았다 하더라도 배움과 훈련을 통해 설교 전달에 획기적인 변화를 가져올 수 있음을 놓치지 말아야 한다.

탁월한 성경 해석과 효율적으로 구성되어 있는 설교 내용에 호감이 가는 외모와 밝은 표정, 따뜻하고 다정다감한 성품, 진솔하고 겸허한 인간미, 융통성 있는 개방적 사고, 유머러스한 촌철살인의 유머, 타의 모범이 되는 부부애, 타고난 발음과 목소리 및 원고 숙지력 등, 설교 전달에 유익이 되는 이런 모든 장점들이 백분 발휘되어 오늘의 김창인을 있게 한 것임을 꼭 기억하자.

chapter 10

김창인 목사와의 인터뷰

2020년 9월 4일, 이날은 참 특별한 날이다. 김창인 목사님과의 첫 대면이 이루어진 날이기 때문이다. 인터뷰란 명목으로 만나는 것이지만, 나로서는 너무도 흥분되고 설레는 순간이었다. 이분의 설교를 통해 존경심이 크게 생겨났기 때문에 하루 빨리 뵙고 싶었던 게 사실이다. 남한산성 자락에서 식사를 한 후 경치 좋은 카페로 자리를 옮겼다. 광성교회 담임인 남광현 목사와 김 목사님의 아들인 장신대의 김태섭 교수도 함께 자리를 했다.

이분에게서 느낀 첫인상은 영화배우처럼 잘생기셨다는 점이다. 첫인상이 날카로워 보인다는 얘기가 완전히 틀리진 않았으나, 오히려 부드럽고 따뜻한 분이란 사실을 새삼 확인할 수 있었다. 차를 마시면서 이런저런 얘기를 나누다가, 미리 준비한 몇 가지 질문으로 인터뷰한 내용을 소개하고자 한다.

Q＿ 목회의 소명은 언제 받으셨는지요?

A＿ 중3 때 장티푸스로 다 죽게 되었을 때 환상을 보게 되었습니다. 지금도 눈감고 기도하면 보여요. 요단 강 같은 강이 흐르고 건너편에 찬란한 천국이 보였습니다. 그게 목회하는 동안 나에게 위로와 격려가 됐어요. 그때 목회에 대한 소명을 깨닫고 목회할 때까지 한 번도 흔들려 본 적이 없습니다.

Q＿ 어릴 때부터 원래 선천적으로 말을 잘하셨는지, 설교자가 되려고 후천적으로 노력도 하셨는지 궁금합니다.

A_ 어릴 때 아버님이 굉장히 과묵하셔서 말씀을 거의 하지 않으셨기 때문에 저도 말이 별로 없는 아이였고, 신학교 다닐 때도 동료들과 대화를 별로 하지 않았더랬어요. 그래서 남산에서 신학교를 졸업한 후에 동기들을 만나면 나를 기억하는 사람이 거의 없었어요. 그렇게 내가 아버지 닮아서 말이 없던 사람이에요.

후천적으로 노력하거나 연습한 건 없고, 설교자가 돼서 말을 해야 하니까 말을 하게 된 것뿐이지요. 당시 신학교에서 배운 대로 강대상을 쳐 가며 웅변식으로 설교를 해 봤는데, 몇 번 소리 높여 해 보니 제 스타일에 맞지 않아서 대화식으로 이야기하듯이 스토리텔링으로 했는데, 반응이 좋아서 평생 그렇게 설교를 해 온 것 같습니다.

Q_ 첫인상이 날카롭다는 평가를 받으시는데, 실제 설교를 시청해 보니 웃음 띤 유머러스한 모습이 대부분이셔서 의외라고 느낀 바가 있습니다. 목사님 본인은 자신의 날카롭다는 평가에 대해서 어떻게 생각하시는지요?

A_ 남들이 날카롭게 생각한다고들 많이 얘길 하는데, 그렇게 보는 것을 부정하지는 않습니다(사담이지만, 차갑고 까칠한 인상의 아버님으로부터 시험 든 분들이 교회를 떠나려 하는 일이 있으면 늘 철야 기도에 나오는 다정다감하신 어머님이 상담하고 품어 주곤 해서 지금까지 신앙생활하고 있다고, 그래서 아버님이 어머님 덕을 많이 보셨다고 아들 김태섭 교수가 옆에서 귀띔해 주었다. 또 김 목사님이 설교 중에, 사모님이 늘 철야예배를 가서 혼자 있을 때가 많은데도 애를 셋이나 낳았다는 유머를 가끔 하셨다는 얘기를 역시 옆에 있는 남광현 목사가 들려 줘서 같이 웃었다).

Q_ 목사님의 설교를 직접 들어 보니 거의 원고 없이 설교를 하시던데, 원고 숙지의 비결은 무엇인지요?

A__ 잠시 담임으로 섬겼던 김린서 목사님 사택이 제 집 바로 옆이었는데, 한밤중에 나가 보니 자주 마당을 걷고 계셔서 뭐 하시는지 물어보니 말씀을 묵상한다고 하셨어요. 그렇게 하시고는 한 페이지 요약본을 갖고 올라가서 30분 정도 설교를 하셨는데, 저도 거기에 영향을 받은 것 같습니다.

Q__ 목사님 생각에 하나님이 인정하시는 위대한 설교는 어떤 설교라고 보시는지요?

A__ 전달은 좋은데 본문이 없는 설교와 본문은 좋은데 전달이 빈약한 설교가 있을 수 있는데, 하나님 말씀인 본문에 충실하고 또 그 말씀대로 잘 가르쳐 지키게 하는 데까지 나아가는 설교가 위대한 설교가 아닐까 생각합니다.

Q__ 목사님 설교에 영향을 끼친 분으로 이상근 박사님과 김린서 목사님 외에 또 어떤 분이 계신지 말씀해 주실 수 있는지요?

A__ 그때만 해도 유학을 다녀올 정도로 공부를 깊이 한 교수가 없었더랬어요. 그러니까 많이 답답했지요. 마침 이상근 박사님이 유학을 마치고 와서 성경을 가르치는데, 지금까지 듣도 보도 못한 얘기를 하시는 거예요. 당시는 박윤선 박사님이 쓴 주석밖에 없었는데, 이 박사님도 주석을 쓰기 시작했지요.

어느 때 그분이 사역하시던 대구제일교회에 부흥회를 인도해 달라 하셔서 갔더니 자신의 주석을 사인해서 주셨어요. 얼마나 기뻤는지 몰라요. 그게 큰 도움이 됐지요. 그때 이상근 박사님에게서 성경을 해석하는 눈을 키웠어요.

김린서 목사님에게는 깊은 묵상을 통해 주석에 나오지 않는 말씀을 깨닫는 법을 배웠어요.

또 다른 분을 얘기하자면, 영락교회를 담임하셨던 한경직 목사님에게는 누구나가 다 알아들을 수 있도록 간단명료하고 쉽게 설교하는 것에 큰 도전을 받았고요, 또 림인식 목사님에게는 노회와 총회를 어떻게 운영하고, 문제 있는 일들을 어떻게 잘 해결하는가에 대해서 배울 수 있었습니다.

Q＿ 목사님 생각에 목사님 당대나 지금이나 모범적이라 칭찬하실 만한 한국 교회의 설교자가 있다면 누구인지요?

A＿ 제가 동영상이나 기독교 방송을 잘 안 보기 때문에 잘 모릅니다만, 우리 교회 담임인 남광현 목사님이 제일 잘하는 것 같습니다(참고로, 옆에 있던 남광현 목사는 내 옆에 있던 김창인 목사님의 아들인 김태섭 교수의 설교가 아주 탁월하다고 얘기해서 다 같이 한바탕 웃곤 했다).

Q＿ 유능한 설교자가 되려면 하루에 성경을 몇 시간 정도 읽고 묵상해야 하는지요?

A＿ 성경을 다독하는 것도 중요하지만, 정독을 해서 깊이 있게 묵상하는 것도 필요하다고 봅니다. 아무리 성경을 많이 읽어도 깊은 뜻을 알지 못하면 안 되니, 설교자는 정독을 하면서 말씀을 깊게 음미하고 되새겨야 한다고 봅니다.

Q＿ 지금껏 살아오시면서 목사님께 가장 영향을 끼치고 감명을 주었던 책이 있다면 무엇인지요?

A＿ 여러 책들이 있지만, 토마스 아 켐피스(Thomas á Kempis)의 《그리스도를 본받아》란 책을 참 감명 깊게 읽었습니다. 한 서너 번 읽은 것 같은데,

정말 유익한 책입니다.

Q__ 목사님의 예화는 특별한 것들이 대부분인데, 이 예화는 주로 어디서 얻으셨는지 궁금합니다.

A__ 당시는 요즘처럼 설교 예화집이 별로 없던 시절이었는데, 주로 제가 읽은 책과 여행과 경험을 통해서 얻은 예화들이 대부분입니다. 미우라 아야꼬의 책은 죄다 읽은 것 같은데, 일본에 가서 그분을 뵈려고 했지만 몸이 불편해서 힘들다 하여 못 뵙고 왔는데, 이후로 그분이 천국으로 가시는 바람에 지금까지 아쉬움을 갖고 있습니다.

Q__ 원래 설교 개요가 3대지 안에 세 개의 소지가 포함되어 있는 패턴이었다가, 1996년부터는 세 개의 소지를 없앤 3대지만의 개요로 바뀜을 보는데, 변화의 이유가 있으신지요?

A__ 한 대지 속에 세 개의 소지가 들어가게 된 것은 본문을 충실하게 설교하려다 보니 그렇게 된 것인데, 그걸 그렇게 하면 설교도 길어지고 해서 큰 줄기 외에는 생략하는 게 좋겠다 해서 큰 대지 세 개만 전하게 되었습니다. 제 설교가 3대지로 된 설교이긴 하지만, 그 세 개의 대지가 모두 설교의 제목을 지원해 주기 때문에 결국은 원 포인트의 설교에 가까운 설교라고 할 수 있습니다.

Q__ 중매 시 지병을 속인 일로 외삼촌께 야단맞고 약혼이 파혼될 위기에 처하게 되는데, 그럼에도 속은 것도 하나님의 뜻이라며 결혼해 주신 사모님은 어떤 분이신지와, 사모님에 대한 고마움과 칭찬 한마디를 부탁드립니다.

A__ 제 아내를 만나기 전에 두 명의 여성과 서로 호감이 있어서 결혼까

지 약속한 적이 있었는데, 한 분은 목회보다는 다른 길로 가길 원했고, 다른 한 분은 어머니가 제 건강이 안 좋아서 딸 과부시킬까 두렵기도 하고 목사의 생활이 너무 어렵다는 이유로 반대하셔서 결국은 다 결혼이 성사되지 못했습니다.

지내 놓고 보니 지금 제 아내와 결혼하라는 하나님의 뜻이었던 것 같습니다. 제 아내는 언제나 교회에서 철야 기도를 하는 사람이었고, 병약한 저를 돌보느라 고생을 많이 했습니다. 제가 제자에게 배신당했을 때 많은 충격을 받고 힘들어하기도 했지요. 그동안 저와 함께 사역에 임해 준 아내에게 깊은 감사를 드립니다.

Q _ 은퇴 후 여가를 어떻게 소일하고 계시는지요?

A _ 별로 하는 일은 없고, 주님이 기회 주시는 대로 영신학원의 이사장으로서 학원 사역에 작은 보탬이 되고자 합니다.

Q _ 끝으로, 목사님의 설교에 관한 책이 출간되는 줄 모르셨을 텐데 소감 한마디를 부탁드립니다.

A _ 처음에 그런 사실을 알았다면 막았을 텐데, 너무 부족하기 때문에 지금도 부끄러울 따름입니다. 부디 제 책을 통해서 조금이라도 도움을 얻게 된다면 큰 기쁨과 영광으로 생각하겠습니다. 감사합니다.

chapter 11

명설교자 및 신학자들과의 인터뷰

김창인 목사와 그의 설교에 대해 잘 알고 있는 지인들로부터 '내가 알고 있는 김창인 목사와 그의 설교'에 관한 얘기를 들어 봄은 유익한 일이라 생각한다. 때문에 그분과 함께 사역했던 교역자 중에서와 교분이 두터웠던 분들의 이야기를 인터뷰 형식으로 몇 가지 물어본 내용들이다.

고훈 목사(안산제일교회 원로)

"내가 녹슬지 않고 닳아지게 하십시오. 한 영혼을 제게 주시든지 아니면 내 영혼을 취하십시오." 영국 청교도 조지 휫필드 목사의 설교 열정이다.

1) 귀하가 알고 있는 김창인 목사는 어떤 분인가?

목사님이 6.25 전란 때 내 고향 신안군 도초면 섬마을에 열여덟 살 단신으로 피난 와서 교회에 머무르셨다는 얘기를 후일에 듣고 존경하는 분에 대한 우연하고 작은 스침을 의미 있는 관계로 간직하고 있다.

광나루에서 수학할 때 수요 예배는 대부분 광성교회에 출석해서 김 목사님의 강해설교를 듣고 은혜 받으며 졸업을 했다. 안산제일교회를 섬길 때 김 목사님을 모시고 부흥 집회를 가졌었는데, 목사님은 나 자신이 성도들과 함께 큰 감동을 받았던 몇 분 안 되는 강사 중 한 분이셨다. 목사님은 부족한 어린 후배지만 나를 여러 번 집회 강사로 불러 주셨다. 이에 보답으로 목사님 은퇴식 때 〈내가 마땅히 할 일을 했을 뿐입니다〉라는 시를 써 드렸는데, 목사님은 그것을 당신의 사무실에 액자로 담아 걸어 놓으셔서 지금까지 있다. 한 사람을 아는 것은 그분의 생애 전부를 아는 것이기에, 김창인 목사님을 스승으로 아는 것은 내 인생에 엄청난 소득이다.

2) 김창인 목사의 설교의 장점과 특징은 무엇이라 생각하는가?

목사님의 A.Q.(Adversity Quotient)와 십자가는 설교자가 갖춰야 할 최고의 고난 지수다. 요셉의 유년 시절 고난, 바울의 고난 목록(고후 11:22-30)! 6.25전쟁에서의 피난, 충성을 위한 생존으로 사셨던 김 목사님의 신앙과 인생의 전부는 가난과 고난이 십자가 흔적으로 점철된, 연약해 보이나 강하신 열정의 설교가의 모습 그대로이다.

A.Q.는 공부로도, 훈련으로도 안 되는 영성이다. 오직 주님이 목회자에게 연단으로 주신 최고의 은총이고 자산이다.

그의 설교는 하늘에서 상 차린 땅의 밥이다. 밥은 사람을 구별도, 차별도 하지 않는다. 도둑도, 살인자도, 귀족도, 존귀한 자도 먹고 배부르라 한다. 나는 김 목사님의 설교를 듣다 보면 눈물이 나고, 기쁨이 나고, 회개가 되고, 치료가 되고, 힘이 된다. 무엇보다 그의 설교는 깔끔한 밥상, 영양 풍부한 십자가와 말씀으로 한 상 차린 잔칫상이다.

루터가 임종 때 "나는 하늘나라 거지였습니다"라고 고백했다 한다. 목사는 얻어서라도 양 떼를 잘 먹여야 한다는 교훈이다. 김 목사님의 설교는 루터처럼 거지인 내가 많이 얻어다 먹고 먹인 설교다.

3) 김창인 목사의 설교에서 본받고 싶은 점은 무엇인가?

유펜(University of Pennsylvania)의 설립자 벤자민 프랭클린(Benjamin Franklin)

은 “당신이 스무 살에 희망을 포기하고 여든 살에 죽었다면, 당신은 스무 살에 죽었고 60년을 시체로 살다 여든 살에 장례식을 한 것과 같다”고 했다. 후배이자 제자인 나의 은퇴식에 노구의 김 목사님이 오셔서 퇴임 설교를 해 주셨는데, 목사님을 뵈니 아직 늙지 않으셨고, 더욱 성숙한 설교자가 되어 계셨다. 나도 그런 설교자로 남고 싶다.

석양의 해는 머물 수 없기에 노을로 더욱 아름답게 불타고 있다.

김경진 목사(소망교회 담임)

1) 귀하가 알고 있는 김창인 목사는 어떤 분인가?

1980년대 말경에 광나루 장로회신학대학교에 다니던 학생들 중에서 광성교회를 방문해 보지 않은 사람은 아마도 거의 없을 것이다. 요즘은 인터넷으로 온라인 예배도 드릴 수 있고, 설교도 여기저기에서 들어 볼 수 있지만, 당시만 하더라도 목사님들의 설교를 들으려면 카세트테이프를 빌려다 듣거나, 아니면 반드시 예배에 참석해야 했다. 주로 신학생들이 갈 수 있는 시간이 수요 저녁 예배였기에 종종 친구들과 예배를 드린 기억이 있다.

김창인 목사님께서 예배를 인도하시다가 갑자기 어떤 사람에게 기도를 시키거나 이름을 부르시는 것을 보았는데, 나로서는 적잖이 당황스러웠다. 때로 어떤 분들을 나무라시는 것을 볼 때면 정말 목사님이 무섭게 느껴지기도 했다. 그래서인지 아니면 내가 큰 교회에 대한 약간의 거부감이 있어서였는지는 확실치 않으나, 이후 나는 오랫동안 김창인 목사님을 지근거리에서 뵐 기회를 갖지 못했다. 많은 친구들이나 선배님들이 김창인 목사님에 대한 좋은 이야기를 할 때마다, 사실 내 마음속에는 교회에서 무섭게 하시던 그 장면이 떠올라서 두려움이 더 많았다.

김창인 목사님과의 뜻 깊은 만남은 상당한 시간이 지난 후 목사님께서 은퇴하시기 몇 년 전쯤, 그러니까 2003년에서야 이루어졌다. 내가 부산장신대학교 교수로 부임하게 되면서 당시 그 학교의 총장님이셨던 김창인 목사님을 가까이서 모실 수 있게 된 것이다. 처음에 뵐 때는 매우 까다롭고 날카로운 분처럼 생각해서 긴장도 많이 했는데, 가까이서 뵈면서 시간이 갈수록 감동이 생겨났다. 너무나 검소하고 수수하신 모습이 먼저 눈에 들어왔다. 그리고 사람들 한 사람, 한 사람에 대해 얼마나 깊은 애정과 사랑을 가지고 계시는지도 알게 되었다. 특별히 나에게 김창인 목사님은 너무나 자상한 분이셨다. 나는 그야말로 부산장신대에 있는 동안에 목사님으로부터 듬뿍 사랑을 받았다.

또한 목사님의 행정 지도 능력은 참 대단하셨다. 모든 것을 한 눈에 꿰뚫어 보시는 듯했다. 내가 학교 교무입시처장을 맡아서 종종 광성교회에 가서 직접 보고를 드릴 때가 있었는데, 그럴 때마다 목사님은 늘 바르고 공정하게 이성적으로 판단해 주셨다. 목사님과 함께하는 동안 나는 단 한 번도 목사님께서 사적으로 일을 하신다거나, 무리하게 일을 처리하신다는 생각을 가져 본 적이 없었다. 사실 그때 나는 한 가지 후회를 했었다. "내가 조금 더 일찍 김 목사님을 만나서 목회에 대해 배웠더라면 얼마나 좋았을까?" 하는 그런 후회였다. 그만큼 나에게 목사님의 사역과 목회는 감동적이었고, 배우고 싶은 부분이었다.

지나고 나서 생각하니, 목사님께서 교인들에게 엄하게 하신 것도 교인들을 향한 지극한 사랑에서 나온 것이었다. 교인들을 바르게 세우려는 의도에서 목회를 엄하게 하셨다는 사실을 후에야 깊이 깨닫게 되었다. 내가 경험한 목사님은 참 착하신 분이었다. 바르게 신앙의 길을 가려고 부단히 애쓰시는 분이었고, 후배들을 정말 깊이 사랑하고, 어느 누구보다 잘 대해 주려고 노력하신 분이었다.

목사님은 말씀이 많지 않은 분이지만, 말씀하실 때의 논지는 어느 누구보다 분명하셨다. 언젠가 결혼 주례를 하시는 자리에서 목사님을 뵐 기회가 있었는데, 나는 목사님께서 읽으신 결혼 예식 본문 말씀을 보고 사실 조금은 놀랐었다. 출애굽기 4장에 나오는 '여호와께서 모세를 죽이시려 할 때에 아내 십보라가 아이에게 할례를 행하고 나의 피 남편이라고 말한 내용'이었는데, 나는 이 말씀이 어떻게 결혼과 관련이 있을까? 하고 잠시 의아한 마음을 가졌다. 그런데 그 짧은 주례의 말씀을 듣는 사이에 단단했던 내 마음은 말씀 속으로 녹아들었고, 주례의 말씀은 나를 향해 주시는 하나님의 말씀으로 내 마음속에 들어왔다. 나는 그날의 경험을 지금까지도 잊지 못한다. "말씀의 능력이란 게 이런 거구나!" 하는 감동을 느낀 날이었다.

2) 김창인 목사의 설교의 장점과 특징은 무엇이라 생각하는가?

나는 김창인 목사님의 설교를 한국 교회를 대표하는 강해 대지 설교로 꼽고 싶다. 우선 김창인 목사님의 설교에는 불필요한 내용이 거의 보이지 않는다. 꼭 필요한 내용들을 사람들이 알아듣기 쉽게 말씀해 주시는데, 그 말씀의 깊이가 참 깊다. 말씀을 듣다 보면 말씀을 읽을 때는 전혀 볼 수 없었던 관점으로 본문을 다시 보게 되고, 마음이 뜨거워짐을 경험하곤 한다. 이는 아마도 김창인 목사님께서 평소에 말씀을 깊이 읽고 묵상하며 연구하시기 때문일 것이다.

그런데 이것만은 아닌 것 같다. 이것을 후에 알게 되었는데, 사실 목사님은 기도를 많이 그리고 깊게 하는 분이셨다. 사모님도 그러하셨다. 전에 들으니 목사님과 사모님은 거의 교회에서 사시듯 그렇게 강단에서 기도를 쉬지 않으셨다고 했다. 그만큼 하나님께 간절히 기도하는 목회자요, 설교자였다.

3) 김창인 목사의 설교에서 본받고 싶은 점은 무엇인가?

나는 김창인 목사님의 영력 있는 설교의 중심에 기도가 있다고 생각한다. 그것도 간절한 기도, 끊임없이 이어지는 기도가 있었다고 생각한다. 나는 이러한 김창인 목사님의 모습을 우리 후배들이 본받아야 한다고 생각한다. 김창인 목사님의 설교는 작은 몸에서 나오는 날카로운 말씀이다. 때로는 성도들에게 야단을 치듯 말씀을 전하기도 하신다. 그런데 그 말씀이 참으로 은혜가 되는 이유는 목사님의 성도들을 향한 깊은 사랑, 말씀에 대한 깊은 묵상 그리고 간절한 기도가 아니었을까 하는 생각을 해 본다.

지금도 나는 성도들로 가득 찼던 광성교회의 예배당과 성도들의 찬송의 열기를 잊지 못한다. 그리고 그 강단에서 열정적으로 설교하시던 김창인 목사님의 모습을 잊지 못한다. 충성된 종으로 하나님 앞에 서시는 날, 그를 통해서 구원받은 많은 성도들이 함께 환영하며 기뻐하리라 굳게 믿는다.

김삼환 목사(명성교회 원로)

나는 1970년에 해양교회 전도사로 부임해서 10년 동안 김창인 목사님을 당회장으로 모셨다. 그러고 보니 금년이 꼭 50년이 되는 것 같다. 그래서 김 목사님은 내 평생의 당회장으로 마음에 자리 잡고 있다.

1) 귀하가 알고 있는 김창인 목사는 어떤 분인가?

칼빈의 개인 전기를 읽은 적이 있는데, 김 목사님은 나에게 칼빈을 떠올리게 한다. 그때나 지금이나 변함없이 한결같다. 목사님께서 나에게 주신 말씀은 '오직 목회에 집중하라'는 것이었다.

2) 김창인 목사의 설교의 장점과 특징은 무엇이라 생각하는가?

언급하기 어렵지만, 제목과 3대지로 나누어 하는 목사님의 설교는 신비할 뿐이다. 본인은 모르실 것이다. 분명히 목사님은 '나도 모른다'고 하실 것이다. 사실 그런 설교 스타일의 '하드웨어'는 많이 있다. 그러나 목사님만이 가지고 있는 그 '감동 소프트웨어'는 세계적이다. 천국에 가시기 전에 그 설교의 비법을 꼭 알려 주시기를 우리 모두가 똑같은 생각으로 바라고 있다.

3) 김창인 목사의 설교에서 본받고 싶은 점은 무엇인가?

목사님의 설교 시간은 웃음, 여유, 질문, 평안이 있어서 교인을 설교에 초청하며 함께 나누는 말씀의 잔치라고 할 수 있다. 나는 벌써부터 흉내를 내고 있었다. 목사님을 겁내는 분도 있는데, 나는 전혀 두렵지 않고, 오직 목회밖에 모르는 good shepherd라는 생각을 하고 있다.

확실히 김 목사님은 칼빈 같다. 그러나 알고 보면 정(情)이 많은 목사님이시다. 몇 주 전까지도 우리 교회에 설교 강사로 많이 모셨는데, 한 번도 설교를 재탕하시지 않는 것을 보면서 '아, 목사님은 진짜 성령의 사람이구나'라고 생각했다. 이것이 어디 나 혼자만의 생각이겠는가?

김세광 교수(장로회신학대학교 예배설교학)

1) 귀하가 알고 있는 김창인 목사는 어떤 분인가?

한국 교회의 설교사에서 김창인 목사님은 목회적 부흥 설교가로서 독보적 위치에 있으면서 지성적이며 해학적인 복음 해석으로 젊은이에게 매력적이다. 김 목사님의 탁월한 목회적 달란트 중에서 나에게 인상적으로 기억되고 있는 작은 에피소드 하나는 목사님의 '한 몸 지체(part) 의식'이다. 김 목사님 자신은 말씀을 전하는 자로 포지셔닝하고 있고, 다른 은사자들은 자신의 사역을 하도록 한다는 점이다. 어느 주일 예배의 설교 내용이다. '어느 불신 남성이 죽어 가는 아들을 위해 기도해 달라고 찾아왔을 때, 내가 기도하지만 그 아이가 죽더라도 교회 나온다면 기도해 주겠다고 답을 한 후에 기도했는데, 그 후에 안타깝게 세상을 떠났다. 내가 그렇게 답을 한 이유는, 병이 나았다고 교회에 나온다면 병원이야말로 교회보다 더 은혜로운 곳이 될 것이다. 병이 나았는데도 병원에다 감사를 표하는 사람이 얼마나 되는가!' 김 목사님은 철저히 자신을 복음의 말씀을 전하는 자로서만 인식한다. 교회의 최고의 권위자이기에 모든 것을 행할 수 있고, 신유 은사도 행할 수 있다고 과신하는 한국 교회의 유명한 부흥사와 다른 점이다. 실제로 교회 안에서 병을 낫게 하는 은사를 지닌 권사님이 계셨는데 따로 날을 정해서 기도 받고 싶은 이들이 참여할 수 있도록 하는 기도 시간을 두었다.

로마서 12장은 "오직 하나님께서 각 사람에게 나누어 주신 믿음의 분량대로 지혜롭게 생각하라"(3절)고 하면서 "우리가 한 몸에 많은 지체를 가졌으나 모든 지체가 같은 기능을 가진 것이 아니니 이와 같이 우리 많은 사람이 그리스도 안에서 한 몸이 되어 서로 지체가 되었느니라"(4-5절)고 말씀한다.

2) 김창인 목사의 설교의 장점과 특징은 무엇이라 생각하는가?

김창인 목사님의 설교는 현대 설교학의 부류 중 하나인 스토리텔링 화법의 특징을 지니고 있다. 다시 말하면, 그의 설교는 공동체적 공감의 스토리텔링과 메타포의 설교다. 핵심 주제를 이야기로 풀어내는 그의 이야기들에서 설교자의 신학적 지평과 역사적 안목과 목회적 섬세함이 드러난다. 한 편의 설교에 이야기뿐 아니라 명언을 인용하고, 학문적으로 검증된 명제들을 동원한다. 매 설교마다 스토리, 비유, 인용문들이 물 흐르듯이 연결되어 있다.

이러한 스토리나 메타포는 진리, 구원, 복음, 거룩과 같은 성경적 추상명사들이 사변적인 데 머무르지 않고, 청중과 호흡을 같이하며 말씀 공동체가 공감하는 메시지가 되도록 이끌어 준다. 여기에다가 마치 무원고 설교를 하듯이 회중과 시선을 맞추고, 적절한 제스처로 회중을 설득하고, 중요한 포인트에서는 포효하듯이 음성을 끌어올려 메시지에 중량감 있는 색깔을 덧입힘으로 입체감 있는 메시지로 만들면서 공감의 커뮤니케이션을 보여 준다.

3) 김창인 목사 설교에서 특별히 학생들에게 본받으라고 권하고 싶은 점은 무엇인가?

김창인 목사님을 신학대학원 설교학 수업 특강 강사로 모셔서 부탁하고 싶은 주제는 '청중에게 들리는 설교'다. 김 목사님의 설교 중 가장 돋보이는, 청중에게 들리도록 설교문을 작성하는 방법과 청중이 공감하도록 설교를 전달하는 방법은 목회 후보자들인 신대원 학생들이 준비하고 훈련했으면 하는 내용이기 때문이다.

설교가 은혜롭다는 것은 귀에 들린 설교가 회중 자신에게 잘 이해되고 공감되었기 때문인데, 이는 청중을 잘 아는 설교자들에게서 볼 수 있다. 은혜로운 설교는 본문을 묵상하고 해석하고 설교문을 작성할 때부터 청중과 함께한다. 청중의 문제와 질문과 속 깊은 마음을 헤아리면서, 그들 대신 본문에게 질문하면서 본문으로부터 오는 대답을 듣는다.

설교자의 청중에 대한 지식은 하나님과 성경에 대한 지식처럼 중요하다. 청중을 아는 설교자는 청중의 땀 냄새를 맡고 청중의 눈물을 보며 함께 운다. 청중을 아는 설교자의 설교는 설교하는 목적에서, 성경 본문에서 청중을 본다. 청중과 함께 설교를 시작한다. 성경 본문 속의 청중과 오늘의 청중과의 만남을 주선하고, 함께 뒹굴면서 하나님의 임재와 행하심을 상기시킨다. 김 목사님의 청중을 아는 지식과 들리도록 전하는 지혜를 맛본 수많은 광야선교회 교역자들을 위시한 후배 목사님들처럼 우리 학생들도 그러한 복을 누릴 수 있기를 바라 본다.

김운성 목사(서울영락교회 담임)

1) 귀하가 알고 있는 김창인 목사는 어떤 분인가?

내가 김창인 목사님을 처음 뵌 것은 장로회신학대학교 신학대학원 채플에서였다. 그날 목사님의 설교를 처음 들었다. 그때 목사님께서는 열왕기하 18장을 본문으로 엘리야 선지자가 갈멜 산에서 우상의 선지자들과의 영적 전쟁에서 승리한 일을 중심으로 설교하셨다. 신학생들의 가슴에 불을 지르고 이 시대의 엘리야가 되길 소망하게 만드는 설교였다.

그러나 나는 이미 김창인 목사님에 대해 조금은 알고 있었다. 목사님께서 단신으로 부산에서 어려운 피난 생활을 하실 때, 내 어머님과 한 교회에서 신앙생활을 하셨기 때문이다. 내 어머님께서는 지난 2012년에 92세를 일기로 하나님의 부름을 받으셨는데, 김 목사님보다 11세 위셨다. 어머님께서는 피난 시절의 목사님에 대해 종종 말씀하셨다. 가난과 어려움, 결핵으로 고통 받던 일, 그 와중에도 하나님을 향한 일편단심의 믿음과 사랑을 가졌던 모습을 말씀하시면서, 장차 큰 목사님이 될 것이라고 하셨던 게 기억난다. 후에 목사님께서 하나님의 손에 붙들리셔서 광성교회를 일궈 나가는 모습을 보고 들으면서 감동을 받았다.

그 후 김 목사님을 뵌 것은 목사님께서 부산장신대학교 총장으로 수고하실 때였다. 부족한 나는 시간 강사로 강의를 했는데, 학교 행사에서 한두 번 뵈었다. 김 목사님께서 광성교회의 목회자로, 대한예수교장로회 통합 교단의 총회장으로, 한국 교회의 여러 부문에서 사역하고 은퇴하신 후에도 많은 사역으로 후배들에게 귀감이 되신 데 대해 감사한 마음을 가진다.

2) 김창인 목사의 설교의 장점과 특징은 무엇이라 생각하는가?

금번에 김 목사님의 평생의 진액이 녹아 있는 설교 사역에 대해 귀한 책이 출판되는 것을 기쁘게 여기면서 축하드린다. 나는 설교 전문가는 아니지만, 나 역시 매 주일 설교하는 목사로서 김 목사님의 설교가 많은 반향을 불러일으킨 데는 몇 가지 이유가 있다고 생각한다.

첫째는, 철저하게 성경 말씀에 입각했기 때문이다. 둘째는, 쉽고 간결하기 때문이다. 셋째는, 치열한 삶의 현장에서 체험한 은혜를 바탕으로 했기 때문이다. 이 중에서 첫째와 둘째 이유에 대해서는 설교학 전문가들께서 많은 분석과 설명을 하실 것이라고 생각한다. 나는 셋째 이유에 대해 조금 더 설명할까 한다.

모름지기 모든 설교는 성경 말씀에 입각해야 한다. 본문을 떠난 설교는 연설이거나 잡담에 불과하다. 그러나 성경 말씀만을 전달하는 설교는 한계가 있다. 성도들도 성경 말씀을 읽고 연구할 수 있기 때문이다. 그런데 설교자는 그 성경 말씀을 연구하고 설명할 뿐만 아니라, 설교자의 삶에서 체험한 것을 토대로 설교할 때 확신과 능력으로 전달된다.

김 목사님께서 한국전쟁의 와중에 고향을 떠나 피난을 오신 일은 이스라엘 백성이 출애굽을 하고 홍해를 건넌 것과 같다. 그 후 극심한 가난과 질병으로 고생하면서 공부하신 일은 이스라엘 백성이 만나와 메추라기로 연명한 일과 같다. 그러면서도 교회 사역을 감당하신 일은 불가능한 전쟁이었던 아말렉 족속 및 아모리 족속과의 전쟁에서 승리한 것과 같았다. 광성교회에서의 목회 과정은 여리고 성을 비롯한 가나안 땅을 점령하기 위해 힘들여 싸우던 과정과 같았다.

김 목사님의 설교에는 이 모든 것이 다 녹아 있다. 그러기에 다른 목회자가 말씀할 수 없는 것을 말씀하신다. 다른 목회자가 생각지 못한 것을 말씀에서 찾아내신다. 그리고 각자 삶의 현장에서 고통 받은 성도들의 가슴에 스며드는 설교를 하신다. 나는 한마디로 김 목사님을 삶의 설교자라고 말씀드리고 싶다.

3) 김창인 목사의 설교에서 본받고 싶은 점은 무엇인가?

김 목사님의 설교에서 본받고 싶은 점이 너무도 많지만, 무엇보다 설교의 열매가 부럽다. 설교는 말씀의 씨를 뿌리는 것이기에 열매가 있어야 한다. 열매는 성도들의 영혼과 삶에서 그리고 교회 현장에서 맺혀야 한다. 뿌리기만 하고 결실이 없는 설교처럼 공허한 것은 없다. 김 목사님의 설교 사역으로 광성교회가 우뚝 섰고, 한국 교회 목회자들이 은혜와 도전을 받았으며, 목회와 설교의 사표가 되셨다. 이 모든 것이 목사님의 설교 사역의 열매다.

성경에서 유리된 채 지식만을 전하는 설교, 감정에만 치우친 장삿속의 설교가 난무하는 이 시대에 김 목사님의 설교에 관한 이 책이 한국 교회와 후배들에게 깊은 영감을 줄 것이라 확신하며 기쁘게 생각한다. 이 책의 출간을 축하드리며, 김 목사님의 설교와 목양 사역에 경의를 표하는 바다.

김운용 교수(장로회신학대학교 예배설교학, 신학대학원장)

한 사람의 생애를 책에 다 담아낸다는 것은 어려운 일이다. 더군다나 짧은 지면에 큰 어른의 이야길 담아낸다는 것은 무모한 일인데 왜 이런 글을 쓴다고 했을까, 글을 쓰기 위해 서재에 앉아 있는데 작은 후회가 몰려왔다. 그렇게 선뜻 시작하지 못하고 생각에 사로잡혀 있는데 오래전 읽은 김용택 시인의 시집 첫 부분에 실린 시가 생각이 났다.

"어둠이 몰려오는/ 도시의 작은 골목길 1톤 트럭 잡화장수/ 챙이 낡은 모자를 푹 눌러쓰고/ 전봇대 밑 맨땅을 발로 툭툭 찬다/ 돌아갈 집이나 있는지// 한시도 사랑을 놓지 말자"(김용택, 〈사랑〉).

시를 읽으며 가슴이 아려 왔던 것은 거기에 올려진 시어들 때문이었다. '어둠, 도시, 작은 골목길, 1톤 트럭, 잡화장수, 챙이 낡은 모자, 맨땅, 발로 툭툭….' 무겁게만 느껴지는 삶의 무게와 그렇게 화려하지도, 자랑스럽지도 않은 한 사내가 떨고 있는 모습까지 느껴졌다. 그런데 "돌아갈 집이나 있는지"라고 중얼거리는 시인의 따뜻한 마음을 대하면서 안개에 싸인 듯 어둡게만 느껴지던 장면이 갑자기 따뜻해지고 밝아짐을 느꼈다. 그리고 "한시도 사랑을 놓지 말자"는 시인의 외침은 힘겹게만 느껴지던 사람에게 다시 일어서 그 힘든 인생길을 달리게 만드는 힘으로 작용하고 있음을 느꼈다. 그런 따뜻한 마음을 가진 이가 우뚝 서 있는 한, 그 시대는 희망을 노래하게 된다.

아무리 힘든 길이어도 세상에는 분명 다시 일어서게 하는 힘이 존재한다.

1960년대, 70년대, 우린 너나없이 힘든 시간을 보내고 있었다. 생계를 위해, 자녀 교육을 위해 무작정 상경하는 사람들에게 서울 생활은 무척 고단했다. 그때 말씀으로 그 어두운 인생길을 밝히셨던 분들이 한국 교회 설교자들이었다. 그들 가운데 우뚝 서 계셨던 교계의 큰 어른이신 김창인 목사님은 말씀으로 시린 가슴을 적신 설교자이셨고, 사랑으로 그들을 싸매고 덮었던 목회자이셨다. 그래서 그 말씀과 사랑에 갈급한 사람들이 몰려들면서 광성교회는 큰 동산이 되었다.

그런 족적을 남기신 분의 설교 사역에 대해 저자의 부탁대로 세 가지 질문을 따라 이야길 전개하도록 하겠다.

1) 귀하가 알고 있는 김창인 목사는 어떤 분인가?

1970-80년대 장신대 재학 시절, 천호대교를 건너 광성교회 수요 예배에 자주 참석한 적이 있다. 은혜로운 말씀에 대한 사모함이 있어 갈 때는 버스를 타고 갔고, 예배를 마치고는 차비 한 푼도 아쉽던 시절이니 걸어서 천호대교를 건너왔지만 마음 가득 말씀의 여운과 감격이 넘치고 있어 찬송이 절로 나왔던 기억이 새롭다. 또한 신대원 사경회 강사로 오신 목사님의 설교에 흠뻑 젖어들며 나도 저런 목회자가 되리라 다짐한 적도 있었다.

감당하던 담임목사직을 내려놓고 장신대 교수로 왔을 때 풍납동 외진 곳에 전셋집을 구했다. 당시 나는 동부이촌동 한 교회의 협동 목사로 섬기고 있었기 때문에 주일 예배는 섬기는 교회로 나갔지만, 다른 교회 설교가 있을 때는 나가지 못하는 때도 종종 있어, 중학생, 초등학생이던 아이들 신앙생활을 위해 아내는 아이들과 함께 광성교회를 출석했다. 그래서 저녁 예배와 수요 예배, 금요 기도회와 새벽 기도회 등은 아내와 함께 광성교회로 나갔다.

그래서 나는 70-80년대 신학생 때와 2000년대 초 교수로 목사님의 설교를 듣는 영광과 말씀의 풍요로움에 젖는 호사를 누린 바 있다. 그 이후 학교 일로 종종 뵙기도 하고, 말씀을 들을 때가 자주 있었다. 이런 경험을 통해서 볼 때 목사님은 닮고 싶은 설교자였고, 목회자의 전형적 표본과 같이 나에게 다가왔다. 모두 가난하고 배고프던 시절이었지만 말씀에 대한 열망은 지금보다 더 깊었고, 하나님의 백성은 떡으로 사는 것이 아니라 하나님의 말씀으로 산다며, 목자의 심정으로 먹여 주신 영혼의 양식이 늘 힘이 되었다.

그래서 나에게 김창인 목사님은 하나님 나라와 그 세계에 대한 열망을 심어 주시던 비전의 설교자로, 힘든 인생길을 걸어가는 고달픈 사람들을 말씀으로 세우시는 목양적 설교자로 깊이 각인되어 있다.

2) 김창인 목사의 설교의 장점과 특징은 무엇이라 생각하는가?

오래전 기억을 더듬어 보면 김 목사님의 설교는 본문의 핵심 메시지를 간결하면서도 명료하게 전해 주시는 선명함을 바탕으로 한다. 늘 본문의 중심 메시지를 세 개의 대지로 풀어 설명해 주셨기 때문에 말씀이 간결하면서도 이해하기 쉬웠다. 말씀을 들은 후에 삶 속에서 그 말씀대로 어떻게 살아야 할지, 삶으로 정확하게 연결하고 적용해 주는 것이 특징이라는 생각을 가졌다. 기교적인 면에서야 누구나 흉내 낼 수 있을지 모르지만, 목사님 설교의 강점은 '사랑'에 있다는 생각이 들었다. 목사님의 설교를 들으면서 정말 하나님을 사랑하는 분이시구나, 정말 한 영혼을 정말 사랑하는 분이시구나, 정말 주님의 교회를 사랑하는 분이시구나 하는 생각을 가졌다.

말씀의 근저에는 사랑이 깔려 있지만 하나님이 기뻐하시는 일에는 전혀 타협이 없는 대쪽 같은 설교자이시며, 말씀에는 감동과 결단을 촉구하는 카리스마를 바탕으로 한 설교임을 매번 설교에서 확인할 수 있었다. 나는 그것을 말씀의 영향력이라고 생각한다.

다중 지능 이론을 제시한 하버드대학 교육심리학 교수인 하워드 가드너(Howard E. Gardner)는 역사상 영향력 있는 리더들의 특징을 이야기를 통한 영향력에서 찾고 있다. 가드너의 이야기는 김 목사님의 목회와 설교 사역에 잘 적용된다는 생각이 든다. 어릴 적 전염병에 걸려 죽음의 문턱에서 부모님 기도로 치유의 은혜를 입은 이야기, 한국전쟁 중에 땅굴 속에 숨어 긴 시간을 보내셔야 했던 이야기, 그 후 전쟁의 와중에 생사의 고비를 수차례 넘겨야 했던 이야기, 또한 인생길에서 역사하셨던 하나님의 은혜를 생생하게 이야기로 풀어 말씀을 전하신 내용이 아직도 뇌리에 남아 있다. 단적인 것이지만 김 목사님의 설교에는 이런 말씀의 깊은 영향력이 담겨 있는 것이 가장 큰 특징이라고 생각한다.

3) 김창인 목사의 설교에서 특별히 학생들에게 본받으라고 권하고 싶은 점은 무엇인가?

한국 교회는 1970년, 80년대를 지내면서 큰 부흥과 성장의 시간을 갖는다. 그러한 부흥은 그냥 주어진 것이 아니라, 거기에는 무릎 꿇는 설교자가 있었고, 하나님의 가슴으로 영혼을 품는 목회자가 있었기에 가능한 일이었다는 생각을 갖는다. 코로나 이후 한국 교회는 사회에서 문제 집단처럼 비치고 있는 안타까움이 있는데, 후배 설교자들은 어떻게 교회의 영광, 복음의 영광, 말씀의 능력을 나타낼 것인가를 선배 목회자들에게 배워야 함을 자주 강조하곤 한다. 머리도 좋고 학문적 차원은 높아졌을지 모르지만, 한 영혼을 사랑하는 마음, 주님의 몸 된 교회를 사랑하는 마음, 그 모든 것을 가능하게 하는 하나님을 사랑하는 마음은 선배 설교자들에게 계속해서 배워야 함을 강조하곤 한다.

또한 하나님의 말씀을 쉽고 가슴에 와닿게, 간결하면서도 명료하게 전하는 비법을 배워야 한다고 권하고 싶다. 설교 잘하는 유명한 설교자가 되기 위해서가 아니라, 하나님의 말씀을 바로 펼치기 위해서, 주님이 미소 지으실 그런 설교자가 되기 위해서, 하나님의 교회를 바로 세우기 위해서이다. 그래서 종종 신학도들에게 설교의 역사를 연구할 것을 강조한다. 그런 맥락에서 '한국 교회 설교 역사'를 정리한 저서를 최근 발간한 적이 있다. 교회의 성장은 하나님의 특별한 은혜와 거기에 헌신된 많은 이들의 땀과 눈물이 있었기에 가능한 일이었다면, 우리 앞 세대 설교자에게서 배워야 할 것은 말씀에 대한 열정이라고 생각한다.

설교는 하늘과 땅이 잇대어지고, 하나님의 세계와 이 세상이 잇대어진다는 점에서 실로 중요한 사역이다. 사람들이 설교를 통해 오늘 여기에서 하나님의 신비와 은혜를 누리며 그분의 세계를 맛보게 된다는 점에서 가슴 벅찬 사역이지만, 하늘의 음성을 듣고, 그것을 전하고, 무딘 마음들이 그것을 듣도록 해야 한다는 점에서 어려운 사역이기도 하다.

또한 이런 놀라운 사역이 아무것도 아닌 하찮은 것으로 느껴지게 만들 수 있다는 점에서 위험한 사역이기도 하다. 그래서 설교자에게도 눈물이 필요하고, 땀과 엎드리는 기도가 필요하다. 무엇보다도 그것을 맡기신 분과 그 일 자체를 사랑하는 마음이 필요하다. 설교자로 세움 받은 사람들은 누구나 하나님을 향해, 그분이 사랑하신 세상과 영혼을 향해 사랑 노래를 부르는 존재들이다. 아무렇게나 불러도 되는 노래가 아니라, 터질 듯한 가슴으로 불러야 하는 노래다.

그런 점에 굵직하게 걸어가신 닮고 싶은 선배 설교자가 계시다는 것은 늘 감사한 일이다. 평생 하나님의 말씀을 전하는 설교자로 살려는 신학도들에게는 어두운 시대를 말씀으로 밝혔던 선배 설교자들의 그 발자취를 더듬어 보라고 권하고 싶다.

문득 한국 교회 설교자를 연구하는 책을 집필하면서 성장기에 선포되었던 설교의 기록들을 읽어 갈 때 든 생각은, 부흥과 성장은 그냥 저절로 주어지지 않았다는 사실이었다. 그것은 김 목사님과 광성교회의 부흥도 마찬가지라는 생각이 든다. 목자의 땀 냄새와 땀과 눈물의 흔적 그리고 쇠할 줄 모르는 복음과 생명에 대한 설교자의 열정, 하나님의 말씀을 옳게 분변해서 전하는 목사님의 설교의 능력을 떠올리면서 문득 강은교 시인의 시가 생각났다.

"자기 밭에 홀로/ 그리고 열심히 씨를 뿌리는 자/ 아름답다/ 그 씨가 아무리 하잘것없어 보일/ 허무의 씨앗이라 하여도/ 열심히 자기의 밭을 갈고/ 자기의 밭을 덮을 날개를 보듬는 자/ 한겨울에도 부드러운 흙을/ 자기의 밭에 가득 앉아 있게 하는 자/ 땀으로 꿈을 적시는 자/ 아름답다"(강은교, 〈그는 아름답다〉, 《허무수첩》, 예전사).

허무의 씨앗이라도 열심히 뿌리면 아름답다는데, 하물며 생명의 씨앗을 뿌려 온 세월이며 모습이겠는가? 아름다운 발자취를 생각하면서, 부디 후배들이 선배 설교자들의 강점과 장점을 배워 그들의 말씀의 들판이 희어져 추수하게 되는 가을 들판처럼 풍성해지길, 하나님의 진리 말씀으로 마음들에 양식은 더 풍성하게 공급되고, 하나님의 아름다움으로 마음의 생각들은 더 깨끗하게 되며, 하나님의 사랑을 향해 가슴들은 더욱 활짝 열리고, 하나님의 선하신 목적을 따라 삶이 거룩하게 드려지는 결단들이 매 주일 강단에서 계속되는 역사가 있길 바라는 마음으로 기도의 손을 모아 본다.

김정현 목사(광야선교회장)

1) 귀하가 알고 있는 김창인 목사는 어떤 분인가?

남이 알고 있는 김창인 목사님은 가까이하기 매우 어려운 분이다. 누구라도 김창인 목사님의 범접하기 어려운 탁월한 리더십과 뛰어난 카리스마를 느끼는 것은 어렵지 않기 때문이다. 하지만 이러한 김창인 목사님에게서 마치 자상한 아버지처럼 보여 주신 제자들을 향한 따스함과 배려를 아는 사람은 많지 않다. 바라보면 교회가 부흥했다고 해서 담임목사님이 부목사들의 미래를 염려해 주거나 지원해 주는 것이 항상 일치하지는 않는다. 하지만 김창인 목사님은 제자들을 만나면 다정한 아버지의 모습으로 수많은 목회 이야기를 들려주신다.

그리고 수많은 제자들의 목회를 아낌없이 지원해 주시면서 전혀 내색을 하지 않으신다. 한국 교회의 수많은 광성교회는 이를 바탕으로 탄생했고, 그 결과 제자들이 결성한 광야선교회는 지금까지 20여 년 동안 꾸준하게 모임을 갖고 스승을 모시며 그 배움을 기리고 있다. 항상 제자들에게 목회의 경험을 들려주시면서 한국 교회를 위해 바른 목회의 길을 가도록 지도해 주시는 김창인 목사님은 한국 교회가 배출한 위대한 스승 중의 한 분이라고 지칭해도 결코 과언이 아닐 것이다.

2) 김창인 목사의 설교의 장점과 특징은 무엇이라 생각하는가?

김창인 목사님은 탁월한 설교가다. 광성교회가 대형 교회로 성장한 부흥의 기초는 역시 설교에서 비롯되었다고 해도 과언이 아닐 것이다. 그 설교를 경험하고 배운 제자 된 입장에서 바라본 특징은 다음과 같다.

첫째, 분명한 주제 중심의 설교다.

훈련되지 못한 설교자들이 가장 쉽게 범하는 과오를 꼽으라면 그것은 역시 절제하지 못하는 방식의 설교를 선택하는 것이라고 할 수 있다. 보통 설교자들은 한 편의 설교를 위해 한 주간 동안 본문과 관련된 모든 지식들과 연관된 예화들을 담아서 풍성한 내용의 설교를 준비하고 마치면서 안도의 한숨을 쉬기 마련이다. 하지만 이렇게 2, 3년을 지나고 나면 자신이 아는 모든 성경적인 지식과 예화가 소진되어 설교 준비가 고통스러운 부담이 되는 것을 경험하게 된다.

하지만 김창인 목사님의 설교는 본문에서 정해진 일치된 하나의 주제에서 한 걸음도 더 밖으로 나가지 않는다. 그날의 주제가 초점이 되어 모든 말씀이 그 주제 속으로 집중되고 있다. 숙련된 절제의 결정체들이 설교 속으로 녹아든다. 따라서 같은 본문에서라도 또 다른 주제를 취한다면 얼마든지 또 다른 설교가 생산될 수 있는 가능성이 열려 있다.

이처럼 하나의 본문에서 적어도 열 편이나 스무 편의 설교라도 얼마든지 마련할 수 있는 길이 있으니 신비롭기 그지없다. 평생을 설교해도 성경은 무한한 설교 재료를 제공하는 보물 창고가 되는 풍요로움을 주고 있다. 하나님은 날마다 설교 시간에 우리에게 말씀하시고자 하는 분명한 주제를 통해 신앙에 필요한 내용을 가르쳐 주고 계신다.

둘째, 철저한 성경 중심의 설교다.

김창인 목사님의 설교는 본문을 통해 가장 기억하기 쉬운 방식으로 검증된 3대지의 설명 방식을 따른다. 본문의 설교 말씀 속에는 공통된 주제와 함께 성경적인 해석이 담겨 있다. 성경을 이해하기 위해 본문이 지니고 있는 가장 귀한 보화를 찾아서 예배자들의 영혼 속에 담아 주는 숭고한 노력이 본문 해석 안에 담겨 있다.

그뿐 아니라 본문을 이해하기 쉬운 또 다른 성경의 본문을 통해서 설명을 더해 주고 있다. 성경은 성경으로 해석하는 것이 가장 바른 해석이라는 것을 설교를 통해 실천해 오셨다. 목사님의 설교는 어떤 어려운 교리에 대한 해석도 성경 속에 있는 말씀을 통해 쉽게 설명되고 이해가 가능하다는 것을 증명했다.

셋째, 확실하고 명료한 설교다.

설교는 준비와 함께 선포라는 과정을 통해 완성된다. 김창인 목사님은 간결하고 명료한 선포 방식의 설교를 통해 전달 효과를 극대화하고 있다. 다양한 계층과 수많은 회중 누구라도 군더더기 없는 정제된 언어와 집중력 있는 표현을 통해 설교를 전달받고 정해진 시간 속에서 말씀을 대하게 된다. 결코 정해진 시간을 초과하는 법이 없다. 본문에 대한 성경 예화와 함께 또 하나의 생활 예화를 통해 본문의 설명을 더하면 기독교에 처음 입문하는 초신자 누구라도 설교 말씀을 이해하는 데 어려움이 없다. 보통 지칭하는 고차원적인 신학 이론과 저명인사들의 명언이 아니어도 하나님의 음성을 분명히 들을 수 있었다는 것은 뛰어난 명설교의 효과라고 말할 수 있다. 광성교회는 바로 이러한 명설교자를 통해 성장하고 세워진 것이다.

3) 김창인 목사의 설교에서 본받고 싶은 점은 무엇인가?

광성교회에서 시무하는 동안 훌륭한 설교라는 것은 화려한 학력이나 지식의 탁월함 같은 좋은 조건에서 나오는 것이 아니라, 성령님의 감동하심 속에서 비롯된다는 것을 배운 바가 있다. 김창인 목사님은 이북에서 월남한 후 어려움을 많이 겪으셔서 건강이 매우 좋지 않으셨다. 그러나 오히려 그 연약함을 인정하고 하나님의 영이 머무는 설교를 통해 위대한 설교자로서 발자취를 남기셨다. 수많은 제자 가운데 뛰어난 목회자들이 배출된 것은 그러한 삶의 열매가 맺어졌기 때문일 것이다.

특히 40년의 설교가 선한 영향을 끼치고 열매를 맺으려면 설교자의 삶이 그 설교를 뒷받침해야 가능하다는 것을 수많은 위기 속에서 증명해 내셨다. 김창인 목사님은 말씀을 전하신 대로 살았고, 그 삶이 설교 말씀을 들은 성도들과 제자들에게 살아 있는 교훈이 될 때 비로소 좋은 설교자가 된다는 것을 보여 주셨다. 바로 이러한 모습을 본받고 싶다.

박성규 목사(미국 토렌스 주님세운교회 담임)

1) 귀하가 알고 있는 김창인 목사는 어떤 분인가?

나는 1981년 번동제일교회에서 김창인 목사님의 부흥사경회 때 처음으로 목사님의 설교를 접하면서 내 영혼이 성령의 역사로 크게 감동되는 말씀의 은혜를 체험했다. 그 후 신학생 시절, 수요 예배 때는 언제나 김창인 목사님의 말씀을 듣기 위해 광성교회를 찾았고, 그때가 내 인생에서 가장 행복한 시간들이었다.

그리고 나는 설교자와 목회자로서 모든 중요한 장점을 갖추신 김창인 목사님을 영적 멘토로 삼고 1984년 대구평강교회에 부임해서 1999년 미국 타코마 중앙장로교회로, 2004년 미국 토렌스 주님세운교회 담임목사로 현재까지 모두 36년 동안 목회하면서 언제나 내 목회의 롤 모델로서의 안테나는 김창인 목사님을 향하고 있었다.

김창인 목사님은 내 목회의 영적 멘토일 뿐 아니라, 힘들고 어려울 때는 언제나 따뜻한 어버이처럼 용기와 위로를 주셔서 일어날 새 힘을 주신, 삶에 병풍과 버팀목이 되었던 분이시다.

김 목사님께서는 먼저 모진 고난을 믿음으로 이겨 내신 훌륭한 믿음의 스승의 모습을 보여 주셨고, 언제나 삶과 신앙과 설교가 한결같은 믿음의 거목이셨다. 그 긴 세월 역경 속에서도 주님을 의지해서 십자가의 길을 묵묵히 걸어가며 예수 부활의 능력 가운데 살아가시는 모습이 바로 순교자의 삶이요, 최고의 설교자의 사명이라 생각한다. 이런 순교자의 삶에 동참하신 사모님과 자녀들의 신앙 고백적 삶이 더욱 빛이 난다. 김창인 목사님을 만남이 내 인생에 주님이 주신 가장 큰 축복이라 생각한다.

2) 김창인 목사의 설교의 장점과 특징은 무엇이라 생각하는가?

김창인 목사님의 설교의 최고 장점은 철저히 성경 중심이고, 본문의 영적 본질을 정확하게 세 단락으로 나누어 단계적이고 체계적으로 서술해 나가고 있다는 점이다. 목사님은 성경 말씀을 설교자의 사상에 이용하는 설교자가 아니라, 성경 말씀에 설교자가 완벽하게 쓰임 받는 하나님의 사람이다. 하나님의 뜻이 무엇인지를 기도하는 가운데 말씀 속에서 정확하게 파악해 성령의 인도하심에 민감하게 쓰임 받는 설교자이시기 때문에 청중의 가슴과 영혼에 말씀이 새겨지는 것이다.

무엇보다 삶 속에서 묻어 나오는 시기적절한 예화가 예리한 관찰력에 의해 주어질 때는 감탄이 저절로 우러나오게 된다. 그래서 설교가 끝난 후에도 그 말씀이 잘 요약되어 가슴에 남아 있고, 생활에 적용되는 예화로 인해 말씀이 현장화 되고 실감되어지는 감동으로 이어져, 듣는 자가 말씀에 사로잡힌 삶을 살아가게 만든다.

3) 김창인 목사의 설교에서 본받고 싶은 점은 무엇인가?

김창인 목사님의 설교는 군더더기가 없는 명료하고 정확한 주제를 갖고 설교 시간 처음부터 끝까지 진행된다. 주제가 정확하고, 성경 본문을 성령의 감동으로 해석해서 철저히 말씀 중심이며, 삶 속의 피부에 와닿는 예화로 적용하기 때문에 한순간도 딴생각을 할 틈이 없다. 철저히 성경 중심이면서도 현실감이 느껴지도록 너무 쉽고 재미있게 진행하신다.

또한 김창인 목사님의 설교는 청중의 머리가 아닌 가슴에 울리는 설교다. 영적이면서도 지적인 깊이 있는 설교다. 천차만별의 신앙 연륜이 있는 사람들이 모이는 교회에 영적인 사람들과 지적인 사람들 모두에게 만족을 주는 설교다. 예수님이 말씀하실 때 "백성들이 말씀을 기쁘게 받더라"라고 했는데, 어려운 성경 말씀도 성도들이 기쁘게 받도록 하는 은사를 김창인 목사님께서는 갖고 계셨다. 나도 목사님의 설교를 들으면서 평생을 그렇게 설교하기를 기도하며 지금도 부단히 노력하고 있다.

김창인 목사님은 이 시대가 낳은 최고의 설교가이시다.

유의웅 목사(대한예수교장로회 통합 측 증경총회장, 도림교회 원로)

1) 귀하가 알고 있는 김창인 목사는 어떤 분인가?

첫째, 목회의 복을 받은 분이다.

목사님은 장수 목회, 말씀 목회, 기도 목회, 목양 일념의 목회를 하며 부임 시 수십 명의 교회를 수천 명의 교회로 부흥시키고 구령의 엄청난 결실을 한 목회자이다.

둘째, 지도자의 복을 받은 분이다.

광성교회 시무 중 노회장과 총회장으로 세움을 받아 두 상회의 발전에 기여하였다. 복음적 신앙과 언행일치의 인격과 함께 영력, 분별력, 조정과 해결의 능력을 겸비하여 노회원과 총회 총대의 존경을 받으며 그 직무를 뛰어나게 수행한 지도자이다.

셋째, 가정의 복을 받은 분이다.

사모님은 주야를 가리지 않고 많은 시간을 바쳐 교회와 목사님을 위한 중보기도의 사명을 감당한 기도의 내조자이다. 또한 아들과 딸을 신앙, 인격, 실력을 갖춘 인재로 키워 신학대학과 일반 대학 교수가 되었고, 모두 지극한 효성으로 부모를 섬기고 있다.

넷째, 정직의 복을 받은 분이다.

목사님은 은퇴 후 뜻밖에 여러 건의 송사를 당하였지만 검찰과 법원으로부터 모두 무혐의, 무죄 처분을 받아 시무 중 재정 관리에 전혀 하자가 없이 목회를 한 정직하고 청결한 목회자임이 증명되었다.

다섯째, 사랑의 복을 받은 분이다.

40여 년 전 내가 미국 로스앤젤레스 지역에서 유학과 목회를 겸하고 있을 때 목사님과 몇 분 일행이 우리 집에서 식사한 일이 있는데, 그 인연을 소중히 여겨 지금까지 부족한 종이 목사님의 사랑의 은덕을 누리고 있다.

여섯째, 건강의 복을 받은 분이다.

목사님은 시무 시에는 오랫동안 테니스 운동으로 건강을 유지했으며, 노년에는 매일 1만 보, 많게는 2만 보를 걸으며 노년의 건강을 지키고 있다.

2) 김창인 목사의 설교의 장점과 특징은 무엇이라 생각하는가?

첫째, 영적이고 복음적인 설교다.

목사님의 설교는 율법적인 설교도, 시국적인 설교도 아니다. 성경 말씀과 성령의 감동으로 준비된 설교는 성도의 영혼을 살리고, 믿음을 키우고, 교우들을 거룩한 삶으로 이끄는 영적이고 복음적인 메시지다.

둘째, 참신성이 있는 설교다.

설교 도입은 회중의 관심을 끄는 말씀으로 시작한다. 성경 본문에서 근거한 설교 제목과 세 개의 대지 그리고 어휘 사용과 부연 설명이 간결, 참신해서 회중의 이목과 마음을 끝까지 사로잡아 경청하게 하고, 메시지를 가슴에 간직하게 한다.

셋째, 적절한 예화가 있는 설교다.

적절한 예화를 사용해서 회중의 이해를 돕고 흥미를 유발하며, 영적 말씀을 실현할 수 있다는 믿음을 갖게 한다.

넷째, 대화체의 설교다.

목사님의 설교는 강의도 아니고 웅변도 아니다. 청중과 눈길을 주고받으며 대화식과 이야기식의 설교를 해서 회중이 온화한 분위기와 친밀한 마음으로 말씀을 경청하게 한다.

다섯째, 시간이 정확한 설교다.

예배의 시작과 마침도 정확하지만 설교 시간도 25분에 정확하게 끝을 맺는, 아쉽지도 않고 지루하지도 않은 설교다.

3) 김창인 목사의 설교에서 본받고 싶은 점은 무엇인가?

성경 본문에서 캐내는 새로운 제목과 대지, 적절하며 참신한 어휘 사용, 합당한 예화 인용, 메모지 한 장 놓고 설교를 대화식으로 전개하는 능력이 부럽고 닮고 싶은 스타일이다.

이용남 목사(장석교회 원로)

1) 귀하가 알고 있는 김창인 목사는 어떤 분인가?

목사님을 처음 가까이 뵐 수 있었던 기회는 영등포에 있는 영은교회를 섬기고 있을 때였다. 크게 급성장하고 있는 광성교회를 목회하시며 젊은 목회자들에게 흠모의 대상이었던 목사님을 모시고 부흥회를 갖게 되었다. 목회의 초년병이었던 나에게 큰 어른이셨던 목사님과 함께하는 한 주간은 목회를 다시 배우게 되는 귀한 시간이었다. 특히 한 주간 동안 목사님을 모시고 말씀을 들으면서 전혀 새롭게 말씀을 보는 눈이 열리게 되었다.

2) 김창인 목사의 설교의 장점과 특징은 무엇이라 생각하는가?

목사님의 설교는 듣는 이들이 쉽게 이해할 수 있도록 선포되었다. 그러면서도 큰 감동을 주는 말씀이었다. 그냥 듣고 지나가는 말씀이 아니라, 깊이 남는 말씀이었다. 어느 분이 말하기를 머리로 준비한 설교는 머리로 돌아가고, 무릎으로 준비한 설교는 무릎을 꿇게 하며, 가슴으로 준비한 설교는 가슴으로 돌아간다고 했는데, 목사님의 설교는 깊은 기도에서 우러나 듣는 이들에게 주님 앞에 무릎을 꿇게 하는, 깊은 기도가 있는 말씀이었다.

아무리 감동적인 설교라 하더라도 예수가 없으면 그것은 생명이 없는 설교다. 왜냐하면 예수가 생명이기 때문이다. 예수가 빠진 설교는 복음이 빠진 설교요, 생명이 없는 설교인데, 목사님의 설교는 어떤 구절을 갖고 말씀을 전해도 그곳에 예수가 있는, 즉 복음이 있는 설교였다. 그래서 말씀에서 생명을 발견하게 했고, 죽었던 영혼들이 생명을 얻게 돕는 말씀이었다.

목사님의 설교를 접하면서 깨닫게 된 것은, 쉽게 받아들일 수 없는 말씀을 듣는 이들이 쉽게 받아들일 수 있도록 아주 간결하게 정리해 주신다는 사실이다. 정말 깔끔한 설교였다. 그래서 듣고 나면 주신 말씀이 잘 정리되어 한 주간 삶에서 크게 힘을 얻게 하는 말씀이 된다는 사실이다. 어떤 분은 장황하게 설교를 펼쳐 듣는 이들이 무슨 말씀을 들었는지 전혀 감을 잡을 수 없는데, 목사님의 설교는 간결하면서도 요점을 명쾌하게 정리해 주는 형태였다.

3) 김창인 목사의 설교에서 본받고 싶은 점은 무엇인가?

30분 가까운 시간을 한 사람의 말을 들으며 가만히 있는다는 것은 결코 쉬운 일이 아니다. 아무리 귀한 말씀이요, 은혜의 말씀이라도 30분을 집중하기가 쉽지 않다. 그런데 목사님의 설교에는 듣는 이들이 딴생각을 할 여유를 주지 않는 유머와 본인이 체험한 은혜의 감격이 녹아 있어 언제 시간이 그렇게 많이 흘렀는지 듣는 이들이 스스로 놀랄 정도였다. 이런 목사님의 말씀 선포는 내가 평생을 목회자로 살아가는 데 크게 도전이 되었고 힘이 되었다. 좀 늦기는 했지만 목사님의 설교에 대한 글이 나온다고 하니 후학들에게 큰 도움이 되리라 기대된다.

불꽃놀이에 사용되는 화약과 다이너마이트에 사용되는 화약은 같은 종류라고 한다. 그런데 둘 사이에는 엄청난 차이가 있다. 둘 다 소리가 요란하다는 것은 같은지 모르나, 불꽃놀이의 화약은 화려하고 소리만 크다면, 다이너마이트는 놀라운 효과를 이룬다. 설교에서도 말만 나열하는 설교냐, 아니면 다이너마이트처럼 영향력이 있는 설교냐가 중요한데, 목사님의 설교에서는 강한 결단을 촉구함으로 듣는 이들이 그렇게 살지 않으면 안 된다는 확신과 결단을 갖게 했다. 강한 도전으로 결단을 촉구하는 목사님의 설교처럼 확신을 갖게 하는 설교자들이 뒤를 따라 일어나 한국 교회 강단을 더욱 뜨겁게 하고 생명의 역사를 일으키는 일이 일어나기를 기도하며 기대해 본다.

임성빈 총장(장로회신학대학교)

1) 귀하가 알고 있는 김창인 목사는 어떤 분인가?

김창인 목사님은 테니스를 참, 아니 대단히 좋아하시던 분이었다. 김 목사님을 처음 뵌 것도 장로회신학대학교 테니스장으로 기억된다. 군목으로 제대한 후에는 올림픽공원 건너편(으로 기억되는) 윔블던 테니스장에서 아침마다 뵈었다.

그러나 가장 인상 깊은 것은 우리 동기 목회자들을 목회자 되게 해 주신 철저한 목회 교관으로서의 기억이다. 당시 광성교회에 부교역자들이 부임하면 곧 입술이 터지고, 체력적으로 매우 힘들어하는 모습을 보였다. 아주 반듯한 모습으로 새벽기도에 참석해야 하고, 기도회가 마치면 곧 사택으로 가서 옷을 갈아입고 테니스장으로, 운동을 마치면 식사 후 곧 출근, 열심을 내야 하는 심방 등의 일정 속에 대부분 피곤을 호소했다. 이제는 누구라고 다 이름을 밝힐 수 있지만, 당시 부교역자들 중에는 도대체 테니스는 왜 다 함께 쳐야 하는지 불평하던 이들도 있었다.

그러나 담임 목회의 길에 들어선 그들은 이구동성으로 그때 테니스로 아침마다 체력을 단련한 것이 목회에 큰 도움이 되었음을 고백했다. 부교역자 개인뿐만 아니라 사모들도 함께 참석하던 새벽 강단에서는 말씀과 기도 훈련을, 테니스장에서는 건강관리와 교제를, 열심 있는 심방으로 교인들에 대한 깊은 이해와 전도 열정을 배울 수 있도록 교회와 부교역자들을 이끌어 가시던 카리스마 넘치는 김창인 목사님의 모습은 내가 신학생으로서, 신학교 교수로서 직간접으로 경험한 것이었다.

이와 함께 우리 장로회신학대학교를 위해 지속적으로 기도해 주시면서 필요한 때에는 기대를 뛰어넘는 수준으로 통 크게(!) 도와주셨다는 이야기를 선배 교수님들과 역대 총장님들을 통해 들으면서 깊이 감사하는 마음을 품게 되었다. 그러나 무엇보다 나에게 가장 인상 깊었던 것은 강단 위에서의 모습, 즉 깔끔하고 명료한 '3대지' 설교자로서의 김 목사님이었다.

2) 김창인 목사의 설교의 장점과 특징은 무엇이라 생각하는가?

나는 광성교회에 소속된 적은 없다. 다만 군목 재직 시 섬기던 부대 교회가 광성교회에서 건축해 주신 교회여서 광성교회와 부대가 관계성이 있었다. 군목 제대 후에는 숙소가 광성교회 근처였고, 광성교회 부교역자들 가운데 친구들이 여러 명 있어서 자연스럽게 김 목사님 설교를 많이 접할 수 있었다. 당시 수요일 저녁 예배에는 신학생들과 근처 타 교회 교인들도 상당수 참석했다고 기억된다. 그 이유는 물론 김 목사님의 설교를 통해 은혜를 받기 위해서였다. 많은 사람들이 잘 아는 바, 김 목사님의 설교는 이른바 '3대지' 설교다. 내용은 매우 명료하며 설명은 실제적이었다. 또한 설교 시간을 정확히 지키는 것으로도 유명했다.

가장 인상 깊은 것은 설교에 군더더기가 없었다는 것, 즉 말씀을 말씀으로만 전달하려 애쓰시고 실천한다는 점이었다. 내가 직접 담임 목회자로서의 경험을 해 보니 이것이 얼마나 힘든 것인지를 절감할 수 있었다. 특별히 수요 예배와 같은 경우, 자칫 준비를 충분히 하지 못하고 강단에 서는 경우가 많았는데(매우 부끄러운 고백이지만), 그럴 때일수록 오히려 이런저런 이야기와 경험들을 갖다 붙이며 시간을 끌고 있는 나 자신을 발견하는 순간이면 김 목사님의 '아쌀한' 설교가 큰 도전과 경고가 되곤 했다.

3) 김창인 목사의 설교에서 특별히 학생들에게 본받으라고 권하고 싶은 점은 무엇인가?

우리 선배 목회자들에게 후배들이 배워야 할 주요한 덕목들 중 하나인 '목회 일념'을 우선으로 꼽고 싶다. 건강하실 때는 테니스를 상당히 좋아하시는 것 같았지만, 도대체 목회 이외에 무엇을 좋아하시나 가늠할 수 없을 정도로 그저 목회에 일념하는 모습은 우리 모두가, 또한 신학생들이 마음에 깊이 새겼으면 한다. 우리는 지금 너무 많은 것들을 마음에 품고, 머리 안에 놓고 있는 것 같기 때문이다.

목회를 준비하는 신학생들과 우리 후배들이 김 목사님께서 보여 주신 바 어려운 상황에 있는 교역자들을 향한 따뜻한 마음과 처신을 본받기 원한다. 특별히 나는 어려운 상황에 있는 나의 친구 목회자들을 기꺼이 부교역자로 불러 주신 김 목사님을 기억하며 지금도 감사한다. 당시 내 친구 목회자들 중에는 교회에서 일어날 수 없는 일들을 묵인 내지 방조하는 담임 교역자에게 문제 시정을 위한 제언을 하다 교회를 갑자기 그만둘 수밖에 없던 참 어려운 상황에 처한 이들이 있었다. 그중 한 사람을 김 목사님이 부교역자로 청빙해 주셨는데, 다른 한 사람이 후에 또 광성교회에 오기를 바라는 상황이 생겼다. 사실 그 부교역자들이 나온 교회의 담임 목회자와 김 목사님은 가까운 사이였다고 한다. 그럼에도 불구하고 김 목사님은 결국 두 번째 사람도 부목사로 함께 품어 주셨다.

물론 그 두 사람은 후에 매우 훌륭한 담임 목회자들이 되었지만, 당시에 그들이 남들보다 탁월했다 하더라도 목사님이 동료 목회자와의 관계 훼손을 감수하면서까지 그들과 함께하는 것은, 쉽지 않은 결정이셨을 것이다. 내가 기억하고 귀하게 여기는 것은, 김 목사님은 어려운 상황에 있는 후배 교역자들, 특히 나름 교회를 위해 옳은 행동을 하던 이들에게 기회를 주셨다는 것이다.

사실 내가 김 목사님을 직접 경험한 일이 매우 적음에도 불구하고 이런 글을 쓸 수 있는 것은 친구들을 어려운 상황에서 이끌어 주신 선배 목사님이시기 때문이다. 당시에는 따뜻함과는 거리가 있어 보이기도 하고, 요즘 말로 매우 쿨한 카리스마를 뿜어내는, 가까이하기에는 어려운 분이었지만, 어려운 후배들을 품어 주신 그 마음과 리더십을 본받고 싶었다.

마지막으로는 때에 따라 자신의 태도와 처신을 조율할 수 있는 지혜로운 부드러움을 본받기를 원한다. 사실 내가 조금 멀리서 본 김 목사님은 '냉랭한 카리스마'가 넘치는 분이셨다. 그런데 점차 '부드러운 할아버지 목사님'으로, 따뜻한 분으로서의 김 목사님을 경험하게 되었다. 엄청난 고난을 통한 성화의 과정 중 얻어진 열매라고 생각한다. 하나님은 때마다 적당한 은혜를 주신다. 그것을 분별해서 순종하는 것이 지혜일진대, 바로 김 목사님이 이러한 지혜로움을 보여 주신 분이다. 우리 모두 이 지혜를 본받기 원한다!

정성진 목사(거룩한빛광성교회 원로)

1) 귀하가 알고 있는 김창인 목사는 어떤 분인가?

김창인 목사님은 겉으로 보이는 모습은 매우 차갑고 날카로우신 분이다. 눈빛이 매섭고 용모가 단정하시다. 그래서 빈틈이 없어 보이고 접근하기가 매우 어렵게 느껴지는 분이다. 그러나 일단 가까이 가서 그분과 교제하게 되면 속정이 많고 따뜻한 분임을 알게 된다. 그리고 유머가 많은 것에 더욱 놀라게 된다. 남을 대접하는 것을 좋아하실 뿐만 아니라 가장 좋은 것으로 베풀기를 좋아하시는 분이다.

부교역자들을 엄하게 대하면서도 최고의 대우를 해 주셨고, 특별히 열일곱 교회를 개척해 주셨는데, 당시 한국 교회에서 전례를 찾아볼 수 없는 파격적인 큰 비용을 들여 교회를 개척해 주셔서 한국 교계에 모범이 되셨다. 그래서 당시 광성교회 부목사로 가는 것이 선망의 대상이 될 정도였다.

김 목사님의 교회를 사랑하는 마음과 목양의 열정은 타의 추종을 불허할 만큼 대단하셨다. 열흘 해외 집회를 마치고 밤중에 귀국하셔도 교회로 와서 밀린 일을 정리하셨고, 휴일에도 반드시 교회에 나와 말씀을 묵상하며 자리를 지키시는 모습을 목회 비서 생활을 4년 하는 동안 보면서 나도 그런 목회를 하리라 결심하게 되었다.

총회장을 하실 때 바쁘신 일정 중에도 교회에 소홀함이 전혀 없으셨다. 언제나 우선순위 첫 번째는 교회였다.

북한 선교, 중국 선교, 농어촌 교회, 신학대학교, 어려운 교회를 수없이 도와주셨지만 생색을 낸 적이 한 번도 없으셨다. 그래서 지금까지 부산장신대에서는 김창인 목사님의 업적을 기려 명예 총장으로 예우하고 있다.

또한 매사에 정확하게 판단하고 신속하게 일을 처리하는 능력이 뛰어나신 분이다. 총회장으로 여러 가지 교계 현안을 잘 처리해서 칭송을 받으셨다. 어느 곳에서도 개인적인 유익을 추구하신 일을 본 적이 없다.

목회자들의 사표가 되는 훌륭한 목사님이다.

2) 김창인 목사의 설교의 장점과 특징은 무엇이라 생각하는가?

광성교회에서 5년간 부목사 생활을 하면서 한 주도 빼놓지 않고 김 목사님의 설교에 큰 은혜를 받았다. 부목사로서 이보다 더 큰 은혜는 없다고 하겠다. 그때 받은 은혜로 23년간 거룩한빛광성교회 목회를 잘 마칠 수 있었다.

김 목사님의 설교의 장점은 간결하면서도 재미있는 것이다. 김 목사님처럼 입맛에 짝짝 붙게 예화를 사용하시는 분을 아직 만나 보지 못했다.

그다음, 제목과 대지를 정하시는 능력은 타의 추종을 불허한다. 어디서도 찾아볼 수 없는 대지를 뽑아내시는데, 그것은 다름 아닌 묵상의 힘이라고 생각한다. 오늘까지도 서재에서 성경을 읽고 묵상하시던 모습을 잊을 수 없다. 설교 원고는 메모지 한 장이 전부인데, 어떻게 저렇게 막힘없이 설교를 하실 수 있을까 하고 감탄을 금할 수 없었다. 선천적으로 머리가 비상하시고, 후천적으로 거듭된 노력 덕분이라고 생각한다.

이미 설교 내용을 머릿속에 전부 넣은 다음 교인들과 눈을 맞추고 설교를 하시기 때문에 교감이 잘되는 설교를 하셨다. 나는 장로회신학대학교 신학대학원을 졸업할 때 '강해설교 방법 연구론'이라는 제목으로 논문을 썼는데, 강해설교의 모델이 되는 목사님을 부목사로서 만나게 되는 행운을 얻었다.

김창인 목사님은 무엇보다 목소리가 좋으셨다. 카랑카랑하면서도 강력한 목소리를 소유하셨다. 그래서 전달의 효과가 배가되었다. 설교자로서의 자질을 타고나신 분이다.

3) 김창인 목사의 설교에서 본받고 싶은 점은 무엇인가?

다 본받고 싶다. 그중에 요약형 원고를 가지고 설교하신 점을 본받고 싶다. 원고를 전부 숙지하셨기에 항상 청중과 눈을 맞추고 설교하셨다. 그것이 가능했던 이유가 말씀 묵상의 힘인 것을 알기 때문에 말씀 묵상하는 습관을 들여 깊이 있는 말씀을 전하고 싶었다. 그러나 은퇴할 때까지 김창인 목사님의 설교 수준에 도달하지 못한 것이 못내 아쉽다.

또한 목사님의 예화 사용 기술을 본받고 싶다. 항상 본문의 이해를 돕는 예화를 찾는 데 탁월하셨다. 특히 성경 이야기 중에서 예화를 많이 사용하셨는데, 그렇게 딱 들어맞는 예화를 사용하는 분을 만나 보지 못했다.

그리고 '설교의 간결성'을 본받고 싶다. 군더더기 없는 설교, 기승전결이 분명한 설교, 청중이 사모하고 달려와 듣는 설교였다. 주일 낮 예배를 연속해서 두 번 드리며 똑같은 설교를 다시 듣고 은혜를 받는 성도들을 여럿 보았다. 지금도 은혜 받던 그때로 돌아가고 싶을 때가 가끔 있을 정도다.

주성민 목사(세계로금란교회 담임)

1) 귀하가 알고 있는 김창인 목사는 어떤 분인가?

20대 청년 시절에 신학대학에 가려고 학원에서 일하며 공부를 했는데, 그때 다녔던 명문학원 바로 맞은편에 광성교회가 있었다. 힘든 시절이었기에 학원에서 근로 장학생으로 칠판을 닦아 주고 청소도 하면서 무료로 학원을 다닐 수 있었다. 점심시간에는 도시락을 싸 갈 형편이 안 되어서 대신 금식하며 학원 근처 천호동 거리를 걸으면서 기도하곤 했다. 땅 밟기 기도 마지막 코스는 항상 광성교회였는데, 교회에서 기도를 마치고 다시 학원에서 오후 수업을 받았다. 학원에서 모든 일과가 끝나면 오후 늦은 시간이 되었다. 일하고 공부하면서도 모든 예배는 항상 빠지지 않고 드렸는데, 시간상 본 교회까지 수요 예배를 갈 수 없어 광성교회에서 예배를 드리게 되었다.

그런데 김창인 목사님의 말씀이 너무 좋아서 수요 예배를 드리는 매 시간이 기다려졌다. 그때 들었던 목사님의 설교는 항상 은혜로웠고, 청년 시절에 꿈과 비전을 키울 수 있는 설교였다. 목사님은 항상 예배 중심, 말씀 중심, 기도 중심의 신앙생활을 강조하셨고, 무엇보다 성경 말씀이 그저 아는 지식으로만 그치는 것이 아니라 삶으로 실천해야 한다고 강조하셨다. 그리고 몸소 하나님의 말씀을 실천하면서 신앙생활의 모범을 보여 주신 참으로 겸손한 목사님이셨다.

특히 수요 예배 때는 장로님들과 권사님들의 이름을 호명하면서 출석을 부르셨던 모습이 생각난다. 그만큼 핵심 일꾼들의 신앙생활을 영적으로 단단하고 강하게 훈련시켰던 분이셨다. 그 영적인 강함 뒤에 한 영혼, 한 영혼, 성도를 사랑하시는 따뜻함이 느껴져서 목사님은 참으로 양 떼를 많이 사랑하는 분이시구나 하며 감동을 받기도 했다.

2) 김창인 목사의 설교의 장점과 특징은 무엇이라 생각하는가?

청년 시절 들었던 김창인 목사님의 설교는 힘 있고 카랑카랑한 은혜의 목소리였다. 철저한 성경 중심의 설교였는데, 본문 중심의 설교는 일관성과 통일성, 긴밀성이 있는 집중력 있는 말씀이었다. 무엇보다도 원고 없이 상대방과 눈을 마주하면서 성경을 쉽게 풀어 주셨는데, 설교 시간이 전혀 지루하지 않고 시간 가는 줄 모를 정도로 은혜로운 시간이었다. 마치 어머니가 자녀들에게 따뜻한 음식을 먹여 주는 것처럼 예배 분위기가 은혜로웠다. 특별히 편안한 대화식 설교는 따뜻하고 사랑이 넘치는 시간이었던 것으로 기억된다. 한마디로 성도들의 마음을 열어 하나님의 말씀을 은혜롭게 다가오게 하는 탁월한 능력의 설교자셨다.

3) 김창인 목사의 설교에서 본받고 싶은 점은 무엇인가?

김창인 목사님의 설교는 항상 성경 중심이었다. 설교 예화도 말씀 안에서 설명해 주셨고, 군더더기 없는 간결하고 명료한 설교는 귀를 쫑긋하게 세울 정도로 매 시간 집중하게 했다. 특히 목사님의 삶 속에서 체험한 하나님을 강력한 메시지로 전해 주셨다. 이를 통해 하나님의 말씀대로 살아야겠다는 의지를 저마다의 마음속에 심어 주셨다. 무엇보다 목사님은 항상 겸손하셨다. 그 겸손함이 설교를 통해 그대로 전해져 왔다.

항상 하나님의 말씀대로 살려고 애쓰시는 목사님의 삶은 영성과 인격을 갖춘 모습에서 나온 말씀이었기 때문에 온 성도들의 마음을 사로잡을 수 있었고, 그들을 하나님의 일꾼으로 변화시킬 수 있었다. 청년 시절, 신학대학을 가려고 재수하며 들었던 김창인 목사님의 설교는 큰 감동과 울림으로 다가왔다. 그 말씀을 통해 부족한 종 또한 하나님 앞에 더욱 믿음으로 살고자 결단하는 계기가 되었다.

현요한 교수(장로회신학대학교 조직신학)

1) 귀하가 알고 있는 김창인 목사는 어떤 분인가?

김창인 목사님에게서 가장 두드러지게 느껴지는 것은 그분의 대쪽 같고 카리스마적인 리더십과 권위이다. 신속한 의사 결정과 과감한 추진력, 설교단에서 순식간에 청중의 주의력을 집중시키는 힘 등에서 쉽게 그것을 느낄 수 있다. 처음 광성교회를 방문하는 사람들은 예배 중에 무언가 잘못된 일을 발견한 목사님이 부교역자나 교우들을 호되게 책망하시는 장면을 보고 깜짝 놀라게 된다. 그래서 많은 사람들이 목사님에게 다가가기 어려워하기도 한 것 같다.

그런데 막상 개인적으로 마주 앉아 대화를 나누어 보면 매우 자상한 면모를 볼 수 있다. 상대방의 마음과 형편을 살피고 무슨 어려운 일이 있으면 어찌해서든 도와주려 하셨다. 목사님은 특히 부목사들의 진로에 대해 많은 배려를 해 주셨다. 광성교회에서 오래 부목사를 하다가 떠나게 되는 사람들은 대개 목사님의 영향력과 추천으로 좋은 담임 목회지를 찾아가게 되거나, 아니면 광성교회의 지원을 받아 개척 교회를 할 수 있게 되었다. 간혹 광성교회에서 부목사로 있다가 다른 교회에 가서 어려움을 당하면 광성교회로 다시 불러서 감싸 주시고, 회복할 기회를 주기도 하셨다.

목사님의 중요한 특징 중 하나는 기도다. 목사님이 종종 하시는 말씀 중에 "기독교는 기도교이다"라는 말이 있을 정도로 목사님은 기도를 매우 강조하시고, 솔선해서 그렇게 하셨다. 대부분의 목사들이 하는 새벽기도, 금요 철야 기도는 물론, 그 외에도 목사님은 많은 시간을 기도와 설교 준비로 보내셨다. 매주 금요일이면 부교역자들을 모두 동반하고 기도원에 올라가 기도하시고 다음 날 새벽에 교회로 돌아오곤 하셨다. 외부에 집회를 나가시거나 공무로 출타하시는 이외의 시간을 목사님은 교회 당회장실에 머물면서 연구와 기도로 보내셨다. 종종 목사님은 교회 내 숙소에서 쉬면서 교회에 머무셨으며, 그래서 때때로 24시간 교회를 지키며 기도하기도 하셨다.

목사님의 또 한 가지 특징은 '겸손'이다. 저녁 예배나 부흥회에 외부 강사가 와서 설교를 하거나, 때로는 부목사가 설교를 했을 때도, 목사님은 종종 "말씀이 너무너무 은혜스러워서 저도 저 뒤에 앉아서 은혜 많이 받았습니다"라고 말씀하곤 하셨다. 이러한 고백은 그날의 설교자가 젊은 사람이거나 후배이거나 상관이 없었다. 또한 외부 강사가 왔다가 떠날 때는 목사님이 반드시 교회 문밖에 나가서 그분이 차를 타고 떠날 때까지 배웅을 하곤 하셨다. 이는 그 강사가 젊은 후배일지라도 한결같은 태도였다.

2) 김창인 목사의 설교의 장점과 특징은 무엇이라 생각하는가?

설교에 대한 김창인 목사님의 근본적인 생각은 '먼저 하나님에게 은혜를 받아서 사람들에게 그 은혜를 끼쳐 주는 것'이라고 할 수 있다. 목사님은 늘 그렇게 먼저 하나님에게 은혜 받기를 원했고, 또 그것을 효과적으로 사람들에게 전달하기를 원하셨다. 그래서 여러 가지 바쁜 일정 속에서도 많은 시간을 성경 연구와 묵상 그리고 기도에 보내셨다. 목사님은 그렇게 얻은 통찰과 영감을 간결하면서도 명확하며 힘 있게 전달하려고 애쓰셨다.

· 목사님의 설교의 두드러지는 특징은 언제나 세 가지 대지로 제시되는 내용이다. 이것은 전통적인 설교학에서도 언급되는 방식이다. 설교의 요지는 늘 주보에 함께 게재되어 듣는 사람이 용이하게 파악할 수 있도록 되어 있었다. 예를 들어, "예수님을 체험합시다"라는 제목 하에 '① 불쌍히 여기시는 예수, ② 축복하시는 예수, ③ 함께 가시는 예수'라는 3대지를 제시하든지, 혹은 "은혜는 남은 자의 것입니다"라는 제목 하에 '① 앙망의 은혜, ② 재기의 은혜, ③ 영광의 은혜'라고 하는 방식이다.

그런데 사람들이 감탄하고 놀라는 것은, 목사님이 주어진 성경 본문에서 항상 세 가지 대지를 묘하게 찾아내신다는 점이다. 목사님 밑에서 훈련을 받은 많은 부목사들은 이러한 목사님의 설교에서 많은 것을 배웠다고 한다. 오랫동안 한 교회에서 목회하는 목사들이 설교를 준비할 때 어려워하는 점들 중에 하나는 이미 자기 자신과 많은 교인들에게 익숙해진 본문에서 어떻게 설교의 요점을 새롭게 발견하느냐 하는 것인데, 목사님의 이런 방식은 후배들에게 하나의 해결책을 보여 주셨다.

목사님의 설교의 중요한 특징들 중 하나는 시간 엄수였다. 목사님은 정해 놓은 예배 시간을 지키는 것을 매우 중요하게 생각하셨다. 시간이 길어지면 사람들의 집중도가 떨어지는 것을 고려하신 것 같다. 이렇게 시간을 지키는 것은 외부에서 오신 분이 설교나 기도를 담당하거나 무슨 행사에서 축사를 할 때도 마찬가지였다. 그래서 광성교회 행사에서는 다른 교회에서처럼 설교 후에 비슷한 내용의 권면, 축사가 지루하게 반복되는 일이 없었다.

심지어는 목사님 자신도 설교 시간을 초과하는 것을 과감히 절제하셨다. 그래서 드물기는 하지만, 설교의 제1대지와 제2대지에 시간을 다 소모하고 제3대지를 설명할 시간이 부족하면, 제3대지는 제목만 읽고 그대로 끝냄으로써 시간을 지킨 일도 있었다. 중요한 것은 설교를 통해서 은혜를 받는 것이요, 그것이 이루어졌다면 그것으로 족하다고 생각하신 것 같다.

말씀 중심의 예배를 위해 목사님은 예배에서 많은 순서를 생략하셨다. 세례나 성찬식이 있을 때도 순서는 언제나 간결하고 엄숙했다. 흔히 다른 교회에서 성례식이 있을 때 시간이 길게 연장되는 현상은 광성교회에서는 좀처럼 일어나지 않았다. 성례전 자체가 이미 설교적인 의미를 가지고 있으므로, 그럴 때는 설교 시간을 과감하게 줄이고 성례전 자체에 집중하셨던 것이다. 그래서 세례식과 성찬식을 같이 집례해도 예배가 1시간 정도에 마무리될 수 있었다.

3) 김창인 목사의 설교에서 본받고 싶은 점은 무엇인가?

목사님의 설교는 웅변조도 아니고 지루한 강연조도 아니었다. 그것은 언제나 청중을 마주 보면서 문답과 함께 자연스럽게 전달하는 이야기였다. 그래서 언제나 청중과의 눈 맞춤을 잃지 않으셨다. 이것은 청중과의 활발한 의사소통을 위해 매우 중요하고 본받을 만한 일이라고 생각한다. 또한 목사님의 이야기식 설교는 청중의 눈높이에 맞추어 매우 쉽게 전달되는 말씀이었다.

목사님이 흔히 하신 표현대로 '어린아이에게 떠먹여 주듯이' 쉽게 전달하려고 애를 많이 쓰셨다. 외부에서 온 강사님들의 설교에 대해 목사님이 감사를 표하면서 흔히 하신 말씀이 바로 "아이들에게 떠먹여 주듯이 아주 쉽고 은혜롭게 말씀해 주셔서 감사합니다"였다. 청중의 눈높이에 맞추어서 쉽게 전달하는 능력 역시 본받고 싶은 탁월한 능력이다.

chapter 12

성도들이 본 김창인 목사와 그의 설교

김훈 장로(331구역)

성도에게 있어 좋은 교회, 좋은 목사님을 만나는 것은 복 중의 복이다. 그런 의미에서 나는 은혜와 복을 누르고 흔들어 넘치게 받았다고 해도 부족할 정도다. 나뿐만 아니라 광성교회 모든 성도들이 다 같은 마음일 것이다. 하나님이 나를 어려서부터 예비하신 광성교회로 불러 주셔서 김창인 목사님을 만나게 하신 것을 말로는 다 표현할 길이 없다. 오직 모든 영광과 찬송을 하나님께 드린다.

사람을 만날 때 그 얼굴에 다양한 모습이 겹쳐 보일 때가 종종 있다. 평범한 직장인인데 사업가의 뛰어난 소질이 있는 사람이 있는가 하면, 운동선수인데 가수가 되었으면 더 좋았을 그런 달란트를 가진 사람도 있다. 그런데 김창인 목사님은 한 번도 목회자가 아닌 다른 모습이 상상이 되지 않는 분이다. 목사님의 삶이 그랬고, 하나님께 받은 사명, 곧 한평생 광성교회에 모든 것을 쏟아 부은 목회자로서 걸어오신 길이 그 모든 것을 증명한다 하겠다.

내가 목사님을 처음 만난 것은 초등학교 4학년 때인 1966년 초다. 아버지는 나와 여동생을 부르시더니 "오늘부터 광성교회에 가라"고 하셨다. 눈이 내리는 추운 겨울날 아침에 전에 다니던 교회 친구들 생각에 북받쳐 펑펑 울면서 낯선 교회에 발을 들여놓던 기억이 아직도 생생하다. 그로부터 55년이 흘렀다. 광성교회에서 주일학교, 중고등부, 대학부, 성년부, 청년부, 남선교회를 거치며 집사가 되고, 장로로 임직한 지도 어언 23년이 되었다. 이제 내

삶 자체가 광성교회와는 불가분의 관계가 되었다.

대학 졸업 후, 교계 언론사 기자로 사회에 첫발을 딛게 된 계기로 숱한 교단 총회장, 저명한 대형 교회 목사님들을 가까이에서 자주 뵐 기회가 있었다. 그분들이 내가 광성교회에 출석한다고 하면 꼭 공통적으로 하시는 말이 있다. '김창인 목사님은 카리스마가 있으신 분'이라는 것이다.

대학 졸업 전에 교회에서 결혼식을 하는 바람에 같은 과 친구들이 결혼식 축가를 하거나 축하해 주기 위해 교회에 다녀간 후에 꼭 하는 말도 이와 비슷했다. "너희 목사님, 너무 무섭더라." 결혼식 도중 일부 하객들로 예배당 안이 소란스러워지자 목사님이 말씀을 전하시다 말고 "떠들 사람은 밖으로 나가라"고 한마디 하신 것이 그들 눈에는 그렇게 비친 모양이다.

하지만 나는 목사님을 무섭다거나 두려운 존재로 느낀 적이 없다. 다만 어린 시절에는 목사님을 가까이에서 뵐 기회가 없었기 때문에 무섭다기보다는 엄격하신 분으로 알았다. 내가 아는 김창인 목사님은 분명 살가운 분은 아니다. 그러나 그것은 이북 출신으로서 혈혈단신 이남에 오셔서 목회자로 기름 부음을 받으시기까지 겪으신 모진 세월의 흔적일 뿐, 그것이 목사님의 본모습은 아니다. 목사님의 너그러우심과 따뜻한 가슴이 아니었더라면 한낱 촌구석 취급받던 천호동에서 기적과도 같은 부흥과 함께 성장한 오늘의 광성교회가 가능했겠는가.

나는 목회자는 설교가이고 교육가이고 행정가라고 생각한다. 김창인 목사님은 이 세 가지가 모두 탁월하신 분이다. 그중 설교만을 꼽자면 보화같이 빛난다는 표현도 아깝지가 않다. 목사님의 설교를 매 주일 들은 사람은 잘 모른다. 하지만 제아무리 유명 설교가라고 해도 목사님처럼 설교하는 것을 들어 본 일이 없다. 그만큼 목사님의 설교는 전달하는 기법이나 내용 면에서도 뛰어날 뿐 아니라, 독창성과 간결한 전달력으로 오랫동안 가슴에 남게 된다.

목사님은 어떤 성경 본문이든 설교 시 3대지로 나누는 특별한 달란트를 가지고 계신다. 그 세 가지는 각기 독립적이면서도 유기적인 연관성 속에서 말씀을 해석하고 풀어내는 도구로 사용된다. 성도들은 목사님의 설교를 들으면서 어렵다거나 쉽다는 등의 평가를 할 필요가 없다. 그냥 귀에 들어와 쏙쏙 박히기 때문이다. 엄마가 음식을 꼭꼭 씹어서 아기에게 떠넘기는 식이다.

목사님이 설교를 시작하시면 자주 쓰시는 화법이 있다. 모두가 알 만한 예화로 시작하는데, 주로 성경 안의 다른 이야기나 당신의 직간접 경험들이다. 차 시동을 걸어 예열을 시키는 과정처럼 단순해 보이지만 그 안에 숨은 의도가 있다. 은혜를 끼치고 받기 위한 일종의 준비 과정인 것이다. 그렇게 시작된 목사님의 설교는 설교가 다 마치기 전에 이미 성도들의 뇌리와 가슴에 고스란히 들어와 박힌다. 그것이 목사님을 통해 주시는 하나님의 은혜다.

요즘 많은 교회에서 목사님들의 설교가 교양 강좌로 흐르고 있다는 우려의 목소리가 적지 않다. 하지만 김창인 목사님은 그 숱한 세월 강단에서 복음의 본질에서 벗어난 이야기로 시간을 허비하신 적이 단 한 번도 없다. 언제나 성경 66권 안에 있는 복음의 진리를 설파하시면서 예수 그리스도의 십자가와 부활이 그 핵심이었다.

칼빈은 "설교자는 하나님의 입"이라고 했다. 설교자를 간단히 설명하자면, 하나님의 말씀을 전달하는 사람이다. 설교자 자신이 그 말씀을 믿든지 안 믿든지, 그 말씀에 대한 경험이 있든지 없든지 관계없이 하나님의 말씀을 전달할 수 있기만 하면 그것이 바른 설교라는 것이다. 그러나 하나님의 말씀을 기능적으로 전달하는 데서 그치면 어찌 성령의 역사가 나타나겠는가. 그런 점에서 김창인 목사님은 성령의 이끌림으로 하나님의 말씀이 지향하는 바, 궁극적으로 복음의 진리를 성도들에게 간결하고도 소화하기 쉽게 떠먹여 주신 따뜻한 아버지이자 존경하는 스승이요, 위대한 설교가이다.

윤종덕 장로(124구역)

목사님은 자신을 철저히 관리하는 분이셨다. 목회하시는 기간 중 강단을 비운 적이 없으셨고, 오로지 목양 일념으로 교회를 섬기셨다. 젊은 시절에는 목사님의 신체적 건강을 위해 목사님과 사모님께서 열심히 기도하셨고, 하나님이 친히 고쳐 주시는 은혜를 체험하기도 한 기도의 사람이셨다.

목사님은 성도들이 하나님의 정병(精兵)으로 양육되기를 바라셨다. 그래서 성도들을 하나님의 사람이 되도록 하기 위해 "하나님 말씀을 덮어놓고 믿지 말고, 펼쳐 놓고 믿으십시오"라고 늘 말씀하셨다. 그래서 광성교회 성도들의 성경 공부는 선택이 아닌 필수였다. 이러한 목사님의 목회 정신은 자연스럽게 성도들에게 흘러들어 성도들은 예배 시간에 늦을 경우 뛰어서 오는 일이 많았다.

목사님은 전도와 선교를 늘 강조하시어 교회를 개척, 설립해서 목회자들을 파송하셨고, 해외에는 선교사를 파송하셨으며, '영신학원'(영신여고, 영신간호비즈니스고)과 '광성하늘빛학교'를 설립해서 학원 선교를 하셨는데, 이 일은 탁월한 결정이었다. 목사님은 "구제할 때에 오른손이 하는 것을 왼손이 모르게 하라"고 하신 예수님의 가르침에 따라 우리 교회가 펼치는 농어촌 교회를 비롯한 이웃 섬기는 일에 대해 소문을 내지 아니하셨다. 그리고 정직하셨다.

목사님은 말씀을 참 쉽게 전달해 주신다. 그래서 이해가 잘된다. 성경은 일반 성도들에게는 이해하기 어려운 부분이 너무 많다. 성경이 한글로 되어 있어 누구나 쉽게 읽을 수는 있지만, 그 뜻을 누구나 쉽게 이해할 수 있는 것은 아니다. 그런데 하나님 말씀을 이렇게 쉽게 전달한다는 것은 결국 많은 시간을 들여 본문을 묵상하고 이해하고 준비하셨다는 것을 말해 준다. 그렇지 않으면 그처럼 쉽게 전달할 수는 없을 것이다. 그리고 적절한 시간에 마무리하신다.

설교 말씀의 이해를 돕기 위해 예화를 말씀하실 때도 성경 속에 있는 내용을 찾아서 말씀하신다. 성도들에게는 주일 낮 예배 때의 말씀이 설교 시간인 동시에 성경 공부 시간이기도 해서, 성도들은 하나님의 말씀을 배불리 먹고 교회를 나서게 된다.

목사님은 설교 제목과 제목에 따른 세 가지의 실천 과제를 정리하는 데 탁월한 능력을 보여 주신다. 능력이라고 표현했지만, 이 부분 역시 깊은 묵상과 숙고와 각고의 시간을 보낸 결과일 것이다. 이러한 과정을 거친 결과, 하나님이 목사님을 통해 들려주시는 설교는 성도들의 가슴속에 깊이 각인되어 우리의 믿음을 자라게 하는 가장 큰 요인이 되었다고 본다.

목사님은 설교할 때 성도들과 문답식으로 하신다. 목사님께서 이런 모양의 설교를 하시는 것은, 성도들이 하나님 말씀에 집중하게 하려는 의도가 아닌가 여겨진다. 성도들은 성경을 읽을 때 생각 없이 지나치는 부분이 많이 있다. 그러나 목사님은 성경 행간에 들어 있는 하나님의 말씀을 찾아내어 알기 쉽게 설명하신다. 그렇게 선포되고 전달되는 말씀은 우리 영혼에 약이 되고 진한 맛이 되어 우리로 하나님 말씀을 더 사모하게 해 준다.

목사님은 설교를 통해 성도들이 생활 속에서 하나님의 말씀을 실천하며 살아야 한다고 늘 강조하셨고, 그래서 '신앙생활'이라는 말보다는 '생활 신앙'이라는 표현을 더 좋아하며 강조하셨다. 목사님은 성도들의 교회 생활에 대해서도, "봉사할 때는 주인의식으로(내가 아니면 누가 하랴), 권리를 주장할 때는 종(從)의 의식으로 해야 한다"고 가르치셨다. 목사님은 성도들에게 질서의식도 강조하셨다. 교회는 하나님을 섬기는 사람들의 모임이라 강제성이 없기는 하지만, 이럴수록 교회에서의 제반 질서는 지켜야 한다고 가르치셨다. "성도 여러분! 하나님은 질서의 하나님임을 명심하십시오"라고 하시면서 말이다. 목사님은 성도들에게 교회에서나 밖에서의 인간관계의 정도(正道)를 강조하셨는데, "자신에게는 엄격하게, 타인에게는 너그럽게"라는 짧은 한마디 말로 정리해서 가르치셨다.

마지막으로, 하나님 나라에 대한 이해가 부족한 우리를 키워 주신 목사님께 감사드리며 늘 강건하시기를 기도한다. 그리고 이 지면을 빌려 《김창인 목사의 설교 세계》의 출간을 축하드리며, 이 귀한 책이 하나님 나라를 세워 가고 알아 가는 데 크나큰 길잡이가 되기를 간절히 소망해 본다.

목사님, 감사합니다.

문화순 권사(152구역)

몇 해 전 늦은 가을에 구역장 권찰 야외 예배에 원로목사님을 모셨었다. 약간 색 바랜 빨간 모자를 쓰신 목사님 뒤로 빨갛게 물든 단풍나무들과 높푸른 하늘이 보였다. 그때 내 안에서 터져 나온 한마디 말.

'아! 우리 목사님!'

목사님은 내가 부산서 초등학교와 중학교를 다니던 시절부터 나의 목자이셨다. 그 목사님이 그리워 결혼해서 서울로 와서도 목사님 계신 광성교회를 찾았고, 지금까지 목사님의 그늘 아래 살고 있다.

목사님의 설교를 생각해 보면, 먼저 확신에 찬 말씀이다. 김창인 목사님! 어린 나이에 혈혈단신 빈손으로 이북에서 내려오시면서 시작된 온갖 고난과 외로움의 허기를 누가 얼마큼 알리요? 부모님과 누이들을 가슴에 묻고 하나님의 종으로 일어서기까지의 그 절절한 아픔, 그 생생한 경험들은 살아 있는 하나님의 말씀으로 빚어져 성도들에게는 소망의 빛이 되어 주었고, 후배 목사님들에게는 희망의 길이 되어 주었음을 본다.

오랜 투병 중에 만난 살아 계신 하나님, 그 은혜의 하나님을 확신 가운데 선포하실 때의 위력은 놀랍다. 처음 성전 문을 디딘 영혼이라도 하나님을 나의 하나님으로 인정하고 고백하게끔 만드는 힘을 가지셨다. 나는 그것을 하나님이 목사님에게 주신 특별한 은사요, 선물이라 생각한다. 목사님은 그렇게 확신 있는 선포로 나로 하여금 천지의 창조주요, 주재자인 하나님을 아무런 의심 없이 나의 하나님으로 고백하게 해 주셨다. 2,000년 전 십자가에 달리신 예수님을 나의 주, 나의 하나님으로 고백하게 해 주셨다.

그리고 목사님의 설교는 정말 재밌다. 그래서 사모함으로 예배에 달려 나온다. 그리고 말씀을 놓치지 않으려고 귀를 쫑긋 세우게 된다. 말씀을 듣다 보면 시간 가는 줄을 모른다. 그래서 목사님께서 성경 속의 인물들과 이야기들을 설명해 주실 때면 정해진 설교 시간을 붙잡고 싶은 때가 한두 번이 아니었다. 목사님은 늘 말씀을 30분 안팎으로 마치셨다. 정말 재밌고 정갈하게 전해 주는 말씀이다.

목사님의 설교는 대화식이다. 특히 강단에서 가까운 찬양 대원들에게 묻고 답을 확인하며 말씀을 이어 가셨다. 말씀을 선포하며 무조건 따라오라는 식이 아니셨다. 그래서 묻는 물음에 생각을 하고 답을 맞혀 가면서 재밌게 말씀을 좇아가게 된다. 이것이 다 우리로 다른 생각하지 않고 말씀에 집중하게 하시는 목사님만의 특유한 은사가 아닐까 싶다.

그리고 목사님의 설교는 성경 중심, 복음 중심이다. 꼭 모든 전하시는 말씀을 성경의 본문 안에서 그 근거를 찾아 연결하신다. 말씀 중간 중간마다 "본문으로 돌아갑시다!" 하며 성경을 꼭꼭 짚어 주신다. 그리고 예수 그리스도에게로 나아간다. 예수 없이는 살 수 없는 존재임을 고백하게 하신다. 십자가를 바라봄이 없이 말씀을 들은 적이 없는 것 같다.

목사님은 가정에 대해서 많은 말씀을 주셨다. 가정을 이루기 전 홀로이셨기에 가정의 소중함을 많이 생각하셨던 것이 아닐까 싶다. 그리스도를 주로 삼는 가정이 복된 가정이며, 믿음의 대를 이어 감이 가장 큰 복이라고 늘 강조하셨다. 결혼식 주례를 하실 때면 본문은 달라도 첫 번째는 늘 '믿음'을 말씀하셨다. 내가 좋아 선택했다 생각하지 말라 하셨다. 그러면 살다가 맘에 들지 않는 구석이 생기는데, 그때 백화점 물건 바꾸듯 바꾸려 하고 폐품 버리듯 버리려 한다 하셨다. 그러나 하나님이 섭리해서 짝지어 주신 짝이요, 배필임을 믿는다면 다 하나님이 이유가 있어 붙여 주신 사람임을 알아 가정을 지키게 된다 하셨다.

그리고 목사님은 '행함'을 강조하셨다. 마태복음 28장 19-20절의 지상 명령을 자주 언급하셨다. 예수님이 우리에게 부탁한 것은 복음을 전하라고만 하신 것이 아니다. 가르쳐 지키게 하라 하셨다면서 생활 신앙을 강조하셨다. 신앙생활로 그쳐서는 안 되고 생활 신앙이 되어야 한다고 하신 것이다.

그렇게 목사님과 함께하는 동안, 나도 어느덧 70을 바라보게 되었고, 목사님은 늦가을 단풍이 되셨다. 그 아름다움을 지금껏 바라볼 수 있게 하신 하나님께 감사하다. 나도 목사님처럼 아름다운 단풍으로 다음 세대에 소망을 주는 사람이고 싶다.

이옥 권사(355구역)

늘 어리광과 믿음 얕은 3대째 신앙 가정에서 일상적으로 믿던 예수
어머니께 칭찬받을 양으로 다니던 주일학교
선택의 여지없이 택정되어진 신앙인
느낌도 체험도 없이 안일한 교인으로서의 생활인이었던 나,
이런 나 같은 죄인 살리신 주 은혜 놀라워

1989년, 결혼을 하면서 친정 교회였던 성복중앙교회와 시댁 교회였던 명성교회를 떠나 신랑과 함께 둘이서 다닐 교회를 물색하던 중 광성교회 1부 예배를 드리게 되었다. 김창인 목사님의 군더더기 없는 25분의 설교가 나의 교만을 무너뜨렸고, 베뢰아 교인들처럼 이것이 그러한가라는 욕심이 내 마음에 소용돌이쳤다.

망설임 없이 등록을 했고, 성경 공부와 구역회 그리고 여전도회를 참여했고, 수요 예배의 성경 강해가 내 귀를 더 키울 수만 있다면 한 단어도 놓치지 않고 모두 기억하리라는, 그리고 비 오는 수요일 밤에 주님 오신다기에 주님이 우산 받고 오실까 봐 참석했던 말씀 강해가 목사님의 전 설교집을 다 모을 만큼 바코드를 찍으며 열심을 내었다.

신혼 때 주도권 잡으려 신랑과 다투고 예배를 따로 가는 날이면 '내가 잘난 것 같으나 하나님은 내게 꼭 맞는 배우자를 주신 것'이라는, 우월감에 빠진 나의 교만을 잠재우는 설교가 있었다. IMF 시절 사업이 어려울 땐 '사방이 막혀서 어려운 일이 겹칠 땐 뚫린 하늘을 바라보라!'시던 말씀이 있었다. 목사님의 설교는 머리에 지식만 남게 하는 설교가 아니었다. 기도하게 하고, 그래서 살아 계신 은혜의 하나님을 체험하게 하는 설교였다. 그렇게 하

나님을 경험하게 하는 말씀은, 지금까지는 어머니의 기도로 평탄한 길을 걸어왔던 나로 기도의 걸음마를 떼게 해 주셨다.

두 주에 한 번 나오는 설교 테이프는 신랑의 출퇴근길 동행자가 되었고, 로이스가 유니게에게, 유니게가 디모데에게 믿음의 대를 전한 것처럼 나도 두 아이에게 믿음의 대를 온전히 전해야겠다는 다짐을 하게 했다.

은퇴 후 목사님께서 하남으로 이사 오시면서 내가 돌보는 구역에 속하시게 되어 황송하게도 목사님의 구역장이 되었다. 많으신 연세에도 늘 여러 권의 성경과 여러 서적들을 가까이하고 정독하셨다. 한 달에 한 번 설교하시는 주일엔 이틀 밤을 지새우시는 것을 보며, 주님께 받은 응답으로 쪼개어 말씀을 전해 주시는 모습이, 사람은 자기에게서 미움도 사랑도 나온다는 옛말을 떠올리게 되었다. 이토록 주님을 사모하시는데 어찌 주님이 인정치 아니하시랴, 얼마나 기뻐하며 흐뭇이 바라보실까 하는 감동이 휘몰아쳤다.

나의 미천한 생각으로는 평생 읽으시고 평생 하신 설교 중 하나 꺼내서 하시면 되겠지 쉽게 생각했지만, 목사님께서는 깊은 묵상으로 오늘 이때에 주시는 주님의 음성을 받아 쉬운 풀이로 우리에게 전하신다.

은테안경 너머의 카리스마와 대쪽 같은 성품, 무정할 것 같은 단정함으로만 생각했던 모습이나 곁에서 본 6년의 생활은 양말도 잘 꿰매는 소탈함을 지니신 분, 어려운 이에게는 대가 없이 도우시지만 당신 자신에게는 한없이 검소함을 겸비하신 분, 성장한 자식이 결혼해서 집을 떠났어도 늘 자식 걱정에 밤잠을 설치는, 성도를 향한 부모의 심정을 고스란히 지닌 분이셨다.

60년 광성의 역사와 원로목사님 그리고 우리에게 믿음의 고향인 나의 교회 광성교회, 그 좋은 소문나는 교회가 길이길이 이어져 주님이 다시 부흥의 복으로 채워 주실 것을 믿는다. 교회가 평안하여 든든히 서 가고, 원로목사님께서 모세처럼 120세까지 눈도 흐리지 아니하고 기력도 쇠하지 않는 건강함으로 곁에 오래 계셔 주시길 기도한다.

목사님, 사랑합니다. 그리고 감사합니다.

〈주님 얼굴 나의 얼굴〉

빌라도 총독 앞에 버림받은 상한 얼굴
채찍 맞아 피로 물든
옷자락은 슬픔 젖어
아버지여 그들에게 나의 이름 보내심은

깨달아 알기까지
내 안의 고통이라

한 발자국 두 발자국 아픔으로 내디뎌도
원수까지 사랑하라 아버지는
명하시네

찢어진 살 흘린 피
주님 말씀 지키리니
캄캄한 밤하늘의
슬픈 십자가라
나의 마음 나의 평생 주를 찬송 경배하리
나의 온몸 나의 기도 열납되사 응답하리

주님 방패 주님 영광
몸소 살펴 주시며 평안으로 이끄시사
나의 소망 이루시네
지친 걸음 힘을 주사 주님은 날 위하여

건지시고 채우시사
나의 머리 들어 주시네

끝없는 아버지 사랑 나의 입술 고백함은
주여 당신밖에는 내가 알지
못하나니

찬란한 새벽별의 생명 십자가라

영원히 사랑하리 이 생명 다하도록
전하고 전하리라 오시는 그날까지…

정영란 권사(355구역)

33년 전 봄, 주일 저녁 예배 마치고 구역장 권찰 모임이 있었다. 이사 와서 교회 등록한 지 얼마 안 되어 모든 것이 낯설고 서먹하고 잘 모르던 때였다.

"거기 오른쪽 중간에 안경 낀 집사 나와서 기도하세요."

대표 기도는 미리 정해 주거나 시간을 두고 귀띔을 해 주는데, 느닷없이 호출되어 당황했지만 차분히 나가 기도를 마치니 "기도 잘하는구먼. 이름이 뭐예요?" "정영란입니다." 가까이, 아니 먼 무리에 섞인, 이름도 모르는 성도 한 사람도 목사님께서는 놓치지 않고 알아주고 불러 세워 주셨다. 나중에 여쭤보니 웃으시며 성령이 시키셨다고 하셨다. 그 후 말씀으로, 행함으로 본을 보이며 가르쳐 훈련시키시고 제자 삼아 주셨다. 달란트에 맞게 동역자로 열심히 일하게 하셨다.

전직 교사였던 나는 교회학교, 성경학교, 성경 통독, 한글학교 교사로, 성가대원, 구역장, 심방대원으로 그리고 녹음된 목사님의 설교 테이프를 듣고 풀어 설교집 정리, 교정 일까지 헌신 봉사하게 해 주셨다. 돌아보니 많이 부족해서 부끄럽지만 불평 없이 순종할 기회를 주신 목사님께 감사드린다. 주님의 사랑과 목사님의 계속된 기도와 말씀이 큰 힘이 되었다. 바쁜 일정 속에서도 성도 하나하나 관심 갖고, 살피시고, 위로하고 축복해 주시는 목사님의 그 큰 사랑을 나는 보았고 느꼈다.

김창인 목사님의 설교를 어떻게 표현할까? 설명이 필요 없는 느낌이다. 목사님의 설교는 세상 예화를 나열하는 설교가 아니다. 중언부언하지 않고 명확하게 파고드는 울림이다. 성경 본문을 이해하기 쉽게 3대지로 나눈다. 군더더기 하나 없이 말씀을 오직 말씀으로만 풀어 주신다. 우리 눈에는 보이지 않는 보석알을 캐내어 진리의 줄로 꿰어 주신다. 설교 시간도 30분! 머리에, 가슴에 새겨져 오랫동안 기억되고 생각나는, 살아 역사하는 주님의 말씀 그 자체다.

김창인 목사님의 설교를 듣고 자란 성도들은 다른 설교를 들으면 뭐가 뭔지 지루하고 금방 까먹는다고, 쌀밥만 먹다가 소화 안 되는 까끌까끌한 보리밥 먹는 기분이라고 말한다. 그만큼 김창인 목사님 설교가 맛있고 기름지고 알차다는 것이다. 세월이 가도 변함없이 등불이 되는, 영혼과 몸을 살리는 참설교이다.

오늘 마침 둘째 주일, 김창인 목사님의 설교를 들었다. "귀감이 되는 아브라함의 믿음!" 믿음의 조상 아브라함도 본받아야 하겠지만, 지금 가까이 옆에 계신 우리 목사님을 본받고 싶다. 하나님의 사자로 부르심 받아 일평생 하나님만을 경외하며 헌신하신, 귀감이 되시는 그 사랑, 그 믿음 닮고 싶다. 잠시 흔들림 속에 아픔과 많은 어려움 있었지만 승리하시고 아름다운 꽃 피워 큰 열매 맺으심 감사드린다. 변함없는 향기를 발하며 오래오래 우리들 곁에 계셔 주시길 구해 본다.

목사님, 평안하고 강건하시기를 간절히 기원합니다.

목사님, 존경합니다. 그리고 많이 사랑합니다.

chapter 13

한국 교회에 끼친 영향

전문가들조차 예기치 못했던 코로나19 사태가 점점 더 길어져 가고 있다. '포스트 코로나'(Post-Corona)라는 말이 무색해지고 이젠 '위드 코로나'(With Corona)라는 용어까지 생겨났다. 그만큼 코로나19 시대가 끝날 조짐이 보이지 않기 때문이다.

이런 때에 한국 교회는 지금 어느 때보다 예배에 있어서 위기를 맞고 있다. 몇몇 교회와 목회자들의 무지와 부주의로 인해 코로나 집단 확진자가 늘어남에 따라 한국 교회는 신천지 이단과 동일한 정죄에 시달리고 있다. 무엇보다 국가나 시와 같은 공공단체들로부터 예배와 모임 금지의 명령까지 하달 받으면서 대면해서 예배와 설교를 하지 못하고 온라인으로 전해야 하는 참담한 상황에까지 이르렀다.

이런 때일수록 설교자의 역할이 크다고 볼 수 있는데, 과연 대한민국의 설교자들이 긍정적으로 영향을 받을 수 있는 모델이 한두 사람 있었으면 좋겠다는 생각이 든다. 그 후보 중 한 사람으로 김창인 목사가 거론될 수 있다고 본다. 세계적인 피겨 스케이터 김연아의 점프가 교과서적 정석으로 유명하듯이, 김 목사의 설교는 모든 설교자들이 배우고 흉내 내기에 조금도 부족함이 없을 만큼 설교학의 정석이라는 점에서 판단할 때 더욱 그러하다.

《김창인 목사의 설교 세계》를 마무리 지으면서, 김 목사의 설교에 어떤 장점이 있는지에 관해서 몇 가지로 다시 정리하고 되새기면 좋으리라 생각된다.

이제 김 목사의 설교에 다른 이들과는 크게 구별되는 장점이나 특징이 뭔지 하나씩 살펴보자.

첫째로, 그의 설교는 탁월한 성경 지식과 깊은 묵상의 열매가 한데 어우러져 빚어지는 소중한 작품이라 할 수 있다.

둘째로, 그의 설교는 영양 만점의 내용물을 맛깔스런 식단으로 준비하고 차림에 있어 비교할 수 없는 재능을 보이고 있다.

셋째로, 그의 설교는 짜임새 있는 구성과 논리적 전개를 주특기로 하는 자랑할 만한 보고 중의 보고이다.

넷째로, 그의 설교는 탁월한 예증과 예화를 무기로 해서 감동적 결론에 이르게 함에 일가견이 있다.

다섯째로, 그의 설교는 기막힌 표현력과 수사 기법으로 문장을 살아 꿈틀대게 하는 감칠맛을 더해 준다.

여섯째로, 그의 설교는 밝은 표정과 호소력 있는 음성과 생동감 있는 제스처로 전달된다.

일곱째로, 그의 설교는 원고가 숙지된 상태에서 자연스럽고 강력하게 전달되는 특징이 있다.

목회의 일선에서 물러난 지 20년이 가까운 상황에서 볼 때, 김 목사는 전형적인 3대지의 연역적 방식의 설교를 구사하는 설교자로 자리매김할 수 있다. 하지만 그러면서도 그는 하나의 큰 주제나 핵심 메시지(설교의 제목)를 중심으로 세 개의 대지가 일사분란하게 조직적으로 움직이고 지지해 나가는 설교의 프레임을 구사한다는 점에서, 곧 성경적이면서도 새 시대에 어필하는 원 포인트의 설교를 구사하는 설교자라 평가할 수도 있다는 점에서 차별화된다.

선배는 끌어 주고 후배는 따라가는 것이 미덕이다. 탁월하고 배울 것이 출중한 선배이면 더욱 좋다. 김창인 목사는 모든 설교자들이 따르고 배워야 할 설교의 장점들을 많이 소유한 분이다.

코로나19로 인해 교회의 성장은 차치하고, 예배 자체가 멈춰지고 약화된 현 시점에서 강단에서의 새로운 변화는 어느 때보다 더욱 시급히 요구되고 있다. 이런 위기의 상황에서 위대한 설교와 설교자의 출현 또한 아주 절실하다. 그동안 한국 교회 내에서 숨은 보배와 같았던 김창인 목사의 설교를 본서를 통해 선보이게 됨을 저자로서 큰 기쁨과 보람으로 생각한다.

《김창인 목사의 설교 세계》를 여러 번 반복해서 읽고 본받고 모방해서 자신만의 독특한 장점을 지닌 명설교자로 모두 우뚝 서게 되길 간절히 고대한다.

나가는 말

지금까지 우리 시대 명설교자 중 한 분인 김창인 목사의 설교에 관한 정수(gist)들을 자세히 살펴보았다. 정든 고향과 가족을 떠나 혈혈단신 월남해서 피난민과 고아로, 위축성 위염으로 인한 무산증과 폐병 3기의 몸으로 힘겹게 살아왔지만, 이 땅의 많은 영혼들에게 생명의 말씀을 전한 사명자로 멋지게 잘 살아온 김창인 목사에게 큰 박수를 보내고 싶다.

무엇보다 4만 5천 명에 육박하는 대형 교회로 성장하기까지 빛을 발한 그의 탁월한 설교의 재능은 후배 설교자들의 모범이 되기에 부족함이 없다는 사실을 이 책을 통해서 확인했으리라 본다.

오늘 많은 목회자들에게 설교는 큰 짐이 아닐 수 없다. 하지만 설교만큼 고귀하고 영광스러운 일도 없다. 오죽했으면 하나님의 종이 강단에 가까이 갈 때는 천사들도 날지 못하게 하고, 천국의 호산나 소리도 잠잠케 하신다고 잭 하일즈(Jack Hyles)가 말했을까?[396]

설교란 무엇일까? 영국 국왕 조지 5세가 의회의 개회에 맞춰 라디오 연설을 하게 되었는데, 그 연설은 신대륙인 미국까지 중계되도록 준비되어 있었다. 막 연설이 시작되는데 갑자기 뉴욕 지국에 설치되어 있던 케이블이 끊어져 버리는 불상사가 벌어졌다. 미국에 백만 명 이상의 사람들이 주파수를 맞추고 왕의 음성만 기다리고 있는데 낭패도 그런 낭패가 없었다.

모두가 당황해서 어찌할 바를 몰라 할 때 그 자리에 고용된 지 얼마 되지 않은 해롤드 비비안(Harold Vivian)이라는 젊은 기술자가 자신의 손을 뻗쳐 끊어진 케이블의 양끝을 움켜쥐었다. 250볼트가 넘는 전류가 그의 몸뚱

이를 꿰뚫었고, 머리끝부터 발끝까지 격렬한 고통이 엄습했다. 그래도 그는 손을 놓지 않고 왕의 음성을 사람들에게 들려주기 위해 필사적으로 케이블을 붙들었다.[397]

그렇다. 이게 바로 설교다. 그럼 설교자는 무엇일까? 우주의 왕이신 하나님의 음성을 청중에게 들려주기 위해 자신의 모든 것을 희생하는 이를 말한다. 김창인 목사의 삶을 보면 그는 이런 설교자의 삶을 멋지게 잘 살았음을 인정할 수 있다.

자신의 병들고 나약한 몸을 기도와 말씀 준비와 선포로 불살라 하나님의 말씀이라는 생명의 음성을 들려준 김 목사는 한국 교회와 후배 목회자들이 반드시 기억하고 닮아야 할 큰 바위 얼굴임에 틀림없다.

그러잖아도 침체의 기로에 서 있던 한국 교회가 코로나19로 말미암아 쇠퇴의 나락에 깊이 빠져들고 있는 불행한 현실이다. 이 시점에 강단에서의 새로운 부흥과 회복이 절실함을 절감한다. 이런 절체절명의 현실에서 설교자가 가져야 할 자세는 무엇일까? 세상과 타협하지 않고 양 떼들에게 기름진 꿀을 배불리 먹이는 일에 최선을 다하는 수밖에 없다.

오늘날 한국 교회에는 이전의 선배 설교자들에 비해 논리도 더 정연하고 성경 원어도 더 많이 강조하고 재미있는 유머도 더 풍부한 설교자들이 많아지고 있지만, 성도들의 신앙은 점점 더 힘을 잃고 교회는 더 쇠퇴되어 가고 있다. 근본적인 이유는 과거 선배 설교자들에 비해 기도로 하나님 앞에 무릎 꿇는 시간이나 말씀을 깊이 묵상하는 시간이 줄어들었기 때문이다. 이런 점에서 김창인 목사의 설교는 깊이 있는 말씀 묵상과 기도 생활이 기초가 된 가운데 터져 나오는 설교임을 확인했다. 이 책을 읽으면서 자신의 약점과 부족한 점이 무엇인지를 파악하며 그것들을 보완해 나간다면 설교에 놀라운 발전과 변화가 있으리라 확신한다.

《김창인 목사의 설교 세계》를 마무리하면서 헬무트 틸리케(Helmut Thielicke)의 말이 다시 떠오른다. "당신이 갖고 있는 모든 것을 팔아 스펄전을 사라"(Sell all you have, and buy Spurgeon).[398]

지금 나는 이와 같이 말하고 싶다. *"당신이 갖고 있는 모든 것을 팔아 김창인을 사라!"*고 말이다. 이 한 권이 바로 그 책이 되길 바란다.

주

1) 이 책은 2020학년도 아세아연합신학대학교 학술저서 연구비를 지원받아 저술되었음.
2) 김창인, 《사십 년을 뒤로 하고》 (서울: 도서출판 모퉁이돌, 2002), 14.
3) 김창인, 《주의 뒤를 따라》 (서울: 도서출판 모퉁이돌, 2003), 7-38.
4) 김창인, 《광성교회 40년사》 (서울: 대한예수교장로회 광성교회, 2000), 188.
5) 광야선교회, 《광성, 천국 배달부 이야기》 (서울: 도서출판 서원, 2003), 23-26.
6) 김창인, 《시대에 앞장서는 교회》 (서울: 한국장로교출판사, 2001), 24.
7) 광야선교회, 《광성, 천국 배달부 이야기》, 28.
8) 위의 책.
9) 위의 책, 20-21.
10) 위의 책, 334, 342.
11) 김창인, 《하늘이 열리며》 (서울: 도서출판 한들, 1996).
12) 광야선교회, 《광성, 천국 배달부 이야기》, 305.
13) D. Martyn Lloyd-Jones, *Preaching and Preachers,* 정근두 역, 《설교와 설교자》 (서울: 복있는 사람, 2005), 25.
14) 김창인, 《강력한 교회》 (서울: 도서출판 모퉁이돌, 2002), 162.
15) 위의 책, 55.
16) 위의 책, 163-64.
17) 김창인, 《하늘의 시민》 (서울: 도서출판 한들, 1995), 14.
18) 위의 책, 17.
19) 이동원, 《청중을 깨우는 강해설교》 (서울: 요단출판사, 2011), 13, 44; 한순진, 《왜 청중들은 그들의 설교에 매료되는가》 (서울: 베드로서원, 2000), 22-23; 박용규, 《한국 교회를 깨운 복음주의 운동》 (서울: 두란노, 1998), 232.
20) 광야선교회, 《광성, 천국 배달부 이야기》, 148, 263-64.
21) John Piper, *The Supremacy of God in Preaching,* 박혜영 역, 《하나님을 설교하라》 (서울: 복있는사람, 2012), 43.
22) 주승중, 《성경적 설교의 원리와 실제》 (서울: 예배와설교아카데미, 2006), 68-69.
23) John McArthur, *Rediscovering Expository Preaching,* 김동완 역, 《강해설교의 재발견》 (서울: 생명의말씀사, 1993), 309; 이동원, 《청중을 깨우는 강해설교》, 105-106.
24) 이동원, 《청중을 깨우는 강해설교》, 84-88.
25) 김창인, 《하늘의 시민》, 13.
26) 김창인, 《베데스다의 복음》 (서울: 도서출판 모퉁이돌, 2003), 28.
27) 김창인, 《강력한 교회》, 109.
28) 김창인, 《천국의 배달부》 (서울: 혜선출판사, 1992), 158-59.
29) 김창인, 《사십 년을 뒤로 하고》, 235-36.
30) 김창인, 《천국의 배달부》, 159.
31) 김창인, 《은혜로 영광을 돌리며》 (서울: 도서출판 모퉁이돌, 2002), 220.
32) 김창인, 《하늘의 시민》, 34-35.
33) Lois Tverberg, *Reading the Bible with Rabbi Jesus,* 손현선 역, 《랍비 예수와 함께 성경 읽기》 (서울: 국제제자훈련원, 2018), 10-13.
34) 다음의 글을 참조하라. 이석봉, "히브리적 사고에서 배우는 숨은 비밀", 〈뉴스앤조이〉

2013.06.18.; http://www.newsnjoy.or.kr/news/articleView.html?idxno=194446.

35) Lois Tverberg, *Reading the Bible with Rabbi Jesus*, 37-38.

36) 김창인, 《광성교회 40년사》, 1124; , 167-68.

37) 김창인, 《강력한 교회》, 28-29.

38) 김창인, 《하늘 농사꾼》 (서울: 혜선출판사, 1993), 150-51.

39) 김창인, 《하늘의 시민》, 96-97.

40) 김창인, 《강력한 교회》, 162-63.

41) 위의 책, 51, 55.

42) 김창인, 《하늘이 열리며》, 79-80.

43) 위의 책, 92.

44) Leland Ryken, *The Literature of the Bible* (Grand Rapids: Zondervan, 1974), 16; C. 트림프, 《구속사와 설교》 (서울: 솔로몬, 2018), 63ff; 고재수 (N. H. Gooties), 《교의학의 이론과 실제》 (천안: 고려신학대학원출판부, 2001), 169-245; Bryan Chapell, *Christ-Centered Preaching* (Grand Rapids: Baker Book, 1994), 263-88; Sidney Greidanus, *Sola Scriptura*, 권수경 역, 《구속사적 설교의 원리》 (서울: 학생신앙운동출판부, 1989), 193-208)

45) 김창인, 《강력한 교회》, 241.

46) 김창인, 《하늘 농사꾼》, 13-14.

47) 김창인, 《강력한 교회》, 137-38.

48) 균형 잡힌 성경 해석의 관점에 대해서는 다음의 저서와 논문을 참조하라. Bryan Chapell, *Christ-Centered Preaching: Redeeming the Expository Sermon* (Grand Rapids: Baker Books, 1994), 199-200; 신성욱, "ACTS 신학-신앙운동을 중심으로 본 구속사적 설교의 한계와 대안", ACTS 신학저널 38권 (2018): 247-293.

49) 김창인, 《은혜로 영광을 돌리며》, 136.

50) 위의 책, 27-28.

51) 김창인, 《강력한 교회》, 257.

52) 김창인, 《천국의 챔피언》 (서울: 도서출판 모퉁이돌, 1999), 338.

53) 김창인, 《강력한 교회》, 242.

54) 김창인, 《사십 년을 뒤로 하고》, 43.

55) 신성욱, "포스트모더니즘 시대의 강단의 위기와 설교학적 대안 -청중의 요구사항 (Felt-need)과 기독교의 필수진리 (Real Need)를 중심으로", ACTS 신학저널 18권 (2013): 145-91; "번영신학과 설교학적 대응". 〈한국설교학회〉 4 (2012/2): 83-93.

56) 차준희, "구약의 그리스도, 이렇게 설교하라", 〈뉴스앤조이〉 (2019.05.03.); https://www.newsnjoy.or.kr/news/articleView.html?idxno=223275.

57) Moises Silva, *Biblical Words and Their Meaning* (Grand Rapids: Zondervan, 1983), 138; Walter Kaiser, *Toward an Exegetical Theology* (Grand Rapids: Baker Book House, 1981), 69-85; A. Berkeley Mickelsen, *Interpreting the Bible* (Grand Rapids: Eerdmans, 1963), 99-100; Roy B. Zuck, *Basic Bible Interpretation* (Victor Books, 1991), 106-11; Jason Derouchie, *How to Understand and Apply the Old Testament*, 정옥배 역, 《구약, 어떻게 해석할 것인가》 (서울: 죠이선교회, 2019), 384-85.

58) 이승구, "지나친 알레고리 해석, 탈문맥적 읽기, 무리한 도식화", 〈뉴스앤조이〉 (2016.03.11.); http://www.newsnjoy.or.kr/news/articleView.html?idxno=202355.

59) 정종성, 《설교와 해석》 (서울: 기독교연합신문사, 2005), 25-26.

60) 안진섭, "설교를 위한 성경 해석의 전 과정", 〈뉴스앤조이〉 (2013. 11. 18.); http://www.newsnjoy.or.kr/news/articleView.html?idxno=195615.

61) 홍정길, "강해설교의 실제", 〈그말씀〉 (1992. 10), 97-98; John MacArthur, 《강해설교의 재발견》, 203-205. 성경의 풍습과 관습에 대해서는 다음의 책들을 참조하라. Ralph Gower, *The New Manners and Customs* (Moody, 1989); Fred Wight, *Manners and Customs of Bible Land* (Moody, 1953); J. A. Thompson, *Handbook of Life in Bible Times* (InterVarsity, 1987); Douglas Stuart & Gordon D. Fee, *Old and New Testament Exegesis*, 김의원 역, 《성경해석 방법론》 (서울: 기독교문서선교회, 1987), 90-91, 93.

62) Elizabeth Achtemeier, *Preaching from the Old Testament* (Louisville: Westminster/John Knox Press, 1989), 44.

63) 이동원, 《청중을 깨우는 강해설교》, 37.

64) 존 월튼 빅터 매튜스 마크 샤발라스 크레이그 키너, 《IVP 성경배경주석》 (서울: IVP, 2010), 1781; 리차드 L. 프랫 주니어, 《Main Idea로 푸는 고린도전 후서》 (서울: 도서출판 디모데, 2005), 443; 목회와신학 편집부, 《고린도후서, 어떻게 설교할 것인가?》 (서울: 두란노아카데미, 2012), 149-150.

65) 존 월튼 빅터 매튜스 마크 샤발라스 크레이그 키너, 《IVP 성경배경주석》, 1752; 리차드 L. 프랫 주니어, 《Main Idea로 푸는 고린도전 후서》, 215.

66) 김창인, 《사십 년을 뒤로 하고》, 158-59.

67) 위의 책, 263.

68) 김창인, 《하늘의 시민》, 133.

69) 김창인, 《하늘 농사꾼》, 169-70.

70) Sidney Greidanus, *The Modern Preacher and the Ancient Text* (Grand Rapids: Eerdmans, 1988), 159.

71) John McArthur, 《강해설교의 재발견》, 205; Yohanan Aharoni, *The Land of the Bible: A Historical Geography of the Bible* (N. J.: Westminster, 1979).

72) 류모세, 《열린다 성경 - 식물 이야기》 (서울: 두란노서원, 2008), 8.

73) 김창인, 《천국의 배달부》, 165-66,

74) 김창인, 《베데스다의 복음》, 7-8.

75) Machael J. Wilkins, *The NIV Application Commentary*, 채천석 역, 《NIV 적용주석-마태복음》 (서울: 도서출판 솔로몬, 2009), 673.

76) 김창인, 《강력한 교회》, 72.

77) 김창인, 《천국의 배달부》, 163.

78) Darrell L. Bock, *THE NIV APPLICATION COMMENTARY, LUKE* (Grand Rapids: ZondervanPublishingHouse, 1996), 439.

79) 김창인, 《천국의 배달부》, 146.

80) 김창인, 《하늘이 열리며》, 55.

81) 신성욱, 《이동원 목사의 설교 세계》 (서울: 두란노서원, 2014), 121; 이동원, 《믿음의 모델링에 도전하라》 (서울: 생명의말씀사, 2009), 140-41.

82) 김창인, 《강력한 교회》, 126.

83) 김창인, 《하늘의 시민》, 151.

84) Jim L. Wilson, *Impact Preaching* (Weaver Book Company: Ohio, 2018), 27.

85) 김창인, 《천국의 챔피언》, 216.

86) 김창인, 《강력한 교회》, 35.
87) 이우제·류응렬·안광복, 《3인 3색 설교학 특강》 (서울: 두란노아카데미, 2010), 171.
88) 김창훈, "'구속사적 설교 (Redemptive-Historical Preaching)'의 평가", 한국복음주의실천신학회, 〈복음과 실천신학〉 제15권 (2007, 겨울): 135-36.
89) 이승진, 《설교를 위한 성경해석》 (서울: 기독교문서선교회, 2008), 69.
90) 김창인, 《하늘의 시민》, 159-60.
91) 김창인, 《강력한 교회》, 298-99.
92) 김창인, 《천국의 배달부》, 145.
93) 한진환, 《설교, 그 영광의 사역》 (서울: 프리셉트, 2013), 100.
94) 김창인, 《강력한 교회》, 152.
95) 위의 책, 259-60.
96) 김창인, 《하늘 농사꾼》, 210.
97) 김창인, 《하늘의 시민》, 63.
98) 위의 책, 49.
99) 김창인, 《하늘이 열리며》, 163-64.
100) 김창인, 《천국의 챔피언》, 225.
101) 김창인, 《천국의 배달부》, 154.
102) 김창인, 《강력한 교회》, 234.
103) 위의 책, 305.
104) 김창인, 《하늘의 시민》, 227-28.
105) 김창인, 《은혜로 영광을 돌리며》, 104.
106) 김창인, 《하늘의 시민》, 295.
107) 김창인, 《하늘 농사꾼》, 30.
108) 김창인, 《강력한 교회》, 235.
109) 서천석, 《설교, 예수님처럼 하라》 (고양: 엔크리스토, 2017), 202.
110) 광야선교회, 《광성, 천국 배달부 이야기》, 270.
111) Leander Keck, *The Bible in the Pulpit: The Renewal of Biblical Preaching* (Nashville: Abingdon, 1978), 184.
112) '깊은 묵상'의 중요성에 대해서는 하용조 목사의 다음 글을 참조하라. 문성모, 《하용조 목사 이야기》 (서울: 두란노, 2010), 51.
113) 광야선교회, 《광성, 천국 배달부 이야기》, 258.
114) 김창인, 《강력한 교회》, 256-57.
115) 위의 책, 262-63.
116) 위의 책, 171-72.
117) 한진환, 《설교, 그 영광의 사역》, 181-94; Fred Craddock, *Overhearing the Gospel* (Nashville: Abingdon, 1978), 116f; Eugene Lowry, *"Narrative and the Sermonic Plot," ed. Richard L. Eslinger, A New Hearing* (Nashville: Abingdon, 1987); 65f; Hugh Litchfield, "Outlining the Sermon," in Handbook of Contemporary Preaching, ed. Michael Duduit (Nashville: Broadman, 1992), 166-68.
118) 권성수, 《성령 설교》 (서울: 국제제자훈련원, 2009), 36.
119) 김창인, 《강력한 교회》, 7.
120) 위의 책, 20.

121) 위의 책, 33.

122) Jonathan Edwards, *Concerning the Revival, ed. C. Goen, The Works of Jonathan Edwards* (New Havern: Yale University Press, 1972), 4: 384.

123) 한진환,《설교, 그 영광의 사역》, 181-94; 주승중,《성경적 설교의 원리와 실제》, 101-113; John MacArthur, *Rediscovering Expository Preaching*, 331-33.

124) 한진환,《설교, 그 영광의 사역》, 180.

125) 위의 책, 184; Bryan Chapell, *Christ-Centered Preaching* (Grand Rapids: Baker Books, 1994), 128.

126) Thomas Long, *The Witness of Preaching*, 정장복 역,《증언으로서의 설교》(서울: 쿰란출판사, 1998).

127) 다카하시 마코토, 송수영 역,《브레인라이팅》(서울: 이아소, 2010), 93; Kurt Mortensen, *Maximum Influence*, 김정혜 역,《설득의 힘》(서울: 황금부엉이, 2006).

128) 소재찬,《설교, 누구나 잘 할 수 있다》(생명의말씀사, 2005), 174-240.

129) 이들의 연설문에 대한 분석 결과는 다음의 책을 참조하라. 소재찬,《설교, 누구나 잘 할 수 있다》, 216-29.

130) 김창인,《천국의 챔피언》, 323-333.

131) 김창인,《강력한 교회》, 295-308.

132) 김창인,《하늘의 시민》, 25.

133) Walter Brueggemann, *The Prophetic Imagination* (New York: Fortress Press, 1978).

134) Andrew Blackwood, *Preaching is an Art*, 박광철 역,《설교학: 설교는 예술이다》(서울: 생명의말씀사, 1983), 163.

135) 김덕수,《삶의 변화를 일으키는 설교》(서울: 쿰란출판사, 2005), 79.

136) 김창인,《강력한 교회》, 88.

137) 김창인,《하늘이 열리며》, 65-66.

138) 김창인,《천국의 챔피언》, 180.

139) 김창인,《하늘 농사꾼》, 74.

140) 김창인,《하늘의 시민》, 195.

141) 김창인,《사십 년을 뒤로 하고》, 41-42.

142) 김창인,《강력한 교회》, 23.

143) 김창인,《하늘이 열리며》, 77-78.

144) 위의 책, 80-81.

145) 김창인,《강력한 교회》, 8.

146) 김창인,《하늘 농사꾼》, 29.

147) 김창인,《강력한 교회》, 28-29.

148) 김창인,《베데스다의 복음》, 20.

149) 위의 책, 26.

150) 김창인,《하늘의 시민》, 203.

151) 김창인,《강력한 교회》, 170.

152) Sallie McFague, *Speaking in Parables* (Philadelphia: Fortress Press, 1975), 79.

153) Paul Wilson, *The Practice of Preaching* (Nashville: Abingdon Press, 1995), 47.

154) 김창인,《강력한 교회》, 86.

155) 김창인,《하늘이 열리며》, 47.

156) 김창인, 《천국의 챔피언》, 167-68.
157) 김창인, 《강력한 교회》, 77.
158) 위의 책, 95.
159) 김창인, 《사십 년을 뒤로 하고》, 197.
160) 김창인, 《강력한 교회》, 116.
161) 위의 책.
162) 위의 책, 113.
163) 위의 책, 227.
164) 김창인, 《은혜로 영광을 돌리며》, 171-72.
165) 위의 책, 215-16.
166) 위의 책, 101.
167) 호은기, "찰스 스펄전 설교의 감각적 호소에 관한 연구", (M. Div 석사학위논문, 목원대학교 신학대학원, 1998): 23.
168) 한진환, 《설교, 그 영광의 사역》, 54.
169) 김창인, 《천국의 챔피언》, 354-55.
170) 김창인, 《하늘 농사꾼》, 207.
171) 김창인, 《하늘의 시민》, 87.
172) 김창인, 《주의 뒤를 따라》, 368.
173) 김창인, 《사십 년을 뒤로 하고》, 13.
174) 김창인, 《은혜로 영광을 돌리며》, 89-90.
175) 김창인, 《하늘의 전화》 (서울: 도서출판 모퉁이돌, 1997), 147-48.
176) 김창인, 《하늘 농사꾼》, 35-36.
177) 김창인, 《주의 뒤를 따라》, 365; 《하늘 농사꾼》, 103-104.
178) 김창인, 《하늘의 시민》, 261.
179) 신성욱, 《이동원 목사의 설교 세계》, 219-21.
180) 김창인, 《강력한 교회》, 66.
181) 김창인, 《하늘의 전화》, 54-55.
182) 김창인, 《사십 년을 뒤로 하고》, 192-93.
183) 김진규, 《히브리 시인에게 설교를 배우다》 (서울: 생명의말씀사, 2015), 195.
184) 김창인, 《하늘의 시민》, 27-28.
185) 위의 책, 29-30.
186) 김창인, 《천국의 챔피언》, 358.
187) 김창인, 《은혜로 영광을 돌리며》, 256-57.
188) 김창인, 《하늘의 시민》, 44.
189) 김창인, 《하늘이 열리며》, 186-87.
190) 김창인, 《하늘 농사꾼》, 149.
191) 김창인, 《하늘의 전화》, 148-49.
192) 김창인, 《천국의 챔피언》, 262-63.
193) 김창인, 《강력한 교회》, 277.
194) 김창인, 《천국의 챔피언》, 143-44.
195) 위의 책, 239-40.
196) 김창인, 《주의 뒤를 따라》, 331.

197) 김창인, 《하늘이 열리며》, 51.
198) 위의 책, 65-66.
199) 김창인, 《강력한 교회》, 253.
200) 다음의 책을 참조하라. 임덕연, 《믿거나 말거나 속담 이야기》 (서울: 산하, 2014).
201) 김창인, 《강력한 기도》, 65.
202) 김창인, 《천국의 챔피언》, 302.
203) 김창인, 《하늘의 시민》, 140.
204) 위의 책, 148.
205) 위의 책, 197.
206) 위의 책, 319.
207) 김창인, 《사십 년을 뒤로 하고》, 247.
208) 김창인, 《천국의 배달부》, 119.
209) 김창인, 《하늘이 열리며》, 96-97.
210) 김창인, 《강력한 교회》, 165.
211) 김창인, 《하늘의 시민》, 15.
212) 위의 책, 41.
213) 김창인, 《강력한 교회》, 20-21.
214) 위의 책, 134-35.
215) 김창인, 《천국의 챔피언》, 62.
216) C. H. Spurgeon, 이종태 역, 《목회자 후보생들에게》 (서울: 생명의말씀사, 1982), 350.
217) 이동원, 《예수님을 경험하는 기적인생》 (서울: 두란노, 2013), 157-58.
218) 광야선교회, 《광성, 천국 배달부 이야기》, 268.
219) 김창인, 《하늘의 시민》, 291-92.
220) 김창인, 《하늘의 전화》, 111-12.
221) 김창인, 《하늘 농사꾼》, 110-11.
222) 김창인, 《천국의 챔피언》, 48-49; 《사십 년을 뒤로 하고》, 197-99.
223) 위의 책, 150-51.
224) 위의 책, 127-28.
225) 김창인, 《하늘의 전화》, 135-36.
226) 위의 책, 143.
227) 김창인, 《은혜로 영광을 돌리며》, 29.
228) 김창인, 《하늘이 열리며》, 16-17.
229) 사이토 다카시, 장은주 역, 《어휘력이 교양이다》 (서울: 한빛비즈, 2017), 18-20.
230) 김도인, 《설교는 글쓰기다》 (서울: 기독교문서선교회, 2019), 179.
231) 위의 책, 180.
232) 유시민, 《유시민의 글쓰기 특강》 (서울: 생각의길, 2015).
233) 김창인, 《강력한 교회》, 50.
234) 위의 책, 76.
235) 위의 책, 191.
236) 위의 책, 191.
237) 위의 책, 193.
238) 김창인, 《하늘의 시민》, 326.

239) 김창인, 《천국의 배달부》, 58.
240) 강원국, 《대통령의 글쓰기》 (서울: 메디치미디어, 2017), 256.
241) 박종구, "유머 설교", 〈기독신문〉 (2020년 8월 13일); http://www.kidok.com/news/articleView.html?idxno=41591.
242) 홍영기, 《설교의 기술》 (서울: 교회성장연구소, 2007), 182.
243) J. R. W. Stott, "Between Two Worlds", 정성구 역, 《현대교회와 설교》 (서울: 생명의샘, 1992), 311.
244) James R. Barnette, "Using Humor in Preaching: An Interviews with Bob Russell," Preaching (March/April 1995): 5.
245) 김창인, 《강력한 교회》, 83.
246) 김창인, 《천국의 배달부》, 68.
247) 김창인, 《강력한 교회》, 90-91.
248) 위의 책, 181.
249) 김창인, 《하늘 농사꾼》, 121.
250) 김창인, 《하늘의 전화》, 55.
251) 김창인, 《은혜로 영광을 돌리며》, 50-51.
252) 김창인, 《천국의 챔피언》, 215.
253) 두산동아 사서편집국, 《동아 새 국어사전》 제5판 (서울: 두산동아, 2005), 1853; 한글학회, 《우리말 큰사전》 (서울: 어문각, 1996), 3305; 이형철, "설교에서 의성어와 의태어의 활용 연구", 〈설교한국〉 Vol. 4 No. 1 (2012 봄), 183-222.
254) 김창인, 《하늘의 시민》, 244.
255) 위의 책, 245.
256) 김창인, 《강력한 교회》, 50.
257) 김창인, 《하늘의 시민》, 209.
258) 김창인, 《하늘 농사꾼》, 121-22.
259) 위의 책, 191.
260) 김창인, 《천국의 배달부》, 136.
261) 김창인, 《강력한 교회》, 139.
262) 김창인, 《하늘의 시민》, 15.
263) 위의 책, 23.
264) 김창인, 《강력한 교회》, 238.
265) 김창인, 《하늘 농사꾼》, 100.
266) 김창인, 《사십 년을 뒤로 하고》, 269.
267) 김창인, 《강력한 교회》, 224.
268) 위의 책, 237.
269) 위의 책, 297.
270) 위의 책, 221.
271) 김창인, 《천국의 배달부》, 127-28.
272) 김창인, 《강력한 교회》, 76.
273) 위의 책.
274) 위의 책, 296.
275) '자기 동일시'란 설득의 수단으로 의사소통에 사용되는 수사적 장치(Identification is a rhetorical

device used in communication as a means of persuasion)를 말한다. 이것의 구체적인 개념에 대해서는 다음의 책을 참조하라. Kenneth Burke, *A Rhetoric of Motives* (Berkeley: University of California Press. 1969). 박영재, 《설교자가 꼭 명심할 9가지 설득의 법칙》 (서울: 규장, 1997), 58-55.

276) 바울의 동일시 기법에 관해서는 앞서 소개한 필자의 박사(Ph. D) 논문을 참조하라.

277) Raymond Bailey, *Paul the Preacher* (Nashville, Tennessee: Broadman Press, 1991), 25.

278) 아네트 시몬스, 《대화와 협상의 마이더스 스토리텔링》(서울: 한언, 2001), 160-67.

279) 김창인, 《강력한 교회》, 116.

280) 위의 책, 114.

281) 김창인, 《하늘의 시민》, 269-70.

282) 위의 책, 345.

283) 김창인, 《사십 년을 뒤로 하고》, 15.

284) 김창인, 《강력한 교회》, 160.

285) 김창인, 《하늘의 시민》, 153.

286) 김창인, 《강력한 교회》, 64-65.

287) 소강석, "그대 가는 길이 정확한가?", 새에덴교회 (2020년 8월 16일 주일 대예배 설교).

288) 앨리스터 맥그래스, 최요한 역, 《하나님의 얼굴을 엿보다》 (서울: 복있는사람, 2006), 89.

289) 제임스 스나이더, 이용복 역, 《하나님이 평생 쓰신 사람》 (규장, 2007), 154.

290) 권영삼, "최고 복음주의 설교자 마틴 로이드 존스 I ", 《교회와 신앙》 (2014. 6. 19).

291) 김창인, 《사십 년을 뒤로 하고》, 238.

292) 위의 책, 211-12.

293) 김창인, 《하늘의 시민》, 128-29.

294) 김창인, 《사십 년을 뒤로 하고》, 259.

295) 김창인, 《강력한 교회》, 288.

296) 김창인, 《하늘 농사꾼》, 88-89.

297) 김창인, 《은혜로 영광을 돌리며》, 170-71.

298) 위의 책, 141.

299) 김창인, 《하늘의 시민》, 288.

300) 김창인, 《천국의 배달부》, 19.

301) 김창인, 《하늘 농사꾼》, 213.

302) 김창인, 《천국의 배달부》, 47.

303) 김창인, 《강력한 교회 》, 256.

304) 김창인, 《천국의 배달부》, 109.

305) 위의 책, 19.

306) 김창인, 《강력한 교회》, 212.

307) 김창인, 《사십 년을 뒤로 하고》, 24.

308) 김창인, 《강력한 교회》, 62.

309) 위의 책, 17.

310) 위의 책, 219.

311) 김창인, 《하늘 농사꾼》, 212.

312) 김창인, 《하늘의 시민》, 21.

313) 김창인, 《천국의 배달부》, 119.

314) 김창인, 《하늘이 열리며》, 235-36.
315) 한진환, 《설교, 그 영광의 사역》, 129.
316) Haddon W. Robinson, *Biblical Preaching* (Grand Rapids: BakerAcademic, 1980), 21.
317) 김창인, 《강력한 교회》, 296-97.
318) 김창인, 《천국의 배달부》, 55.
319) 위의 책, 154.
320) 존 파이퍼, 《하나님의 방법대로 설교하십니까》 (서울: 엠마오, 1995), 95.
321) 이동원, "강단 설교와 삶의 적용(1)(2)", 〈그말씀〉 (1994, 1-2).
322) 김창인, 《강력한 교회》, 140.
323) 김창인, 《하늘의 시민》, 145.
324) 김창인, 《하늘이 열리며》, 166-67.
325) 김창인, 《천국의 챔피언》, 326.
326) 김창인, 《하늘 농사꾼》, 15.
327) 김창인, 《하늘이 열리며》, 168.
328) Tremper Longman III, *How to Read the Psalms* (Downers Grove: IVP, 1988), 100-101; 김진규, 《히브리 시인에게 설교를 배우다》, 270-72.
329) J. Daniel Baumann, *An Introduction to Contemporary Preaching*, 정장복 역, 《현대 설교학 입문》, (서울: 도서출판 양서각, 1983), 320; 한진환, 《설교, 그 영광의 사역》, 150-51.
330) 김창인, 《강력한 교회》, 68.
331) 위의 책, 69.
332) 김창인, 《은혜로 영광을 돌리며》, 19.
333) 김창인, 《사십 년을 뒤로 하고》, 28.
334) 김창인, 《하늘이 열리며》, 43-44.
335) 김창인, 《사십 년을 뒤로 하고》, 35.
336) 김창인, 《은혜로 영광을 돌리며》, 45-49.
337) 위의 책, 32-44.
338) H. Grady Davis, *Design for Preaching* (Philadelphia: Fortress Press, 1958), 192.
339) 김진환, 《설교, 그 영광의 사역》, 310-13.
340) 김창인, 《은혜로 영광을 돌리며》, 159.
341) 김창인, 《하늘이 열리며》, 184-85.
342) 김창인, 《천국의 챔피언》, 198.
343) 김진규, 《히브리 시인에게 설교를 배우다》, 209-212; 신성욱, "Jonathan Edwards의 설교에 나타난 로고스와 파토스 연구: '진노하신 하나님의 손 안에 있는 죄인들'을 중심으로", 한국복음주의실천신학회 〈복음과 실천신학〉, Vol.35 (2015): 138-89.
344) 김창인, 《사십 년을 뒤로 하고》, 214-15.
345) 김창인, 《강력한 교회》, 22-23.
346) 김창인, 《천국의 배달부》, 176.
347) 김창인, 《천국의 챔피언》, 219.
348) 김창인, 《강력한 교회》, 72-73.
349) 김창인, 《하늘이 열리며》, 100.
350) 김창인, 《강력한 교회》, 41-42.
351) 김창인, 《하늘이 열리며》, 21.

352) 김창인, 《사십 년을 뒤로 하고》, 250.
353) 김창인, 《하늘의 시민》, 389-90.
354) 김창인, 《강력한 교회》, 58.
355) 위의 책, 141.
356) 위의 책, 143.
357) 김창인, 《하늘이 열리며》, 71.
358) 김창인, 《사십 년을 뒤로 하고》, 15.
359) 강미은, 《성공하는 리더를 위한 매력적인 말하기》 (서울: 원엔원북스, 2005), 232-37.
360) 김의종, 《릭 워렌의 설교 분석 리포트》 (서울: 한국강해설교학교, 1999), 115-18; 마크 데버 외 16인, 《십자가를 설교하라》 (서울: 부흥과개혁사, 2009), 216; Henry Beecher, *Yale Lectures on Preaching* (New York: Fords, Howard and Hurlbert, 1892), III, 241.
361) 한진환, 《설교, 그 영광의 사역》, 44.
362) 김창인, 《천국의 배달부》, 175.
363) 위의 책, 188.
364) 김창인, 《사십 년을 뒤로 하고》, 25.
365) 위의 책, 192-93.
366) 위의 책, 32.
367) 김창인, 《천국의 챔피언》, 214.
368) 위의 책, 273.
369) 김창인, 《하늘의 시민》, 285.
370) 홍영기, 《설교의 기술》, 176.
371) 이은복, "이동원 목사의 설교 스타일에 관한 연구", 침례신학대학교 대학원, 석사학위논문 (2006년 11월).
372) 송은영, 《인상이 바뀌면 인생이 바뀐다》 (서울: 집사재, 2018).
373) 한진환, 《설교의 영광》 (서울: 생명의말씀사, 2005), 338.
374) H. C. Brown, Clinard, *H Gordon & Northcutt, Jesse J., Steps to the Sermon: A Plan for Sermon Preparation* (Nashville: Broadman. 1963), 28-29.
375) Edwin C. Dargan, *A History of Preaching* (Grand Rapids, MI: Baker. 1954), 13.
376) Win Arn, *The Pastor's Manual for Effective Ministry* (Monrovia: Church Growth, Inc., 1988), 16.
377) 브라이언 버드(Brian Bird)는 자신의 소논문인 〈크리스채너티 투데이〉(Christianity Today)에서 "나의 모든 연구에서 교회의 강단에 청중은 가득한데 설교는 아주 공허한 서구 사회를 보고 있다"(…in all my studies I have yet to see a Western society where the church pews are so full and the sermons so empty)라고 말한다. Brian Bird, "Biblical Exposition: Becoming a Lost Art?," in: *Christianity Today* 30 (1984): 34.
378) 홍순우, 《교회성장과 설교》 (서울: 대한기독교출판사, 1985), 75-76; H. C. Brown, 정장복 역, 《설교의 구성론》 (서울: 양서각, 1984), 209; J. R. W. Stott, 《현대교회와 설교》 287; Raymond Bailey, *Paul the Preacher* (Nashville Tennesses: Broadman Press, 1991), 76-77.
379) 광야선교회, 《광성, 천국 배달부 이야기》, 53.
380) Aristotle, *Readings in Classical Rhetoric*, ed., Thomas Beson and Michael Prosser (Bloomington: Indiana University Press, 1969), 57.
381) 광야선교회, 《광성, 천국 배달부 이야기》, 238.

382) 위의 책, 244-45.
383) 김창인, 《은혜로 영광을 돌리며》, 109-110.
384) 김창인, 《천국의 챔피언》, 162.
385) 김창인, 《사십 년을 뒤로 하고》, 270.
386) 광야선교회, 《광성, 천국 배달부 이야기》, 262.
387) 김창인, 《사십 년을 뒤로 하고》, 267.
388) 광야선교회, 《광성, 천국 배달부 이야기》, 187.
389) John Broadus, *On the Preparation and Delivery of Sermons* (New York: Harper & Brothers, 1926), 351.
390) Haddon W. Robinson, *Biblical Preaching 2nd ed*, 265.
391) 임태섭, 《스피치 커뮤니케이션》 (서울: 커뮤니케이션북스, 2003), 328.
392) 한진환, 《설교의 영광》, 340-41.
393) Haddon W. Robinson, *Biblical Preaching 2nd ed*, 260-62.
394) 정병태, 《무원고 설교 스피치》 (서울: 한사랑문화대학사, 2014); Clarence Edward Noble Macartney, *Preaching without notes*, 박세환 역, 《원고 없는 설교》 (서울: 개혁주의신행협회, 1998).
395) 조셉 파이퍼, "칼빈, 원고 없이 즉흥 설교했다", 개혁주의설교연구원 세미나 (2009년 2월 15일); https://www.kirs.kr/index.php?document_srl=64 94.
396) Jack Hyles, *Teaching on Preaching*, 이황로 역, 《설교가 보인다》 (서울: 도서출판 예향, 1997), 262-63.
397) Ian MacPherson, *The Burden of the Lord* (Nashville: Abingdon Press, 1956), 119.
398) Helmut Thielicke, *Encount with Spurgeon*, trans. John Doberstein (Philadelphia: Fortress Press, 1963), 45.